新書アフリカ史 改訂新版

宮本正興＋松田素二 編

講談社現代新書

2503

はじめに――アフリカから学ぶ

アフリカ史という挑戦

日本人にとってアフリカは遠い大陸である。「野生の王国」に代表される豊かな自然と、飢餓・難民に象徴される貧しい社会が、マスメディアを通じて私たちにもたらされるアフリカのイメージのすべてである。したがって、多くの日本人にとって、「アフリカ史」というものを想像することはきわめて困難になっていると言ってよい。

私たちは、日本社会に輸入され蓄積されてきた「暗黒の大陸」像を解体して、それに代わる新しいアフリカ像を提示したいと思う。そのために、アフリカ社会のダイナミックな通史を編むことにした。

アフリカ史を書くことは、安穏な作業ではない。まず障害として立ちはだかる困難は、そのために利用できる歴史資料が地理的にも、時代的にもひどく偏《かたよ》りがあって、全体としてバランスのとれた見取図をうまく描き切れないということであろう。この困難は、本書が主な対象としているサハラ以南のアフリカ、いわゆるブラック・アフリカ地域の歴史について特にあてはまる。そこでは、文献資料として利用できるのは、中世アラブの資料と近代ヨーロッパの資料が主で、肝心のアフリカ側の記録がひどく限定されてしまっている。そもそもブラック・アフリカの諸社会の圧倒的多数は固有の文字を発明しなかったのであり、自らの手で自らの歴史を文献によって後世に残すという方法を編み出さなかった。

したがって、ブラック・アフリカの歴史は、中世以降のアラブ人旅行家の残した記録のほかは、初期の冒険航海、奴隷貿易、キリスト教伝道、内陸探検、植民地支配と続く歴史のプロセスのなかで、もっぱらヨーロッパ人がヨーロッパの言語で書き残したものによって再構成するほかに方法がないと考えられてきた。この事情を反映して、なによりも文献資料を最重要視する西欧近代主導の歴史記述にあっては、アフリカには歴史がない、ヨーロッパ人がアフリカにやって来るまで、その心臓は鼓動すらしていなかったなどという言説がまことしやかに信じられてきたのである。アフリカの歴史は外部世界の資料を使って、外部世界の人間が書き上げることとなった。この結果として生み出されたのが、植民地的歴史観であった。他人の経験を、有無を言わせず、自分流に解釈し、定義するというのが、昔からの植民地主義の常套手段であった。

負の歴史観

ふつう非ヨーロッパ地域の歴史を記述しようとすると、だいたい同じようなスタイルをとることが多い。歴史の黎明期として先史時代の遺跡や古代文明から出発して、王国の盛衰や他地域との接触・交流と続いて近世近代に至る。そしてヨーロッパとの接触・抗争を経て現代史へと通じるというスタイルだ。

試しに高等学校の世界史の教科書を見るとよい。まず冒頭で、石器や火を使用した原人が東アフリカの大地溝帯に姿を現した一五〇万年前の記述と出会うはずだ。しかしその次に出会うアフリカは、王国の名前だけが列挙された部分を除くと、ヨーロッパ人がアフリカを探検し、やがて植民地支配を始める一九世紀末までタイムスリップしてしまう。つまり「人類発祥の地」から「ヨーロッパ人の到来」までの間の歴史はないのである。歴史の存在を認めない人々の言い分はこうだ。まずアフリカ社会は過去を記録すべき文字をもたない。だから出来事の正確な内容と年代確定は不可能だ。さらにアフリカ社会は進歩しない無変化社会でもある。たとえば一五九〇年から二〇年間アンゴラに滞在したヨーロッパ人の商人と一八四〇年代に同じ土地を訪れた探検家のリビングストンは、社会生活についてまったく同じ記述をしている。ということは社会は停滞し、同じサイクルを反復しているだけということになる。そこでは過去はすなわち現在でもあるので、歴史は存在しないに等しい。

こうした負の歴史観は、高名な哲学者や歴史学者によって権威づけられてきた。ヘーゲルが有名なアフリカ史についての命題「アフリカは世界史の一部ではない」を明らかにしたのは、一八三〇年のことだった。ヘーゲルは黒人が劣等人種であることにも哲学的な「証明」を与えている。「歴史なき大陸」の言説は、以後も増幅を続けた。アフリカ諸国の多くが独立を達成してからも、その傾向は変わらなかった。イギリスの歴史家トレバー・ローパーは一九六三年にこう言っている。「歴史というものは本質的にある目的に向かって進む運動なのである。おそらく将来、アフリカにも何らかの歴史が出現するだろう。しかしながら今日、アフリカに歴史はない。強いてあげるならばアフリカにはヨーロッパ人の歴史のみが存在しているのである」。

進歩史観の陥穽《かんせい》

「歴史なきアフリカ」という強力なヨーロッパからの決めつけに対して、アフリカからの反発が始まったのは一九六〇年代になってからだ。それには様々な理由があるが、その一つとして、ナショナリズムに基づく若い国家が、「役に立つ歴史」を必要とするようになったことがあげられる。一つの国家を建設し一つの国民を形成するための最大の統合手段は、過去からの連続性というイデオロギーである。植民地宗主国が気ままに切り取り、バラバラに分断支配した地域と住民を、新政府は受け継いだ。そして共通のアイデンティティをもった国民にまとめあげる必要に迫られた。ケニアの代表的な歴史家オゴトが指摘するように、「政治的独立は、自分たち自身の手による歴史が書き上げられてこそ初めて意味をもつようになる」のである。

こうして「アフリカ史」を切実に必要とする人々が出てきた。アフリカ人の歴史家は、トレバー・ローパー流の「歴史なき大陸」論に対抗するために、彼らが無視した文明の諸要素を徹底的に強調して収集した。「アフリカにも文明はあった」と主張したのである。優雅な宮廷文化、階層化した貴族社会などはその証拠として、ふんだんに活用された。他にもヨーロッパ的観点から見て、価値があると思われるあらゆるものが動員された。白人と同等の文明を築いた証拠として、芸術、官僚制、民主主義、社会主義、哲学、法律、科学技術、などがアフリカ各地から報告され取り上げられた。

とりわけアフリカ人の歴史家が重視したのが、自前の国民国家形成力の証明であった。つまりヨーロッパによる植民地支配という歴史がなくても、アフリカ社会は自力で国民国家を築く潜在力があったと言いたかったのである。そのために、伝統的政治組織のうち、中央集権化が進み官僚制をつくりあげていたブガンダ（ウガンダ）などの国家に注目が集まった。その背後で、ヌエル（南スーダン）など国家なき社会やギクユ（ケニア）など非中央集権的社会は、進歩のない遅れた事例として積極的に軽視あるいは無視されることになった。

こうしてアフリカに歴史は復権した。しかしこれは形を変えた歴史の歪曲《わいきょく》であった。ヨーロッパ的な歴史の展開をスタンダードとする進歩史観を共有していたからである。王や貴族がいて宮廷がある社会が進んだ社会で、固定した権力者をつくらない無頭制の社会は遅れた社会という基準は普遍的なものではないはずだ。

新しいアフリカ史

近代国民国家の政治的要請に基づく「国史」としての歴史から、各民族集団の文化史や社会史を取り入れた人間活動総体の記録としての歴史が、今、生まれている。それは歴史学における「新しい歴史（ニューヒストリー）」の展開とも重なり合う。

ニューヒストリーの提唱者の一人バークは、「新しい歴史」の特徴として、以下の七点を指摘している。（一）政治史偏重から人間活動全体へ、（二）事件分析から構造分析へ、（三）上からの視点から下からの歴史へ、（四）文字史料偏重から多様な史料の活用へ、（五）集団的組織的運動から個人の行動重視へ、（六）歴史叙述の客観性の見直しへ、（七）歴史学プロパーから学際的共同研究へ、という七点である。

アフリカ史は、こうした歴史学の新しい潮流の成果を最もよく摂取しうる領域である。それはアフリカ史の特徴を考えてみればよくわかる。

アフリカ史の第一の特徴は、先に述べたとおり、文字史料の乏しさである。そのため過去を再構成するには、口頭伝承や（太鼓などの）音、遺物などの非文字史料に依拠するところがきわめて大きい。西アフリカでは、詩人で音楽家であり語り部でもあるグリオが、口頭で支配者の系譜を始祖から順々に詠じるが、普通の村人でも五世代から一〇世代まで一〇〇人以上の系譜をたどることのできる者がいる。彼らは、アフリカ社会における歴史家なのである。ところが従来の歴史学では、公式文書などの史料から非公式史料そして口述史料に至る厳然とした「信用度」の序列があり、彼らの語る歴史は、ほとんど歴史史料としての価値を認められてこなかった。それが結果として「上からの歴史」を支えてきたのである。人間の社会活動総体を対象とする「新しい歴史」運動では、その序列を崩して口頭伝承にも同等な価値を置くようになった。こうした口頭伝承の活用を通して、民族、クラン（父系氏族）の移住史や王権の興亡史の詳細が、私たちの前に姿を現すようになったのである。

第二の特徴は、歴史学以外の諸分野が過去の再構成に重要な役割を果たしていることだ。文字史料の乏しさは、それのみに依存する厳密な実証主義歴史学の特権性を剝奪し、考古学、民族学、言語学、音楽学、神話学、美学といった隣接諸科学との共同作業を要請することになった。たとえば、大規模で広汎かつ頻繁な移動を繰り返しながら、定住と漂泊を繰り返す諸民族の歴史を追跡するには、伝承や慣習、そして言語の異同のチェックが必要になる。従来の政治史中心の歴史学が避けてきたこうした文化史的観点が、アフリカ史の中ではとくに重要になってきている。

第三の特徴は、国家や階層制をもたない社会の扱い方である。こうした社会はこれまで「未開社会」と一括されて、歴史の対象外に置かれてきた。しかしアフリカではおびただしい数の無頭制社会が、周辺社会と交流しながら開放的な地域形成の歴史を刻んできた。彼らは決して孤立した閉鎖集団ではなかったのである。ところがヨーロッパ流のアフリカ史においては、ともすれば華々しい王国の興亡史にのみスポットをあて、こうした小社会の活動を無視してきた。

ニューヒストリーの台頭に見られるように、我々の歴史的関心は、これまでの西欧もしくは古典古代世界中心から離れ、広く遠いサーキットを描いて地球の隅々を覆《おお》うようになった。この知的衝動を支えているものは、地球的規模での人類の経験と達成を正当に評価し、偏見と誤謬《ごびゅう》に満ちたものを新しい視点で再定義したいという、きわめて現代的な、しかも人間的な欲求である。これまでのような、西欧近代主導の歴史記述だけでは、地球上の全人類の過去、その達成の全体像を把握しきれないということがわかってきたのである。

本書の特徴

本書の若干の特徴と考えられる点について簡単に説明しておこう。

本書では、これまでの歴史記述の主流が採用してきたような、各国別の記述方法を取らなかった。それは、アフリカ史の記述に際してはそれほど適切な方法とは考えられなかったのである。本書では、まず地域概念を定立し、地域を地域として成立させている固有の論理を追求するなかで、地域形成のダイナミズムを論じようとした。アフリカ人の主体性を尊重したより新しいアフリカ史を提示するために、我々はいわば総合的地域研究、総合的文化史学のアプローチを採用したのである。

我々は、国家というような近代の原理にとらわれないで、地域概念の有効性を最大限に追求した。そして、その枠組みのなかで、盛衰を繰り返した国家や民族の形成を促したダイナミックなプロセスを浮き彫りにできるように努めた。さらに、地域の全体性を明らかにするために、たとえば西アフリカのジュラ商人、東アフリカのスワヒリ商人などが地域形成に果たした役割、地域間交渉に果たした役割を考察した。とりわけて本書の最大の特徴は、ナイル川、ニジェール川、ザイール川、そしてザンベジ・リンポポ川という、アフリカを代表する五大河川の流域に注目して、それぞれに固有の地域形成の論理を求め、その特質の説明に努力したことである。また、こうした試みの前提として、地域の生態環境を叙述し、住民の営みを論じて、アフリカ史の舞台の独自性を説明した。さらには、アフリカ大陸を世界史の舞台で位置づけるために、アフリカとアジア、アフリカとヨーロッパ、アフリカと新大陸との、いわゆる大陸間交渉についても、紙幅の許す限りこれを論じ、アフリカが世界の歴史形成に貢献した有力な影響力のいくつかと緊密な関係を保ってきたことを明らかにした。

現時点でアフリカ史を編むことは、それだけ責任の大きな仕事である。それというのも、本書で採用した方法はまだようやく緒についたばかりである。ありとあらゆる偏見や先入観から解き放たれ、西欧近代の光の彼方の闇と忘却の淵から本当のアフリカの姿が引き戻され、時間的にも空間的にも、その壮大な歴史のスケールが視《み》え始めてきたのはようやく最近のことである。とはいえ我々としては、アフリカ研究に関わる各分野での最新の成果にのっとり、かつ長年にわたるフィールドワークの経験を踏まえて、可能なかぎり偏見や先入観からの解放を意図しながら、ここに一つのユニークなアフリカ史像を提示できたのではないかと考えている。本書が人類史の光と影を浮き立たせるだけでなく、歴史形成の主体者としてアフリカに生きてきた人々のたくましい姿を明らかにし、自立したダイナミックなアフリカ史の息吹を読者に伝えることができるとすれば、編者としてこれ以上の喜びはない。

なお、固有名などのカナ表記については、できるだけ原音に近い表記をこころがけたが、ある程度まで慣用を尊重した場合もある。また、カナ表記のうち「ヴ」は原則として用いないことにした。バンツー語による民族名の表記については、接頭辞を削除してカナ表記した（たとえばバガンダをガンダ人）。アフリカにおける社会の基礎集団として、これまで頻繁に用いられてきた「部族」という言葉は、本書では原則的に使用していない。なぜなら「部族」は植民地支配の過程で、未開で野蛮な集団概念として、アフリカにあてがわれてきた歴史があるからだ。本書では「族」ではなく「人」、「部族」ではなく「民族」を基本的には用いることにしている。

最後に本書の構想の段階から完成に至るまで、現代新書編集部の川崎敦子さんのお世話になった。彼女の叱咤激励がなければ、こうした通史は生まれなかった。心から感謝したい。

一九九七年五月

改訂新版にあたって

『新書アフリカ史』の初版が世に出たのは、一九九七年だった。「アフリカもの」は売れない、という出版界の「常識」に反して、幸いにも今日まで二一刷まで重ねてきた。しかしながら激動の世界の中でも、とりわけ変化の激しいアフリカの現代史に関しては、この二〇年間の変貌を描かない「アフリカ史」は読者の期待を大きく裏切ることになるだろう。ここに現代史部分を新たに加えるだけでなく、従来の記述も新しい知見や主張に基づいて内容を大幅に見直し、新たに「改訂新版」として刊行することとした。さらに改訂新版では、アフリカの過去と現在だけでなく、未来を展望する試みを導入した。そのために、新たにアフリカ史をジェンダーの視点で捉える可能性や、アフリカの社会や文化が外部の諸条件と交流・相互作用しながらつくりあげてきた「アフリカ的視点」をこれからの人類社会の未来にとっての一つの資産とする可能性について（それを「アフリカ潜在力」と呼んで）検討を試みた。

「改訂新版」の特徴は以下の二点に要約できるだろう。第一は、二一世紀の現代アフリカ社会のダイナミズムを提示している点であり、第二は、今日、この社会においてアフリカ史を考える思想に関わることである。まず第一の特徴から説明しよう。初版が刊行された一九九〇年代のアフリカは、文字通り、「絶望の大陸」だった。内戦、虐殺、政治的動乱、あるいは国民経済の破綻、マイナス成長、失業、貧困さらにはHIV／エイズの蔓延や環境破壊などなど、アフリカ社会には、「問題」それも解決の兆しが見えない深刻な「危機」が充満していた。この時代、アフリカは、グローバル社会の「お荷物」として、「救済と同情」の対象でありつづけたのである。しかし二一世紀にはいると、状況は一変した。世界市場における天然資源価格の高騰を背景に、金、ダイヤモンド、石油などを切り札にしてアフリカ経済は急速に成長軌道にのり、一時期はグローバル経済を牽引する成長エンジンの一つとさえみなされるようになった。これに呼応して、日本や欧米がほぼ一、二パーセントの成長に甘んじているなかで、年率五パーセント近い成長を維持してきた。国民一人当たりの所得をとっても、赤道ギニアのように年間二万ドルに手が届こうという国も出現している。一九九〇年代とは大きく異なり、国際社会はアフリカを「援助」の対象ではなく、「投資」の対象としてみなすようになった。

このことは、一九九三年以来、日本が主催してきた「アフリカ開発会議（TICAD）」の重点目標を見ても一目瞭然である。一九九〇年代は、日本にとってアフリカは、かつて日本が国際社会に助けてもらって戦後復興を成し遂げた「恩返し」の対象であった。「援助の実施はアフリカ諸国が先進国の基準（よき統治）を受け入れるかどうか（ＴＩＣＡＤ Ⅰ、一九九三年）」とか「苦しむアフリカに協力と支援の手を差し伸べる（ＴＩＣＡＤ Ⅱ、一九九八年）」というのが基本姿勢であった。

しかし二一世紀にはいると、「成長に向けたパートナー」に変化している。これはこの間、世界のグローバル化が急激に進行し、アフリカもそして日本も複雑で大きな政治・経済・文化・社会構造の中に組み込まれていることの証明でもある。その一つの要素が、この二〇年間に急激に拡大したアフリカにおける中国の存在だろう。中国のアフリカに進出する企業数は日本企業の三倍、貿易額では七倍、在留者数ではじつに一〇〇倍、と中国の存在はアフリカのどの国においても日本を圧倒している。中国ファクターと同様、グローバル化時代のアフリカには、「アルカイーダ」「ボコ・ハラム」「アッシャバーブ」「ＩＳ（イスラーム国）」とそれに対する「テロとの戦争」といった世界的な対峙の構造が激しく発現している。アフリカ社会はこうしたグローバルな政治力学・経済システムのなかで、常に流動し変容しながら現代史を生きているのである。

この二〇年間に現れたアフリカ現代社会のダイナミズムを表す言葉は、「変貌」あるいは「変質」である。一九九〇年代は確かに「絶望の時代」ではあったが、本書はそのなかにアフリカの希望を見出そうとしてきた。そのささやかな希望の兆しを象徴していた人や制度が、この二〇年のあいだに新たな絶望を生み出したケースは少なくなかった。もちろん人や制度自体が変質しても、初期の希望を創り出した人々や社会の力は新たな希望の兆しを創りつづけていることは間違いない。一九九〇年代のアフリカの希望を体現していたのは、たとえば一九八〇年代にゲリラ戦争を経て祖国を解放したヒーローたちの政治であった。ジンバブエのムガベ大統領やウガンダのムセベニ大統領などだ。しかし両大統領ともに、政権を掌握して以降、長期間にわたってその職にとどまり、強権的な政治で批判・対抗勢力への弾圧を繰り返してきた（二〇一七年、ムガベ大統領は与党ZANU－PF内の反対派と軍部によって退陣を余儀なくさせられた）。あるいは抑圧されてきた南部スーダン民衆に依拠して苦しい武装闘争を続けてきたスーダン人民解放運動（SPLM）やアパルトヘイト体制打倒の要《かなめ》となり戦い抜いてきたアフリカ民族会議（ANC）も同じように変貌したといえるかもしれない。SPLMは南スーダンの独立を勝ち取ったが、その後、二〇一三年以降、政権内部の民族対立を背景に相互に大量の民衆を虐殺する内戦に突入し、停戦・和平・再戦闘という悪循環を繰り返している。また民族自立、地方分権のニューモデルと言われたエチオピアは、それに従って独立したエリトリアと戦争を開始し、一〇万人以上の犠牲者を生み出した。絶望の中の希望が新たな絶望に変質していくかのようだ。こうした変質は、アフリカの指導者の個人的資質やアフリカ的特質だけに還元すべきではない。それを可能にする、あるいは利用する仕掛けや仕組みが、グローバル・ポリティクスのなかにセットされていることが多いからだ。

「改訂新版」の第二の特徴は、現代社会におけるアフリカ史の意義・意味にかかわることだ。初版において、『新書アフリカ史』の基本姿勢として、これまで「アフリカに歴史はない」としてきた「負のアフリカ認識」の超克と、そのための「ニューヒストリー」の方法の採用を掲げた。

その内容は、政治史偏重から人間活動全体へ、事件分析から構造分析へ、上からの視点から下からの歴史へ、文字史料偏重から多様な史料の活用へ、などといったものだ。それに加えて本書のアプローチの独創性として、アフリカ地域内のダイナミックな交流を描くための「五つの川世界」の導入による諸民族の移動と交流を軸としたアフリカ史のダイナミズムへの注目、外世界との交流を描くための「インド洋」「大西洋」「サハラ砂漠」を越えたグローバルな地域間交流の重視、さらには、近代以降のヨーロッパとの接触におけるアフリカ人の「抵抗と主体性」の重視（それと同時にその教条化への自省）を基本的枠組として設定した。それは一言でいえば、独自で自律した「アフリカ史」を新たに構築することで、これまでの歴史（世界史）叙述を支配してきた、西欧近代主導の視点を相対化する試みであると同時に、近代日本社会が採用してきた西洋史と東洋史という世界（人類）史の二分構成をも乗り越えようとするものだ。これらの姿勢については、「改訂新版」においても発展的に継承され、より積極的に展開されている。

またこの二〇年のあいだに、歴史学のなかに「ニューヒストリー」とは異なる観点から新たな世界史をとらえる視角が登場している。それは、グローバル・ヒストリーや「新しい世界史」といった歴史認識である。たとえばグローバル・ヒストリーでは、近代以降の国民国家単位の歴史記述を超えて、陸域・海域世界といった空間の連続的な広がりに着目し、究極的には非ヨーロッパ世界の歴史に注目することを通してヨーロッパ世界の相対化をはかろうとする。「新しい世界史」はさらにラディカルに、一国・地域の範域、陸域あるいは海域といった「領域」自体の想定を歴史の前提とする発想を批判して「地球市民」による「地球社会の世界史」を展望しようというのである。とすれば、これは「アフリカ」という「領域」を前提にした歴史、つまり「アフリカ史」という枠組みをも否定するものでもある。なぜなら「アフリカ史」という発想もまた、限られた閉じた領域を単位として自己と他者を二分するという点で、旧来の歴史認識を踏襲しており、地球市民の帰属意識創出を妨げる役割を果たすことになってしまうからだ。この意味では、本書が描こうとしている「アフリカ史」が、従来の西洋史と東洋史という世界史の二分構成の媒介項、いやむしろ真にグローバルな世界全体史の統合の力となって、やがては壮大な一つの人類史に昇華するものでもあることを願わずにはおれない。とはいえ、この壮大な展望に至るまでに、今一度「アフリカとは何であったか」を深く考えるべきだろう。

今日のアフリカは、大西洋の向こう側からの五〇〇年にもおよぶ一方的で暴力的な攻撃と破壊、二〇〇年にわたる支配と抑圧という大きな人為的で組織的で具体的な行動にそって構成され、その歴史を生き抜いてきた人々の膨大な生の蓄積のうえにつくりあげられてきた。したがって、このアフリカという「領域」を取り払って、一挙に、「地球市民の世界史」に到達することはできない。アフリカを外部から形作ってきた理不尽な力を暴き、その力と対峙しながら生を営んできた人々の力に焦点を当てるためにも、今日さらに「アフリカ史」は必要とされているのである。

先に述べたように、今からほんの五〇年前まで、欧米の歴史学界では、依然として「アフリカに歴史はない」という見方が強固に存在した。トレバー・ローパーが述べた「アフリカに歴史はない。強いてあげるならばアフリカにはヨーロッパ人の歴史のみが存在している」という認識が支配的だった。一九七〇年代以降になってもその傾向は変わることはなく、たとえばこの時期に初の本格的アフリカ通史として刊行された『ケンブリッジ アフリカ史』全八巻は、その半数を占める四巻が一九世紀から二〇世紀にかけての植民地史（すなわちヨーロッパ史の一部）の記述にあてられ、アフリカ史にアプローチする方法や意味について記述した巻はなかった。

このような取り扱いを受けてきたアフリカ史という学問は、たんにアフリカという「領域」の歴史を研究する歴史学の一分野ではない。アフリカ史にアプローチするということは、これまで自分自身を支えてきた世界観を再考し再創造する営みでもある。それは文字中心の歴史観（文字のあるところが文明であり文字を通して過去を明らかにするのが歴史）であったり、理性中心の歴史観（理性にもとづく政治制度、経済システム、社会秩序が人類史における普遍的な正しさである）、さらには近代的な人間観（文字を操り、沈着冷静な理性的能力をもつ、自律した自由な個人を至高とする人間観）を根源的に再検討してもう一つの別の世界の在り方を模索しようという知の挑戦に他ならない。それは人類文明史におけるアフリカの位置を定め、歴史に対するアフリカ人の自立的で主体的な貢献を積極的に評価するだけではなく、アフリカという一つの大陸の歩みを活写することで、アフリカからみた世界史像を提出し、人類史全体を捉え直そうという挑戦なのである。

今日の世界でアフリカ史を学ぶことは、こうした野心的な知的挑戦につながる営みであり、「改訂新版」を通してこの営みをともに進めていくことができればそれにまさる喜びはない。

二〇一八年十月

編者

目次

第Ⅰ部

アフリカと歴史

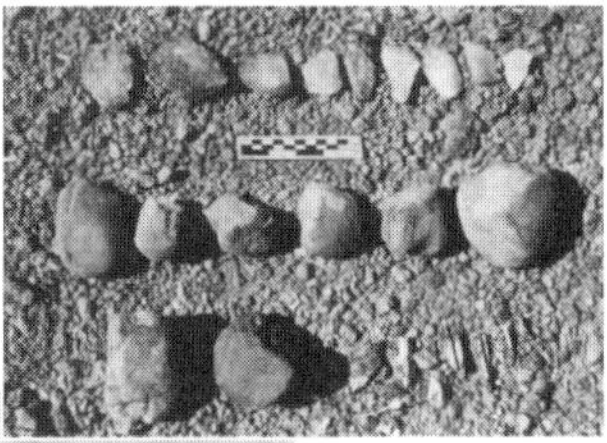

初期の石器（オルドワン型）

アシュール型石器

ルバロワ技法による石器

（写真：諏訪 元）

第一章　アフリカ史の舞台

1——人と自然

多様な人間と言葉

これからいよいよ、アフリカを舞台に展開する大小様々な歴史を見ていくわけだが、その前に、登場人物と舞台環境を眺めておこう。まずは主役のアフリカ人である。アフリカ人といっても、人種的に単一の集団がいるわけではない。またアフリカ語という単一の言葉やアフリカ文化という共通の文化があるわけでもない。それは実に多様で雑多な人々の集合体なのである。

サハラ以南のアフリカに居住する大多数の住民は、「ネグロイド人種」に属していると言われてきた。いわゆる「黒人種」である。この「ネグロイド人種」がいつ頃アフリカに出現したのかは、いまだわかっていない。一〇〇万年前の原人の時代に、すでに現在の黒人の身体形質が存在していたという説から、そうした形質は現生人類が出現した後期旧石器時代に至って初めて形成されたという説まで、諸説がある。ただし骨格から見て黒人であると断定できる人骨が見つかるのは、紀元前数千年前まで待たなければならない。

黒人といえば、肌が黒くて髪の毛が縮れ、幅広の鼻と厚い唇をもつ人間をイメージするだろう。しかし同じ「ネグロイド人種」に属するとはいえ、その内部の多様性は相当なものだ。鼻幅、鼻高などは全人種間の変異幅の大半を「ネグロイド人種」内だけでカバーしているし、背が高くて痩せ型のヌエル人やマサイ人も、世界一身長の低い「ピグミー」も同じ「ネグロイド」なのである。また皮膚の色も、黒だけでなく茶、赤、黄に近いものまで、大きな変異差を示している。なぜこのような多様性が生じたのだろうか。その答えの一つは絶えざる混血にある。そもそも人種は、私たちが想像しているほど厳密で明確な境界をもった人間集団ではない。かつては人間を身体的特徴をもとに分類することが科学の名前のもとで正当化されていた時代があった。その場合、白、黒、黄、赤、茶などの皮膚の色を基準としてきた。しかし人間の身体的形質を決定する夥《おびただ》しい数の遺伝子のなかから肌の色だけを特別に取り出す根拠は、自然科学的なそれとは全く異質な社会的かつ人為的な選択であり、決定であることから、肌の色を基準に人間を区分しようとした生物学的概念としての人種は、現代の科学のなかでは有効性を否定され、社会・文化的あるいは政治・経済的概念として認識されている。いっけん生物学的な「実体」のように見える人種は、じつのところ、遺伝的特性の出現頻度によって相互に区別される、遺伝子のプールとしてのヒトのグループにすぎない。そしてこのグループは、絶えず周囲のグループと交流し、相互に変化を続けている。アフリカの場合、この接触と交流は長い時間をかけてきわめて活発に行われた。その結果、現在の「ネグロイド」の著しい多様性がつくりだされてきたのである。

常に変化してきたのは、人間の身体形質だけではない。アフリカにおける言語の多様性も相当なものだ。アフリカで使用されている言語の分類で最もポピュラーなものは、アメリカの言語学者グリーンバーグの分類である。彼はアフリカの言語を、コンゴ・コルドファン、ナイル・サハラ、アフロ・アジア、コイサンという四つの語族に分類した。そのうち、もっとも広範囲に分布しているのはコンゴ・コルドファン語族（いわゆるバンツー系諸語はここに含まれる）である。この系統の言語には、スワヒリ語、リンガラ語、ズールー語、ヨルバ語など、サハラ以南のアフリカの主だった言語はたいてい含まれている。

こうして分類されたまったく別系統の言語が、アフリカではモザイク状に入り乱れて地域社会を形成している。その状況を指して「言語的混沌」と形容する言語学者もいるほどだ。何が混沌かというと、二〇〇〇を超える言語数もさることながら、同じ言語集団内で相互にコミュニケーション不能な方言グループが隣接していたり、まったく孤立した言語が遠く離れて類似していたりするからだ。そして一九世紀後半以降の植民地支配の進展と、それと二人三脚で浸透していったキリスト教の伝道活動は、ヨーロッパ列強の政治勢力による境界や、民衆の分断統治の手段として、もともと存在していた混沌状況をさらに深化させていった。

アフリカ社会内部の事情からみると、この混沌状況をつくりだした原因ははっきりしている。それはアフリカ人が行ってきた不断の移住のせいである。彼らは、一族を中心にして、土地を求め牧草を求めて移住を繰り返してきた。ときには難民となりときには他集団を襲撃しながら、アフリカの大地を移動し続けたのである。その結果、さまざまな小言語集団や方言集団が分立した。そして相互に異なる言語集団が、交流する過程で再び言語を変化させつつ、全体としての地域ネットワークをつくりあげていった。

多様な気候と生態

アフリカの社会と文化は、驚くほど異質な集団が寄り集まって形成されていた。それと同じく自然環境も実に多種多様である。降雨量ひとつとってみても、年間に一万ミリメートルのカメルーン山付近から、年間数十ミリメートルのサハラ砂漠まで両極端が同居している。この多様な気候と生態環境をいくつか区分しながら見ることにしよう。

アフリカ大陸の気候は、もっとも湿潤なギニア湾沿岸部を中心に、そこから遠ざかるにつれて乾燥化する。このような湿潤─乾燥系列に沿って、赤道付近から同心円状にいくつかの植生帯が展開しており、それぞれの植生帯において、かなり特徴的な生活様式が見られる。

ギニア湾からコンゴ盆地にかけての大陸の心臓部にあたる地域では、年間一五〇〇〜二〇〇〇ミリメートルに達する雨量に恵まれ、アマゾン川流域や東南アジアと並ぶ広大な熱帯雨林が発達している。ここは、アフリカ原産のギニアヤム（ヤマノイモ）や、アジア起源のバナナやタロ、アメリカ大陸産のキャッサバ等を主作物とする根菜農耕地域であるが、植民地化以降はとくに、カカオやコーヒー（ロブスタ種）等の商品作物栽培が盛んになった。しかし森林地帯では、草地が少ないうえに、家畜の眠り病（トリパノゾーマ症）を媒介するツェツェバエが棲息するので、ヤギなどの小家畜や家禽《かきん》類を除けば、牧畜は盛んではない。

森林地帯の外側を取り囲むように疎開林（ウッドランド）帯が広がっている。東・南部アフリカでは、とくにミオンボと総称されるジャケツイバラ亜科（マメ科）の美しい疎林になっている。雨季と乾季の区別はあるものの、比較的降雨に恵まれた地域で（年間一〇〇〇～一五〇〇ミリメートル）、焼畑によってトウモロコシやシコクビエなどの雑穀類が栽培されている。樹冠の開いた疎開林では、草本が地表を覆っているが、ツェツェバエが多いので、牧畜は最近まであまり盛んではなかった。その代わりに、良質な蜜源を有するミオンボ林などでは、樹皮や丸太で作った筒状の巣箱を使った養蜂を行っている。

降雨量が一〇〇〇ミリメートル以下の地域は、東アフリカの国立公園などでお馴染みの、いわゆるサバンナ的な景観になっている。イネ科の草本が繁茂するサバンナは、野生動物（有蹄類《ゆうているい》）の宝庫であり、同じ有蹄類に属する家畜にとっても棲みやすい。しかも、降雨量八〇〇～一〇〇〇ミリメートルより少ないところではツェツェバエが棲息しないので、ウシなどの牧畜には絶好の環境と言ってよい。北部のより乾燥した地域では、草本に代わって矮木《わいぼく》（高さの低い樹木）が主体となるため、ラクダやヤギなどのブラウザー（木の葉食い）主体の牧畜になる。また、雨季を利用して、草地休閑型の焼畑耕作を行っており、主な作物はモロコシ（ソルガム）、トウモロコシ等の雑穀類である。北西部ではトウジンビエのような、より乾燥に強い作物を栽培する。西アフリカからスーダン共和国南部のサハラ砂漠に接した地域は、一般にスーダン・サヘルと呼ばれ、後述するスーダン農耕文化（68ページ参照）の発祥地と言われる。

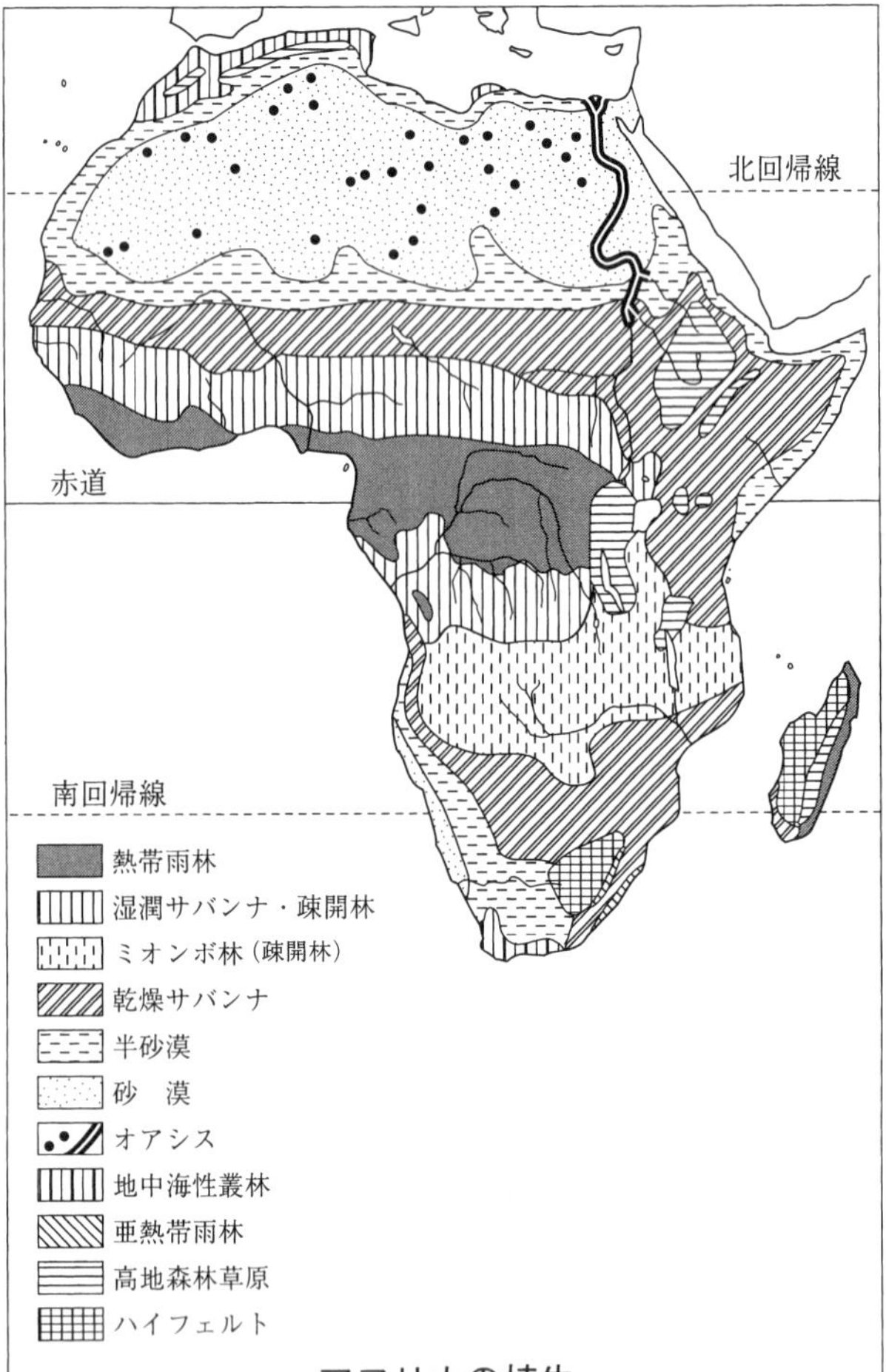

アフリカの植生

（米山，1986『アフリカ学への招待』より一部改変）

サバンナ地帯からさらに南北に進むと、気候はさらに乾燥し、ステップ、半砂漠を経て、サハラ、カラハリなどの砂漠地帯に入る。雨量が二五〇ミリメートル以下の地域では、天水に依存した農耕は不可能であり、砂漠に点在するオアシスを利用した小規模な灌漑農業やラクダ遊牧が営まれている程度である。

このように見てくると、アフリカにはかなり明瞭な生態区分があり、その中で自然条件に適応した生活様式が古くから続いているような印象を受ける。しかし実際には、アフリカの環境や人々の生活は、これまでに何度も激しい変動に見舞われている。むしろそうした変動を通して、今日我々が目にする、さまざまなアフリカ的な特徴が形成されたと言ってもよい。

2――地域形成と外世界交渉

川世界のダイナミズム

これまでアフリカ史が展開する舞台を概観してきた。つづいて、本書の歴史記述の特色を説明しながら、アフリカ史を読むための若干のオリエンテーションを行うことにしよう。

「はじめに」で述べたように、アフリカは長年の間、停滞と反復を基本とする「歴史なき社会」と見なされてきた。そこにおける社会のイメージは、周囲から孤立した閉鎖的な小集団というものだった。ときたま他集団と接触することはあっても、それは血なまぐさい掠奪《りゃくだつ》や襲撃でしかなかった。アフリカ人は、ヨーロッパやアラブなどの進んだ文明と接触しない限り、変化することはないと思われてきたのだ。

こうしたイメージの典型として語られてきたのが、東アフリカのサバンナ社会であった。そこには大規模な国家も首長制も形成されず、隣接民族とは対立抗争を繰り返していたと言われてきた。ところが、近年の考古学的調査や口頭伝承の研究を通じて、この地域には少なくとも一五世紀頃には鉄、塩、土器などを交換する広汎な地域ネットワークが成立したことがわかってきた。それは確かに、西アフリカのような大規模都市を拠点とするネットワークではなかった。しかし小規模な首長領や無頭制社会の辺境の集落を拠点とする、ユニークなネットワークが出現していた。一七世紀になると、西から銅が、東のインド洋沿岸からビーズがサバンナ世界に流入する。各地の民族はこれを取り入れ、独自のリフォームをほどこし民族文化を発展させた。このように東アフリカ内陸部には、個別の民族集団の垣根を越えてゆるやかで開放的な地域世界が成立していたのである。

東アフリカのサバンナ世界のような地域社会は、アフリカ各地で形成されてきた。アフリカ社会は、ヨーロッパがイメージした「閉鎖社会」などではなく、地域内部あるいは地域間相互に頻繁な交流を続ける開放型の社会だった。地域を束ねる核になったのが大河であった。地形や気象、あるいは社会的条件によって地域を貫通する道路網の整備が困難であったアフリカでは、代わって河川が人や物、制度や思想を運んだ。急流や滝あるいは湿地などによって寸断されるところも多いので、上流と下流を直接つなぐことはないが、それぞれの流域にいくつもの地域社会を形成しながら、多くの文化を育んできたのである。

　本書では、五つの大河から成る四つの流域世界をとりあげて、その地域形成の歴史を見ることにした。その大河とは、東・北東アフリカのナイル川、西アフリカのニジェール川、中部アフリカのコンゴ川、それに南部アフリカのザンベジ川とリンポポ川である。いずれも世界的な大河だ。その簡単なプロフィールを紹介することにしよう。

　まずナイル川は、コンゴ民主共和国（旧ザイール）とウガンダとの国境にそびえる「月の山（ルエンゾリ）」から流れる白ナイルと、アビシニア（エチオピア）高地タナ湖からの青ナイルから成る。白ナイルは、広い意味ではビクトリア湖からウガンダ中央部のキョガ湖を経てアルバート湖に至るビクトリア・ナイルと、アルバート湖北端からのアルバート・ナイル、そして南スーダンでバハル＝エル・ガザル川と合流してからの狭義の白ナイルからなる。白ナイルは上流部の大湖（湖水）地方周辺のバンツー系言語を話す諸民族のあいだにいくつもの中小王国を育みながら、六〇〇〇キロ余りを下ってエジプトに至るが、南スーダンではサッドと呼ばれる広大な沼沢地《しょうたくち》をつくる。サッドの周囲は多くの無頭制社会が形成されており、本書でも触れることになる。

　次は全長四二〇〇キロメートルのニジェール川だ。海岸からわずか二四〇キロメートルのギニアのフータ・ジャロン山地から東進するニジェール川は、ニジェール盆地で大きく湾曲して大湿地帯を形成、今度は南に向かってナイジェリアでギニア湾に注ぐ。雨林を流れるので水量は豊富で、河口には大量の土砂が運ばれいくつものデルタをつくる。この川の流域は農業の生産性も高く黄金の産地もあり、アフリカ屈指の豊かな地域だ。古くから遠距離交易路を支配する巨大な王国の興亡の舞台となった。

　第三のコンゴ川も、ニジェール川とほぼ同じ四二〇〇キロメートルの大河である。タンガニーカ湖のザンビア側から発して、何十もの支流を集めて、キサンガニ、キンシャサを通って大西洋に注ぐ。ルエンゾリ水源から発する支流は、ナイル川の水源とはわずか一六キロメートルしか離れていない。広大な熱帯雨林を流れるコンゴ川の本支流（流域面積は日本の国土面積の一〇倍にも及ぶ）のどこかが常に降雨期に入っているため、季節的な水位の高低はないのが特徴である。源流域にルバ、ルンダ、河口域にコンゴといった王国が生まれている。だが、中間の広大な雨林地帯は、先住のピグミーなどの狩猟採集民と後から移住してきたバンツー語系農耕民が織りなす相互依存の共生世界である。そこはまたイギリスの小説家ジョセフ・コンラッドが一九世紀末に書いた『闇の奥』の舞台になった地域でもある。従来「歴史なき社会」の典型のように言われてきたこの世界は、本書では生きた歴史社会として記述される。

最後のザンベジ・リンポポ世界は、両河川にはさまれた肥沃で生産性の高い高原地帯を抱え、古くから文明のセンターとして栄えてきた。両河川を交易路として活用し富を蓄積した社会のあいだからは、一〇世紀以降いくつもの王国が勃興した。もちろんその最大のものは、一五世紀に頂点を極めるグレート・ジンバブエである。この地域の遺跡からは、インド洋交易の産品をはじめ、西アフリカの影響を受けた工芸品が発見され、地域を越えて広くネットワークが形成されていたことがわかる。

外世界との交流

アフリカは孤立した「歴史なき社会の集合体」ではなく、古い時代から内部で自律的な地域形成を行ってきた。しかしそれだけではない。アフリカは、同時に外世界とも様々な接触と交流の歴史をつくりあげていた。だが人種主義史観は、アフリカは外世界から隔絶されたがゆえに高度な文明が伝播《でんぱ》しなかったと吹聴した。最大の障壁として彼らがあげたのが、サハラ砂漠であった。サハラによって地中海文明の伝播を妨害されたのが、アフリカ停滞の原因だというのである。しかし事実はそうではなかった。

サハラは巨大な砂の海であり、一〇世紀を過ぎる頃から、南北両縁にそって港のように交易都市が林立するようになった。そして南の黄金と引き換えに、地中海・イスラーム文明の産物や思想が北から続々ともたらされた。そして北から来た旅行者や学者は、南の黒人国家の繁栄をアラビア語の記録に残した。サハラは孤立の障壁ではなく、外世界と結ぶハイウェイだったのである。

西アフリカが、サハラを越えて北の外世界との交流を始めた時代、東アフリカではすでにインド洋を越えてアラビア、ペルシアさらにはインド、中国といった外世界と交わる動きが活発化していた。「ヒッパロスの風」と呼ばれる強力な季節風にのせて、象牙や皮革などの東アフリカの産品はアジア各地に運ばれていった。海のシルクロードの誕生である。この交易によって蓄積された富は、インド洋沿岸部にアラブとアフリカ双方の文化が融合した独特のスワヒリ世界を成立させた。

アフリカの東西に現れた、外世界との太いパイプは、いわばギブ・アンド・テイク方式の交流であった。それは互いに対等な立場で、ビジネスを行い相互に富をもたらす関係だったのである。しかし一六世紀に出現したもう一つの外世界交渉のパイプは、これまでとはまったく違ったものであった。アフリカを一方的に収奪する関係が生まれたのだ。大西洋を越えてヨーロッパや新大陸と結ばれた世界規模のネットワークがアフリカに求めたものは、奴隷というただ一つの「商品」だった。

そして一九世紀に入ると、アフリカはさらに強力で暴力的な外世界と否応なく対面せざるをえなくなった。近代ヨーロッパという外世界である。一六世紀から二〇世紀にかけて継続した、侵略と支配を目論《もくろ》む近代ヨーロッパ世界の来襲に対してアフリカはときに自発的に服従し、ときに頑強に抵抗しながら、新たな社会を形成していった。

こうしてみると、アフリカはいつの時代においても、外世界と精力的に交わってきたことがわかる。ヘーゲルの断定とはまったく逆に、アフリカの歴史は常に世界史の一部だったのである。

〈松田素二〉

第二章　アフリカ文明の曙

1――人類を育てたアフリカ大陸

人類の系統の出現

いわゆる類人猿をも含む高等霊長類は、ゾウ類などとともに、もともとアフリカ産の動物群である。化石類人猿の適応放散（進化の結果、様々な種が生じること）は中新世の初期、約二〇〇〇万年前以前からアフリカで起こり、当時の類人猿は今日のオナガザル類のように多様に種分化していた。

約一八〇〇万年前以後になると、アフリカとユーラシア大陸との間に幾度か動物相の交流が起こり、類人猿もユーラシア大陸へと分布域を広げた。そして、スペインから中国まで、各地の中新世中後期の森林で、それぞれ独自の大型類人猿が生息していた。これらの中にはオランウータンの系統のシバピテクスが含まれるが、明らかに現生のアフリカ類人猿（ゴリラ、チンパンジー、ボノボ）に近縁のものはない。ユーラシアでは一〇〇〇万年前ごろ以後に森林帯の縮退が進み、七〇〇万年前ごろまでにヨーロッパから南アジアの大型類人猿の絶滅が相次いだ。オランウータンの系統は東南アジアの熱帯林でさらに特殊化し、生き残ったのであろう。

一方、アフリカでは類人猿化石が一三〇〇万年前ごろ以後はほとんど見られなくなるが、それらの時代の化石群集（化石から知られる動物群）がそもそもあまり知られていないためである。そして、既存の最初期の人類化石が出土する七〇〇万年前ごろまでの間は、ごく少数の類人猿化石が知られているに過ぎない。これらの中には京都大学の研究チームがケニアで発見した九五〇万年前ごろのサンブルピテクスと一〇〇〇万年前近いナカリピテクス、筆者らの研究チームがエチオピアで発見した八〇〇万年前ごろのチョローラピテクスが含まれる。これらの種は、いずれも大きさがゴリラに近く、特にチョローラピテクスはゴリラの系統の基部に相当することが提唱されている。今のところは少数の歯や断片的な顎骨《がっこつ》しか知られていないが、こうした中新世後期のさらなる化石の発見により、ゴリラ、チンパンジー、そして人類の系統の出現様式そのものが解き明かされてゆくことが期待される。

人類の系統に属する最古の化石は、二〇〇〇年代に入ってから発見された、チャドのサヘラントロプスである。その年代は、多くの書物で七〇〇万年前ごろと紹介されているが、年代推定がむずかしい調査地であるため、実際の年代は七〇〇万～六〇〇万年前ごろと幅を持たせて考える必要がある。サヘラントロプスは、「トゥーマイ」のあだ名で知られる頭骨化石が有名である。脳容量はチンパンジーなみながら、後頭部が下方を向き、雄の犬歯が小さいなど、人類の系統の特徴を有している。六〇〇万年前ごろの人類化石としては、オロリン（ケニア産）とアルディピテクス・カダバ（エチオピア産）が若干数ずつ知られている。これらの化石は、サヘラントロプスと同様、雄の犬歯の大きさが類人猿の雌程度に小さかったと思われ、その形状もぎりぎり人類的である。オロリンは、大腿骨上半部の化石も知られており、木登りと直立二足歩行の双方の特徴が見て取れる。

もう少し新しい、四五〇万年前ごろの人類化石としては、サヘラントロプス、オロリン、カダバとも類似する、エチオピアで出土したラミダス（アルディピテクス・ラミダス）が知られている。ラミダスは、多くの体部位の化石が発見されており、筆者を含む国際研究グループによって二〇〇九年に、その全容が発表された。ラミダスは、頭骨、骨盤、手足の骨の化石などから知られ、サヘラントロプスとオロリンとも共通点を持ち、人類の最初期の進化段階について多面的に物語っている。

ラミダスの最初の化石は、一九九二年一二月に、カリフォルニア大学のホワイト、エチオピアのアスファオ、そして筆者を含む研究チームにより、エチオピアのアファール地溝帯のアラミスという地で発見された。それまでに知られていたどの化石人類よりも原始的な祖先種として、アファール民族の語で「ルーツ」を意味する「ラミド」を語幹とし、一九九四年に命名された。ラミダスは、後のアウストラロピテクスと異なり、サバンナ系の食性適応を経ていないこと、犬歯とそれと噛み合う小臼歯《きゅうし》の複合体がかろうじて人類的であること、体の各部がアウストラロピテクスとはかなり異なり、移行型の二足歩行を示唆すること、などが特徴的である。

ラミダスは、人類と類人猿の共通祖先とアウストラロピテクスとの間をつなぐ、まさに移行型の人類祖先といってよいだろう。骨盤の下半分は類人猿的であり、木登りに適している。足は、類人猿や他のサル類と同様に把握機能が発達し、歩行機能は後のアウストラロピテクスやホモ属と比べ劣っている。一方、骨盤の上半部は人類的であり、体幹を直立し、腰と股関節を伸ばしてバランスを取る直立二足歩行が可能であった。古環境情報からは、ラミダスは、開けたサバンナにはあまり進出しておらず、森林の辺縁部や疎開林を中心に生息していたと思われる。現生の類人猿とは異なった生態ニッチ（環境における種ごとの「役割」と生存様式）を担っており、雑食型の食性を持ち、食物の運搬と提供が頻繁し、そのために直立二足歩行が進化したと思われる。また、雄の犬歯が小さく（それでも現代人より三〇パーセントほど大きい）、類人猿の犬歯のように武器としては機能しておらず、体の大きさの雌雄差も小さかった。これらを総合し、チンパンジーなどと異なり、雄間の攻撃的競争が抑制され、雌雄間のつながりが強い独特な社会性が人類の初期から存在していたとの仮説が提唱されている。

アウストラロピテクスの時代

ラミダスが生きていた四四〇万年前ごろの直後に（もしくはその前の分岐により）、人類はアウストラロピテクス段階へと移行したと思われる。その時期はまだ特定できていないが、最古のアウストラロピテクスは四二〇万年前までさかのぼる。その後は、八種ほどのアウストラロピテクスが東アフリカと南アフリカから報告されており、百数十万年前ごろまで繁栄した。

　アウストラロピテクスは、ラミダスで代表される人類最初期の進化段階と異なり、より開けたサバンナ環境に適応していた。ラミダスと比べると、下肢構造が確実に進歩的であり、直立二足歩行に特化していたことが示唆される。さらに咀嚼《そしゃく》機能が発達し、顔面と顎骨が頑丈になり、臼歯も大きくエナメル質が厚い。アウストラロピテクスは、開けた環境にも生息し、摩耗を促進する食物、根茎類や硬い木の実などを摂取していたことが想像される。アウストラロピテクスの脳容量は依然として類人猿なみだが、サヘラントロプスとラミダスよりは少し大きく、サバンナ適応の一環として、行動面の変革を伴っていた可能性がある。

最古のアウストラロピテクスの種のアナム猿人は、ケニアとエチオピアで出土している。膝と足首関節の一部から、後のアウストラロピテクスと同様に直立二足歩行を行っていたと思われる。一方、顎骨の形や犬歯の大きさなどから、アウストラロピテクスの中でも最も原始的な種と考えられている。アナム猿人は、三八〇万〜三七〇万年前ごろまでにアファール猿人に移行する。

アファール猿人（種名はアファレンシス）は三七〇万〜三〇〇万年前ごろのエチオピア、ケニア、タンザニアの地層から出土しており、アウストラロピテクスの中でも最も良く知られている種である。「ルーシー」のあだ名の部分骨格化石が有名であるが、それ以外にも多くの化石が知られている。アファール猿人は、アウストラロピテクス段階の人類の全体像の理解に大きく寄与してきた。アファール猿人の比較的豊富な化石は、雌の小さい個体は身長が一メートル程度、体重は三〇キロほどと、現代人から見ると相当小さかったようである。雄の体重は雌の一・五倍程度と推定されている。体幅が相対的に大きく、脚が短

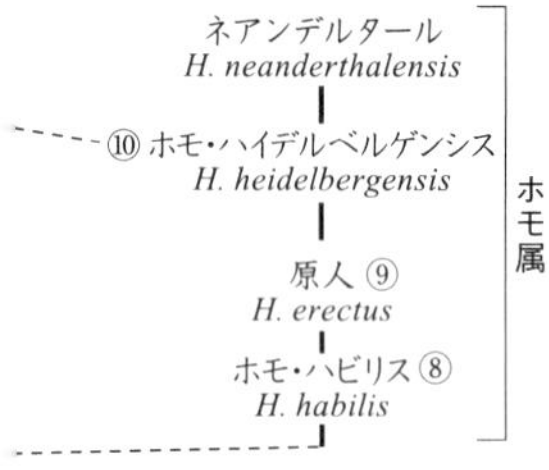

く、前腕が長いなど、現代人とは異なった体型を持っていたが、足は把握性を失い、骨盤と膝関節とともに、歩行に適するように特化していた。

アファール猿人は東アフリカから広く出土しているだけでなく、類似の化石が三五〇万～三〇〇万年前のチャドからも報告されている。アファール猿人は、疎開林（ウッドランド、樹冠がとぎれる森）から開けたサバンナにいたる多様な環境と地域に分布していたと思われる。続く三〇〇万～二

主な人類化石の発見地

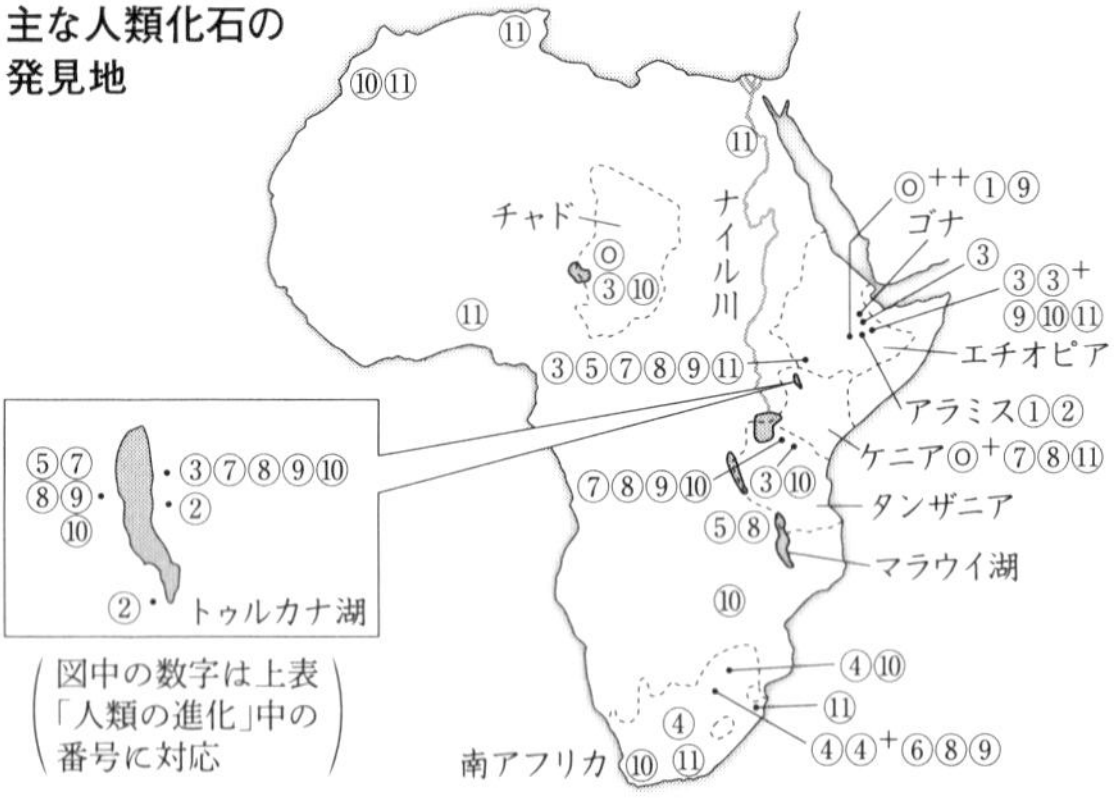

（図中の数字は上表「人類の進化」中の番号に対応）

人類の進化

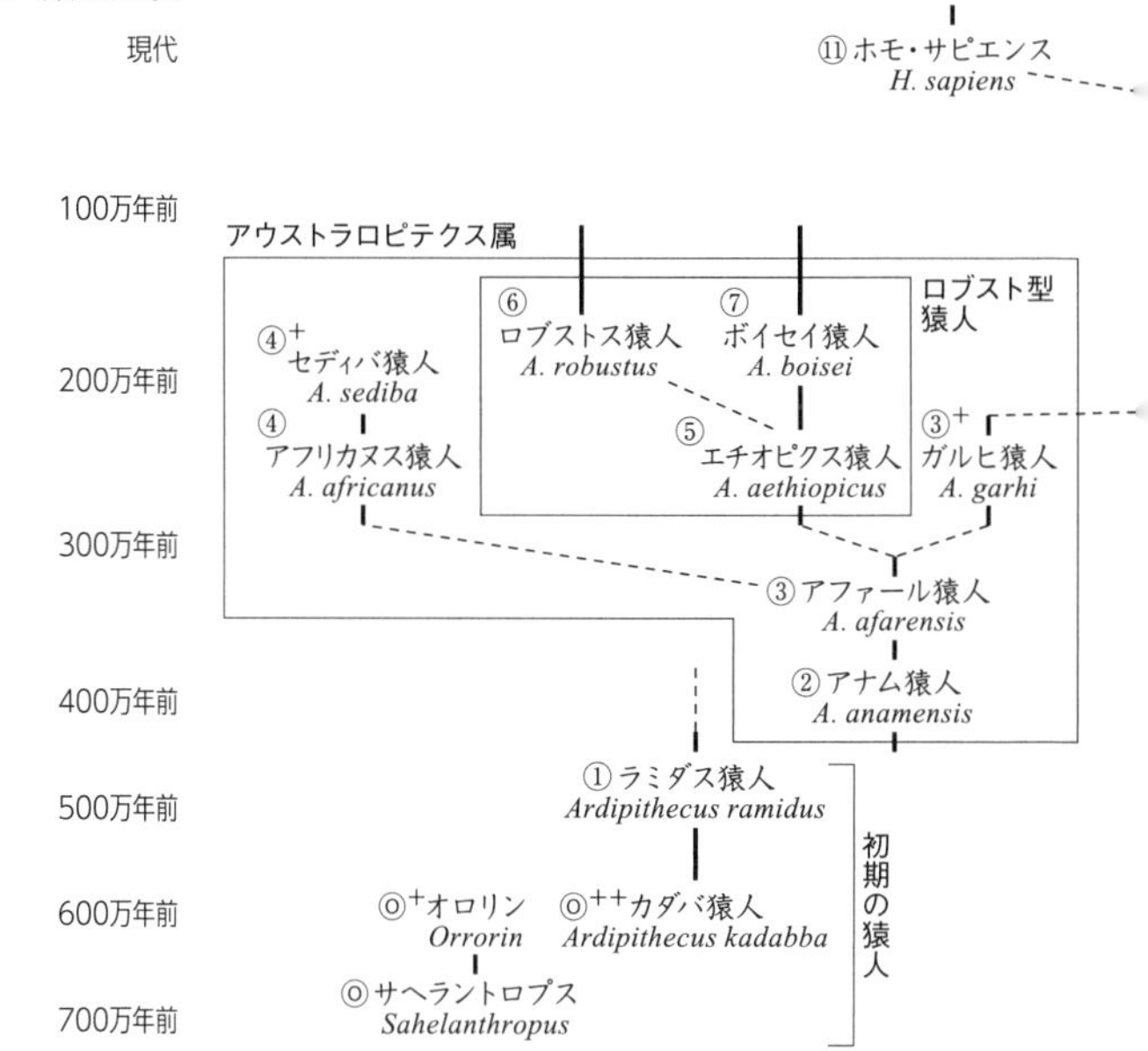

◯◯万年前の時代には、海洋底コア（掘削によって採取した海底堆積物）の同位体分析（生物起源の炭素と酸素の安定同位体から当時の環境を推定）などから、地球規模で寒冷化が進んだことが知られている。アフリカではこの時期に乾燥化が進み、アウストラロピテクスの中で種系統の分化が起こった。まずは、より特殊な植物食を展開した頑丈型の一群が生じた。頑丈型の猿人にはエチオピクス猿人、ボイセイ猿人、ロブストス猿人の三種が含まれ、いずれもが垂直方向の咀嚼力を強調した極端な頭蓋設計

をもっていた。臼歯列は大きく、体サイズは現代人と比べると小柄であったが、歯の咬合《こうごう》面積は現代人の三倍ほどにもなった。こうした特徴は、乾燥化が進む東アフリカの自然環境の中で、地下茎や硬い木の実などの食物にますます依存していったことを物語っている。東アフリカではエチオピクス猿人が二七〇〇万年前ごろに登場し、二三〇〇万年前ごろにはさらに特殊化したボイセイ猿人へと進化した。一方、南アフリカでは、二八〇〇万年前ごろまでに、まずは頑丈型ほど特殊化していないアフリカヌス猿人が登場する。この系統は、ホモ属の特徴を併せ持つとされる二〇〇〇万年前ごろのセディバ猿人に続く。南アフリカでは、一九〇〇万年前ごろから頑丈型のロブストス猿人が出現し、東アフリカのボイセイ猿人と共に百数十万年前まで生存した。

強大な咀嚼器を持った頑丈型の猿人と並行して、我々の祖先であるホモ属が出現した。三〇〇〇万~二五〇〇万年前の化石には、アファール猿人から移行した、頑丈型でない猿人系統の存在が知られている。そうした化石の一部がガルヒ猿人と命名されたが、断片的な顎と歯の化石しか知られていない。こうした、よく知られていないアウストラロピテクスの種系統の中からホモ属が出現したと思われる。その出現様式の詳細は未だ不明だが、二四〇〇万年前ごろにはホモ属の特徴の大きな脳頭蓋と咀嚼器の縮退を示す断片的な化石がエチオピア、ケニア、マラウイから確認されている。二〇一〇年代に入り、三〇〇万~二五〇万年前の化石が少しずつ増しており、その一部が最初期のホモ属候補とされている。しかし、保存のよい頭骨や顔面骨が出土するまでは、こうした化石がホモ属かどうか、実際には分からない。これらの化石と並行して、世界最古（二六〇万年前）の明らかな打製石器がエチオピアのゴナから出土している。二〇一〇年代に入り、三〇〇万年前よりも古い石器の発見が報告されたが、その確かさについては追認する必要がある。

乾燥化が進むサバンナの中で、頑丈型猿人が咀嚼器の特殊化を伴って進化したのならば、ホモ属は打製石器を利用した道具使用行動により新たな生存戦略を展開したのであろう。これらの初期の石器は石核と剝片とからなる簡単なものであり、定型化した石器は存在しなかった（31ページ扉参照）。剝片は鋭いエッジをもち、刃物として機能したのである。また、礫《れき》はハンマーとして使われ、四肢の長管骨を砕くのに使われた。これらの石器技術と文化は、二〇世紀中ごろに、タンザニアのオルドバイ渓谷で初めて発見されたため「オルドワン型」と呼称されている。オルドワン型の石器は、肉や骨髄などの動物資源の入手に威力を発揮したと思われ、二六〇万～二〇〇万年前ごろまで、あまり変化することなく継続した。

これらの担い手の初期のホモ属は、アウストラロピテクスと比べて脳容量が確実に大きくなっていたが、アウストラロピテクスの原始的な体型や体サイズなどを大方は継承していたらしい。したがって、打製石器を活用した新たな生業活動といっても、比較的限られた動物資源利用であったかもしれない。咀嚼器の縮退も、二〇〇万年前以後になって初めて明瞭になってくる。

原人の出現とユーラシア大陸への拡散

原人（ホモ・エレクトス）は、もとはアジアで発見され、その存在が確立された。一八九一年に発見されたジャワ原人と、一九二九年に良好な頭蓋骨が出土したペキン原人はあまりに有名である。東アフリカでは、一九六〇年代以後にアウストラロピテクス遺跡の調査が進むと、原人化石も出土するが、アジアとアフリカの原人の関係について統一した見解が得られたのは、一九八〇年代のことであった。ケニアのトゥルカナ湖の東から発見された原人頭骨は、約一八〇万年前までさかのぼると推定された。一方、ユーラシア大陸の原人は、以下に述べる西アジアのジョージアの例を除き、確かな年代を持つものは百数十万年前より古くはない。

原人化石の大発見が、一九八四年、トゥルカナ湖西岸でリーキーらの研究グループによってなされた。約一五〇万年前の見事な全身にわたる部分骨格化石が出土したのである。この化石と、トゥルカナ湖周辺から出土した他の原人化石により、アウストラロピテクスよりも体サイズが相当大きく、脚が長く前腕が短いといった、現代人に近い体型を持っていたことが判明した。しかも乾燥した熱帯地方の現代人集団のように高身長ですらっとした体型を有していたとする見解が示された。しかし、原人段階の化石がその後着実に増している。これらの化石から判断すると、当初の解釈を一部修正する必要がある。例えば、二〇〇〇年代になると、エチオピアのゴナからおおよそ一〇〇万から一五〇万年前ごろの保存良好な骨盤化石が出土した。この化石や他の化石により、原人は、現代人よりも幅広いがっしりした体型をもっていたことが窺《うかが》われる。

脳容量は、初期のホモ属（ホモ・ハビリス）から原人に進化する過程で、急速に大きくなっていった（原人段階の脳容量は現代人の三分の二の八〇〇～一〇〇〇cc程度）。しかし、特に初期の原人では、脳容量が小さく小柄な化石の例も増しており、個体差だけでなく、集団差を伴いながら進化していた可能性がある。また、脳容量の増大と並行して、咀嚼器の縮退が着実に進んでいった。骨盤の形からは、現代人ほどではないものの、萌芽的に「難産」傾向があったと思われ、原人は、類人猿やアウストラロピテクスと比べて未熟な新生児を産み、成長期全体も長かったことが示唆される。

大きな体サイズと長い脚は、生業の変化と関連すると思われる。最近、ホモ・ハビリスからホモ・エレクトスへの移行と並行して、定型化された大型石器が出現する様相が明らかになってきた。ハンドアックスに代表されるアシュール型石器の登場である（31ページ扉参照）。最古のものは一七五万年前にさかのぼり、当初は粗く成形されていたが、一〇〇万年前ごろまでに成形技法が徐々に向上する。アシュール型の大型石器には、幾通りかの道具タイプと機能があったと思われるが、なかでもハンドアックスの主用途は動物解体の可能性が高い。また、アシュール型石器の製作は、オルドワン型と比べ、より高度な階層認知能力を伴っていたと思われる。原人の生業活動が、アウストラロピテクスと比べて質的に変わっていたことが身体と石器の双方から窺えるのである。そして原人は、ユーラシア大陸へと拡散していった。おそらく生業パターンの変化と共に遊動域が拡大し、種全体の分布域が広がったのであろう。

二〇〇〇年代に入り、一七五万年前ごろの最初期の原人と思われる化石の一群が、オルドワン型石器とともに、西アジアのジョージア（遺跡名はドマニシ）から発見されている。保存良好な頭骨化石が複数出土し、驚くことに、ハビリスとエレクトスの双方の特徴を併せ持っている。このため、一部の研究者は、アジアで原人が生じたことを提唱し始めた。しかし、一九〇万～一七〇万年前のアフリカでは、ハビリスからエレクトスへの急激な形態変遷が見て取れる。そのさなかに分布域を拡大したのがドマニシの初期原人と思われる。エレクトスの特徴がより顕著になった一五〇万年前以後に、アシュール型石器を伴い、ユーラシア大陸に再度生息域を広げていったと思われる。

アフリカの旧人段階の人類

ユーラシア大陸へ拡散した原人段階の人類は、各地で地域色の強い独特な進化を遂げていった。ヨーロッパでは、五〇万年前ごろまでに旧人段階の人類が登場し、その後、徐々にネアンデルタール人（約二〇万～四万年前）へと進化していった。東アジアでは原人の系統が少なくとも数十万年前まで存続し、場合によっては旧人段階の人類と複雑に交雑しながら生存したらしい。

そしてアフリカでは、おそらくユーラシア大陸に先立って、一〇〇万～六〇万年前に、まずは旧人段階の人類に移行したと思われる。旧人段階の人類とは、原人よりも頭骨が進歩的な化石人類を指す。原人よりも脳容量が大きく、その変異がホモ・サピエンス（新人）と相当重なる程度にまでなっていた。顔面部全体はまだ大きいものの、エレクトスのひさしのように前突した眼窩上隆起《がんかじょうりゅうき》は縮退し始めていた。これに対して新人段階の人類、ホモ・サピエンスは、高い額、丸まった脳頭蓋、小さく華奢《きゃしゃ》な顔面骨と頤《おとがい》（下あご）などを持つ。また、連続した眼窩上隆起が消失し、眉間から側方部へ特徴的な眉上弓《びじょうきゅう》が形成される。

アフリカの、明らかな旧人段階の化石の最古の例は、今のところ六〇万年前ごろのエチオピアの頭骨化石である。ヨーロッパとアフリカの旧人段階の人類を同一種とみなすならば、ともに、ホモ・ハイデルベルゲンシスと呼ぶ。大陸間の遺伝的交流がほとんどなく、別種であったならば、アフリカの旧人段階の人類はホモ・ローデシエンシスと呼ばれる。この時代のアフリカの化石人類は、アシュール型石器を継承しており、系統と石器文化ともに先行のエレクトスと連続していたと思われる。一方、最近の研究により、同じアシュール型石器のなかでも、加工技法が格段に洗練されていく様相が分かってきた。ハンドアックスは、九〇万〜八〇万年前ごろから、三次元対称性に優れた薄型のものが見られるようになる。こうした技術革新は、生業活動の変化をも伴っていたはずであり、身体特徴の変化が並行した可能性も高い。アフリカでは、原人から旧人段階の人類への移行が従来考えられていたよりも早期に起こり、ユーラシア大陸へと新たに拡散して行ったのかもしれない。

旧人段階の人類の石器製作技法の進歩的な側面としては、特殊な剝片作製法を挙げることができる。特に重要なのが、ルバロワ技法である（31ページ扉参照）。この技法は、楕円形や三角形の定型剝片と尖頭器を作製する特殊技法を含み、槍先として柄に装着された石器が作られるようになった。アフリカでは、約三〇万〜二〇万年前までに、ルバロワ技法などによる剝片石器が主体となる。石器技術と文化としては、それ以前の前期石器時代に代わり、中期石器時代に入る。中期石器時代には、典型的なハンドアックスが脱落し、狩猟具の尖頭器や他の定型化した剝片石器が多様化する。現代人とは異なるものの、広義の狩猟採集民に相当する生業が発達していたと思われる。

ホモ・サピエンスと現代人の出現

旧人段階以後のアフリカの人類化石は決して豊富でないが、ホモ・サピエンスへ移行した様子が少しずつ明らかになってきている。最古のホモ・サピエンスはエチオピアから出土した二〇万～一五万年前の頭骨化石である。一〇万年前以後になると、アフリカ大陸の北から南まで、そして隣接する中東（イスラエル）からもホモ・サピエンス化石が出土している。長年、現代人の起源について二つの仮説が対比されてきた。一つは、アフリカ起源説として知られ、アフリカ産のホモ・サピエンスが約一〇万～五万年前の間に世界中に拡散し、ヨーロッパではネアンデルタールが、東アジアでは残存する原人もしくは旧人段階のホモ属集団が絶滅したとする説である。もう一つは多地域進化説と言い、各地に分布した原人もしくは旧人段階の人類集団が、それぞれにホモ・サピエンスへ移行したとする説である。この両極をなす仮説の中間的な解釈もまた提唱されてきた。化石資料が比較的豊富にあるヨーロッパでは、アフリカ起源のホモ・サピエンス集団による置換説がおおよそ正しいと考えられてきた。一方、東アジアでは、年代が確かな一〇万〜四万年前の化石資料が乏しく、判断が困難であった。

　そうしたなか、二〇〇〇年代に入ると、ネアンデルタールや他の古代ゲノムが読み取られるようになった。DNAが保存されるのは、低温の北方地域が中心であるため、今のところ、主としてユーラシア大陸の化石で目覚ましい成果が得られてきた。まずは、ネアンデルタールのミトコンドリアDNA（細胞小器官のミトコンドリアにあるDNAで母から子へ伝達される）の解析結果が発表され、現代人の祖先系統とは交雑が無かったと、ほぼ完全な置換説がいったんは支持された。しかし、二〇一〇年代に入り、遺伝情報が格段に多い核DNAの解析が進むと、数パーセント以上の交雑があったと推定されるようになった。今後は、化石と先史資料の蓄積により、遺伝情報から推定される交雑が、どの地域でいつごろ生じたのか、少しずつ明らかにされていくだろう。今のところは、二〇万〜一五万年前までに確立したアフリカの新人段階の人類集団が、ユーラシア大陸に幾度かにわたり分布域を広げ、在来の旧人もしくは原人段階の人類集団と交雑しながら、大方は置換していったと考えるのが妥当であろう。

　東アフリカの最古のホモ・サピエンスは、洗練された小型ハンドアックスを含む中期石器文化の石器を使用していた。一方、一〇万年前以後になると、石器技術と文化は後期石器時代へと移行し、石刃《せきじん》あるいは細石刃石器が主体となる。石器道具の個々のパーツが多様化し、骨器などと組み合わせた複合道具も作られるようになる。また、芸術活動の痕跡も増してくる。新人段階のこうした進歩的な先史資料は、古いものは一〇万年前ごろまでさかのぼり、今のところ南アフリカの発見例が多い。ヨーロッパではネアンデルタールが継続していた時代に、アフリカでは、身体特徴、道具製作技術、生業活動、そして精神活動において、新たな要素が様々に生じ、展開したらしい。そして、アフリカの新人集団は、七万～五万年前ごろに新たにユーラシア大陸へと拡散し、世界中の現代人集団の基盤となったのである。

アフリカの更新世後期のこれらの人類集団は、どのような身体特徴をもち、どのように分化していったのだろうか。今のところは、化石人骨が十分には発見されておらず、その詳細は不明である。一説としては、現在のコイサン系民族と類似した特徴をもった集団が過去には幅広い地域に存在していたという。一方、数万年前のアフリカの化石人骨には、ネグロイド的特徴や独特な特徴がモザイク状に見られることも報告されてきた。そのため、現在のコイサン系とネグロイド系集団が確立されたのは比較的最近、更新世の終末期（二万～一万年前）以後であったとの見解がある。また、現代人集団のゲノム全体にわたる比較から、アフリカにおける遺伝的多様性が高いことが従来から知られており、現代人の祖先集団がアフリカから拡散していった結果と見なされてきた。最近の研究では、アフリカの中でも特に東アフリカの現代人集団の遺伝的多様性が高いことが指摘されている。それは、ホモ・サピエンスの発祥の地としての遺伝的歴史と、一万年前ごろ以後の牧畜民を中心とした複雑な集団移動の結果と思われている。最近では、西アジアからの集団流入も折り重なるといった、大陸間双方向の集団移動史も議論されている。

アフリカは、人類の系統の起源からホモ・サピエンスの出現まで、長い進化の歴史のなかで様々な生存様式が工夫、創成された壮大な舞台であった。アフリカはまた、多様な現生人類集団が形成される、その背景と源泉ともなった。〈諏訪元〉

2――文明を生んだ生態環境

変動する環境

今から二〇〇万年ほど前に始まった更新世は、地球上を何度も氷河期が襲った時代である。ユーラシア大陸では各地で氷河が発達し、海水面が低下する海退現象が起きた。大陸のツンドラをマンモスの群れが歩きまわり、日本でもナウマン象などが見られた頃である。

アフリカでは、大陸が氷河に覆われるようなことはなかったが、それでも平均気温は数度も低下した。また、ユーラシアで氷床が発達した寒冷期には、サハラ上空の亜熱帯高気圧の勢力が強くなり、アフリカでは乾燥期になった。こうした氷河期（乾燥期）と間氷期（湿潤期）が繰り返された更新世にアフリカで起きた最大の出来事は、人類が初期の猿人（アウストラロピテクスなど）段階から原人（ホモ・エレクトス）を経て、新人（ホモ・サピエンス）へと進化したことであろう。

世界各地の現代人のミトコンドリアＤＮＡの比較分析から、現代人の共通祖先として今から一六万年±四万年前にアフリカに存在した一人の女性（ミトコンドリア・イブ）があげられており、ちょうどその頃に最初の新人が出現したと言われている。新人はその後、中東地域を経てヨーロッパやアジアに拡がり、最後の寒冷期であるビュルム氷期が終息に向かう頃、すなわち今から数万年前には、各地で旧人と交替していた。そして、今から一万年前のアフリカでは、一部のスワンプ（湿地帯）や砂漠地帯を除いて、ほぼ全域にわたって新人の後期石器文化が分布するようになる。同時に、この頃から、大陸の東・南部にコイサン語系住民、中央部にピグミー系住民、そして西部にいわゆる黒人系住民というように、現代のアフリカ人に直接つながるような祖先が現れている。

アフリカでは、完新世（後氷期）に入ってからも、サハラの上空に居座る亜熱帯高気圧の勢力の消長によって、何回も湿潤期と乾燥期が繰り返された。こうした比較的新しい時代に入ってからの気候変動によって、すでに大陸の大半の地域に広がっていた人類の生活環境が大きく変化したのである。たとえば、地中の堆積物や花粉の分析から古環境を復原した結果によると、今から一万八〇〇〇年前（ビュルム氷期の終わり）には、最後の大乾燥期がピークを迎えた。この時期には、現在は熱帯雨林に覆われているコンゴ盆地の大半がサバンナ化し、森林はわずかにギニア湾の沿岸部やコンゴ盆地東部に小さなブロックとして残るだけであった。しかし、一万二〇〇〇年前くらいから気候は徐々に湿潤化して森林が拡大する。今から八〇〇〇年前の大湿潤期には、セネガル南部を流れるカザマンス川のあたりまで森林が拡大し、森林面積は現在の二倍近くに膨れ上がっていた。サハラ砂漠が現在の三、四倍もの降雨量に恵まれてステップ化・サバンナ化し、いわゆる「緑のサハラ」が現出したのもこの頃である。しかし、五〇〇〇年前頃からふたたび厳しい乾燥期を迎えて、森林の後退とサハラの砂漠化が進行した。その後も、現在までの間に数回の湿潤期と乾燥期が繰り返されたことがわかっている。

こうした環境変動は、当然ながらアフリカの歴史にも大きな影響を与えた。たとえば、現在サハラといえば、一部のオアシスを除いて、およそ人間が住むのに適した土地とはいえないが、かつてはこの地域がステップやサバンナに覆われ、野生動物の狩猟やウシなどの牧畜が可能であったことが、あちこちに残された岩面画から明らかになっている。また、五〇〇〇年前頃からふたたび気候が乾燥化すると、サハラ住民の南下が始まったが、そうした人口移動と森林や疎開林のサバンナ化によって、多くのものがサハラ以南のアフリカにもたらされた。さらに、これより一〇〇〇年ほど遅れて波及した熱帯雨林の乾燥化（サバンナ化）によって、後述するようなバンツー語系住民の移動が始まったのである。

西アフリカでは、このような気候変化の影響がとくに大きかった。ここでは、気候・植生帯が東西に延びる細い帯のように分布しているからである。とりわけ年間雨量が二〇〇〜八〇〇ミリメートル程度のサヘル地域（141ページ参照）では、わずかな降雨量の変化によって、耕作可能限界やウシ牧畜の成否を決めるツェツェバエの分布限界が南北に五〇〇キロメートル以上も移動した。そして、それらが広汎な人口移動や民族間の接触・衝突の原因となったのである。西アフリカはまた、ガーナ、マリ、ソンガイ等の古王国が勃興したところであるが、それらの興亡に関与したベルベル人の活動やモロッコ軍の到来なども、サハラおよびサヘルの気候変動と密接に関係することが最近の研究から明らかになっている。

アフリカ的農耕の起源

西アフリカから南スーダン地域にかけての乾燥地で見られる農耕は、スーダン農耕文化（サバンナ農耕文化とも言われる）と呼ばれている。ソルガム（モロコシ）、シコクビエ、トウジンビエなどの雑穀類や、ゴマのような油料作物など、アフリカ起源の作物を主体にする点と、耕作に犂《すき》（畜力）を利用せず手鍬《てぐわ》を用いる点で、きわめてユニークな農耕文化である。

このアフリカ独自の農耕の起源については、さまざまな説がある。農耕技術そのものは、かつての湿潤期にサバンナでつながっていたエジプトからナイル河谷を経て、スーダン地方に伝播したと考える説や、アフリカにおける独立起源説などである。いずれにせよ、熱帯アフリカでは中東のように麦類を栽培することは不可能なので、作物・農法ともに独自なスーダン農耕文化がアフリカで発達したことは間違いない。

スーダン農耕文化の発祥地であるサヘル地域は、今でこそ乾燥サバンナになっているが、この地域が最終的に乾燥化したのは、たかだか七、八千年前以降である。言い換えれば、この地域では乾燥化の歴史が浅いのである。そのため、乾燥地に適応した多肉植物がここではあまり見られず、その代わりに一年生のイネ科草本が繁栄している。これらのイネ科植物のなかには食用となる種子をつけるものも多く、現在でもイネ科を含めて六〇種ほどの野生植物の種子が採集・利用されている。おそらく、このような野生イネ科の有用植物の中から、雑穀類が栽培化されたのであろう。

今から八〇〇〇年ほど前の完新世初期は湿潤期（温暖期）で、各地で湖沼の水位が数十メートルも上昇した。とりわけニジェール川からナイル川流域にかけての中・西部アフリカでは、河川・湖沼環境の発達が著しく、ここに豊富な水産資源を背景にした独特の文化（水の文化＝aquatic culture）が発達した。それは、細石器とともに、磨製石斧《ませいせきふ》や骨製の銛《もり》、波状の溝（ウェイビー・ライン）をもつ土器などの新しい技術を有するものであった。この新しい文化の出現は、とくに魚を煮炊きする土器を伴うことから、「煮魚革命（fish-stew revolution）」と呼ばれている。この地域では、土器が出たからといって必ずしも農耕が行われていたことを意味するものではないが、豊富な水産資源と野生種子類の集約的な利用を背景にして、少なくとも半定住的な生活が営まれていたことであろう。

しかし、やがて気候が乾燥化し、資源が得られる場所が局地化してくると、環境利用の一層の集約化が必要になった。おそらく、最初の農耕はこのような状況のもとで始まったのであろう。実際、スーダン農耕文化のほとんどの作物の起源地が、この中・西部アフリカの「水の文化」の分布域の中に位置するのである。

農耕に関する最古の考古学的証拠は、紀元前二〇〇〇年紀にモーリタニアのティシット（Tichitt）およびガーナのキンタンポ（Kintampo）の遺跡から出ている。しかし、アフリカ起

アフリカ起源作物の栽培化地域
（*Historical Atlas of Africa*, 1985を改変）

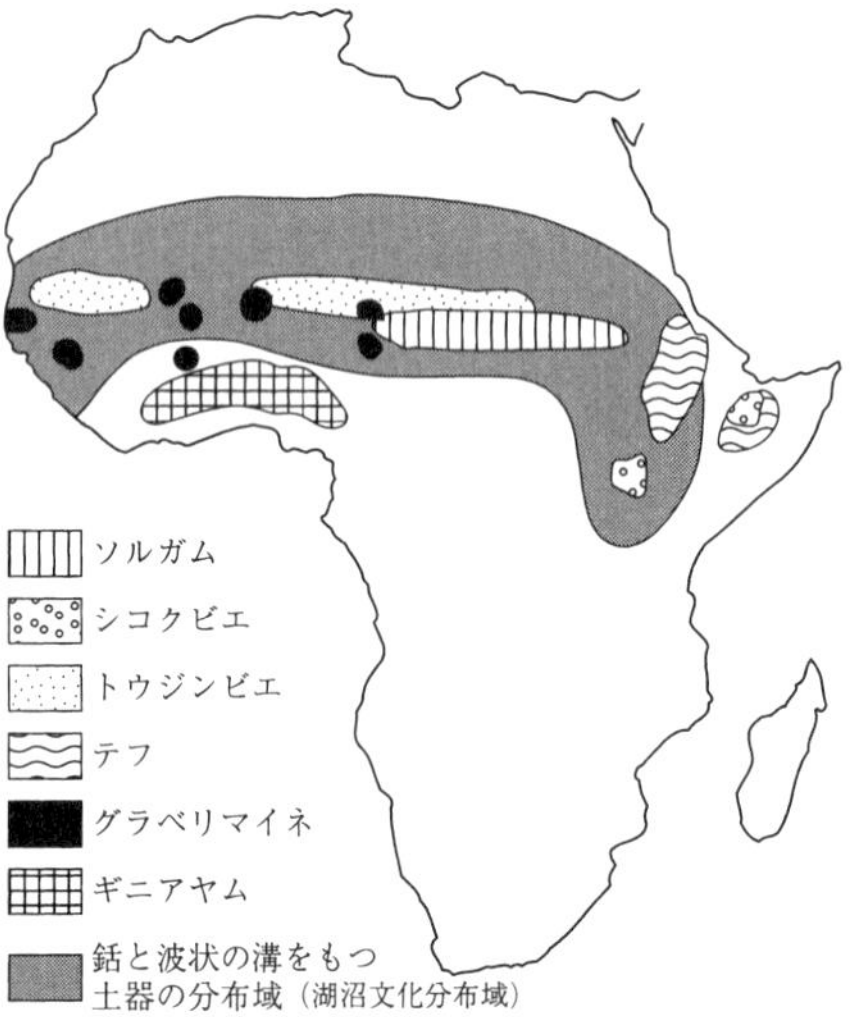

源のソルガムが、紀元前二〇〇〇年にはインドで、また紀元前二五〇〇年にはアラビア半島で出土しているので、起源地のアフリカでは、紀元前三〇〇〇年頃にはすでにソルガムが栽培されていたと考えるのが妥当であろう。

現在、サハラ以南のアフリカで飼養されている動物は、ウシをはじめ、ヤギ、ヒツジ、ラクダ、ロバ、ブタの家畜や、ニワトリ、アヒル、ホロホロチョウといった家禽など、多岐にわたっている。しかしアフリカ起源のものは、野生種がこの地域に分布するホロホロチョウだけで、他はすべて中東など他地域から伝播したものである。ウシ、ヤギなどはおそらく、北アフリカとスーダン地方がサバンナでつながっていたサハラの湿潤期に伝わったものであろう。実際アフリカでは、多くの地域で、家畜飼養に関する証拠の方が農耕の証拠よりも古い時代から出ている。すなわち、スーダン・ハルツーム文化など「水の文化」の後半には、すでに磨製石器や土器とともにウシ、ヤギといった家畜が飼育されていた。

また、紀元前六〇〇〇年紀の「緑のサハラ」の時代には、角の長いウシがサハラの岩壁画に登場する（205ページ参照）。ウシは、紀元前四〇〇〇年紀まではアイール山地（ニジェール）に達しており、その後サハラの乾燥化にともなって南下して、紀元前一五〇〇年までには西アフリカ森林帯の北端にまで達した。この頃に、西アフリカのフータ・ジャロンのあたりで、ツェツェバエに対して強い抵抗力をもつンダマ（ndama）と称する短角のウシが選別され、より湿潤な地域でのウシの飼養が容易になった。

バンツー語系農耕民の大拡張

農耕文化に関する語彙の比較から推定すると、紀元前三〇〇〇年には北緯五度以北のアフリカの大半の地域で、すでに農耕が行われていたという。またそれ以降、紀元前後までの間に、南緯五度まで農耕文化が達したとされている。さらにこのあと、狩猟採集民の居住地であった南方の森林地帯や、東・南部アフリカのウッドランドやサバンナに農耕が広がっていくのであるが、その担い手となったのがバンツー語系の人々であった。

バンツー語系の人々というのは、語彙の上でも、また文法的にもきわめてよく似た言語を有する集団で、細かく分ければ四〇〇から六〇〇くらいの集団から成る（バンツー Bantu とは、本来これらの言語に広く共通して見られる語根 -ntu からの派生語で「人々」の意味である）。ということは、これらの集団が比較的最近になって分岐したことを意味する。しかし、最近になって分散したのにもかかわらず、バンツー語系集団の分布は、中部アフリカから東・南アフリカまで、実にアフリカ大陸の三分の一を占める広大な地域に及んでいる。また、彼らの祖先は、少なくとも紀元五世紀までには、東・南アフリカの海岸部に達していたとされている。

かりに彼らがその起源地のカメルーン―ナイジェリアの国境地域から紀元前一〇〇〇年頃に移動を始めたとすれば、一五〇〇年間に直線距離にしてほぼ四〇〇〇キロメートル、年間平均二〜三キロメートルずつ分布を拡大していったことになる。このような短期間における急速かつ広汎な分布域の拡大は、歴史的に見ても、ムハンマド以後のイスラームの拡張に匹敵するものである。

先に述べたように、今から五〇〇〇年ほど前から著しい気候の乾燥化が始まったのであるが、三〇〇〇年前にはその影響がさらに南方の湿潤地帯にも伝わり、森林の後退、つまりサバンナ化が進行した。その結果、コンゴ盆地周縁部に三日月状のサバンナ地域（コンゴ・クレッセント）が誕生することになった。

バンツー語系住民の祖先は、その故地であるカメルーン西部のギニア・サバンナから、乾燥化によって生じた類似の環境を経由して東方へ分布を広げ、紀元前三世紀までには、ビクトリア湖周辺に達している。また、こうした東方への移動とは別に、海岸部に沿って南下したグループがあり、この西部グループの流れがやはり紀元前三世紀までに、バンツー拡散の第二次中心になったコンゴ盆地南部のサバンナ帯に到達していた。さらに紀元一世紀には、西部バンツーの別のグループがガボンを経由してコンゴ盆地の森林地帯に足を踏み入れていたのである。

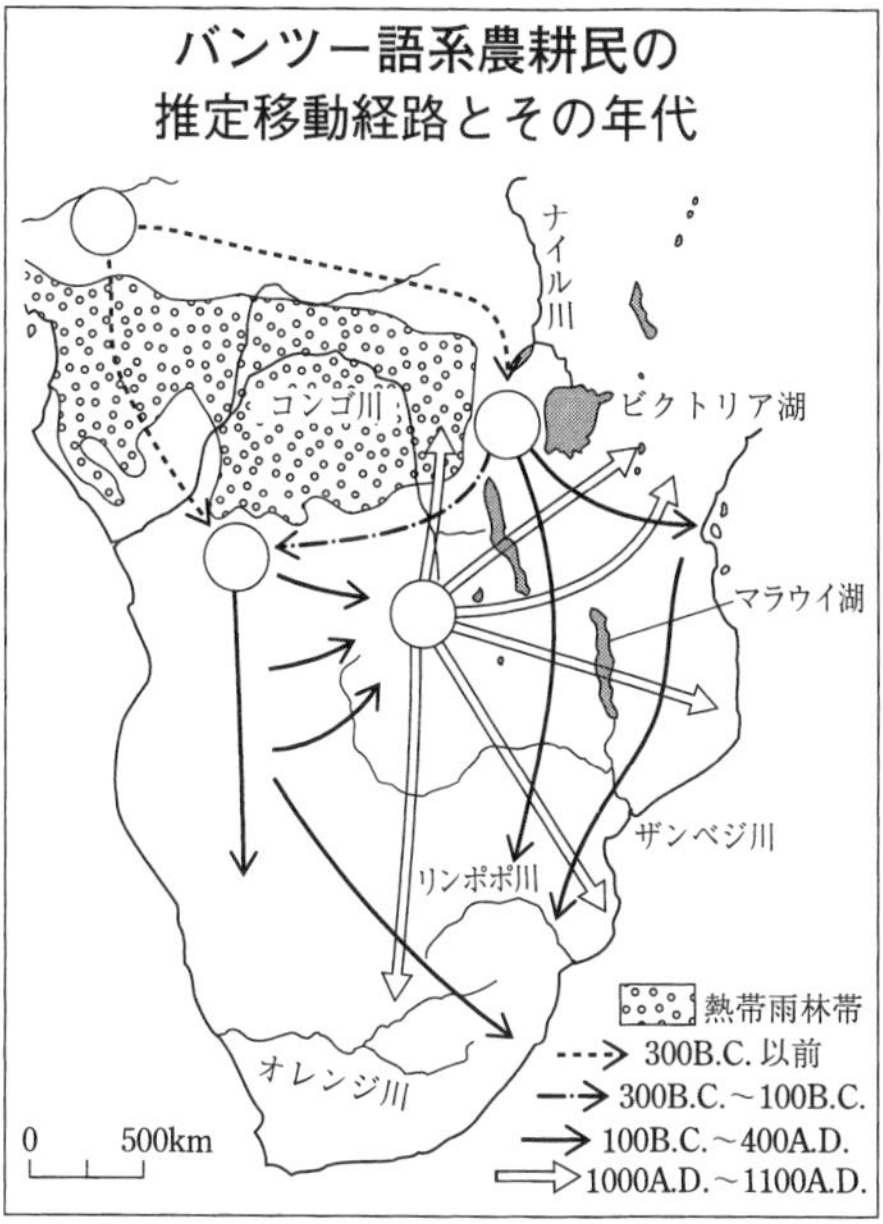

新しい作物と鉄器製造技術

現在では、バンツー語系住民は

コンゴ盆地のほぼ全域をカバーし、この地域の人口の九〇パーセント以上を占めている。彼らがこれほどまでに森林地帯で成功したのは、いうまでもなく森林環境に適応した農耕文化、とりわけ湿潤気候に適応した作物と森林伐採に抜群の力を発揮する鉄器をもっていたからである。

カメルーン西部でバンツー系住民の祖先が栽培していたものは、サバンナ起源の雑穀や豆類と、この地域で栽培化されたヤマノイモ（ギニアヤム）、アブラヤシなどであった。アブラヤシを除けば、これらの作物はいずれも年中多湿な熱帯雨林での栽培に適したものではない。それに比べて、現在この地域で広く栽培されているバナナやキャッサバは、もともと湿潤熱帯から生まれた作物であるうえに、単位面積あたりの収量もヤムの数倍から一〇倍近くに達する。キャッサバの方は、アメリカ大陸から一六世紀以降に導入されたものであり、初期のバンツーの拡散にはとりあえず関係がない。しかし、バナナのようなアジア起源の作物は、インド洋もしくはアラビア半島経由で、紀元一世紀までには東アフリカに伝わっている。実際には、これ以前に赤道アフリカに入っていたことも考えられるので、バンツー語系住民の熱帯雨林域への進出にこうした作物が大きな役割を果していたことは間違いないであろう（第三章1節参照）。

サハラ以南のアフリカでは、銅器あるいは青銅器時代に相当するものはほとんどなく、石器時代から直接に鉄器時代に入った。鉄器製造の最古の証拠は、ナイル河谷のメロエ（177ページ参照）、およびナイジェリア北部（ノク文化。147ページ参照）から、ほぼ同時期（紀元前五世紀頃）に出土しているが、これは西ヨーロッパに鉄器が伝えられたのとほとんど同じ頃である。このうち、クシュ王国のメロエは、膨大な鉄の鉱滓《こうさい》（スラグ）が発見されたことから「アフリカのバーミンガム」と呼ばれるほどの製鉄の中心地であったが、紀元前二世紀頃から急速に没落する。その一因として、製鉄燃料用の木材伐採による環境破壊があげられているほどである。

これらの鉄器技術の起源については諸説があるが、鉄器製造技術が銅製錬の経験を経て達成されたとする研究者は、他地域からの伝播説をとっている。すなわち、メロエにはナイル河谷を経由して北方から伝えられ、またナイジェリアのジョスには、紀元前一〇〇〇年頃から北アフリカに進出していたフェニキア人の植民地からベルベル人によって伝えられたとする。これに対して、アフリカにおける独自起源説をとる研究者は、アフリカで使われた鉱石が、中東で用いられた硬い鉱石とは異なり、地表面から採集された加工が簡単なものであることを指摘している。これならば、すでに存在していた土器製作用の竪穴《たてあな》に若干の工夫をするだけでよく、複雑な溶鉱炉や高度な化学的知識は必ずしも必要ではないというわけである（第五章1節参照）。

いずれにせよ、鉄器技術は紀元前三世紀頃には東アフリカのビクトリア湖周辺に、また紀元二〜四世紀にはガボンを経てコンゴ盆地の森林にまで達した。そしてこれより、東・南部アフリカとコンゴ盆地内部へ急速に鉄器文化が伝播していったのであるが、その担い手となったのがバンツー語系の農耕民だと考えられる。

移動と共生の伝統

アフリカの生態環境は、紀元前二万年から紀元前後までの間に大きな変動を迎えたが、こうした激しい変動の中で独自の農耕文化が形成されるなど、多くのアフリカ的な特色が形成されたのである。

とくに、こうした環境変動が人々の広汎な移動を引き起こしたことに注目したい。サハラ砂漠はアフリカ史を通じて重要な交通路であったが、とりわけ「緑のサハラ」期をはじめとする湿潤期には、北アフリカからサハラ以南までほぼ連続した居住空間が広がっていた。やがて始まったサハラおよびサヘルの乾燥化が人々の南方への移動を促し、サバンナ起源の穀物や家畜などが赤道アフリカの林縁部に伝えられることになった。そして、こうした北からの人口移動に押されるようにして、また中部アフリカの森林帯のサバンナ化に引かれるようにして、バンツー語系住民の移動が始まったのである。

バンツー語系住民は、それまでピグミー系、あるいはコイサン系の狩猟採集民しか居住していなかった赤道以南の森林やサバンナへ急速に分布を広げた。紀元一〇〇〇年までには、森林性の作物と鉄器の導入によって、かつては人間の居住には不適とされたコンゴ盆地に、ほぼくまなく分布を広げるに至ったのである。このような急速かつ広汎な分布の拡大には、移動と分散を常態とする彼らの生活様式が深く関わっていたのに違いない。そうしたバンツー住民の移動の伝統は、現在までも受け継がれており、彼らの社会や文化を理解する鍵になっている。

また一方では、こうした移動によって、異なる技術や生活様式をもつ人々が各地で共存することになった。東アフリカに進出したバンツー語系住民は、そこでクシ系住民の文化、すなわちエチオピア起源の作物や家畜を取り入れた。中部アフリカの森林地帯では、先住民のピグミー系狩猟採集民と共生的な交換関係をつくりあげた。南部アフリカでは、コイサン系住民をカラハリ砂漠周辺の乾燥地域に追いやる一方で、物資や労働の交換を続けながら「棲み分け」をしていた例もある。彼らはこのように、移動の先々で新しい出会いを経験しながら分布を広げていったのである。

考古学的には、アフリカの鉄器時代の開始そのものは紀元前にさかのぼる。しかしそれは、土着の石器文化を一挙に駆逐したのではなく、少なくとも紀元一〇〇〇年頃までは石器文化と共存していたのである。すなわち、紀元前後から一〇〇〇年頃までのアフリカの地域社会は、相互に交流をもちながらも互いに独立した諸社会や、狩猟採集と農耕、牧畜などの異なる技術や生活様式をもつ社会が共存していた時代ということができよう。そしてアフリカでは今日においても、そのような多文化の共存関係が形を変えて維持されているのである。

〈市川光雄〉

第Ⅱ部

川世界の歴史形成

第三章　コンゴ川世界

1――熱帯雨林下に刻まれた歴史

二つの世界――サバンナと熱帯雨林

コンゴ川流域は、アフリカ大陸の地表のおよそ一〇分の一を占め、川は大陸の中央部のゆるやかな盆地状の地域の流水を集めて大西洋に流れ込む。このコンゴ川は、現在のコンゴ民主共和国がザイール共和国と呼ばれていた時代、ザイール川と呼ばれた。その当時国名に冠せられたザイールとは、「すべての川を呑み込む川」を意味した古代コンゴ語の「ンザンディ」もしくは「ンゼレ」を、ポルトガル人が誤ってザイレと発音したことから来るといわれる。

この水界に息づくコンゴ川の世界は、赤道をひとまたぎしながら同心円状に二つの世界

コンゴ民主共和国とその周辺

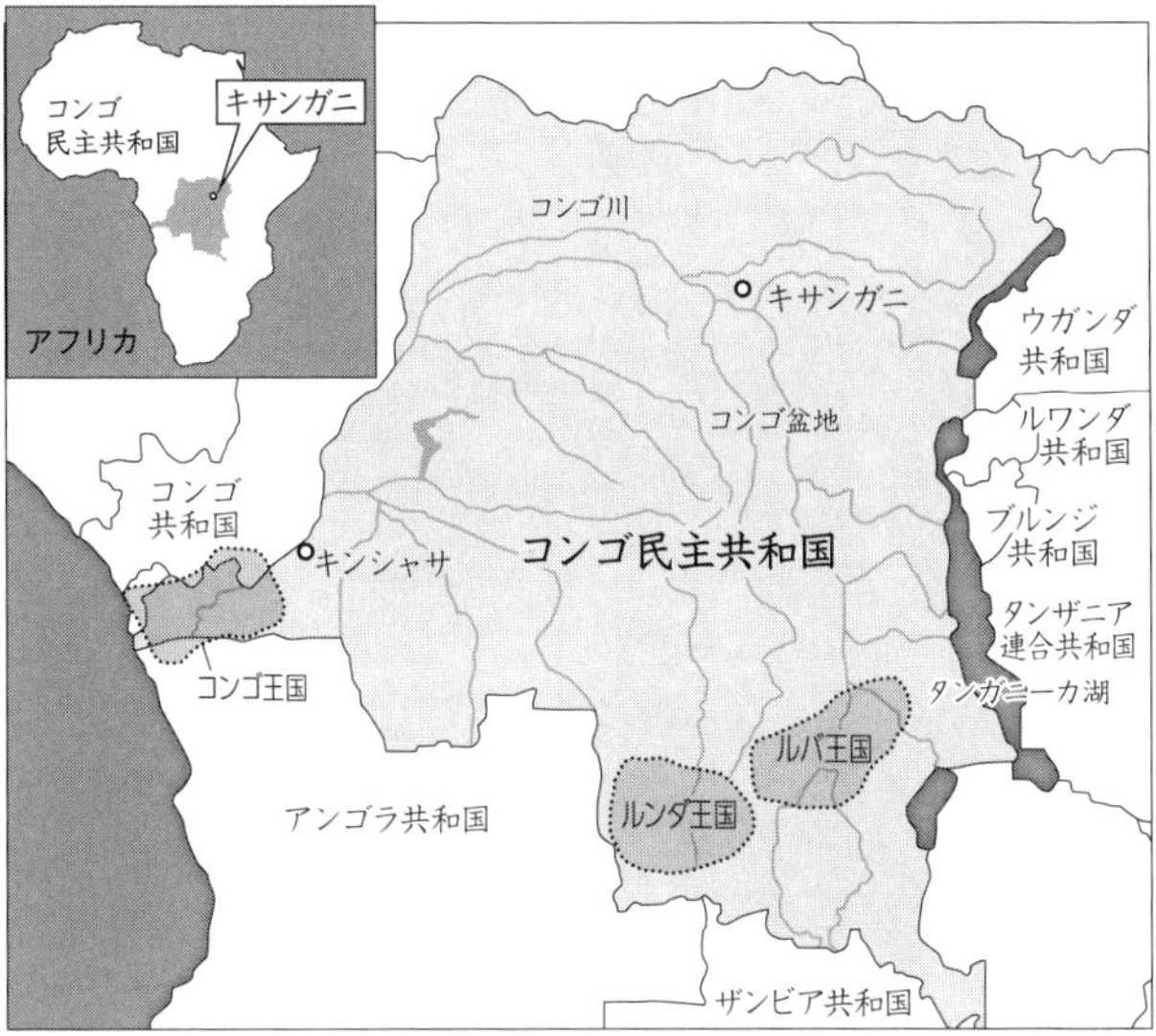

を構成している。その外縁部を構成するのはサバンナの世界であり、ここには一五世紀頃から並び立つ、コンゴ、ルバ、ルンダの王国と文明が形成されてきた。コンゴ王国は、コンゴ川の河口から今日のアンゴラにかけて展開する森林からサバンナに移行する地帯に生み出されてきた。一方、コンゴ川をさかのぼると川は熱帯雨林下をキサンガニまで東進し、そこで本流は南に方向を転じ、深い森の中をさらに駆け抜け、サバンナに移行するところに源流域が広がってくる。コンゴ川水界に立つ文明のもう一つは、この源流域のサバ

ンナに展開し、コンゴ王国とほぼ同じ時代にルバ、ルンダの王国を成立させ、サバンナ世界の長距離交易を主軸とした権力機構を作り出した。

このように文明の跡をたどることのできるサバンナの世界と比較する時、コンゴ川水界の内部にひろがる広大な熱帯雨林地帯は、アフリカの「闇の奥」として、イギリス生まれのアメリカの探検家であり、一八七四年から三年近い歳月をかけてアフリカ大陸を横断したスタンリーによって、一九世紀の終わりに成し遂げられた地理的探検の最後の断章に至るまで、「暗黒の大陸」の核心部を形成してきた。

しかしこの熱帯雨林の世界は、今日そこに開かれてきている歴史の証言の跡をひもとくならば、必ずしも文化の障壁として閉ざされた不動の世界を作り出してきたのではない。コンゴ川水界をめぐって、そのサバンナの世界に生み出されてきた文明の興亡とその特質、さらにはその変容の様態も、その背域に展開する熱帯雨林の世界の内部の動きと連関をもち、その世界の特質と織り合わされるかたちで紡ぎ出されている。

拡大するバンツー世界

後に述べるような、コンゴ、ルバ、ルンダ王国などのサバンナの躍動する歴史と比べる時、コンゴ川水界の熱帯雨林下の歴史を跡づける史料は、一九世紀の終わりにベルギーによる植民地時代を迎えるまでの間、皆無である。そしてその変遷の跡は今日ようやく考古学、歴史言語学の展開の中で着手され始めたにすぎない。熱帯雨林の最初の住民である狩猟採集民が森の中に暮らすようになった時期に関しては、具体的な画定を行うことは難しい。しかし、少なくとも今から四、五千年前には、この森の中で狩猟採集民が活動していたことが、エジプト王朝の記録からも読み取ることができ、その後長い間、狩猟採集民がこの森に独占的に生活世界を作り出してきた。このような森の世界が大きな変化を刻むのは、バンツー語系の諸民族の大移動が展開する過程の中であった。

バンツー語の起源地は、これまでの学説によれば、現在のナイジェリアとカメルーンの国境周辺であると推定されている。原バンツー語を話した人々がどうして大移動を起こすようになったか、その原因は明らかではない。しかしいずれにせよ、紀元前数世紀にその起源地を離れて移動を始めたといわれる。その過程の中で原バンツー語の話者たちは西バンツー語系と東バンツー語系の二つに分かれて展開し、サハラ以南のアフリカに広汎に広がっていった（第二章2節参照）。

この二つの集団のうち、直接的に森林地帯に影響を及ぼしたものは、東南アジアから伝播したヤムイモやさらに西アフリカ原産のアブラヤシを携えて拡大した西バンツー語系諸言語を話す人々の移動によるものである。この集団は鉄器などの金属器の使用を導入することにより生業としての農耕の基盤を獲得し、恒常的な高い生産力を可能にした。この西バンツー語系を起源とする集団は紀元一世紀には、熱帯雨林の大部分の地域に住み着いたらしい。

もう一方の東バンツー語系のグループは、熱帯雨林の北縁を東に進み、アフリカ大陸で広く食用にされてきたソルガム（モロコシ）、さらにはシコクビエ、トウジンビエなどの雑穀栽培を取り入れて拡大していった。そしてその勢力の拡大の過程で東バンツー語系のグループは、先住民であるコイサン語系の狩猟採集民を取り囲み、より環境の劣悪な辺境の地に追いやり、サバンナの生態系の中に農耕が卓越する地域を作り出していった。

バナナ革命

バンツー語系の人々の移動・拡散の過程の中で、コンゴ川水界の世界にまず広く浸透した西バンツー語系の伝統を継承する焼畑農耕民は、見渡しのきくサバンナや灌木林地域を利用しなかった。それゆえこの空隙の領域に、いったん東へ展開した東バンツー語系の人々が逆流し、コンゴ川水界をより多くの人口で覆っていった。コンゴ川水界に居住する西バンツー語系の人々はこれらの移動者を歓迎し、彼らを共同体の中に編入していった。そしてそれらの東からの移住者のもたらす新しい穀物や、それと連関した技術や道具を熱心に借り受けた。

このような移動・拡散は、紀元前三世紀前後に鉄器の使用が普及し始めてからは、コンゴ川の水界の世界の中に急速に展開していった。ヤムイモとアブラヤシを携えたバンツー語系農耕民のコンゴ水界への初期の移動によって、森林地帯にも一定の焼畑農耕を行う居住者が住むようになったが、いまだ深い森への進行は阻《はば》まれていた。このような焼畑農耕民の限界地を一気に拡大しその生活圏を深い森へと進めさせたものは、五世紀頃にこの地域に流入した東南アジア原産のバナナであり、またたくまに熱帯雨林地帯では重要な基幹作物の位置を占めるようになった。

熱帯雨林下のアフリカにおいて食用されるバナナの中には、量は少ないが、私達が日常的に口にする果実用のバナナもある。しかし、この時期の伝播を通して食料生産の次元でなによりも大きな意味をもったものは、料理用のバナナとして知られる、プランテンバナナである。バナナとヤムイモを比較した場合、バナナはヤムイモに必要な乾季の時期がなくてもよく、耕起や整地の作業においてもヤムイモ栽培におけるような完全な作業を必要とせず、また、開墾においても耕地となる土地を覆う樹木の三分の二程度をはらえば足りるからで、地力の維持や労働力の軽減につながるという。そして一ヘクタールあたりのバナナの生産性はヤムイモと比較して非常に高く、一ヘクタールに必要とされる投下労働力は低いものである。この改良の結果、農耕民は森林のどこにでも定住することができ、交換のための余剰を生み出すことができた。

このように熱帯雨林地域へのバナナの流入が、この地域での人口の劇的な増大を引き起こすものになってきたことは間違いないといってよいだろう。そしてこの変容は、農耕社会内部に留まるものではなかった。バナナの高い生産力は自家消費を越えた生産の可能性を保証するものとなり、この中で狩猟採集民と焼畑農耕民の間の交換が展開し始めたのである。このような意味でバナナの導入は、いわばバナナ革命とでもいうような大きな変容をこの森の世界に残したのである。

狩猟採集民・焼畑農耕民・漁撈《ぎょろう》民の共存

バンツー語系諸民族の移動・拡散によって、コンゴ川水界に流入してきた農耕民が作り始めた生活世界は、最初は先住者として生活する狩猟採集民が作り出した大海の中に、あたかも孤立する島のように点状に広がっていた。しかし繰り返される移動・拡散の過程の中で、点はしばしば線をなし、その線も厚みを増して、次第に大きな勢力をもつようになっていった。

そのようななかで西バンツー語系社会が、東からのバンツー語系諸民族の再流入を早くから受容した南部のサバンナ地域は、いち早く農耕社会が卓越する地位を作り出した。コンゴ川の湾曲部内側には熱帯雨林地帯にもサバンナの自然景観がその森の中を縫うように存在しており、サバンナに起源をもつ穀物はそのあたりでも作られたことだろう。やがてこれが先に述べた、一五世紀以降のコンゴ、ルバ、ルンダのような王国を作り出す基礎を用意したのである。

一方、農耕民の雨林地域の核心部への流入は、遅れたとはいえ、バナナの流入のあと急速に展開し、雨林地域の中に狩猟社会との共存する空間を作り始めたのである。たとえば現存するコンゴ・イトゥリの森のピグミーの場合でも一〇〇〇年以上も前に、この森で狩猟採集民と焼畑農耕民の接触が展開し始めたといわれる。その二つの世界の非日常的な交換も、やがて恒常的なものとして展開し始める。そしてその中で狩猟採集民と焼畑農耕民の間の補完性は強まり、狩猟採集民の生活もバナナなしでは暮らせないというように農耕社会への依存を強めていった。そして最終的には、森の中での農耕社会の卓越した地位が確定する中で、狩猟採集社会は農耕社会の中に編入されるようになってきたのである。

このようなコンゴ水界内縁部の農耕社会自身の変容とともに、外縁部であるサバンナの領域への新たな民族集団の流入が開始された。このことも、狩猟採集民と焼畑農耕民との地域ごとの関係のあり方に影響を与えている。たとえば中部アフリカからコンゴへ南下して流入したスーダン系の住民が、バンツー語系の住民に先立って、狩猟社会と共存空間を作り出したところもある。このようななかで、狩猟採集民であるピグミーと農耕社会との関係は一様ではなかった。いくつかのグループは共生関係にあったが、対立関係にある農耕民グループもあった。

それとともに、農耕民・狩猟採集民と異なる生業要素によって、このコンゴ川水界を地域ごとに孤立したものではなく外に開かれた共同体として織り上げた、漁撈民の世界も見逃すことができない。コンゴ川の中流域にはコケビラメ科の魚や様々な現地名をもつコイ科の魚、さらには大きなナマズが棲息し、漁撈民たちは川の中に仕掛ける簗《やな》、漁毒による漁法など多様な活動を地域的に展開した。そして漁撈民は、「陸の住民」である農耕民や狩猟採集民と頻繁に接触し、農作物や食肉・食用油などと引き換えに魚を売っていた。コンゴ川水界を直接利用して生きる人々として、漁撈民の間には、隣接する河川の漁撈民との間に河川の道を介したネットワークが存在し、モンゴ諸語を話す人々に見られるように、コンゴ川水界の広大な領域に文化的な一体性を作り出したのである。

2——サバンナの王国社会

サバンナ世界の胎動

五世紀に始まるバナナ革命の後、一〇世紀頃までにコンゴ川水界でのバンツー語系諸民族の大移動がひととおり終結を迎えると、その地域を薄く広く覆った人口の滞留と密度の深化を経験するようになる。もちろん人口密度の濃淡は地域ごとに大きく異なり、まず人口の滞留は農業生産に適した肥沃な地域、とりわけ森林からサバンナに移行する地域に始まり、そこに社会の階層化、重層化の芽生えを作り出していった。

今日の考古学的な発見の中で、人々の集住や階層化の兆候を示すものとして、コンゴ川の上流部にも八世紀頃から料理用の陶器や墓などの遺跡が見つかりつつある。首長のもとに、藩主、貴族が存在し、さらに小首長や村長が権力をもつという首長制の萌芽としての政治組織も、しばしば戦争などの緊急の事態に際しては大きな権力を示したが、しかし我々が通常「階級」という形でとらえるような、恒常的、長期的な権力基盤に立つものではなかった。

焼畑による移動耕作を前提とした共同体的土地保有制度に支えられたこれらの首長制の多くは、宗教的・政治的権威と結びついた親族組織の分化であり、生産と経済に結びついたものではない。政治組織も長老制的な域を大きく超えず、官僚組織も基本的に未分化なものにとどまっていた。このような中で、階層の「権力」をしばしば広域的に支えたものは、内部からの富の収奪というよりも、この時代にすでに始まった遠隔地との長距離交易によるものであった。

コンゴ川上流域の、後にルバ、ルンダを生み出した地域は、一一世紀から一三世紀にかけてザンビアからインド洋岸にたどり着く交易の道を作るとともに、一方それに続いてアンゴラなど大西洋岸との交易も始めており、コンゴ王国を生み出していく外生的な要因を一四世紀の終わり頃までにすでに準備していたのである。

そしてこのような長距離交易に支えられながら、サバンナ世界はコンゴ川の水界の中でもいち早く歴史に名前をとどめる、コンゴ王国、ルバ、ルンダなどの王国を生み出していった。王国の周辺部における森林域にも水界を通してサバンナ域からの影響は広がっていった。こうした歴史的展開の中で、川世界の生活者である漁撈民が水運を担い、やがて交易に専業化するエスニックグループも登場してくる。そしてコンゴ川水界からこれらの自生的な王国が発生し、最も大きな勢力をもった時代、すなわち一五世紀から一六世紀にかけての時代は、アフリカ世界がまさに初めてヨーロッパ世界と直接対峙する時代とも重なるものとなり、隠されてきたコンゴ川水界の文明史が一挙に「世界史」の舞台に顔をのぞかせることになった。

マニ・コンゴの権威

アフリカの「世界史」への参加、とりわけ近代世界システムとして語られるヨーロッパ世界との初めての出会いの場を考えるならば、それはこれまで多くの人が想定してきたような支配―被支配という苦渋に満ちた一方的な関係ではなく、むしろ、ヨーロッパ世界がそこに同じ文明の位置にある世界を認めるような、対等の相互交流的な諸関係から始まったことを見ておく必要があろう。

コンゴ川に立つ一つの文明、コンゴ王国の栄光を伝えるものは、一四九〇年、最初のポルトガル人大布教団がコンゴに到来する中で政権を獲得し活躍した、当時のコンゴ王、すなわちマニ・コンゴ（マニは王の意）であるアフォンソ王とポルトガルのマヌエル王との間に結ばれた兄弟王としての、対等・平等な関係である。ポルトガルのマヌエル王とその同時代人のマニ・コンゴであったンジンガ・ムベンバ（洗礼名をドン・アフォンソという）との間に交換された手紙の中には、兄弟王として相互に尊敬し合う文面が随所に見出される。

アフォンソ王の前の時代にコンゴ王国は、その最大の拡張期を迎え、南北約四八〇キロ、東西三二〇キロないし四八〇キロに及ぶ地域の君主として、この地域のそれぞれの首長から貢物をとっていた。首都ムバンザ・コンゴには、総督を務める王宮長官、最高裁判事、警察長官、報道官などの役人がいた。マニ・コンゴの支配する全地域は「州」に分け

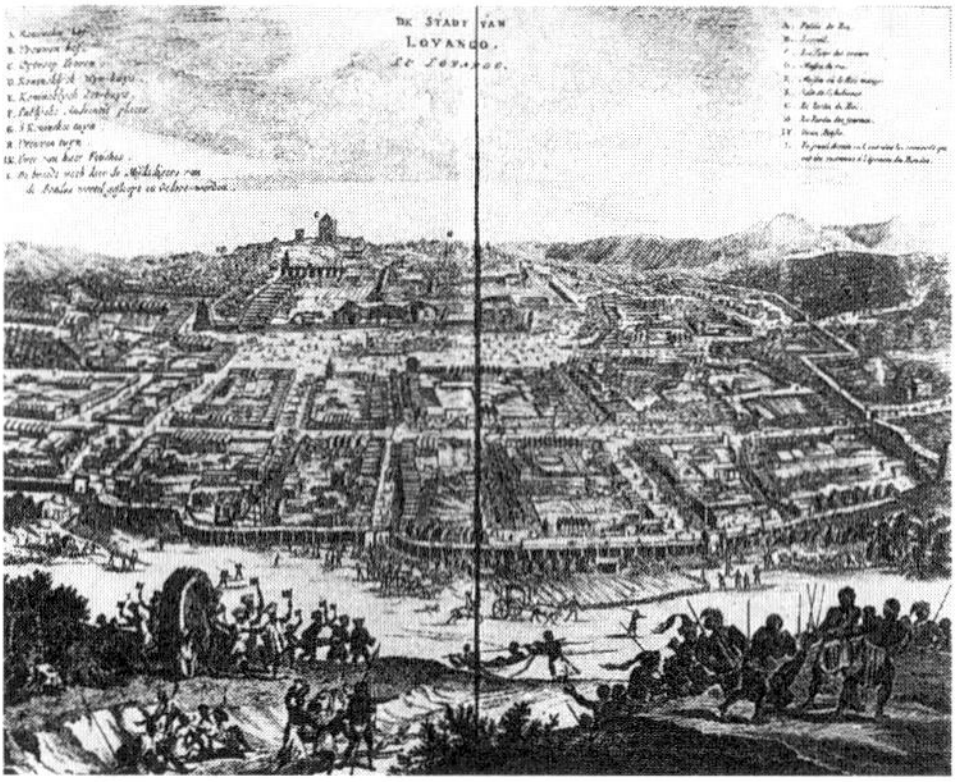

17世紀頃のロアンゴの街

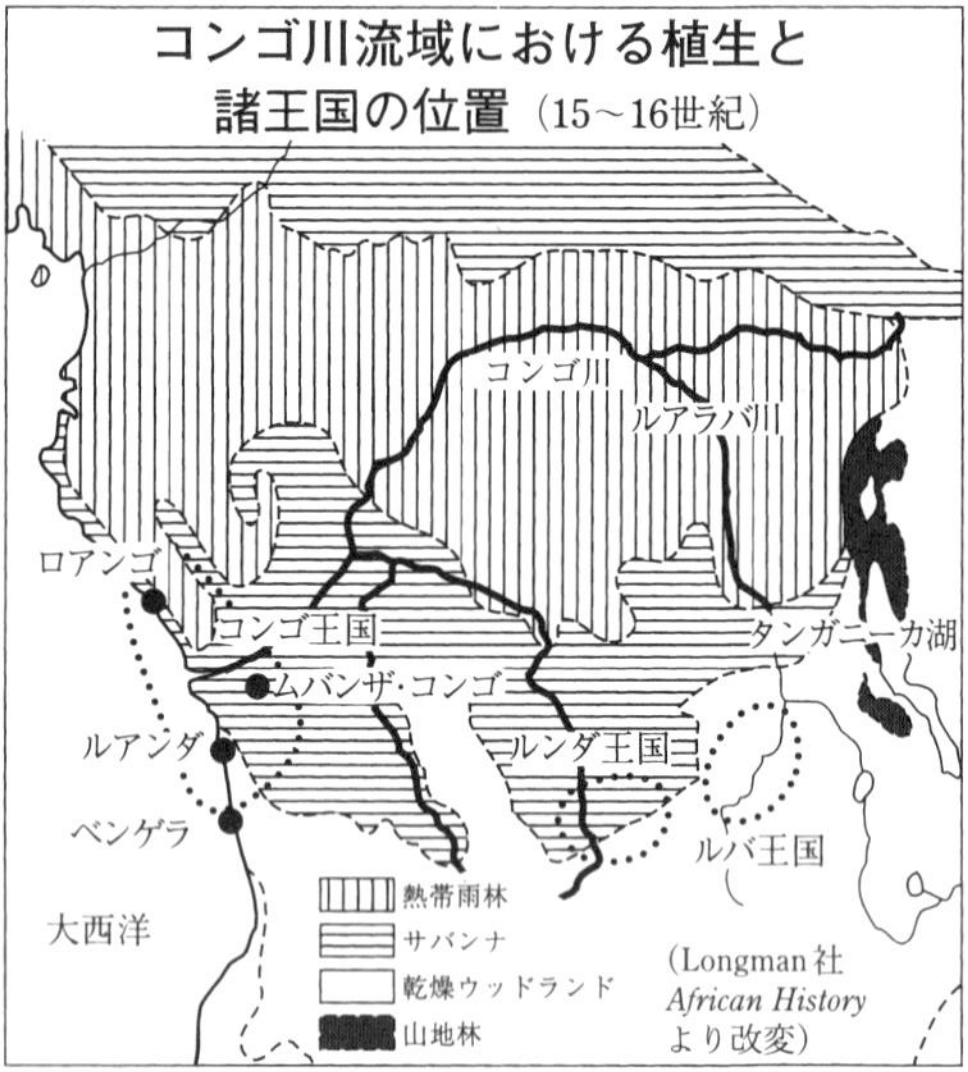

コンゴ川流域における植生と諸王国の位置（15～16世紀）

られ、それぞれの州都には知事、つまりそれぞれの地域の統治者がいた。知事は税金と王への貢物を集め、その中には、葉から丈夫な繊維がとれるラフィアヤシから作られたラフィア織布、モロコシ、さらにはヤシ酒、果物、ウシ、象牙などがあった。

当時のヨーロッパ人の目には、このようによく整備された官僚機構は、その時代のヨーロッパの歴史的世界ときわめて近いものに映った。小首長は大首長に貢物を納めていたし、大首長はマニ・コンゴに忠誠を誓っていた。マニ・コンゴは、同じ中世のどのヨーロッパ君主にも劣らず、確かな主権をもって国を治めていた。彼は神聖なる人物と考えられており、当時のヨーロッパのいずれにも劣らないような華やかな王室儀礼と多数の臣下に囲まれていた。そして首長間の婚姻は、忠誠や同盟を固める目的で取り決められた。

しかし、それにもかかわらず中世のヨーロッパ世界と比較する時、明らかにコンゴ王国の領域にしるされる諸社会の中には、「支配」という言葉にはふさわしくない自律的な世界が維持され、分権的で流動的な社会が展開していた。王の権威は社会経済的に組織化されたものというよりは、神聖な王としての諸王国連合の親族的・宗教的な象徴的権威として位置づけられたものであった。

ルバ、ルンダの交易

一方、コンゴ川の源流域にあたる南方のサバンナでは、ルバ王国とルンダ王国が早くから形成されていた。これらの国家体制はルアラバ川上流の湖沼地帯に発達した。

伝承によれば、ルバ王国はコンゴロという人物によって建国された。ルバ王国が形を成し始めたのは、一五〇〇年以前だと推定されている。それは一人の首長のもとに数個のクラン（父系氏族）が合体するような社会組織によって支えられていた。王国の政治組織についてはほとんど知られていないが、その中心的な形態としては、複数の首長間の相互的・兄弟的結束による分権的父系リネージ（出自集団）で組織されていたと考えられる。各リネージは共同体としての村をもち、首長は奴隷を所有していた。

すでに九世紀初頭には、ルバ王国を生み出した培地としてのルアラバ川上流の湖沼地帯に、鉄・銅の加工技術をもつ人々が居住していた。彼らは農業と漁業をともに行い、東アフリカのインド洋沿岸地域と通商していたことが明らかにされている。鉄・銅、そして湖沼の泥水から生成される塩はルバ王国の重要な交易品であったことが知られている。

隣のルンダ王国を建国したチビンダ・イルンガは、ルバ王国のもう一人の父祖といわれるカララ・イルンガとの親類関係が指摘されており、その時ルンダ王国を支えたものもルバ王国と同様に、ザンビアを通ってアフリカ東部海岸につながる遠距離交易を介したものであった。そして一六世紀以降の勢力拡大過程の中では、この交易路に加えて西部のアンゴラとの交易の回路も生まれていた。

紀元後九〇〇年頃までには銅産出地域では、自家消費を超えた必要以上の採取が始められていた。それと時期を同じくして、インド洋に面した東アフリカ海岸から流入する、貨幣としても使用されたタカラガイやビーズが、シャバ（現コンゴ民主共和国南東部）やザンビアに現れ始めた。さらに交易は拡大し、間接的なコミュニケーションや交易が長距離の道程を介して起こり始めた。タカラガイのような商品は、一つの地域の商人から他の地域の商人へと販売されている。一三〇〇年までに交易の大きな拡大が起こり、銅貨をはじめとした様々な純粋貨幣がその地域に現れるようになった。このことは交易において物々交換ではなく、貨幣が必要になったことを示すものである。

ルバ、ルンダの王国もコンゴの王国と同様、その領域内の他の首長の勢力と比較して飛び抜けて大きなものであったわけではない。一般に王は、その超自然的な力ゆえに王としての卓越した地位を認められているのであり、王国内の各地域ごとの自律的経済はすべて十全に維持されていた。王は自らの資本や近隣の村を統治するにすぎず、行政や裁判も地域ごとに行われ、集権的なものではなかった。

3——キャッサバとイスラームの道、奴隷の道

キャッサバ革命

一五世紀の終わりから外文明との交流を始める以前のコンゴ川水界の世界は、以上のように様々な変動を繰り返しながらも、基本的にはアフリカ大陸の内部に完結した閉ざされた世界の中を生きてきたといえるだろう。しかしポルトガルの布教団とマニ・コンゴの邂《かい》逅《こう》に始まる外文明との連携は、形成し始めたばかりの世界システムの中に自らを編入し、その一端を担うものとして自ら位置づけていく過程でもあった。その中で異質な民族集団を広汎につないだコンゴ川の交通路としての役割も、むしろ外文明とコンゴ川水界内世界をつなぐ、経済・社会・文化の道として大きな機能を担うようになる。

西の窓口からは、新大陸からもたらされたキャッサバがコンゴ川をさかのぼり、農業世界の生産のありようを一変した。キャッサバは農産物としてバナナ以上に土地生産性が高く、しかも低品質な土壌にも耐える生育力の強い作物であり、この作物が、森林の中の焼畑耕作の中に加わることによって、この地域の農業生産の安定性は飛躍的に高まったといえるだろう。キャッサバの流入はバナナに次ぐ森の世界のもう一つの「農業革命」であっ

た。

コンゴ盆地においてキャッサバは、コンゴ川を遡行《そこう》する北上ルートとザンビア方向に向かうサバンナ東進ルートの二つの伝播経路をたどったといわれる。この中で、キサンガニ周辺の森林地帯へのキャッサバの普及と関わるコンゴ川の道は、一六世紀から一九世紀までの大西洋奴隷貿易を背景として内部で活発化したものである。キャッサバとともに下流から上流へと運ばれていったものは、沿岸部の塩およびヨーロッパ製品（特に銃、火薬、衣服）などであり、鉱山で産出した銅や鉛、銅細工、肉の燻製《くんせい》なども運ばれた。一方、上流からは木材、土器、魚の燻製、象牙などとともに、奴隷がその初期の交易の頃から運ばれている。

平等社会としてしばしば言及されるアフリカの伝統社会も、首長制を作り出したような重層的な社会の内部には一つの「奴隷制」を内包していることがある。このような形態の奴隷が、コンゴ川上流部から搬出される交易品の一部をなしていた。しかし、その交易の始まりにおいて、伝統的社会内部での奴隷は、生産手段をもたない制度化された固定的身分としての奴隷というよりは、戦争による捕虜や犯罪者の処罰の過程で起こる一時的な状態を示すものであり、むしろ多くの場合、一定の拘束期間の後、自由民として独立していく存在であった。

緩やかに構造化された水界

熱帯雨林の世界を陸上の世界に焦点を置いて捉えると、その生態は一見して自由な活動を阻む障壁として立ち現れる。しかしコンゴ水界に視点をおいて捉えると、河川を通したモノ—ヒト、文化の広大な流れとネットワークによってつくられる地域社会の形成が浮かび上がってくる。熱帯雨林下の世界には、バンツー語系諸民族の侵入とその定着以前の漁民の世界の活動も含めてみると、極めて長い年月にわたって、水界による一定の安定した流通とネットワークがあった。そこでは外的世界との交渉による大きな変化の中でも、地域社会をつなぐ安定した道としての機能を果たし、森の奥まった世界にも構造化された生活空間を作ってきた。

森の中を駆け抜ける水界は、一五世紀の終わりにヨーロッパ人が、この地域に流入し始めるはるか昔から、小リネージや村を超えた広域的で持続的な地域のつながりを作り出し、一六世紀以降、外部世界からの要求が高まり、その影響が森の奥まで入っていく中でも、この地域社会の前線のあり方を支えていたといえるだろう。このように外部から無人の地として映し出されるフロンティアに地域社会として一つの構造化された空間が形成されていたのである。

巨大なコンゴ川の水系は、「闇の奥」とされる熱帯雨林下の世界を縦横に結ぶ交通の道として、この地域社会のハイウェイともいえる役割を果たしていた。そしてそのような世界の中で、政治的権力の動静には、エスニックグループ間の戦闘のような戦時下で広域的な社会の統合がしばしば見られたが、一方では平時においても地域社会の信頼の厚いビッグマン（有力者）がたくさんの妻を得て多くの子孫を残し、巨大な社会組織を作り上げることもあった。

熱帯雨林下の村落の間にもつながりが生まれ、その中では中核的な村落が他の村落との間に支配的な関係を持ち、政治的な統合が生まれることもあった。そのような社会の統合のあり方に応じて、村落間の場のつながりとしてのクラスター、一定の垂直的な関係を有するようになった段階でのコングロマリット（複合政体）やダイナスティ（王朝）などのような政治的組織体が生み出される。そしてそのような政治組織体の進化の一つの方向として、より大きな組織体である、土地の支配に支えられたプリンシパリティ（公国）が生み出されることもあった。

このような中部アフリカの熱帯雨林の集権的でヒエラルキーが発達した組織は、多くの場合、その培地として、すでに述べてきたような河川社会を軸として繰り返し生み出されてきたのである。そこには緩やかに構造化された水界があり、それを軸とした政治の統合とその興亡が繰り返されていった。深い森の中で広範なフロンティア社会を抱え込みながらも、森を縫うように、歴史的に構造化された水界が展開していた。熱帯雨林下の川世界には、高低差があり、違った植生は、異なる資源を生み、人々はそれを交換する。交通上の利便があるところは、富を蓄積し、豊かになり、従属するものを生み出す。その結果として社会的格差を生み出し、地域の中に政治的統合が生じる。

衰退するコンゴ王国

コンゴ王国においても、アフォンソ王の初期頃のポルトガルとの交易時代から奴隷貿易は始められていた。しかしその時点でのコンゴ王国からの奴隷の供給は、増加傾向にあるものの、伝統的に行われてきた捕虜を奴隷として輸出するやり方を踏襲していた。コンゴ王国とポルトガルの交易の間には均衡があり、無差別の奴隷狩りによって背域の世界を著しく歪《ゆが》めるようなものではなかった。アフォンソ王がポルトガル王に対して奴隷取引をやめるように求める手紙を送った記録もある。しかしそのようなヨーロッパとの対等な貿易関係は、アフォンソ王の時代から一〇〇年も経《た》つ中で次第に失われ、輸出品としての奴隷の数は激増していった。

その一〇〇年の間にヨーロッパの一つの国であるポルトガルとアフリカの一つの国であ

るコンゴ王国の対等の関係を大きく反転させたものは、周辺世界を低開発世界として中心世界に統合する、唯一のシステムとしての世界システムの出発とその中でのヨーロッパ世界の急速な勢力拡張であった。ヨーロッパに形成され始めた資本の本源的蓄積と産業化への道は、物的・人的資源の恒常的な確保を不可欠なものとして、それらを周辺地域に対して強制的に求めるようになり、ヨーロッパとアフリカの間に中心と周縁、従属的諸関係を確立していったのである（第九章参照）。

搬出する奴隷の数が年とともにうなぎ登りに増加する背景には、新大陸での急増する奴隷需要のように、まさにこの世界システムと結びついた、外からの奴隷貿易を推進する圧力があった。どれだけ多数の奴隷がコンゴ川水界の国々から連れ去られたかを、今日の時点で確定することはできない。一説によれば、一六八〇年から一八三六年の奴隷貿易の法的禁止にいたるまでの期間、ルアンダとベンゲラの両港からだけでも、約二〇〇万人が積み出され、それ以後の年月でも非合法に積み出された数は多数にのぼるといわれる。密貿易なども勘案すると、コンゴとアンゴラの古い国家から連れ去られた奴隷の合計は、約五〇〇万人になると考えられる。

このようななかで内陸盆地で奴隷の搬出などに大きな役割を果たしたコンゴ川の交通のネットワークも、一八〇〇年代にはさらに拡大して広域に及んでいた。水界の生活者であった漁撈民は、専業的商人や運搬者になり、大量の物や人を運んだ。大西洋の交易の内部世界への広がりは、物資が常に行き交い一定の安定した生活世界を作り、コンゴ水界の奥深くまで交通の小さな拠点となる街場を形成していったのである。こうして水界はこの時代に広大な領域における一つの秩序を生み出していた。

このように時代とともに、奴隷貿易はもはや自生的に生み出される奴隷数でまかなえる量をはるかに超えるようになった。奴隷は外部からの要請に対して意図的に生み出されなければならない、商品としての意味を強くもつようになった。そのため、各地で奴隷狩りが行われ、強制的に奴隷を徴集するようになり、各地域の社会を破壊に導いていった。たとえば、首長制から王制へと重層的な社会組織の編成のもとに版図を拡大するような勢いのある民族集団は、こうした外部からの商品奴隷の要請という追い風を受けて、近隣に孤立して分散する小民族集団を隷属化しようとし、その過程の中で大量の奴隷を生み出していった。そしてそれは地域間の紛争を頻発させ、森の住民もその難を逃れるために、さらに奥地へと移動していくようになった。この過程の中で、栄光を誇っていたコンゴ王国もその背域から孤立し、その支配領域を縮小させ、力を失っていった。

一九世紀の初め、ポルトガルの中でコンゴ王国へのさらなるキリスト教布教活動が論議された時、「コンゴ王はもはや宣教師に援助をする力がない」という意見によって、その布教事業が政府によって反対されるという状況に至っていた。そこには栄光のコンゴ王国が衰退し、瀕死の状態に陥っている姿が映し出されているのである。

イスラーム化とバングワナの形成

西から開けてくるコンゴ川水界の外文明との接触と歴史的世界の展開とともに、一五世紀以降コンゴ川水界に外文明が与えた影響として、今日のタンザニアを越えて東から広まってきたイスラームの世界とのつながりを見ておかなければならない。

一八世紀になると、東アフリカ沿岸部から内陸部に拡大したイスラーム勢力は象牙、奴隷などを遠距離交易によってインド洋沿岸地域にまで運び、タンザニアのインド洋海岸の南部に位置するキルワなどの貿易者を介してアラビアとの貿易を拡大し、その勢力はタンガニーカ湖を越えてコンゴ川のマニエマ地方に進展し、さらにその貿易はその範囲を拡大していく。そしてこの当時からマニエマの奴隷も、今日のタンザニアのタボラに集められ東の海岸に送られていたといわれる。

このような東からのイスラーム勢力がいつ具体的にタンガニーカ湖を渡り、マニエマを勢力下に治めたのかは今のところ確定することはできない。東アフリカの海岸から大陸内部へ広がっていったアラブ人は、コンゴ川上流にたどり着いた後、キンドゥ地域の支流のひとつであるルアラバ川を下り、クスやテテラのようなエスニックグループをイスラーム化していった。

イスラーム化はなによりも、この地域でキングワナと呼ばれるスワヒリ語の方言を日常の言語として用いる人々であるバングワナ（スワヒリ語で自由民の意）の文化の浸透・拡大過程であった。その過程でイスラームは、今日この地域の一つの主食となったコメをもたらし、また土壁の家の技術などを伝えている。そして一九世紀になるとマニエマには、世界システムと連関した外世界からの奴隷の大量供出に対する要請も高まり、その目的のための大規模組織がアラブ人の手によって作られた。

イスラームがキンドゥからさらに森の奥へと進行していく中で、コンゴ川は最も視界のきく道であり、本流から支流の奥へと舟で漕ぎ上りながら、この地域への支配の領域を広げていったのである。

しかし他のアフリカ地域と比較した時、この熱帯雨林下ではイスラームの展開も、西アフリカにおけるガーナ、マリ、ソンガイなどのような強力な帝国を生み出すということはなかった。そして歴史を貫通して見られるキサンガニの背後に広がる森林域の中における民族集団の特色は、統合のゆるやかな分権的な小さな民族集団が相互に棲み分けながら、それぞれが対等の関係を続けてきたことであろう。

4——キサンガニ森林世界の原理

「残された地」キサンガニ

外文明が東西から押し寄せてくる中、最後の「暗黒の地」として残されたキサンガニの農耕民の世界から、ベルギーによる植民地下に移される前夜のコンゴ川水界世界を取り出してみよう。

下流からのキャッサバの道も、時代とともにキサンガニに至るかなりの領域を背域として組み込み、上流からキサンガニに至るイスラーム世界との連結を待っていた。さらに北からは、すでにナイル川をさかのぼった世界システムがコンゴ北東部のマンベツ人やアザンデ社会の権力と結びつくかたちで、弱小民族に対して奴隷狩りを始めており、それから逃れようとするスーダン系の人々がキサンガニの近くの森へと流入してきていた。コンゴ川中流域に位置するこのキサンガニの地にも、地域間の連鎖の中で生活の底流まで、ヨーロッパ近代を支えた世界システムは着実に浸透し始めていたのである。

しかし遠いヨーロッパ世界から眺める時、このキサンガニ周辺地域は、いまだ「地理的発見」の行われない地図の作られぬ世界であった。一八七〇年代まで、アフリカの探検は、中部アフリカの湖沼地帯と南部アフリカに限られていた。それら以外の地域、たとえばコンゴ川の流域は、赤道直下の森林に多くの小民族が暮らしているという地理的・政治的条件から入り込むのが難しく、ヨーロッパの人々にとっては未知のまま残されていた。ギリシア時代からの謎であるナイルの源流に関する憶説も様々なかたちで残され、コンゴ川の源流とこのナイル川とのつながりも、いまだまことしやかに語られるような時代であった。

このようなヨーロッパに立ちはだかった「闇の世界」の論議に一応の決着がつけられ、コンゴ川の全容が明るみに出たのは、一八七七年に成功を見たスタンリーによる探検によってであった。キサンガニの元の名前であるスタンリービルは、このアフリカ「最後の探検」をなしたスタンリーにちなんでつけられたものであるが、この街こそは、その後のベルギーによる植民地統治の中で、森林域支配の拠点となっていくのである。

分散の原理と流動的社会

キサンガニ周辺の森林地帯には、小さな民族集団が、いずれも集権的政治組織を発展させず、対等なかたちで棲み分けながら、それぞれの社会的政治的領域を作り出している。キサンガニの北部にはスーダン系のボア、バンゲレマ、バマンガなどの民族が生活している。一方、西部にはトポケ、バンボレ、さらにコンゴ川を対岸に渡った領域にはモンゴ系の諸民族が生活している。南東部には、このキサンガニ地域では最も古くから住民として生活してきた西バンツー語系の人々の伝統も有する焼畑農耕民で、コンゴの北の方からスーダン系民族、東国境域からは湖間バンツー語系の影響を受けたと考えられるクム人が生活している。

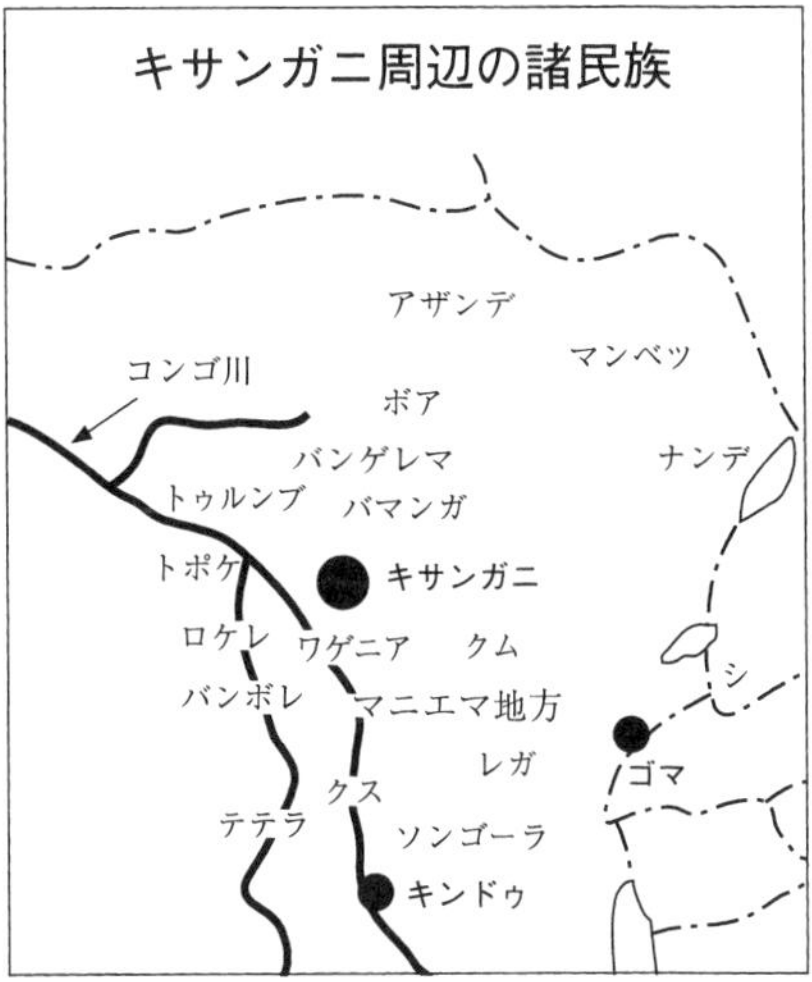

このクム人の伝承によれば、イスラームがこの地に訪れ支配する以前は、繰り返しなされる民族間、あるいは民族内部の紛争による「戦争の時代」であったといわれる。そこにやってきたアラブ人やそれに従うバングワナは、クム人に人頭税としてコメのプランテーションの見張り役を課したり、またそれに従わない住民にはかなり過酷な処罰を科したことが伝えられる。しかし一方で、アラブによる上からの支配は、この地域の紛争の時代を終結した「パク

ス・イスラミカ（イスラームによる平和）」の時代としても記憶され、この時代にアラブの世界に範を取った政治的な組織が、スワヒリ語でカピタと言われるような村レベルでの行政長の設置などの形で、農村の内部にも編成された。

しかしこのような外部世界からの影響は、深い森の中に焼畑農耕を生業として暮らす生活世界を根本的に変容させることはなく、その支配は奴隷の徴集というような間接的支配にとどまった。エスニックグループ内部の領域は組み替えられ移動も活発になったが、ゆるやかに結ばれる分散的な社会の在り方そのものは基本的に変容することはなかった。森の世界の広大な原生林は領域を画定することのできない広がりを提供し、アラブやそれに従うバングワナによる支配を地域内の点的なものにとどめ、日常的農産物の貢納に基づくような面的な支配を阻んできたのである。

また森に住む人々の間で戦争や対立が生まれた時、彼らはその土地を放棄して新しい土地に移り適応して、争いと支配を逃れる。キサンガニに並立する民族集団は、その間で物々交換、交易、結婚、同化、対立、抗争を媒介としながら相互関係を保ち、一つの卓越した民族集団が支配することのない地域社会を形成している。キサンガニの諸集団の中には、クム、バンボレ、トゥルンブ、バンゲレマ、トポケなどの焼畑農耕民が住んでいるが、隣接地域では頻繁に通婚があり、また水界を生業の場とするロケレ、ワゲニアなどの漁撈民との間では野生肉と魚などの交易が行われていた。その中でもロケレは漁撈を営むとともに舟を操って多くの物資の輸送にも秀でていた。女性を中心としたロケレの商業活動は主要河川から奥深くの支流、さらには森の小径《こみち》を伝って河川の背域の奥深くまで、活動領域を広げていった。

かけこみの森

コンゴ川水界の核心部の森の中に息づくキサンガニ焼畑農耕世界は、サバンナのより流動性に富んだ世界と対比する時、バンツー語系諸民族の文化的な適応放散が展開した、もう一つの場の基本構造を示している。植民地時代に入る前夜のキサンガニ周辺の焼畑農村には、西から東から北から南から様々な小民族集団が集まってきている。この森の世界はこのように出自の異なる諸民族が、相互に共存しつつ棲み分けながらそこに堆積していく空間であった。そして新しい文化要素が流入すれば、森をつなぐ水界によって、その内部に地域差を孕《はら》みながらも広くゆきわたっていく。

しかしこのコンゴ川水界の内部世界がもつ意味も、一六世紀以降の外文明からの強い影響の中で大きく変化し、森はそこに息づく小民族集団の自由を保障する場として機能するようになってきた。すなわちこの「深い森」が果たした歴史的役割は、外部社会がその水際までたどり着きながら、どうしてもそれを捕まえ切れない「かけこみの森」をこの社会の中に作り出したことであろう。

コンゴ川の下流ではコンゴ王国を媒介とした世界システムとの連鎖が農村域からの奴隷の徴集を始めたが、それから逃れるように、この時代にモンゴ人たちは下流から上流へと散開していった。そしてそれを抱え込む許容力をもつのが、上流深く続く「かけこみの森」であった。

イスラームも東部からコンゴ川水界に流入し、組織化されたバングワナ世界を形成しつつあった。その中でキンドゥに近いテテラ、クスなどの諸民族はいち早くイスラーム化し、バングワナとしてこの地域のイスラーム化の先兵としての役割を果たしたが、しかし深い森の世界は、必ずしも容易にその軍門に降《くだ》っていったわけではない。

たとえば、銃を持ったイスラーム商人などに対しても深い森を背景として巧みな対応を試み、キサンガニの上流域であるマニエマ地方を領域として、ムアミと呼ばれる伝統的首長によって統合されたレガ人は、このイスラーム化に抵抗し続けてきた。一方、北からは、中部アフリカの草原地帯に覇権をなしたアザンデ人による支配を逃れて、バンゲレマ、ボアなどの人たちが南下し、森の中に入って棲み分けながら居住圏を獲得し、小民族社会が並立するキサンガニ周辺に特徴的な焼畑農耕社会を作り出してきた。

コンゴ川水界の世界はその外縁部のサバンナも、コンゴやルバ、ルンダ王国のように重層的な社会編成をも発達させてきたとはいえ、基本的にはバンツー語系諸民族が多様な色合をもって流動的な共存空間を作り出した適応放散の場である。しかしその世界の背後には、より強靱な「分散の原理」が貫かれる場としての「かけこみの森」が、歴史を貫通して維持されてきたのである。コンゴ川水界の世界はこの森を抱くことによって、王国の支配の及ばない「自由の場」を確保し、この地域に広汎にまたがるような強大な国家の形成を抑制してきたのだと見ることもできるだろう。

〈杉村和彦〉

第四章　ザンベジ・リンポポ川世界

1――鉄器農業社会の形成と発展

孤立・自生した南の「角」

南部アフリカの地理に注目することから始めてみよう。周知のように、アフリカは基本的に三角の形をした大陸である。一辺は、北緯三五度あたりで東西に横たわり、この対角の方は南に長く延びて、先端を南半球の海洋に深々と突き出している。南部アフリカはこの稜部にあたるわけである。

まず、ここからすぐわかることは、南部アフリカが、いわゆる人類の古代大文明の土地から遠く離れていたことである。世界史において、農業革命とそれに続く一連の社会変化――人口の増加、都市と国家の形成、文字の使用、手工業と商業の発展、異文化間の交渉、文化伝播など――をいち早く経験したのは、主として北半球の中緯度地帯であった。このうちで南部アフリカに比較的近いのが西アジア・北アフリカであるが、これに対しても、南部アフリカは、砂漠や熱帯雨林、山岳地帯、大草原などをはさんで、まったく反対の極にあった。

サハラ砂漠以南のブラック・アフリカという枠内でも、事情は似ていた。アフリカの農業・鉄器文明の発祥の地は、決して南の「突出した角《かど》」の側ではなく、そこから数千キロ北の一辺側、つまりサハラ砂漠の南縁部などであった。

南部アフリカの海岸線は長い。しかし、かなり時代が下るまで、南極海はもとより、大西洋の波を越えて人や文物が到来したり、あるいはその反対過程が起こったりすることは皆無であった。東のインド洋は古代から広域的海洋世界を生み出したが、しかし、地理的位置や風、海流、沿岸の地形、エコロジーなどの理由で、この海洋世界がアフリカ大陸の南の端にまで拡大することはなかった。

文明史的には、南部アフリカは孤立していたのである。広く世界を見渡しても、外部世界との交渉がこれほど少なかった地域は他にあまりあるまい。南部アフリカの文明は、国際的であるよりも、すぐれて土着的であった。そして、その歴史は、いい意味でも、悪い意味でも、おおむね自生的に展開されるのである（したがって、一七世紀中葉にヨーロッパ人の入植が大陸の南端から始まり、この地域の人々が最も激烈かつ濃密なかたちでヨーロッパ勢力と接触することになったのは、歴史の皮肉と言わねばならない)。

高原のショナ世界

さて、南部アフリカにはインド洋に注ぎ込む大きな川が二つある。一つはリンポポ川であり、いま一つは、ザンベジ川である。この両河川にはさまれた地域の環境を西から東にざっと鳥瞰《ちょうかん》すると、次のようになる。

まず最初は、現在のボツワナにある乾燥した盆地、カラハリ砂漠である。その後、土地は徐々に高度を増し、現在のジンバブエ(旧ローデシア、ないし南ローデシア)に入るあたりで、海抜一二〇〇～一五〇〇メートルほどの高原地帯が現れる。最初は灌木と大草原が支配的風景であるが、やがてサバンナ疎林、たとえば「晩冬」に赤い新芽を出して美しく紅葉するムササの林にとって代わられる。高原地帯はやや東に傾いたT字形をしており、その気候は、赤道に近いにもかかわらず、高度その他の理由で、比較的雨に恵まれた温帯に属する。

高原は全般に起伏に乏しいが、その東端では様相が変わる。そこは、アフリカ大陸の東側を縦走する山脈につながる山岳地帯であり、地域では珍しく霧と森に覆われている。さらに進んで、最高海抜二五〇〇メートルほどの稜線を越えると、土地は急速に高度を落とし、空気は湿度と温度を増し、やがてインド洋に接する平野となる。最後の二五〇キロメートルほどの沿岸部の自然環境は、ツェツェバエの存在など、人間や家畜、農業にとって厳しいものである。また、高原の北のザンベジ渓谷、南のリンポポ渓谷は、一般に雨量が少なく、バオバブの木が散在する炎熱の地である。

このザンベジ・リンポポ川地域は、高原地帯を中心にして、ある種の個性をもつ歴史世界を形成してきた。その背景として様々な要因が考えられるが、一つには高原に特有な自然環境があげられるであろう。ここもまた気紛れな雨や痩せた土壌といった制約から自由ではなかったが、それでも近辺と比較すれば、人間の生活にとってかなり良好な場所であった。そのため、この地域、なかんずく北東部から東部、南部にかけての花崗岩《かこうがん》の丘陵が多いところは、古くから食料生産が活発に行われ、バンツー系の言語を話す農耕諸民族の定住が進み、また同時に、様々な集団が通過する回廊となった。

もう一つ大事なことは、高原の北東部、東部、南西部などで金が産出されたことである。そして金の貿易を介して、地域はインド洋西域商業ネットワークとつながった（第八章参照）。これについては、早くは一〇世紀中葉、イスラーム地理学者マスウーディー（263ページ参照）が言及している。冒頭に述べた南部アフリカの文明史的孤立というテーマと必ずしも合致しない点であるが、しかしその内容が覆《くつが》えされるわけではなかった。つまり、周縁的位置にあった高原においては、金の生産と海外通商は、外来文明の流入とその影響をもたらすというより、後に詳しく見るように、地域の比較的高い農業生産力と相まって、土着の都市と国家の発展を促していった。実際、ここでは、インド洋沿岸に見られたスワヒリ的（第八章3節参照）、あるいは（半ばアフリカ化した）ポルトガル的な商業都市とその文化は根づかなかった。むしろ、地域の歴史は、アフリカ人の広域的国家の興隆と没落の一大ドラマが展開されたことにおいて際立っていた。「中世」アフリカ大陸の東側全域（海岸から一〇〇〇キロ以内）で、大国家の形成をみたのはザンベジ・リンポポ川地域だけである。

次に、住民についてである。先に見たような「共通の経験」に拠るのであろう、遅くとも九〇〇年以降、地域の住民の大半は、ショナ語（バンツー語の一グループ）を話す人々であった。これほど広大な地域が、言語、文化、習慣においてだいたい同じ範疇《はんちゅう》でくくりうることは、差異と多様性に満ちたアフリカ民族誌の中ではたいへん特異なことである。

さらに触れられるべきことは、高原が歴史の重要な舞台であったとはいえ、それ自身において人々の相互交渉の単位を成したのではないということである。高原を自己完結的な空間と見なすのは、そこを国民経済の心臓部とする現代ジンバブエの「偏見」である。往時の交渉は、環境を異にする高原とザンベジ・リンポポ渓谷の間で、小さな河川体系に沿って展開されるのが常であった。具体的には、三つの交渉圏の存在が認められた。一つは、高原南部からリンポポ川、そしてさらに対岸のゾウトパンスベルグ山脈（南アフリカ）に至る一帯である。これに対し、高原北東部から東部にかけての生活はザンベジ川下流域と、そして高原北西部の生活はザンベジ川中流域と密接に結びついていた。

鉄、農業、バンツー語系諸民族の到来

時間を紀元前五〇〇年までさかのぼってみよう。ジンバブエ高原で我々が出会う住民は、狩猟採集で生活を営む後期石器時代人であろう。この生活様式は地域ではすでに数千年の永い歴史をもち、後にカラハリ砂漠に住むサン人（いわゆるブッシュマン）などによって引き継がれていく。

ところが紀元後五〇〇年まで下ると、我々が目撃するのは、バンツー語を話し、鉄器を使い、皮膚の黒い、体軀の立派な農民たち、すなわち今日のアフリカ人の直接の祖先であった。かつての狩猟採集民は、キャンプした洞窟などで描いた岩壁絵画を大量に残して、高原から立ち去っていた。

バンツー語系諸民族の起源と沿革については諸説あるが、故郷を遠くカメルーンのあた

りとし、いったんビクトリア湖畔を中継地とした後、紀元前五〇〇年頃から中部・東部・南部アフリカに拡大していったのはほぼ間違いない。紀元二〇〇年頃にザンベジ川を越え、三〇〇年頃までにリンポポ川の南、トランスバールに到着している。

高原の南部で発見された七〇〇年頃のマクル集落跡を例にして、当時の生活を振り返ってみよう。

マクルの村はかなり大きく、土が肥沃で、水に困らない川沿いに位置していた。防衛的な配慮はほとんど見られない。家屋は現在と同様に、円い土壁に草を葺《ふ》いたものである。屋敷のすぐ横には、石や木の枝の柵をもつ囲い場があり、夜間にはヒツジ、ヤギ、ウシが入れておかれた。また近くに菜園があり、やや離れて、ミレット（雑穀）の畑が広がっていた。山野を開墾するには、鉄の斧と鍬《くわ》が必要であったが、この村は、鉄鉱石の採掘場をもち、製鉄、鍛冶《かじ》を自ら行っていたようである。また肉や野菜、ミレットを料理するために土器の壺が使用された。こうした壺は軟らかい粘土から作られ、首に模様が刻まれた後、火に通されて仕上げられた。衣服は、棉栽培や織布の痕跡が見当たらないので、動物の皮をなめしたものであったと察せられる。身体の装飾には、ダチョウの卵殻から作った白いビーズや、銅のネックレスなどが使われた。

豹《ひょう》の丘伝統——後期鉄器時代

このような農業社会は、早いところで西暦九〇〇年、遅いところで一一〇〇年頃に、ある種の変化を経験する。変化の波は南の方から押し寄せ、その核心部分を、土器様式に基づく分類で「豹の丘伝統」と言う。これによって、地域の鉄器時代は初期と後期に分けられる。

後期の集落は、初期のような開かれた土地にではなく、丘陵の斜面に形成される傾向にあった。そこには、戦争なり外夷《がいい》に対する自衛という思考が見られた。また、牧畜と農耕を二本柱とする複合農業が続けられたが、後期の牧畜では、ヒツジ、ヤギなど小動物の比重が低下し、反対にウシが重要になった。第三に、後期の壺状土器は、形態や模様において、初期のものと異なっていた。それは後世のショナ人のものと同じであった。これがショナ人の到来を意味するのか、それとも従来文化の進化を意味するのか不明であるが、いずれにせよ、この時期から確実にショナ人の世界が始まった。

交易でも変化が見られた。塩、鉄、銅などの域内交易やインド洋貿易に向けた金と象牙の生産はすでに始まっていたが、九〇〇年以降のショナ人は、こうした活動を質量ともに飛躍的に発展させた。河川や地表で砂金が拾集《しゅうしゅう》され、坑道（時には数十メートルに達した）を使った採掘技術も開発された。そして、海岸部から商人が訪れるようになると、棉の製糸や織布が一部の地域で始められた。また、輸入ビーズを使って、色鮮やかに身体を飾る風習が広まった。

ここから、農業社会の成熟していく姿がややイメージできるのではなかろうか。どうやら後代に下るにつれて、大型の家畜であるウシを中心にした私有財産制の発展と社会の諸階層への分裂、贅沢品への志向と交易の本格的展開、国家の形成と集団間の緊張などが展開されたようである。以下、この時代を、国家の形成を中心にして、もう少し具体的に考えていくことにする。

2――大国家の時代

最初の大国家マプングブエ国

最近の考古学研究によれば、南部アフリカにおける最初の国家形成の焦点は、やや意外な所、すなわち現在は乾燥し人気《ひとけ》のないリンポポ川渓谷にあった。トウツェ遺跡から話を起こすべきであろう。

この遺跡は、紀元七〇〇年から一三〇〇年までという古い時代に、カラハリ砂漠の東端で豊かな牧畜経済と階層社会が存在していたことを示すものであった。トウツェ人は乾燥地の住人であった。河川などの貴重な水資源のまわりに村を作り、穀類栽培よりも、牧畜に精を出した。彼らは実におびただしい数のウシを所有した。ウシの囲い場に溜まった糞があまりに大量であったため、永続的な植相異変が引き起こされ、調査が行われた一九八〇年代においても痕跡は歴然としていた。囲い場の位置と分布が調べられ、九〇〇年頃までにこの地方では小さな集落が一定の間隔をおいて多数存在し、しかもそれは、三つの、たぶん権力者が住んだであろう大きな集落を中心として分布していたことが確認された。こうした社会の階層化、組織化のテコになったのは、ウシの分配と略奪であったと察せられる。

川をやや下った地点、シュロダで見つかった九世紀の集落は、トウツェよりも複雑な経済活動に従事していた。複合農業を生業とした他に、象牙の輸出を目的とする象狩りを行っていた。この集落や同じ時期の近辺の集落跡から、輸入ビーズが大量に発見された。また布も輸入されていたようである。対外貿易の窓口となったのは、リンポポ中流域からまっすぐ東にあり、アフリカ東海岸に点在する交易地の中で最も南に位置するチブエネであったろう。

次に、シュロダから遠くない、一〇~一一世紀の村K２（北アフリカの集落址コムkomを想起させるのでそう名づけられた）である。ここの土器は、すでに述べたジンバブエ高原とショナ人につながる豹の丘伝統に属した。経済の構造はシュロダに似ているが、一点異なるのは、象牙細工、精緻な骨製道具、棉布といった奢侈品《しゃしひん》が地元での消費のために生産されていたことである。これらは富裕層の存在を示唆するものである。一〇七五年頃、K2社会はすぐ近くのマプングブエの丘に移る。

続く七五年間、K2社会はめざましく発展した。東海岸への金の輸出に影響力を行使するようになり、ついには南部アフリカで最初の本格的な大国家、マプングブエ国を生み出した。一一五〇年から一〇〇年ほどの間、マプングブエの丘近辺には広さ九ヘクタールほどの都市があった。丘の頂上に支配者が住み、麓《ふもと》に臣下が住んだ。支配者の大きな家には石を積んで造った壁がめぐらされた。貴人が死亡すると、サイや椀の形をした金の工芸品と一緒に埋葬された。家畜と海外交易品の豊富さを示す遺物も多数見つかっている。

マプングブエはリンポポ中流域を制する都邑《とゆう》でもあった。いくつかの「衛星都市」の存在がわかっている。その一つ、シャシ川河畔（ジンバブエ側）のマペラでは、マプングブエと同様、丘の各所に石の壁が配され、頂上に主要な住居が造られた。ところで、この近辺で金を産出するのは、シャシ川をさらにさかのぼったジンバブエ高原南西部のほかにない。「金工芸の国」マプングブエは、マペラを足がかりにして高原南西部を押さえていたようである。

マプングブエの丘

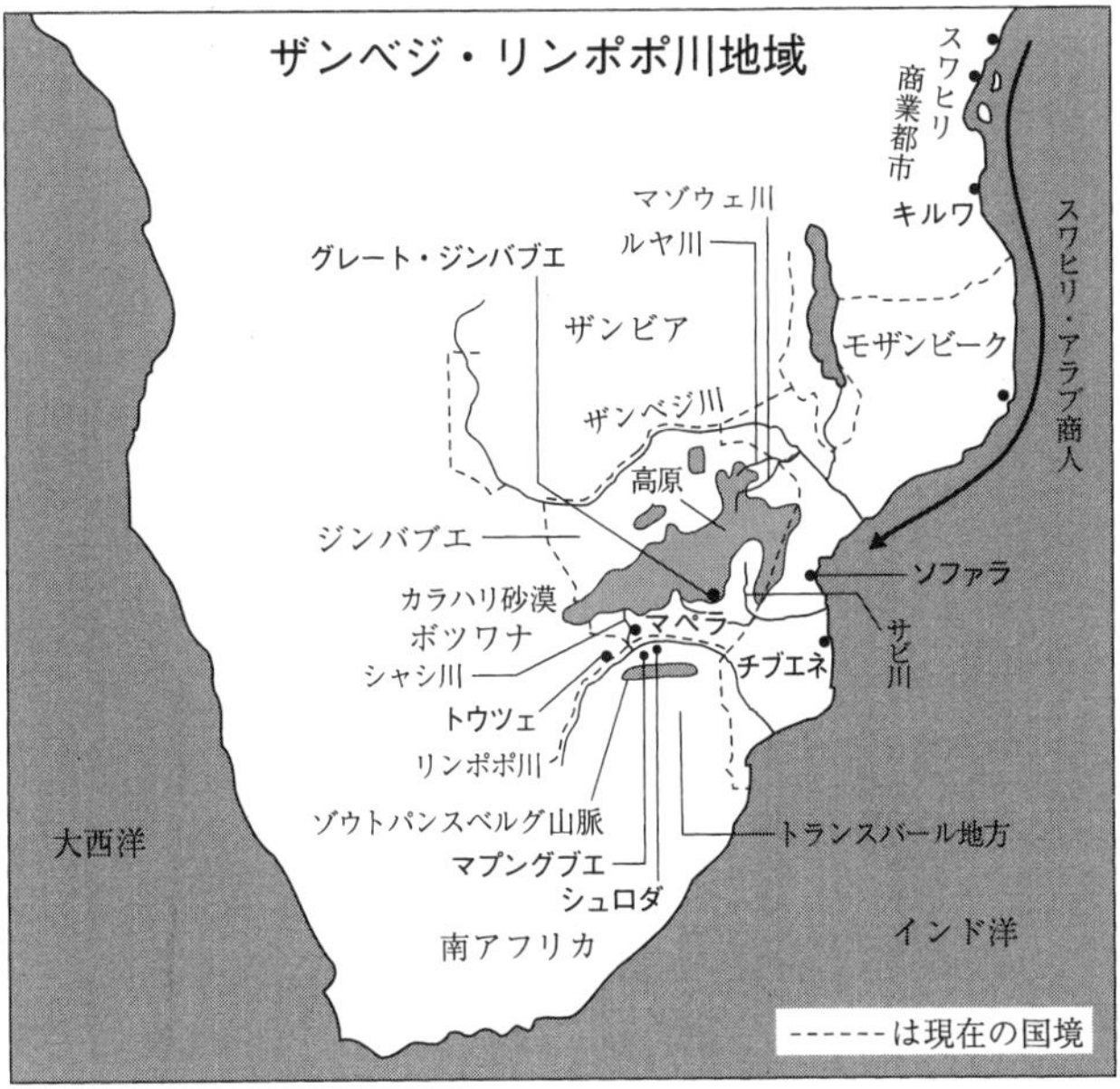
ザンベジ・リンポポ川地域
スワヒリ商業都市
キルワ
スワヒリ・アラブ商人
マゾウェ川
ルヤ川
グレート・ジンバブエ
ザンビア
モザンビーク
ザンベジ川
高原
ジンバブエ
ソファラ
カラハリ砂漠
ボツワナ
マペラ
サビ川
シャシ川
チブエネ
トウツェ
リンポポ川
ゾウトパンスベルグ山脈
トランスバール地方
大西洋
マプングブエ
シュロダ
インド洋
南アフリカ
------は現在の国境

グレート・ジンバブエ

高原の南縁にあるグレート・ジンバブエ遺跡は、アフリカで最も大きな石造遺跡の一つである。花崗岩のブロックを積んで造られ、内部に住居跡をもつ大小様々な囲壁（エンクロージャー）などからなり、通常、三つに分類される。一つは、高さ八〇メートルの丘の上にある廃墟群であり、もう一つは、丘から七〇〇メートルほど離れた高台に横たわる「大囲壁」である。両者の間に低地があり、そこに第三の範疇、「谷の遺跡」群が散在する。大囲壁は、使用ブロック数約一〇〇万個、外壁の周囲二五〇メートル、高さと厚みが最大部でそれぞれ一一メートル、六メートルという巨大なものである。ちなみに、ジンバブエというショナ語の意味は「石の家」であり、一九八〇年の独立の際に国の名に冠せられた。

この遺跡の起源について、かつて白人によって外来（非アフリカ人）説が提出されたが、現在それを唱える者はいない。ただ、最近までその前史があまりに不明であったため、遺跡がまわりの風景から突出して見え、謎の要素がつきまとった。だが、すでに見たリンポポ川流域に関する最近の考古学的知見は、グレート・ジンバブエが地域で展開していた社会進化の線上にあることを示すものであった。

グレート・ジンバブエ遺跡の大囲壁

グレート・ジンバブエ遺跡の丘の囲壁群

紀元一〇〇〇年頃、グレート・ジンバブエの丘の西側に集落があった。丘を住処《すみか》とし、複合農業と交易に従事する、普通の後期鉄器時代の村であった。だが一一〇〇年あたりから村は豊かになり、大きな家が建てられ、マプングブエ土器を真似た土器が作られた。一二五〇年までに、集住が進み、マプングブエ式の石の壁が建築された。しかし、ここでは近くの花崗岩の山から比較的容易かつ大量に方形ブロックが切り出せたこともあり、独自の石大工が発展することになった。

一四世紀頃の最盛時には、グレート・ジンバブエは家屋六〇〇〇戸、人口一万八〇〇〇人、広さ七二〇ヘクタールを誇る都市であった。支配層は五〇世帯、数百人程度であり、権威を誇示する石の塀の内側に住んだ。首長の住居は丘の上にあり、そこが政治・宗教活動の主な場所となった。谷の遺跡にある住居のうち二つは、直径一〇メートルは十分ある大建築物であった。また、石壁のある区域から、中国製の陶器、東アフリカのキルワで鋳造された貨幣、スプーン他の輸入品、金細工、棉布生産道具、中部アフリカのものと同タイプの銅鋳型と鉄鐘、各種銅製品、鉄製の鍬や槍などが発掘された。これらは、遠隔地交易への関与、加工業の存在、地域内交易への影響、そして住民の豊かさを裏付けるものである。

他方、一般民は「壁の外」に住んだ。畑はかなり離れた所にあったので、住居と農地を毎日あるいは季節ごとに往来して農事に携わっていたであろう。壁の外では人口密度がたいへん高く、小家屋が庇《ひさし》と庇が触れんばかりに並び、人や物でごった返していた。

グレート・ジンバブエが勃興する過程は、だいたい次のように考えてよい。まず、周辺が牧畜に適した環境にあることや、出土品の中にウシの土偶、ウシのレリーフをもつ石盆、大量の牛骨が含まれていることなどから見て、リンポポ渓谷の経験と同様に、牧畜が社会変化を促す大きな原動力であった。つまり、一部の者が大きな家畜群を所有することに成功し、また、家畜の分配を通して、妻や家族、家来、軍人を多数擁するに至った。大きな家臣団はそれ自身で家畜を獲得する手段にもなったであろう。やがて彼らは、四方の属国やインド洋交易に従事する商人に貢《みつ》ぎを課すまでに強大となり、これによって支配層の富と権力は飛躍的に増大し、勢力圏の地理的拡大が起こった。マプングブエ没落とグレート・ジンバブエ擡頭はともに一三世紀に起こっており、この時期、両国が、高原南西部とインド洋海岸の間の金の交易ルートの支配をめぐり、覇を競ったとしても不思議ではない。

グレート・ジンバブエは、首都の繁栄と威容のみならず、その勢力圏の広がりにおいても驚かされるものがある。同じ石壁伝統に属する遺構は、小規模になるが、南はリンポポ川流域から北はザンベジ川渓谷付近まで、西はカラハリ砂漠の東端から東はインド洋沿岸近くまで、それぞれ数百キロの長さの地域に数多く散らばっている。このような遺構は、グレート・ジンバブエに対してある種の従属関係にあったであろう。ツェツェバエに汚染されず、季節ごとのウシの移牧に都合のよい地域に分布する傾向が見られる。主要なものは多くの場合、あたりに睨《にら》みを利《き》かすのに適した場所にある。カラハリ砂漠に近いものは塩の生産と交易を、高原中西部、南西部、北部のものは金の生産と交易を監督するために築かれ、また辺境のものは、課税や象牙とりの拠点であったと考えられる。

一五〇〇年までにグレート・ジンバブエは衰退していた。なぜ没落したのか、知るよしもない。商業ルートの移動や、人口集中による環境破壊などの可能性が指摘されている。

トルワ国とカミ石壁遺跡群

グレート・ジンバブエの後継者は、ムタパ（モノモタパ、ムニュムタパとも言う）国とトルワ国である。両国とも一五世紀に興り、それぞれ金の産地である高原の両端、北東部と南西部を本拠地とし、ザンベジ川下流域とリンポポ川中流域の交渉圏を活動の舞台とした。この時代まで下ると、考古学のみならず、文献資料の光が届き始める。ムタパ、トルワはポルトガル古文献に現れる名である。

石の家伝統という点では、トルワの方がムタパよりも有力なグレート・ジンバブエの後

トルワ国首都カミの復元図

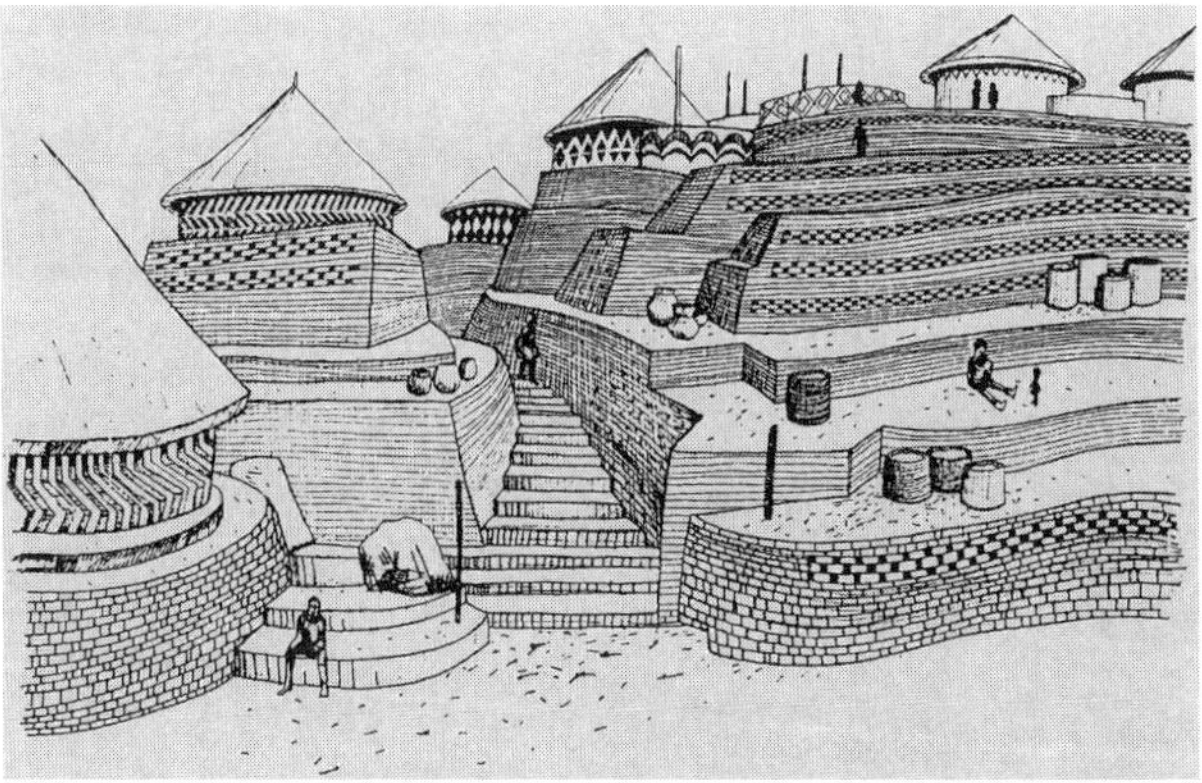

(P. Garlake, *Life at Great Zimbabwe*, Mambo Press, 1982より)

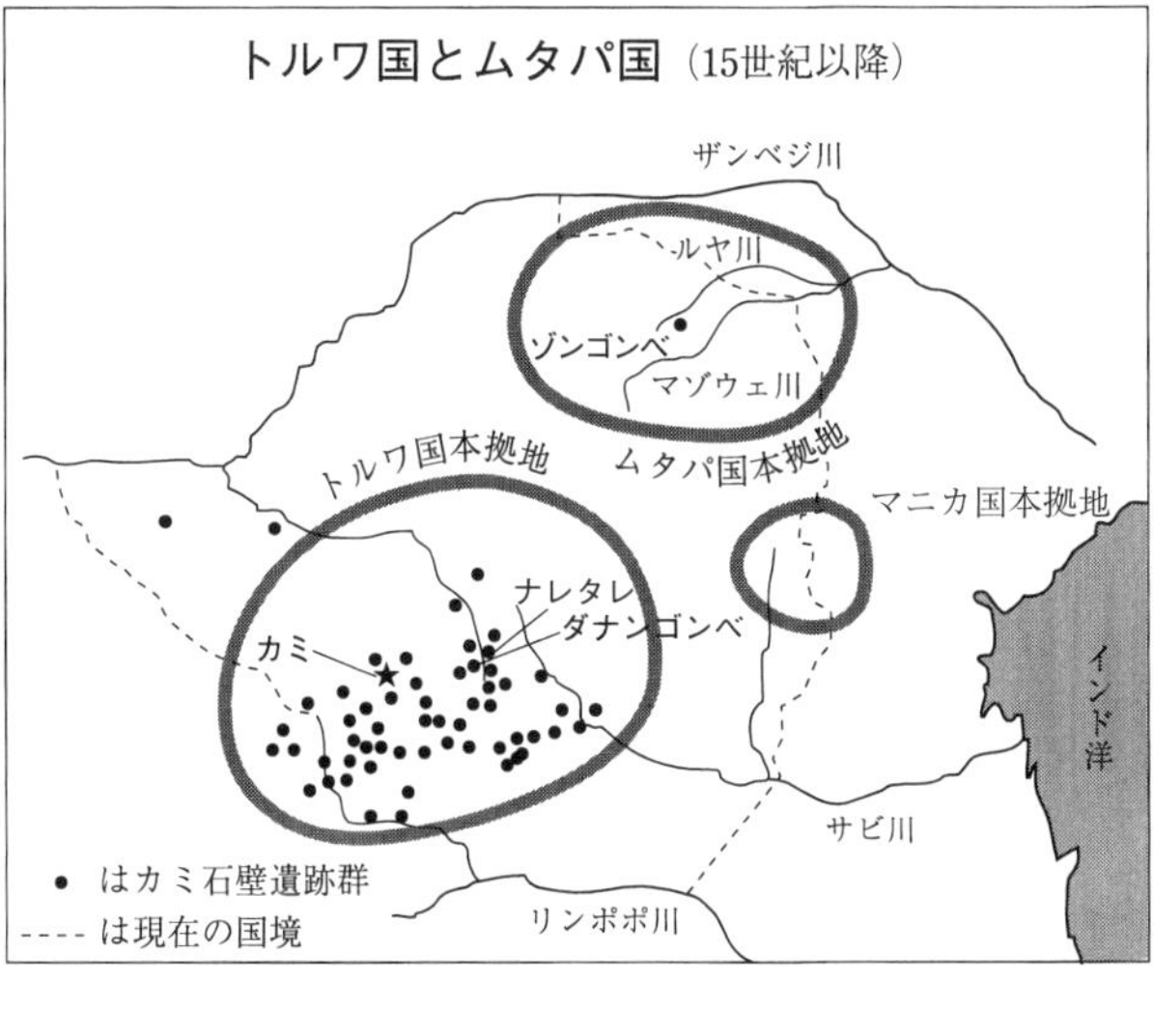

継者であった。一四五〇年から一七〇〇年頃まで続いたトルワの首都カミは人口七〇〇〇名を擁し、グレート・ジンバブエと同じように、花崗岩の壁をもち、首長が頂上に住んだ。

カミの風景は、丘陵を開いてできた「新興住宅地」を思わせる。傾斜地に段状のテラスが作られ、各テラスに家が建てられた。グレート・ジンバブエの壁は基本的に目隠しと権力誇示のための塀であったが、カミの壁はテラスを押さえる側壁であった。たぶんこの機能差が一因であろう、グレート・ジンバブエ遺跡はとにかく巨大で、単調で、秘密的で、部分的には威圧的ですらあるが、カミの場合、空間は高度に組織され、洗練され、開放的である。壁は人間に対して控えめであって、ふんだんに施された装飾は人々の目を楽しませたであろう。典型的な装飾は、花崗岩の白い面に、紫がかった黒い石を一つおきに窪《くぼ》ませて作った暗色の帯である。

カミ伝統の石の家は、高原南西部を中心にして多数ある。トルワ国の最後の首都、ダナンゴンベ（ジョジョ）とナレタレには、カミよりもさらに装飾的な壁が残っている。市松から山形や矢筈《やはず》に至るまでの多様な模様や色が使われ、当時の石積み技法が余すところなく示されている。その姿はほとんどバロック的であり、とくにナレタレの丘上の正面壁は、筆者には、華美、円熟の域を越えて、デカダンスの趣《おもむき》すら感じられる。

ポルトガル文献によれば、トルワは家畜と金に富む国であった。国名をブトゥワ、支配王朝の名をトルワと言った。その覇権はリンポポ川中流域、さらにはゾウトパンスベルグ山脈にまで及んだ。この山脈に住むベンダ人のトベラ王朝はトルワ系であり、ベンダ人首長は一九世紀に至るまで石の家伝統を保持した。

一六世紀初めアフリカ東南部にたどり着いたポルトガル人にとって、トルワは長い間伝説の国であった。ポルトガル人の活動がインド洋沿岸とザンベジ川下流域に限られたので、高原南西部の国との交渉は疎《うと》くならざるをえなかった。だが、一七世紀中葉になってポルトガルの影響が高原部まで拡大すると、事情は一変し、ポルトガル人軍閥がトルワ王位継承戦争に介入、同盟者を王座に据える事件まで起こった。この混乱の中でトルワは力を失い、世紀末、高原東北部で興ったチャンガミレ一族の侵攻を受けて、滅亡した。

ムタパ国とポルトガル重商主義

トルワと並ぶもう一つの雄、ムタパはポルトガルと関係が深い国であった。このため、早くからヨーロッパでアフリカの黄金国として名を知られ、現代のアフリカ史概説書にも必ずといってよいほど出てくる超有名国である。一六世紀半ばのムタパ国は、高原東北部のマゾウェ・ルヤ川上流に位置し、北はザンベジ川、南はサビ川、西は高原北西部（マニャメ川)、東はインド洋海岸までの一帯に威勢を振るった。

ムタパの起源と系譜について、一九六〇年代にザンベジ河谷ダンデ地区で、ある古老から採集された口碑《こうひ》がある。ムトタという人物によるグレート・ジンバブエからの移住譚やムタパ王朝の系図を伝え、ポルトガル文献資料と符合するようなところもあって、たいへん興味深い。だが近年、採集者の記録方法や構成に不自然なところが多く、伝承としての信頼性に欠けるとの指摘がなされている。一方、考古学的証拠は、ムタパとグレート・ジンバブエの一定のつながりを示している。マゾウェ・ルヤ川流域からザンベジ河谷にかけて、グレート・ジンバブエ類型の遺跡がいくつか存在している。その一つゾンゴンベが、ポルトガル人の記述などから判断して、ムタパの初期の首都であったようである。だが、石の家伝統はこの地方では南西部ほど発達せず、一六世紀後半までにほぼ消滅してしまった。

ムタパは、その頃の他の大国家と同じように、牧畜経済と階層分化を背景にし、金と象牙、ビーズと布の遠隔地貿易を掌握することで栄えた。ポルトガル到来の前夜、一五世紀末のムタパ領内には、イスラーム商人(大半は地元出身のアフリカ人であったろう)が出入りし、各所で市が定期的に開かれていた(第八章参照)。

さて、ポルトガル人のインド洋到来であるが、ヨーロッパの拡張と優位を経験した後代から見れば、それは歴史の節目を刻む大事件であったと言えよう。だが、「中世末期」という当時に立ち戻って考えるなら、そのインパクトはそれほど大きいものではなかった。つまり、ポルトガルは、イスラーム勢力との対決姿勢をとりつつも、同勢力が築いた航海技術や商業体系の多くを温存し、継承するのが常であった。ポルトガルはイスラーム勢力と同様、時には現地社会をパートナーとし、時にはその保護を得て通商を行った。ただ、彼らは東方貿易の財源確保の必要に迫られていたので、ザンベジ・リンポポ地域では、貴金属の産地の直接的掌握という領土的野心に取りつかれることもあった。

だから、ムタパとポルトガルの関係は錯綜せざるをえなかった。両者の関係が最初に緊張するのは一六世紀後半である。これより先ポルトガルは、沿岸部とザンベジ川沿いでイスラーム勢力を放逐して自らの拠点を築き、ムタパ領内における交易を始めていた。一五六〇年、イエズス会宣教師ゴンザロ・ダ・シルベイラがムタパ宮廷に到着し、王をはじめ貴人の改宗に成功する。しかし翌年、保守派の巻き返しがあり、シルベイラは暗殺された。リスボンはこれを口実に、ムタパ征伐、鉱山発見などを目的とする大軍を派遣した。だが白人軍隊は、慣れない熱帯の環境と敵対的な現地社会によって消耗させられ、ムタパと兵を交えることもなく退却を余儀なくされた。

ところが次の世紀、ムタパ王朝の内紛に助けられて、ポルトガルの力が強まった。ムタパ王ガティ・ルセレは、反対派との抗争に敗れて野に下ると、ポルトガル商人の手を借りて九年戦争を敢行し、一六〇九年に王位に返り咲いた。この後ポルトガル商人は免税や金採掘権などを主張するようになり、とくに次のカパラリゼの治世になると、ムタパとポルトガルの関係は悪化した。

一六二九年、カパラリゼの叔父のマブラは、ポルトガル人に接近し、王に反旗をひるがえした。マブラ・ポルトガル同盟軍は三年後に勝利し、その後マブラことフィリッペの治世が二〇年続いた。ムタパはこの中で主権を失い、ポルトガル王の臣下になった。ポルトガル人は我が世の春とばかりに、荘園（プラゾ）を取り、現地人を金採掘に駆り立て、自分たち同士で威を張り合った。東部のマニカ国でも同じような事態が起こった。

しかしながら、次のムコンブエ王の時代になると、ザンベジ川のトンガ人による抵抗などポルトガルに反対する気運が高まった。この流れの旗頭《はたがしら》となり、ポルトガルに公然と戦争をしかけたのがチャンガミレであった。

高原の覇者チャンガミレ国

チャンガミレはもともとムタパ王ムコンブエに仕えるウシの監督官であった。辺境の地でロジという一族を築き上げ、一六八〇年代、彼らを率いて勢力を拡張した。一六八四年マニカのポルトガル人を攻め、翌年には内戦で疲弊していた南西部の強国、トルワを滅ぼした。チャンガミレ一族は高原南西部に移住し、トルワの首都ダナンゴンベに宮廷を置いた。彼らはトルワの伝統を忠実に模倣し、南のゾウトパンスベルグ山脈まで勢力圏を広げた。

一六九〇年代、ポルトガルは再度ムタパ征服を試みた。窮したムタパはチャンガミレに助けを乞うた。一六九三年チャンガミレ軍は、ムタパ軍とともにポルトガル人の交易拠点を次々と攻め、それらに火を放ち、ポルトガル商人をムタパ領内から追放した。さらに二年後、チャンガミレはマニカからもポルトガル人を追い払った。やがて事態が安定すると、チャンガミレは立場を軟化させ、ポルトガル商人に再び国の門戸を開いた。遠隔地交易のもたらす利益を無視しえなかったからであろう。しかしこの場合でも、ポルトガル人の領内立ち入りは厳しく規制され、取引は主に代理人によって行われた。

こうして、ポルトガルによる高原征服の脅威は消えた。続く二〇〇年間、その影響力は、ザンベジ川と東海岸沿いの荘園、およびいくつかの交易地に限られることになった。そして現地勢力の大半は、リスボンとほとんど関係のない、褐色の皮膚をした土豪となっていった。

チャンガミレに話を戻すと、その高原南西部の支配は一九世紀中葉まで続いた。首都ダナンゴンベには壮麗な模様の石壁に取り巻かれた高台がある。チャンガミレ一族が政事を執《と》る場所であった。高台の西側には家臣の詰め所やウシの囲い場があり、東と北は穀倉や製粉・料理場、家屋が並び、私生活の場となっていた。また南側には石の塀をもつ大きな集会場ないし謁見の場が配されていた。この遺跡からポルトガルの大砲を含む「南蛮」遺物が多数出土している。

3――小国家の時代

ムタパ、チャンガミレの滅亡

最後に、一七〇〇年以降の二〇〇年ほどの時代を概観しておこう。この時代の流れは、それ以前の数百年といささか異なっている。

一八世紀以降、マプングブエ、グレート・ジンバブエ、ムタパ、トルワに比肩するショナ人の大国家は生まれなかった。反対に、小さな首長制国家が割拠するようになり、支配者の物質文化は質素となり、諸集団の移住と抗争が激しくなった。一九世紀末にイギリス人植民者が到来した時、高原のショナ人は実に二〇〇余の国に分かれ、複雑きわまる政治・文化世界を形成していた。現代人は一般に大国家好みのイデオロギーをもつので、この小国家の時代を等閑に付しがちであるが、近代アフリカの直接の生みの母となるのは、いうまでもなく、この時代であった。

ここにムタパ国のその後の顚末がある。この国は一六九四年から一七〇九年まで、再び内戦期を迎え、この時期だけで王は九代替わった。一八世紀初め、高原からザンベジ川渓谷の低地に遷都が行われると、ムタパの糾合力はさらに弱まり、「帝国」は諸首長の連邦へと変質した。やがて一部の首長は独立し、力のある者はニャイと呼ばれる私兵を擁し始めた。ポルトガル人との紛争、一八二〇年代の大旱魃《かんばつ》、ングニ人の侵略などが続き、ムタパ王朝は一九世紀末に事実上消滅した。一方、ムタパ国の遷都によってできた高原の空白地帯は、東方のショナ人諸社会が埋めていった。

チャンガミレ国はもう少し安定していたが、しかし一八世紀を通して、その勢いは下り坂にあった。辺境において集団の移動と分派、衝突の動きが強まり、首都周辺の石の家伝統はトルワ期の水準から後退していった。一九世紀になると、チャンガミレ勢力は南アフリカから次々と北上してきたングニ人の攻撃を受けて動揺した。一部は、高原南西部で新たに覇権をうち立てたングニ人の一派、ンデベレ人に統合され、残りの多くは小さなロジ集団となって地方に散った。後世はチャンガミレ一族を、戦争における盾の使用など主として武勇の卓越において記憶する。

「孤立と自生」の再現

なぜ群雄割拠の時代なのか、難しい問題である。一つは、歴史そのものより、我々の視点に問題があるようである。我々は先行する数百年を大国家時代と特徴づけたが、これは実のところ、かなり選択的、便宜的なやり方であったと認めねばならない。というのは、当時にあっても「華々しい」大国家の陰で小さな国家が、あまたひしめいていたからである。

ここで、前植民地期南部アフリカの農村社会の特徴を確認しておくことが有益であろう。それは、一言でいえば、フロンティアを求めて移動する社会であった。土地に対して人口が極端に少ないこともあって、社会は、中央集権的あるいは大規模な国家が生まれる前に、小集団に分節し、拡散しようとする衝動を内に孕んでいた。こうした意味で、小国家の伝統は地域の歴史を貫く長期傾向であったのである（第二章2節参照）。

それにしても、後代に大国家が見られなくなった理由は何だろうか。一つ有力なのは、遠隔地貿易の衰退であろう。一八世紀までに高原の金坑は、採掘可能な地下水のレベルの限界に到達しつつあった。モザンビークからの金の輸出量は、一六一〇年八五〇キログラム、一六六七年一四八八キログラム、一七五八年四二五キログラム、一七六二年二九八キログラム、一八〇六年二九キログラムと先細りになっている。いま一つ重要な品は象牙であるが、象もまた遅くとも一九世紀中頃までに、乱獲がたたって高原から姿を消していた。

遠隔地貿易の衰退は、ただちに内陸高原の有力者が入手できる奢侈品の減少を意味した。そして有力者は関心を、交易の監督や覇権の広域化から、本来の農業社会的領域である家畜、人間（従属者集団）、土地の獲得・蓄積に移し、これがまた諸集団の対立と緊張を誘ったと思われる。とするならば、チャンガミレの反ポルトガル・海外交易規制の旗幟《きし》は、こうした「内陸型国家」への時代の大きな転換を端緒的に反映したものであったと解されよう。いずれにせよ、近代以前の二〇〇〇年のザンベジ・リンポポ川地域の歴史においては、冒頭で指摘した点、南部アフリカの文明史的孤立と自生的発展というテーマが再びあぶり出されてくる。

モザイク世界の開花

大国家の石の家伝統の衰退を見て、歴史の歯車の逆転――昔のイギリス人植民者の言葉では「神秘的中世からバンツー的野蛮への後退」――と短絡してはならない。仮説的に言えば、この時期にショナ後期鉄器社会が開花させたのは、物質文化というよりも、精神世界の方面であり、支配者というよりも、普通の農民に関わる民俗世界の方面であった。

近代初期のショナ人の個性として、天地創造神話や仮面・秘密結社の習俗の不在、それと対応する「健全な」世俗主義とプラグマティズムへの傾斜、個別家族を単位とする小規模農業の卓越、社会的エチケットと精緻きわまるトーテム制度へのこだわり、めりはりの利いた太鼓音楽ではなく、細かな旋律を悪無限的に繰り返すムビラ（指ピアノ）音楽の嗜好などがあげられる。

これらには、小国家がモザイク的に存在し、移動と変容、対立と均衡を繰り返していた彼らの前近代二〇〇〇年の経験が、大きく影を落としているのではなかろうか。

〈吉國恒雄〉

第五章　ニジェール川世界

1――サヘルにおける定住の開始

謎の大河ニジェール

　サハラ砂漠の南縁に広がる地域を指して、地理学の用語ではサヘルと呼んでいる。近年、サヘル諸国といえば国民総所得（ＧＮＩ）が低いことなど、経済的に困窮している最貧国の代名詞となっている。ところが、実はこの地域は豊かな文化をはぐくみ、アフリカの歴史のうえでは輝かしい栄光の時代をもっていて、決して後進の地域ではなかったのである。

　サヘルの語源はアラビア語のサーヒルに由来し、「縁辺」とか「岸辺」「海岸」という意味である。西アフリカのこの地域は、古くローマ時代から地中海地方と交流があった。サハラ砂漠を「海」にたとえると、その岸辺がサヘル地域にあたり、砂漠を横断するラクダを「船」になぞらえると、「港」にあたる交易の拠点が点々とサヘル一帯に形成された。中でもニジェール川は砂漠に突き出した大きなオアシスの役割を果たし、それに沿って早くからトンブクツ（トンブクトゥやティンブクツーとも表記される）やガオ、そしてジェンネなど重要な都市が形成され発達した。これらのうち、トンブクツの歴史地区やジェンネ旧市街は一九八八年に、ガオのアスキア王の墓は二〇〇四年に、ユネスコの世界遺産に登録されている。

西アフリカでは、気候帯が東西に延びるとともに、サヘルから南にサバンナ、熱帯森林の植生地帯が帯状に分布している。これらの異なった自然環境の地帯を貫いて流れるのがニジェール川で、支流を含めた水系には現在では八ヵ国が含まれている。ニジェール川の全長は約四一八〇キロメートル、流域面積は約一五〇万平方キロメートルにも及び、ナイル川やコンゴ川に次いでアフリカ第三の大河である。その水源は大陸の西端にあたるギニアの山岳地帯に発して、熱帯の山地に降った豊富な雨を集めた水流は、まずいったん北に向かいマリに入って中流部で大きな内陸三角州（デルタ）を形成する。次いで流れは大きくU字状に湾曲して南に向かい、ニジェールを通過しナイジェリアに入る。カメルーンから支流のベヌエ川が合流し、最後に河口で広大な三角州を形成して、上流に入った雨水は

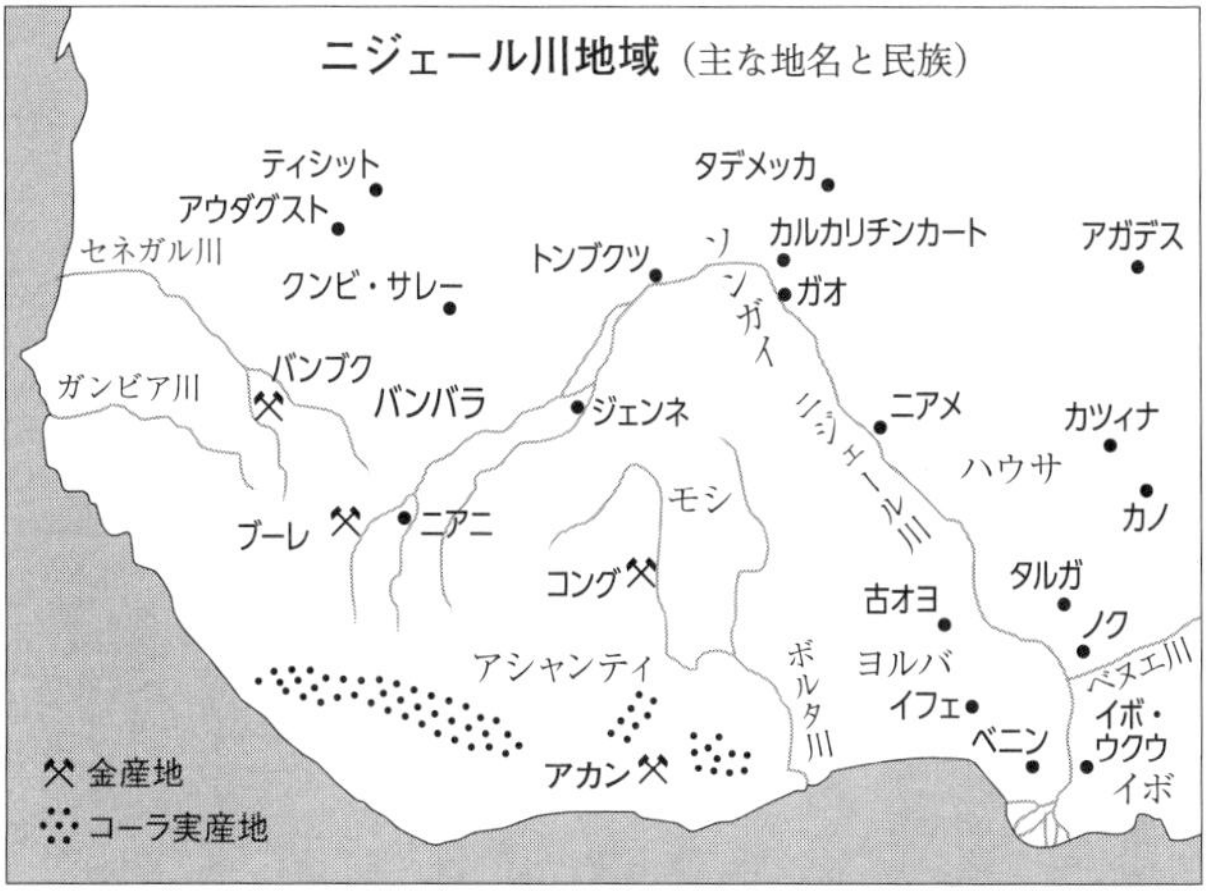

ニジェール川地域（主な地名と民族）

八ヵ月以上の旅のあとようやくギニア湾に注ぎ込まれるのである。

ニジェール川をめぐっては興味深いエピソードがいくつもある。ヨーロッパ世界では早くから知られた大きな存在にもかかわらず、長い間どこが水源でどの方向へ流れているのか不明の謎の川であった。セネガル川やガンビア川と混同されることもあり、あるときはナイル川との関連が想定されたこともあった。一八世紀後半になりヨーロッパ諸国がアフリカの内陸探検の時代に入ると、ナイル川の水源問題とともに、ニジェール川流域の探検が大きなテーマとなった。たとえばスコットランド人の探検家マンゴ・パークは、苦労を重ね、ニジェール川中流に達し、この地方の貴重な記録を残したが、二度目の探検では川下りの途中で反発する地域住民の襲撃にあい、ついに本国に生還がならなかったという悲劇もある。ニジェール川の河口の位置も一八三〇年にイギリスのランダー兄弟によってようやく明らかになった。

乾燥のサヘル、サバンナ、熱帯森林を貫いて流れるニジェール川は、流域住民の生活を支え、独自の農業文化を育み、牧畜民には草地を供給し、さらに商人たちが交易する物資の移動経路にもなるなど、西アフリカの歴史において重要な舞台を用意したといってよい。

定住と農耕の始まり

アフリカの古代文化を眺めてみると、ヨーロッパのように石器時代から青銅器時代を経て鉄器時代へというように整然と進行しなかったことに気がつく。ある場合には、鉄器の文化のあとで青銅器の文化が出てくることもあった。

西アフリカでは、現在はまったくの砂漠と化した大地や乾燥したサヘル地域に、早くから広大な領域をもつ王国が形成された。そうした王国の経済や住民の生活を支えるために必要な、農業などの生活の基盤はどのようなものであったのだろうか。

現在のサヘル地域に、いつ頃から住民が居住を開始したかという問題だが、八〇〇〇年前の「緑のサハラ」のあと、五〇〇〇年前頃から始まったサハラ砂漠の乾燥化の進行にともない、砂漠の住民の一部が湿潤なオアシスなどを求め南下した形跡が認められる。

それらのオアシス近辺の遺跡から、農業による定住生活の跡をかなり古くさかのぼれる。後期石器時代については土器や石の碾臼《ひきうす》が出土しているが、これらは野生の穀類を収集した可能性もあり、直ちに農業が行われた証拠とはいえない。石器時代以降の西アフリカにおける、住民の雑穀栽培による食料生産と定住生活の証拠が、サハラ砂漠の西部、今日のモーリタニア南東部のティシット・オアシスの遺跡に求められることは第二章で述べた。さらに、マリ東部のニジェール川大湾曲部近くのカルカリチンカート遺跡からは、紀元前二〇〇〇〜前一五〇〇年頃のものと思われる数種の雑穀が出土している。ただし、これらは農耕民の定住とはまだ断言できず、家畜飼養や漁撈を兼ねていたと考えられる。

本格的な農耕が行われたのはもっと南の湿潤な地域であったと考えられ、ニジェール川中流地域がその有力な候補にあげられている。前に述べたように、この地域では、モロコシ（ソルガム）、トウジンビエ、フォニオ、イネなどの栽培が行われていた。植物学者の中尾佐助は夏作の雑穀、ウリ類、マメ類のほか、油料作物としてゴマを開発した食料体系を完成させた独自のスーダン農耕文化がこの地で発生したと主張している。

一方、南の熱帯森林地帯では、乾燥したサバンナとは異なり、食料生産はずっと早く始まった。ニジェール川下流の森林地帯では、紀元前三〇〇〇～前二〇〇〇年頃から栽培植物が生み出されてきた。その中には、ヤムイモ、アブラヤシ、コーラの実（後述）、コーヒー（リベリカ種）、オクラ、ヒョウタンなどが含まれる。とりわけ重要なのは、様々な品種のヤムイモとアブラヤシで、もともとはサバンナと熱帯森林との中間地帯の植物だったのが、人間の手によって森林部に持ち込まれたものと考えられている。

金属利用と素焼き彫刻

農業の開始とともに重要な問題に、鉄や銅など金属の利用があげられる。西アフリカにおける鉄の利用の起源については、従来は、紀元前五世紀から紀元後四世紀にかけてナイル川上流で栄えたクシュ王国のメロエから、製鉄の技術が伝播したという説が唱えられてきたが確証はない。また別の説としては、地中海地方、とくにカルタゴを支配したフェニキア人の技術が、サハラ砂漠を越えて伝えられたという考えも一時有力視された。これらはともに、サハラ以南のアフリカから見れば外部の世界から、鉄利用の文化が伝播したという考え方に立っている。しかし近年では、考古学上の新しい発見が相次ぐことによって、アフリカ内部で自生的に発展した可能性もあるという説が出てきている。

西アフリカでは、ニジェールのド・デミやナイジェリアのタルガの遺跡から、紀元前五〇〇年以前の鉄の利用の証拠が出ている。その後、チャド、ナイジェリア、ニジェール、マリ、セネガルなど、西アフリカの広い地域にわたり、鉄の利用が認められている。このように、西アフリカで鉄の利用が開始された年代がかなり古く、メロエからの技術の伝播では説明がつかない。さらに、製鉄技術の中でも重要な溶鉱炉の形式が、メロエのものと異なることが指摘されている。

西アフリカの鉄器文化の中でも最も有名なのは、ナイジェリア北部のジョス高原で発見されたものである。これは、前述のタルガ近辺のノク村で最初発見され、紀元前五〇〇年頃から紀元後二〇〇年頃の年代と推定されている。その後、同じものが広域で見つかり、これらはノク文化と総称されているが、テラコッタ（素焼き粘土）製の人間や動物の姿の彫刻で知られている。これらの彫刻の制作者がどのような人々かは不明だが、興味深いのは、これらの彫刻のスタイルが、一〇〇〇年ほど後のヨルバの彫刻に強く類似していることである。

製鉄技術の獲得によって、鉄製の鍬などの農具の利用が進み、農業生産の発展に貢献したものと考えられる。西アフリカで重要なのは、製鉄と加工の技術を担う鍛冶師たちによる独自の職業集団が生まれたことである。この鍛冶師集団は火の利用と鉄の生産によって神秘的な力の所有者として、社会の中で独自の地位を占めるようになった。また、鍛冶屋

ノクのテラコッタ製の
人間像
（写真＝東京かんかん）

のほかに壺作りや木工、革細工などの分業が、たとえば壺作りは女性というように性別に従って生じた。こうした職業集団の発生は、以後の西アフリカ社会における複合的な構成の出発点にもなったと考えられる。

複雑な社会の出現

農業生産の開始や鉄の利用によって食料生産が拡大し、大規模な人口の定住が始まり、紀元後の最初の一〇〇〇年のあいだに西アフリカにおいては王国の出現などの現象が認められた。

ニジェール川中流の内陸三角州地域は、世界でも珍しい地形を呈しており、本流がどれか不明なほどいくつもの流路が枝分かれして、広大な氾濫原を形成している。その中央のジェンネはマリ王国時代に建設された古い歴史をもつ都市で、前に述べたように旧市街が世界遺産に登録されている。ところが、その近郊南西三キロメートルの地点で、氾濫原に浮かぶ三日月のような形の中州に、もっと古い時代に開けたジェンネ・ジェノの遺跡が発見された。この遺跡は八メートルの高さで、全体の広さは三三ヘクタールに及ぶが、アメリカのマッキントッシュ博士による発掘の結果から土器の分類等にもとづき四段階の文化層が重なっていることが判明した。

最下層（紀元前二五〇～紀元後五〇年）から、鉄を利用した痕跡と、魚類などの水産資源に依存した生活の形跡が認められた。第二層（五〇～四〇〇年）からはグラベリマ種イネの籾《もみ》が出土したが、これはアフリカ産イネの栽培の最古の記録となっている。第三層（四〇〇～九〇〇年）からは大量の骨壺が出土して、それによって、人口増加の状況が起こり当時四〇〇〇人もの人口が集中していたと推定される。第三層の後期から第四層（九〇〇～一四〇〇年）の初期にかけて町は最盛期を迎え、その後しだいに衰退した。ジェンネ・ジェノ遺跡のレンガ建築の住居や囲壁の様子から、この集落が都市的な景観を保持していたことがわかる。

さらに、乾燥サヘルとサバンナの境界というジェンネ・ジェノが占めた位置が、すでにニジェール川流域で地域間の交易が存在していたことを推察させる。実際、出土した遺物のなかには遠方のサハラから運ばれた銅や、サバンナ地方から運ばれた金が見られる。

同じニジェール内陸三角州地域のエル・ワレジ遺跡の発掘成果も興味深い。六〇〇年から一〇〇〇年頃のこの遺跡は一五メートルの塚を成しており、内部の墓室から鉄製道具、宝石、銅製装身具、土器などとともに葬られた人物の遺骨が発見された。さらに、一ヵ所に多数の人骨が集中する場所もあり、殉死の習慣が存在したとも推察され、またこれが後述のガーナ王国を訪問したアル・バクリの記録に符合していると指摘されている。

はるか南のニジェール川下流でも、九〇〇年頃のイボ・ウクウ遺跡において、後で述べるように豪華な装飾品とともに埋葬された人物が発見されており、どうやら西アフリカのこの時代に、各地で富や力を具《そな》えた貴人の存在や階層分化の萌芽を読み取ることができそうだ。

2――西スーダンの王国形成

ガーナ王国

地中海沿岸のアラブ人たちは、サハラ砂漠の彼方の土地をビラード・アッ・スーダーン（黒人の土地）と呼んだ。これに由来したスーダンという語は歴史上、ある一定の地方を指す名称となった。今日ではスーダン共和国や二〇一一年に成立した南スーダン共和国が存在しているので混同されがちだが、地域としてのスーダンはおもにニジェール川流域の西スーダン、チャド湖近辺の中央スーダン、ナイル川上流の東スーダンに分けられることがある。

西スーダンにおいては、早くから王国の形成が相次いだ。これらの社会について最も古い情報が現れるのは、ガーナ王国とその首都に関する記述である。ガーナ王国については、八世紀のアラビア語史料に現れ、アル・ファザーリーという名の地理学者が「ガーナという黄金の国」と述べているのが最も古い記録とされている。また、九世紀にイスラーム世界を広く歩いた地理学者アル・ヤクービーもサハラ南縁の王国について情報を集め、その記録の中で「ガーナの王は強力で、その国には金鉱がある。彼の権力のもとに、多くの王が属している」と述べている。このように、実際にスーダンに行き来した商人などから聞き取った断片的な情報が、アラブ世界に伝わっていた。

ガーナ王国の実態をより詳細に記したのが、一一世紀イベリア半島のコルドバに住んでいたアル・バクリである。地理学、神学、言語学などの仕事を残した彼は、自分ではアフリカに足を踏み入れることはなかったが、西スーダンについて多くの情報を集めた。その記述によると、「首都は二つの都市に分かれていて、一方にはイスラーム教徒が居住し、モスクも一二を数えた。他方には王の住む森に包まれた都市があった」という。この記録によって、伝統的な宗教を保持する王や土着の住民と、外来のイスラーム商人とが居住を分けていたという、ガーナ王国の社会の二重構造がうかがい知れるのである。

モーリタニア南東部、マリ国境近くにあるクンビ・サレー遺跡からは、フランスのモーニーなどによる発掘で多層の石造建築物や墓地が発見されている。これがガーナ王国の首都の遺跡と考えられ、アル・バクリの述べるイスラーム商人の都市と比定されているが、その規模から当時の人口は一万五〇〇〇ないし二万人にも及んだと推定されている。

ガーナ王国における交易の様子も記されていて、王は金や銀の交易に課税を行っていた。つまり「国に入ってくる塩はロバ一頭につき一ディナール（イスラーム国家の金貨、四グラム強）の金と、出ていく塩には二ディナールの金を徴収した」とあり、王国は長距離交易を保護し、課税することに経済的基盤を置いていた。

その他のアラビア語史料からも読み取れるが、当時、サハラ南縁の西スーダン地方に寄せる地中海地方の関心は、その土地で産出する金に置かれていた。ガーナ王国の時代、西スーダンではセネガル川上流のバンブク地方から産出した。その後、金の鉱山は次第に東に移り、ニジェール川上流のブーレ地方、さらに東のボルタ川流域の森林地帯へと移動していった。西スーダンで豊富な金が生産されると、あたかも「黄金がニンジンのように土から生える」などといった伝説が地中海地方の人々のあいだに生み出されたことが、アラビア語史料からうかがい知ることができる。このスーダン金はニジェール川流域から、遠くアッバース朝の首都バグダードまで運ばれ、イスラーム世界の経済活動に刺激を与えた。

イスラームの浸透

七世紀アラビア半島でムハンマドによってイスラームが成立すると（イスラームとはたんに宗教・信仰だけでなく、価値観、生活のスタイル、政治、経済、社会の在り方を包括する文明の体系という意味で用いられることが多い）、北アフリカの地中海沿岸地方にまたたくまに広がった。さらに西アフリカにイスラームが浸透した経過については第七章に詳しく述べるので、ここでは北アフリカにラクダが本格的に導入されて、砂漠を越えた隊商交易が盛んになり、イスラーム商人が来訪するようになった九世紀以降に限っておく。

北アフリカと比べると、西アフリカでのイスラームの布教は征服というより、商人の活動による平和的な方法で行われた。イスラームの浸透は、サハラ砂漠を越えるルートが何本もある中で、最も西側のルートをたどり、今日のモーリタニアからセネガルに入ったのち、さらに東へ向けて広がっていった。ガーナ王国では、まだ王国の全体にまでは浸透しなかった。

西スーダンにイスラームが定着するようになったのは、一〇七六〜七七年の西サハラにベルベル人が築いたアルモラビッド（ムラービト朝、ムラービトは修道所に籠《こも》って修行する人の意）の勢力が、正統なイスラーム布教を旗印に掲げて、ガーナに襲来して以降のことである。これにより、ガーナ王国におけるイスラームへの改宗がいっそう進展したとされている。

マリ王国

ガーナ王国の衰退のあと、かわって興隆したのがマリ王国で、現在でも西アフリカに広く居住しているマンデ系の民族が形成した王国であった。

この王国についてアラビア語史料の中で現れるのは、前述のアル・バクリによる記述が最初のものである。そこでは、「ニジェール川上流にマラルという国があったが、その王はアル・ムスルマーニ（イスラーム教徒の意）と呼ばれている」と記している。この王はすでにイスラームに改宗していたが、土地の伝承にはこの時期の改宗にまつわる一つのエピソードが語られている。それによると、「王は雨を支配する力を具えた存在であったが、ある年旱魃で窮地に立たされてしまった。困っている王を、イスラームの導師が雨乞いにより助力し、それ以後、王はイスラームに改宗し、アル・ムスルマーニと呼ばれるようになった」という。

その後、一三世紀にはマンデの民族的英雄スンジャータ王の時代に、ニジェール河畔のニアニが首都に定められたが、その位置については諸説がある。近隣のソソ王国を倒しマリ王国の統合を実現したスンジャータの事績については、今日までグリオが口頭伝承の形で語り継いできて、そのひとつ、ギニアの歴史家D・T・ニアヌが採集した伝承はフランス語で出版され、日本語にも翻訳されている。

スンジャータの跡を継いだマンサ・ウーリ（マンサとは王の意）の時代に、王国の勢力はニジェール川中流地域に進出し、それを中心に大きな勢力を築き上げた。交易の拠点であったトンブクツやジェンネなどが都市として拡大するのもこの頃である。これらの都市はサハラ砂漠を縦断する交易の南の終結点であったが、さらにニジェール川を行き来する船運によって結ばれ、トンブクツからはサハラ砂漠で産出された岩塩が、ジェンネからは森林地帯で採掘され運ばれた金が交換された。マリ王国の経済的基盤はこの塩金交易にあったというのが定説である。

マリの最盛期を築いた第九代のマンサ・ムーサ（在位一三一二〜三七年）がメッカ巡礼の際に五〇〇〇人もの奴隷を引き連れ、大量の金を運んだ。道中のカイロで気前良く金を喜捨した結果、カイロの金の相場が下落したという有名なエピソードがある。ヨーロッパにまで伝えられた西スーダンの豊かな金をめぐる風評を証明する代表的な例が、一四世紀にカタロニアで作成された世界図である。図中にはサハラ砂漠の向こうにいる黒人の王の座像と、王に対面する隊商の姿が描かれており、「ムッセ・マリ（マリ王）と呼ばれ、国に産する金のゆえに最も富裕な王である」という説明が付けられている。

一三五三年、アラブの大旅行家イブン・バットゥータがマリの首都を訪ね、その地に半

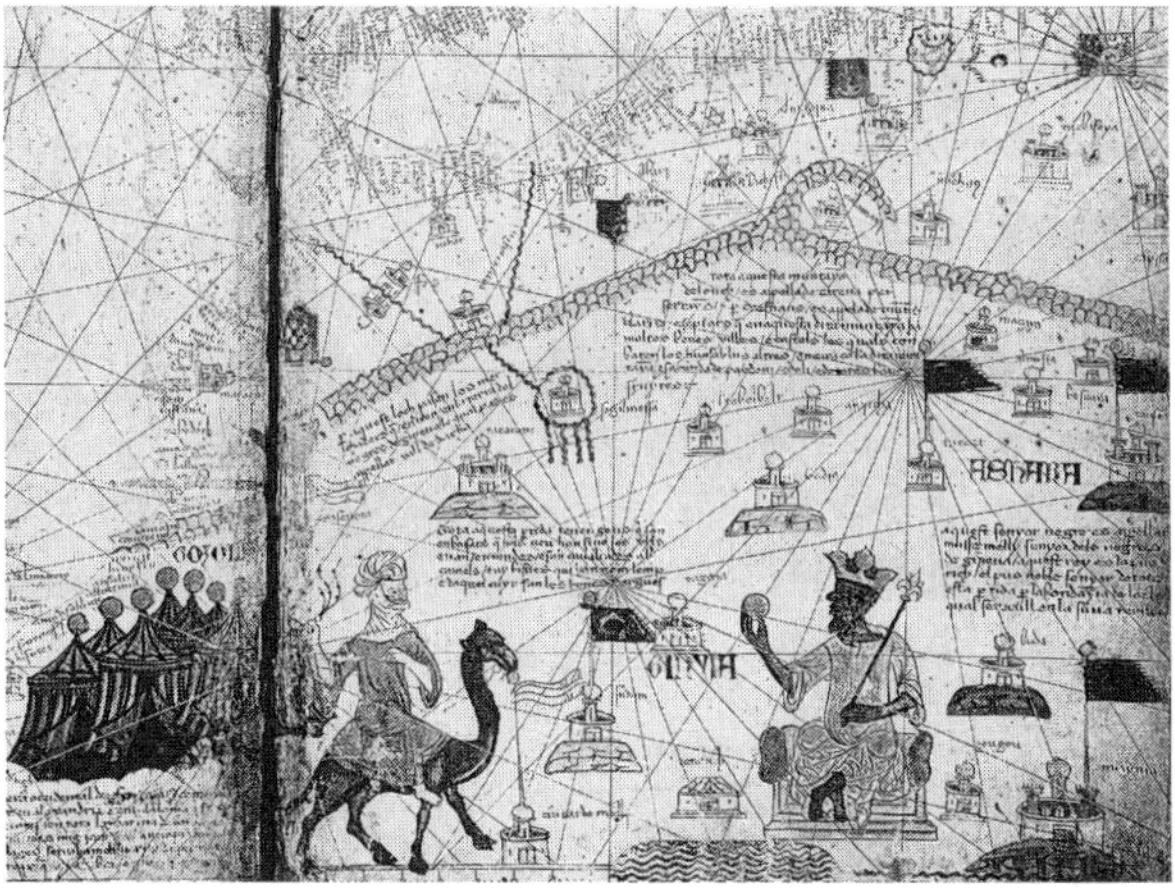

カタロニア図に描かれたマリの王

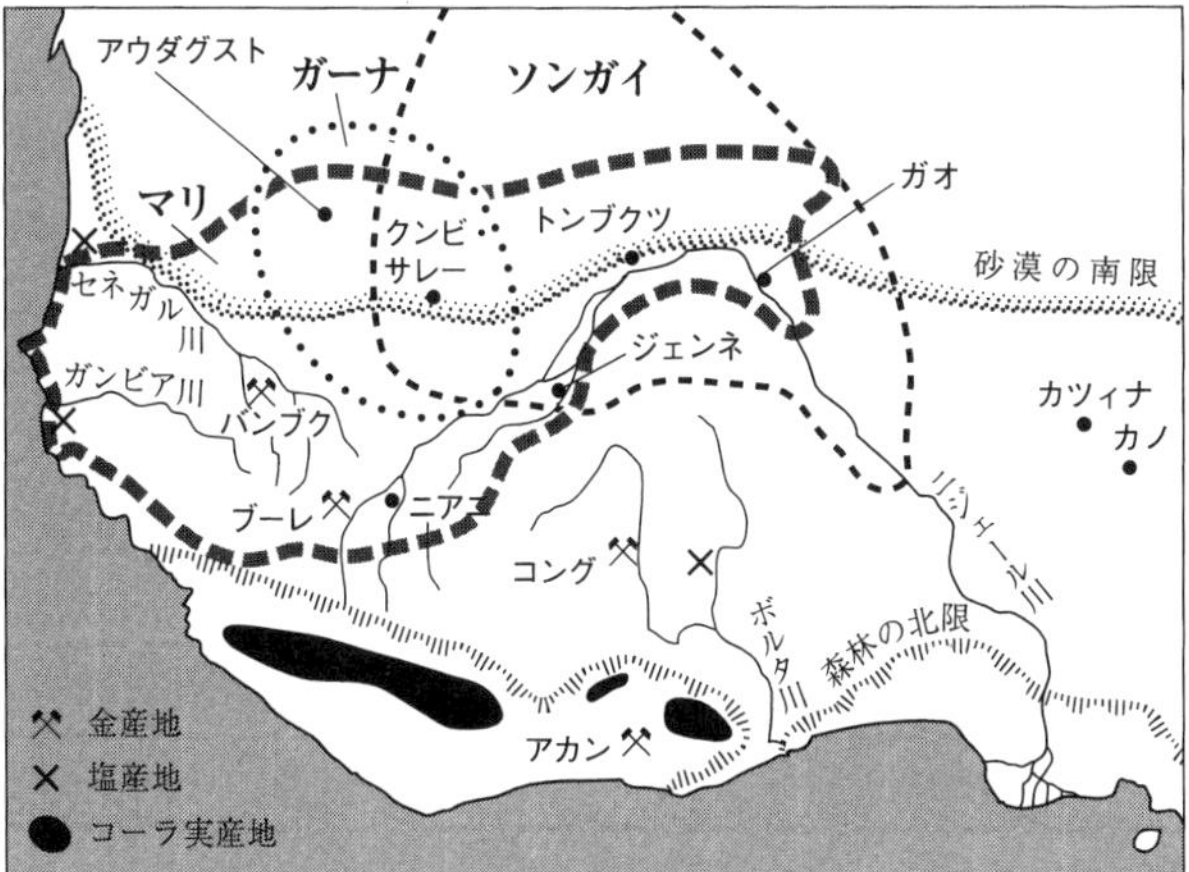

西スーダンの王国（ガーナ，マリ，ソンガイ）

年ほど滞在した。彼は初めのうち王〔スルタン〕による冷遇に驚かされ、いったん貧しい国などと軽視してみたが、王宮の様子の見聞を次のように残している。

「スルタンは謁見の間に座る。そこには樹木の下に〔略〕高壇が備えてある。〔略〕絹織りの布が敷かれ〔略〕絹製天幕が差し掛けられ〔略〕傘の上に黄金の鳥が置かれている。〔略〕スルタンの服装は〔略〕羊毛製の朱色の外衣である〔略〕彼の前には楽師たちが手に手に黄金と銀のクンプルを持って現れ、同時に彼の背後には、三〇〇人の武装した奴隷たちが現れる」（家島彦一訳注『大旅行記8』）

彼は、マリの国に好意的な印象も抱いた。

「彼らの美徳とすべき行為として、不正行為が少ない点がある。〔略〕人々のなかで最も不正行為から隔たれた人たちであって、〔略〕彼らの地方で安全の保障が行き届いている」（同）

マリ王国は最盛期には、西は大西洋岸にまで及ぶ広い版図を築き上げた。しかし、その後衰退の道をたどり、勢力の中心を西方に移したが、一六世紀末に北のモロッコ勢力とのニジェール中流地域の覇権をめぐる戦闘に敗れたのち、一七世紀頃には消滅していった。しかし、その歴史的遺産は現在にも引き継がれている。たとえば、一九六〇年にフランス領スーダンが植民地から独立した際にも、新しい共和国の名称としてマリが採用されたいきさつがある。

交易商人のネットワーク

マリ王国を訪問したイブン・バットゥータは、「ワンガラ」という黒人の商人の活動が存在したことを目撃している。ワンガラというのはこの地方の専門的な商人集団の代名詞であり、交易の盛んなスーダン地域において、早くもこの当時から専門の商人が生まれていたことがわかる。ずっと時代を下ると、これらの商人集団は各地に分散して、ジュラ、マルカ、ヤルシ、ジャカンケなどと呼ばれ、それぞれの地方で活発に商業活動を行った。これらは、いずれもマンデ系の民族に属したが、中でもジュラはマンデ語で商人そのものを指し、ムスリム交易商人の総称ともなっている。イスラームが広い範囲に普及するにあたって、これらの商人の果たした役割は大きかった。

彼らは金の取引に加えコーラの実の交易も専門に行った。コーラの木の実はカフェインなどの成分を含み、生でかむとその苦味が興奮と活気をもたらす効果があって一種の嗜好品となっており、イスラームの普及した地域で人々に愛好された。コーラが産出される森林地帯の北縁には、この取引に関連してジュラ・タウンと呼ばれる小規模な商業都市が形成された。ジュラ商人はそれらの小都市を結ぶ広域のネットワークを作り上げた。この巧妙な交易システムは、一九世紀ヨーロッパ諸国による植民地征服の時期にも生き延び、現在にいたってもまだ生き続けていることは注目に値する。

ソンガイ王国

マリ王国が衰退した後、代わってソンガイ王国が勢力を拡大した。ソンガイ人はニジェール川の沿岸地域に居住し、イネなどの農業やラクダやウシの牧畜のほか川の漁撈で生計を立てていたが、九世紀頃からニジェール川東岸の地帯に小さな国を形成していた。一一世紀には河岸の都市ガオに首都を置くソンガイ王国が成立したが、それにはガオが、西からの塩のルートと北からの交易ルートの出会う重要な地点であることが要因となった。

当初、ソンガイ王国はマリ王国の傘下に置かれていたが、一五世紀後半のソンニ・アリ（ソンニは王の意）の時代にその支配から脱した。アリ王の死後、ムハンマド王が新しい王朝を築いたが、このムハンマド王の時代に、ソンガイ王国は版図を大きく拡大した。トンブクツの都市としての発展もソンガイ王国の時期に頂点に達した。北アフリカからイスラームの宗教指導者や学者も招かれ、経済的な繁栄だけでなく学問の都市としての名声も博した。しかし一六世紀末に、サハラ砂漠の中に位置するタウデニの岩塩鉱山をめぐる紛争をきっかけにモロッコとの関係が悪化し、サハラを越えて軍隊を派遣したモロッコの圧力によって、ソンガイ王国は衰退の道をたどった。

ガーナ、マリ、ソンガイと継続したニジェール中流域の王国は、多数の民族を支配し広大な領域に展開したことを受けて、しばしば「帝国」と表現されることがある。これらの「帝国」は、サハラ縦断交易の保護と支配に経済的基盤を置き、各地に点在する交易の拠点を押さえることで、広い領域を支配する国家形成を行った。こうした領域国家の繁栄の時代が過ぎると、西スーダンの政治の中心は、ニジェール川をもう少し南に下った、より東方の今日のナイジェリア北部の地域に移った。ガーナ、マリ、ソンガイについては、イスラームとの関わりで、第七章でも別の角度から触れることになるが、そこでは「帝国」という用語が採用されている。

ハウサ諸王国

西スーダンのサバンナ地域で相次いで起こった都市や王国形成の動きは、次の時代には比重が東に移り、今日のナイジェリア北部にあたるハウサランド地域で新たに展開された。現在この地域を中心に居住するハウサは、人口二〇〇〇万を超える西アフリカ最大の民族の一つとなっている。さらに、活発な商業活動により西アフリカ各地にも散在している。その結果、ハウサ語は商業用語として広まり、使用人口は五〇〇〇万から七〇〇〇万

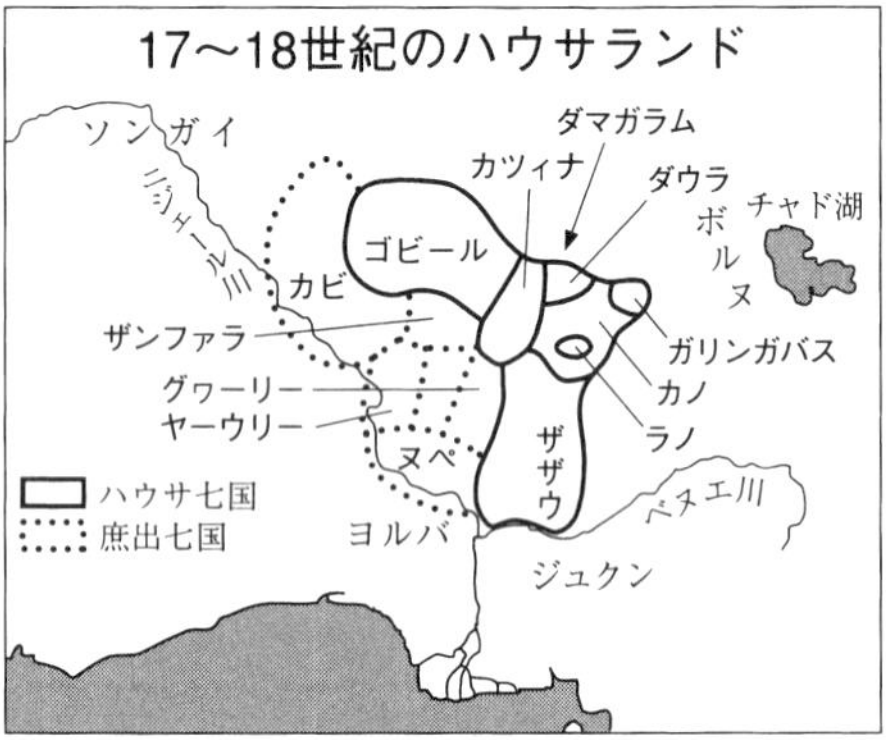

以上に及んでいる。

ハウサランドにおけるイスラームの普及はニジェール中流地域よりも少し遅れた。アラビア語で書かれた年代記には、一四世紀後半になって初めてイスラームが西方から来たマンデ系商人によって伝わったという記載もある。

この地域では一〇世紀に小国家が成立していたが、イスラーム伝来のあと、城壁に囲まれた都市を核とした国家が形成され、それにはカノ、ダウラ、カツィナ、ザザウ、ゴビールなどの七国があった。さらに、ハウサの勢力は異民族の居住する南の熱帯森林地帯に伸展し、ヌペ、イロリンなど別に七国を形成した。これらハウサ諸王国は、最初のうちソンガイ王国の支配下にあり朝貢を課せられていたが、モロッコによるソンガイ王国の征服後には、その支配から逃れて独自に活発な商業活動を開始した。

ハウサの都市国家は王が居住する都市を中心に、王の親族が周辺の属領を支配する階層的な構造をもった国家の形をとっていた。街の中心には王宮、モスク、市場の広場が設けられ、周囲を頑丈な城壁で守られ、街への出入りは城門で規制されていた。王（サルキ）はイスラームを信仰し、カーディー（法官）が王を助け、都市社会はイスラーム法で支配されていた。ハウサの都市社会はまた、職業による階層制度を発達させたことで知られている。王や貴族の最上層の次にイスラーム聖職者・法律家などが上位の階層を占め、次いで富裕な商人、とくに遠距離の交易商人からなる層がある。さらに小商人や職人からなる層があり、職人には革細工職人、織工、染色工、仕立屋、大工、建築職人などのほか鍛冶屋がいた。最下層には、奴隷や宦官《かんがん》たちからなる層が置かれた。

ハウサランドは豊かな土地に恵まれ、モロコシ、トウジンビエなど雑穀栽培の農業、木棉や藍《あい》など工芸作物、ウシなどの家畜飼養など経済的基盤も安定していた。さらに、ハウサの諸都市は、北アフリカのトリポリなどと西スーダンを結ぶサハラ縦断交易の集結点として繁栄し、染色、織物、土器など、それぞれが主な特産物を生み出した。中でも中心的な都市カノの藍染の布は有名である。一九世紀に西スーダン各地を訪問したドイツ人探検家ハインリッヒ・バルトは詳細な記録を残したことで知られているが、それによれば当時カノの人口が三万人に及び、その布が地中海沿岸にまで出回っていると記されている。

3——森林地帯の都市と国家

イボ・ウクウ遺跡が示す階層分化

ニジェール川下流と、支流のベヌエ川にはさまれた熱帯森林地帯において早い時期に人間の居住が見られた例が、今日のナイジェリア東部に位置するイボ・ウクウ遺跡である。

この遺跡からは、蜜蠟《みつろう》でとった鋳型に溶かした金属を流し込む失蠟法を使って製作された、各種の青銅容器や、精密な細工の銅製品などが出土している。墓室からは青銅製の杖、彫刻を施した銅製冠や、一〇〇万個ものガラスのビーズとともに葬られた高貴な人物が発見された。年代は九世紀頃のものとされているが、熱帯森林地域でも社会の階層化が芽生えていたのであろうか。

ところが奇妙なことに、その後この地域において大きな人口に成長したイボという民族の社会は、村落連合レベルの統合にとどまり、王のような権力者は生まれなかったので、この初期社会とのあいだには社会組織の面で連続性が欠けている。

ヨルバの都市と王国

今日のナイジェリア西部では、これも二〇〇〇万以上の人口をもつ、西アフリカにおける最大民族の一つ、ヨルバが居住している。彼らは初めサバンナと熱帯森林の境界の地域に、一三世紀頃からイフェ、オヨ、オンド、エバなど一〇あまりの王国を形成した。

歴史伝承によれば、これらの王国の起源はすべて一人の神話的な始祖オドゥドゥワと聖地イフェにさかのぼることができる。イフェは最高神オロドゥマレによって遣《つか》わされたオドゥドゥワが降臨した土地で、王権の発生地であり、世界創造の中心でもあった。イフェに降りたオドゥドゥワの子孫は各地に散って、それぞれが小王国をつくったという。

それらの王国の中で、のちにイフェと並び勢力を伸ばしたオヨ王国も、オドゥドゥワの末子オラニヤンがイフェを追放されたのち、たどりついた丘に町を開いたという起源伝承をもっている。オヨ王国の位置は、北のハウサ王国などと隣接するという条件に恵まれ、サハラ交易とも間接的に結ばれることで経済基盤も強固になり、そのうえに軍事力を蓄えた。さらに、ギニア湾岸にポルトガルやオランダ商人が訪れるようになると、奴隷と銃火器との交換で武装を強化し、この地方でいっそう強大な勢力を振るうことになった。

ヨルバの諸王国は、民族の開祖や神話的英雄の子孫であることを主張することで、王権の正統性を保持し聖性を帯びた「神なる王」を中心に戴《いただ》く国家であった。ギニア湾に面した森林地帯には、こうした神聖王権の原理で統治される国家がほかにも現在のガーナ共和国の地域において、とくに一八世紀に強大になったアシャンティ王国（第一三章4節参照）をはじめ、数々生まれていた。

ヨルバの都市国家は王宮、神殿、広場を中心に形成された。都市内部には街区が形成され、それぞれが首長を戴き、それらを統合するのが王であった。一例をあげると、イフェの都市の発掘の結果、居住は紀元後一〇〇〇年のあいだに開始され、土器の破片や小石による舗装の跡や、城壁もめぐらされた様子がわかる。

ヨルバの都市住民の構成を見ると、様々な職人や商人たちのほかに、農業に携わる者がたくさん含まれていた。ヨルバの都市を訪ねたヨーロッパ人たちは、農民が大多数を占めている姿を見て、これを都市と認めることを留保し、「大いなる村」と形容した。しかし、農民が集中して住む都市をアフリカの都市の一つの形態と考えると、ヨルバ人はまさしく都市居住者であるといってよい。一九三一年になされた調査でも、ヨルバランド地方の人口二万以上の都市居住者の総計は全人口の三五パーセントに達し、その比率は当時のヨーロッパ諸国と比べてもたいへん高い数値を示している。

イフェとベニン――王国の宮廷美術

ヨルバは優れた芸術を生んだ民族として知られている。彼らの都市の一つであるイフェ

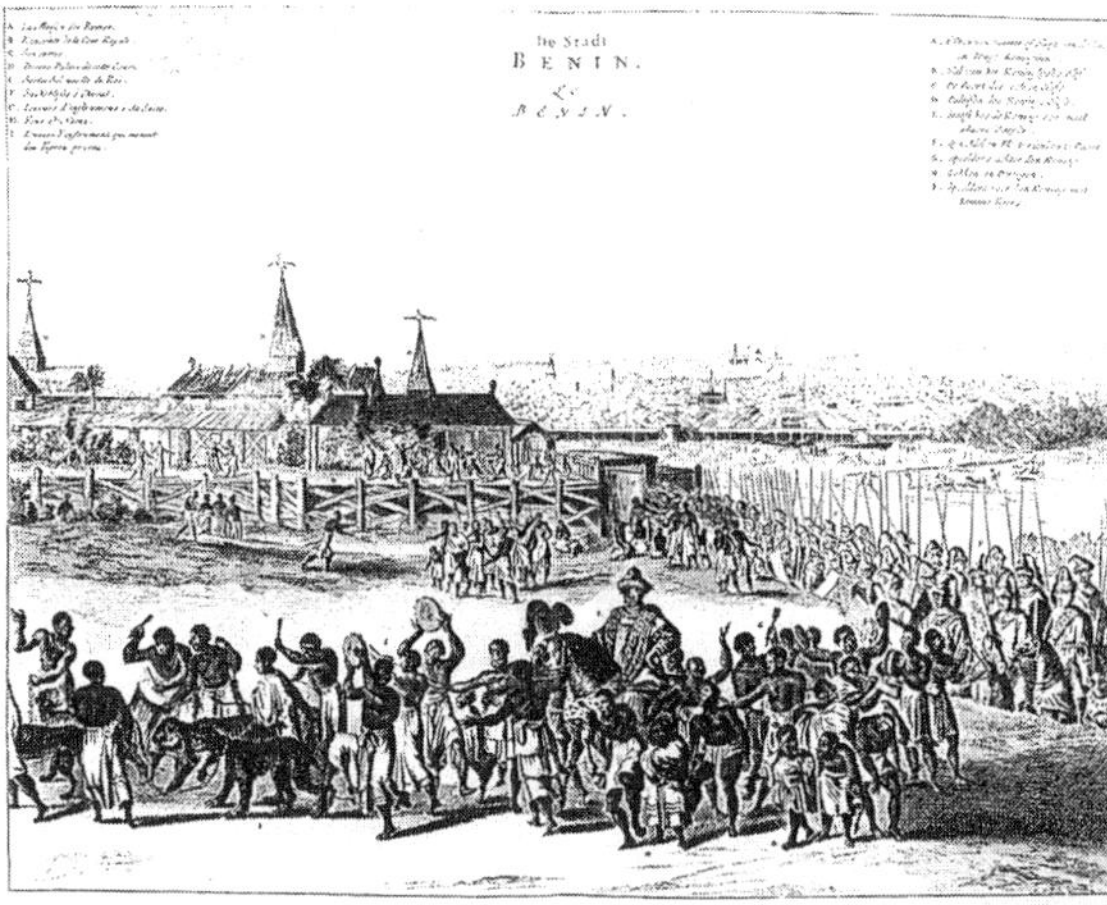

ベニンの王の行列（17世紀。Olfert Dapperによる）

からは、数々のテラコッタ、青銅、石の彫像が発見された。これらは人間の立像や頭部をかたどったものだが、その写実的表現の精妙な様式により、発見当時はアフリカ人の制作したものとは信じられなかった。

ヨルバの一部で、さらに森林に深く入った地点に勢力を張ったのが、ベニン王国である。一五世紀に在位したエウアレ王の時代に勢力が伸び、都市も城壁で囲まれ整備された。この頃ギニア湾岸にはポルトガル人が訪れ、ベニンとポルトガルとの交渉がはじまった。その後、ヨーロッパ諸国との交易も開始された。これは象牙、胡椒、奴隷などと銃火器との交換であって、手に入れた銃火器によりベニン王国は奴隷狩りを拡大した。一七世紀初めにベニンを訪問した一人のオランダ人商人は、この王国の首都の規模に驚き「道路はアムステルダムのワルモス街より七、八倍も広い」などと記している。

ベニンの青銅像を中心にした芸術は、アフリカ美術の中でも最も優れたものだという評価が与えられている。象牙の彫刻や青銅の像が知られているが、装飾板は王宮の回廊の柱を飾ったものである。ベニンの青銅美術は写実的な様式を特徴としており、表現も洗練されている。しかし、初期の研究者はこの様式を見て「アフリカらしくない」などと捉え、その作者を外来の者と考えたりした。当時、欧米人のあいだには、アフリカ人にこれほどのものが制作できないという先入観が支配していたのである。

外世界との関わり

ニジェール世界は長大なニジェール川の流域に沿って、乾燥のサヘル地帯から湿潤な熱帯森林地帯にまたがって形成された。しかし、それはアフリカの内部で孤立化したものではなく、北アフリカやヨーロッパなどの外部世界の動きと深く関わってきた。

北部のサヘル地帯は、サハラ砂漠を縦断する交易ルートによって北アフリカと深い結びつきをもってきた。その意味でイスラーム世界の周縁部に位置づけられることもあり、確かに政治、経済、文化の面で大きな影響を受け続けたことは事実である。しかし、西スーダンで産出した大量の金が地中海地方やヨーロッパの貨幣制度を支えたことなどをとってみても、交渉は相互的なものであり、一方的に影響を受けたと捉えることはできない。

ヨーロッパの列強による植民地支配が開始される一九世紀にはいると、社会の変動に直面した西スーダンにおいてはイスラーム改革の熱意に基づく聖戦（ジハード）や抵抗運動が猛威を振るった。その後もイスラームは着々と浸透を続け、今日でもモーリタニアやマリなどのサヘル諸国では、イスラームが日常生活に深く入り込んでいる。さらに、イスラーム原理主義など急進的な勢力がかかわる事件なども世界の耳目をあつめているが、これらについては、第七章および第一三章3節で詳しく説明されている。

一方、ニジェール川下流を含めギニア湾に沿った熱帯森林地帯においては、小規模な国家が分立していた。それらの中から、ヨーロッパ諸国と交易関係を樹立することで経済的利益を受け、軍事力を養い強大な力をもつ国家が出現してきた。これらの国家は経済的利益で繁栄を遂げるとともに、互いに拮抗《きっこう》関係に入り、興亡を繰り返した。ベニンもオヨと争うほか、さらに西方のダホメーとの競争に敗れ、一八世紀末には勢力を失っていくことになる。

〈赤阪　賢〉

コラム①「ニジェール河谷（流域）大展覧会」

まだ日本の読者にとっては、アフリカ考古学の成果について関心は薄いことだろう。一九九四年にパリの国立アフリカ・オセアニア民族文化博物館（その後閉館。収蔵品はケ・ブランリ美術館へ）で、「ニジェール河谷大展覧会」が開催された。これは、ニジェール川の流域に花開いたすべての文明を紹介する企画で、ギニア、マリ、モーリタニア、ブルキナファソ、ニジェールそしてナイジェリアの六ヵ国における考古学の成果が陳列され、当時おおきな話題となったものである。その後、一九九四年から九六年の二年間に、マリのバマコを皮切りに、それぞれの国の主要都市でも巡回展示された。

おもな展示を見てゆくと気が付くのは、ほぼ従来の定説にのっとって選択されたことである。まずギニアからは一三世紀に興隆したマリ王国の発祥地と目されたニアニ遺跡から出土した土器などの遺物が出品された。モーリタニアからは、ガーナ王国の首都に比定されるクンビ・サレー遺跡から出土した壺や女性像などが出品された。マリ中部の内陸三角州地域に位置するジェンネ・ジェノ遺跡の、紀元前三世紀から紀元後一四世紀にわたる四段階の文化層が示された地層図も展示され、人物像などの出土品が目をひいた。

ナイジェリアからは、イボ・ウクウ文化の青銅製の祭儀用壺や、イフェ王国の宮廷文化を示すテラコッタの頭部像が数点出品されたが、いちばん数が多く展示場を圧倒したのは、ノク文化のテラコッタ製の彫像であった。

今回の展示で目新しい話題として評判をよんだのは、ニジェールの首都ニアメ北部のブラ遺跡から出土した、土の棺や石のステラなどかずかずの埋葬用品である。ブラ遺跡の発見は一九七九年のことで、共同墓地と目された広い範囲からさまざまな土器が発掘されたが、それらの上部に男女の全身像、胸像、頭部がついていた。いずれも複雑な装飾をもっていたが、もっとも注目を浴びたのは土の大壺の上部に配された馬に乗った人物像で、展覧会のカタログの表紙も飾ったものである。

展覧会はニジェール川流域の歴史や文化に焦点をあてる視点が新鮮で、各国の人びとにおおきな反響をまきおこした。その一方で思いがけぬ波紋を生むことにもなった。展覧会がテレビなどのメディアで取り上げられたことにより、出土品の商品価値に目覚めた地元住民が勝手な発掘に狂奔する事態を招いた。アフリカ各国において文化財保護に資する法的な整備も遅れていた結果、発掘品の海外流出を止めることもできなかった。じつは、日本でもブラのテラコッタがネット販売されている現状をかんがみると、事態はわたしたちにも無縁ではない。

日本の数少ないアフリカ考古学の話題として、竹沢尚一郎（国立民族学博物館名誉教授）を代表とするグループがマリ文化財保護局の依頼を受け、二〇〇三年からマリ東部の「古ガオ遺跡」の発掘調査を実施して、一〇世紀半ばから一一世紀に建てられた巨大な石造の建造物のほか、ガラス製ビーズ二万五〇〇〇点以上や北アフリカ産の陶器を発見し、サハラ交易の証拠を明らかにしたことを紹介しておきたい。

〈赤阪　賢〉

第六章　ナイル川世界

1――ヌビアの諸王国

エジプトとヌビア

「エジプトはナイルの賜物」とよく言われる。しかし、ナイルの賜物は何も古代エジプト文明だけに限ったことではない。古代エジプトの影響を受けながらも、固有の文化をもち、時には王を輩出してエジプトを支配した地域もあった。それが現在のエジプト南部とスーダン北部からハルツームにかけての地域に広がるヌビアと呼ばれる地帯である。

ヌビアとエジプトの関わりの始まりは、紀元前四〇〇〇年紀頃にまでさかのぼる。その頃の下ヌビア（現在のスーダン北部にあたる）の墓には、エジプト起源の陶器や銅製品が納められていた。これらの墓は、Ａグループと称される耕作民の墓だった。彼らの政治経済の繁栄は、エジプトが統一される紀元前四〇〇〇年紀の終わり頃、そのピークに達する。

紀元前二六九五年から始まる第三王朝の頃までには、Aグループは考古学的記録から姿を消す。第二瀑布の近くにはエジプト人の町ができ、ピラミッドを建設した第四王朝の時代には、ヌビア人はエジプトの奴隷と兵士になっていたようだ。しかし、エジプトの王朝の勢力が弱まるとヌビアも息を吹き返した。再びヌビアの地にはCグループと称される人々が定住を始め、外世界との交易も再開された。彼らは遊牧民的な文化を営み、社会の階層化はほとんど見られなかった。

しかし、中王国時代（紀元前二〇四〇～前一七八〇年頃）になると、エジプトは第二瀑布近くまで進出し、そこに強力な砦《とりで》を築いて金の採掘を始めた。Cグループの人々はこの北からの侵略に苦しめられた。このとき初めてエジプトの記録に、上ヌビア（第二瀑布からスーダンの首都ハルツームまでの一帯）に出現した王国への言及が登場する。この王国はクシュと呼ばれた。

最初の黒人王国クシュ

クシュは、第三瀑布のすぐ南のケリーマを首都とし、主にCグループの人々がその住人となった。ケリーマに人が住み着いたのは紀元前二五〇〇年頃だと推定されている。南部

（ナイル上流）との交易ルートに位置したことが、ケリーマの富を築いた。さらにその周囲は、当時のヌビア地方の中でも最も豊かな農耕地帯であった。

発掘された初期の埋葬物から、この社会には国家の存在を示唆する階層分化があったことがうかがえる。それが頂点に達するのは、エジプト軍が下ヌビアから撤退した頃、エジ

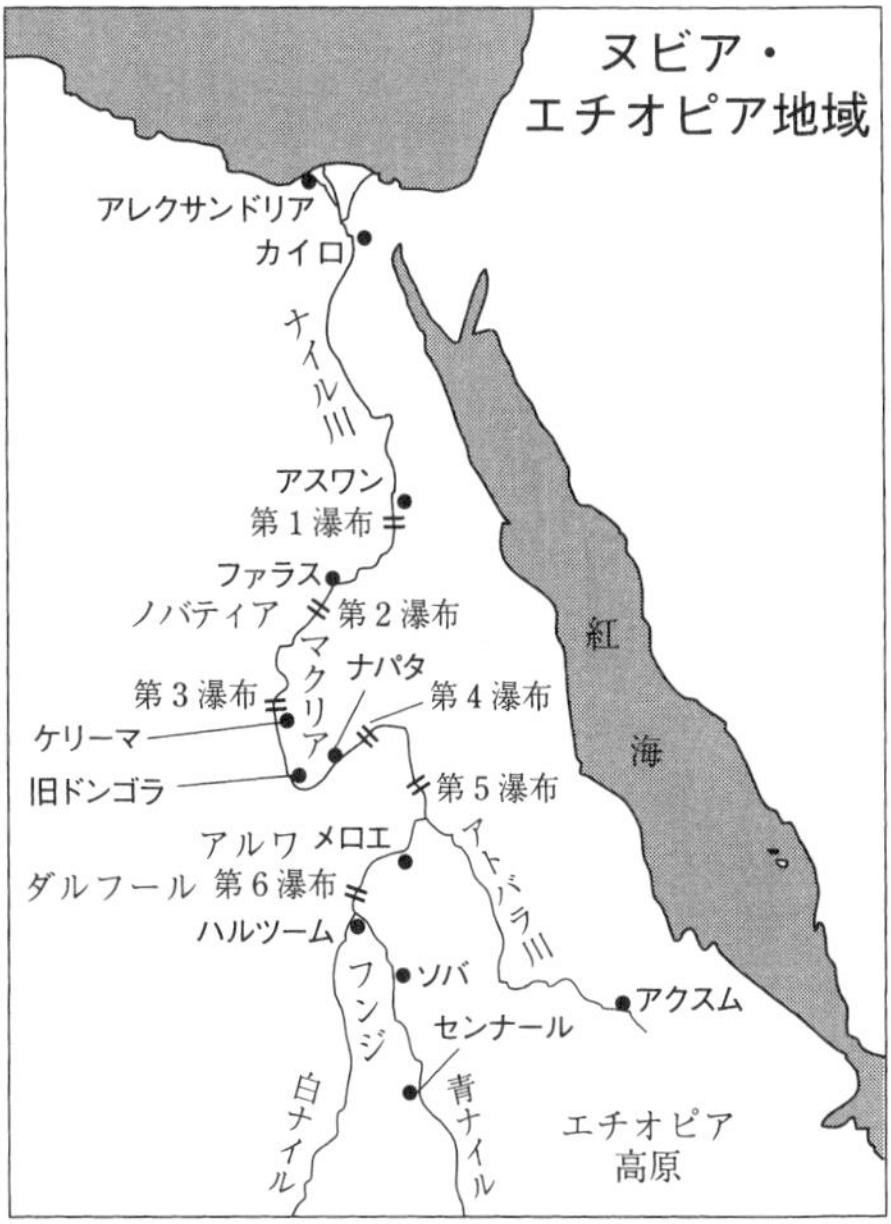

プトが第二中間期（紀元前一七八五～前一五四〇年）を迎えた時代であった。ケリーマの勢力は、領土を北はアスワンまで拡張し、勢力の弱ったエジプト王朝と同盟関係を結びエジプト文化を吸収していった。
　エジプトに新王国が樹立されると、下ヌビアは再びエジプトの支配下に置かれるようになった。トトメス一世（在位紀元前一五〇六～前一四九六年）はついにケリーマを滅

ぼし、ナイル川の第五瀑布まで進出した。この後四〇〇年間はエジプトの影響が新たな展開を迎えた時期で、エジプトの寺院や貴族たちは下ヌビアに土地を得て、Cグループの人々のほとんどは小作人や農奴として彼らに従属してしまった。

ヌビア人による第二五王朝

紀元前九〇〇年頃になると、別の王国が再び上ヌビアに現れた。この国家は、ナイル上流のナパタに拠点を構えた。王カシュタはここから北に進撃し、エジプトの征服を図った。続くピアンキイ王もナイル下流域に勢力を伸張させ、ついにはエジプト第二二・二三王朝を滅ぼしてしまう。上流の黒人王朝が、エジプト全域の支配権を握ったのである。

下流を征服したヌビア人の王たちは、エジプト風の寺院、墓、工芸といういわばエリート文化を積極的に摂取し、エジプト文字を宮廷に取り入れた。こうしてタハルカ王（在位紀元前六九〇～前六六四年）の時代を迎える。彼はエジプト第二五王朝を開いたのである。

しかしまもなくアッシリアの軍勢がエジプトに侵入し、タハルカ王は敗走した。後継者となったタヌアトモン王も再度アッシリアに打ち負かされ、ナパタに逃れた。こうしてヌビア人が打ち立てたエジプト第二五王朝は滅亡したのである。

タハルカとその後継者たちをエジプトから追い出した支配者たちは、勢いづいて紀元前五九三年にナパタに攻撃を仕掛けてきた。ヌビア人たちはおそらくはこれをかわすため、首都を第五瀑布よりさらに南のメロエへ移した。それは紀元前六世紀の初頭と思われる。メロエはこの後およそ一〇〇〇年間存続した。

メロエ王朝

メロエは砂漠の南にあり、夏の湿潤期には灌漑なしでも穀物が生育可能で、家畜のための牧草が得られる地帯の端に位置している。メロエの宗教は、太陽神アメンを頂点としたエジプトの神々と、ライオン神であるアペデマクなど地域の神々を結合して構成されたものであった。紀元前二世紀からエジプトの聖刻文字を改変した文字が使われたが、その解読は今日でもまだ完全ではない。メロエの王はファラオのように司祭でもあり、その遺体は四世紀に至るまでピラミッドの下に埋葬されていた。

メロエはエジプト以外の世界とも交流があったことが知られている。神殿などの石の建築物にはギリシア・ローマの影響が見られる。また地中海世界やアラビア、ペルシアに金、奴隷、熱帯産の品々を供給した。さらにその軍隊は、下ヌビアの支配をめぐって、プトレマイオス王朝やローマ帝国とも争った。メロエ経済の核は、南はハルツームとその周辺の降雨地帯まで及ぶ上ヌビアのモロコシ（ソルガム）と棉、そして家畜であった。

メロエ王国は、エジプト文化を南方の熱帯アフリカに伝える中継基地の役割を果たしたと言われてきたが、メロエはそれを自らの土着文化の中に積極的に吸収していったと言う方が正確である。製鉄の技術をブラック・アフリカに伝えたのはメロエであった、という説も確証はあがっていない。

四世紀になると、このメロエ王国は姿を消してしまう。これは、北エチオピアに新たに興った国家アクスム（後述）によって滅ぼされたためである。

ヌビアのキリスト教王国――ノバティア、マクリア、アルワ

紀元四世紀にメロエが崩壊した後、ヌビア語を話す支配者たちがナイル川流域に三つの王国を建設した。すなわちファラスに首都のある北のノバティア、旧ドンゴラに拠点をもつ中央のマクリア、ソバ（現ハルツームの近く）を中心とした南のアルワである。こうした拠点都市に、エジプトの交易商の手によってキリスト教が持ち込まれたのは、紀元五世紀頃のことだった。

ノバティアでは、後述するアクスムと対照的に、社会の下部から上部へキリスト教が広がっていった。首都のファラスでは、ヌビアの穀物を祝福するため神イシスの像をエジプトへ取りに行くという習慣が続いていた五三五年まで、キリスト教会は弾圧されていたこ

とがわかっている。しかし、この年ビザンチンの皇帝ユスチニアヌスがその儀式を禁止すると、ギリシア正教会もコプト教会もこぞってヌビアに伝道団を派遣した。五四三年、コプト教会のミッションが最初にノバティアに到着すると、キリスト教は急速に受け容れられていった。村々に教会が建てられ、キリスト教式の埋葬文化が広まり始めたのである。アルワも外部世界との絆をつくるのに熱心で、五八〇年にコンスタンチノープルから宣教師ロンギヌスが来て布教を始めると、その二日後には王も貴族も洗礼を受けたと伝えられている。

ヌビアの王国はほぼ一〇〇〇年にわたってキリスト教を遵守し続けた。ヌビアの司教は代々アレクサンドリアから任命されていたのである。しかし、エジプト教会がイスラームの勢力によって征服されると、ヌビアもイスラーム教の脅威にさらされることになった。またキリスト教はヌビアでは社会の底辺から浸透したにもかかわらず、ヌビア地域の土着文化を吸収したり、それと融合する方向へとは向かわなかった。こうした理由によって、ヌビア地方からキリスト教は消滅していったのである。

イスラーム化の時代

イスラームの勢力がキリスト教化したヌビアに進攻したのは六四一年だったが、この時はまだエジプトも彼らによって征服されてはおらず、イスラーム教徒軍はヌビアでも手ひどい反抗にあった。エジプトのイスラーム勢力は、六五二年にマクリア王国と停戦協定を結んだ。

この協定に基づいてヌビア側は、エジプトの生産物を受け取る代わりに奴隷を毎年三六〇人ずつ与えることに同意し、また双方の商人が相手国で自由に商売ができるよう安全が保障されることになった。続く五〇〇年間、南部の黒人奴隷は、ヌビアの主要な輸出商品であった。九六九年から一一七〇年にかけて、エジプトのファーティマ朝の支配者たちは、兵力をヌビアから送られてくる黒人奴隷兵士に依存していたほどだ。一方、交易商や鉱夫として、さらには牧畜民として、イスラーム教徒はヌビアのキリスト教王国に居住した。この時期は、ヌビアのキリスト教国の絶頂期でもあった。

一一七一年にファーティマ朝が滅亡し、サラディンによるアイユーブ朝が成立すると、ヌビアの繁栄は陰りを見せ始める。サラディンによる黒人奴隷兵士の殺戮《さつりく》は、ヌビアとエジプトの関係に影を投げかけ、両者のあいだで激しい戦闘が繰り広げられた。その結果、社会は混乱していった。

マクリアでは、一三世紀後半にドンゴラのダーウード王がマムルーク朝との戦いに敗れると、跡を継いだシャカンダ王はエジプトの宗主権を承認し、その保護下に入った。一三一七年にはイスラーム教徒のアブダーラ・バルシャムブが、エジプトの後ろ盾でマクリアの王位につき、旧ドンゴラにあったキリスト教の聖堂は、モスクに変えられてしまった。この事件が、ヌビアをイスラーム化するとどめの一撃とも言える。

アルワの王国も一五世紀にはイスラーム教徒の手によって滅ぼされるが、彼らも一六世紀には、北スーダン初のイスラーム黒人国家、フンジ王国の支配下に収められていった。こうしてヌビアにおけるキリスト教の時代は終わりを告げたのである。

フンジ王国（一五〇五〜一八二一年）は、紅海沿岸からの交易ルートが青ナイル流域まで南下拡大したのを背景にして成立した王国である。この交易ルートに沿って、金と奴隷を求めてやってくるイスラーム商人が増加するにつれ、彼らの奴隷となったり彼らと婚姻関係を結ぶ黒人の数も急増していった。彼らは、次第に故郷の民族集団から切り離され、イスラーム化していく。イスラーム化は親族体系の変化となって現れ、母系制だったヌビア社会は父系制へと移行していった。アラビア語を共通語として身につけた彼らは、地域交易に関与しながら勢力を拡大する。こうした彼らが、青ナイル流域のセンナールに築いた王国がフンジだが、センナールが首都として定着したのは一七世紀中頃であった。この王国は多様な民族集団から構成されていて、その領土は北はナイル川第三瀑布付近まで及んだ。

ほぼ同時代にはダルフールのマッラ山地に、やはりイスラーム王国を名乗るダルフール王国（一五九六〜一八七四年）が成立した。フンジ、ダルフールという王国の時代は、現在のスーダンにイスラームが広く浸透した時期であった。しかし一九世紀に入ると、ムハンマド・アリー朝のもと強力な集権国家を目指すエジプトによって、両黒人王国は滅ぼされてしまうのである。

エチオピア高原の諸国——アクスム王国からオロモ社会へ

ヌビア地方でナイルは大きく二つに分かれる。本流白ナイルをさかのぼると、そのままアフリカ大陸の中心部を目指して南下していくことになる。一方、支流の青ナイルやアトバラ川は、海抜四〇〇〇メートルのエチオピア高原が源流である。このエチオピア高原には、エジプトやアラビアさらにはローマやビザンチンといった地中海文明と交流する、独自のキリスト教王国が勃興していた。

エチオピアは「シバの女王の国」と呼ばれてきた。伝説によると、紀元前一〇世紀、英明で名高いエルサレムのソロモン王と、王のもとを訪れた南アラビアのシバ王国の美しい女王とのあいだにできた男子メネリクが、後にエチオピア王国を開いたとされる。これはあくまでも伝説の話だが、こうした伝説が成立する背景として、古代エチオピアにおけるヘブライ文化（エチオピアにはファラシャと呼ばれるユダヤ教徒が存在してきた）の影響や紅海をはさんだ南アラビア社会との活発な地域交流が指摘できる。

歴史に登場する最初のエチオピア高原の王国は、北エチオピアに紀元一世紀に成立したアクスムである。アクスムの支配者となったのは、今日のイエメン地方から紅海を渡って移住してきたセム系の人々であったらしい。彼らは南アラビアの文化を継承しながらも、首都を石造のオベリスクで飾るなど独自の文化を展開した。

また彼らは王国を樹立した後も、何度もアラビア半島への出兵を繰り返した。なぜならローマ帝国がエジプトを統治してから、アラビアと地中海それにアフリカを結ぶ交易の中心はナイル川流域から紅海方面へと移っており、アクスムはこの黄金、奴隷、象牙を主商品とする交易の覇権を握ろうとしたのである。

紀元四世紀、メロエを滅ぼしたアクスムのエザナ王は、キリスト教を王国の公式宗教に採用した。この時期が、ローマがキリスト教を国教に定めた時期と重なるため、地中海との交易の拡大戦略の一環としてキリスト教化したとする説もあるほどだ。これ以降、エチオピアではキリスト教が広く受容されるようになった。

アクスムのキリスト教は、まず国家の宗教になり、次いで国の後ろ盾のある司祭や修行僧によって、庶民のあいだに広まっていった。それはローマカトリックの教義とは異なり、四五一年のカルケドン公会議で異端とされたキリスト単性論（キリストに人性と神性の二性を認めるカトリックに対して、人性は仮象であり単一の神性のみがキリストに存しているとする見方）を奉じるものだった。教会は一二世紀半ばまで、エジプトのアレクサンドリアの大司教から派遣された司祭によって統率されてきた。

七世紀になって、ペルシアによってアラビア半島のキリスト教徒支配が終わらされ、八世紀以降イスラーム化が始まると、交易ルートを絶たれたアクスムはみるみる衰退していった。

アクスム滅亡後、土着の有力者がザグエ王朝を樹立したが、それも一二七〇年にはソロモン王の末裔を称するイクノ・アムラクの王朝に取って代わられた。高原中央部のショア地方に興ったこの王朝をソロモン王朝と言う。一四世紀イクノ・アムラクの孫アムデーシヨンの代には、青ナイルの源流から紅海沿岸のイスラーム教徒のスルタン諸国を併合し、アデン湾からの交易ルートを支配下に置いた。しかしソロモン王朝の王は、中央集権化された政府をもつことはなかった。広大な領土は、王が称号を与えた有力者を間接統治することによって支配した。こうした事情もあって王国内には、徐々にイスラーム小侯国が力をもってきた。中でもハラール高地のアダルを本拠とするアフマド・イブン・イブラヒームは強力で、キリスト教に対する聖戦を唱えて一五三五年にはソロモン朝を崩壊させた。

しかしながら一七世紀、イスラームのスルタン国もキリスト教王国も実質的に衰退していく中で、南エチオピアで栄えたのは、キリスト教徒でもイスラーム教徒でもない東クシ系の言語を話す半農半牧民オロモであった。彼らがどこから南エチオピアにやって来たのかは不明である。しかし彼らは、東アフリカ牧畜社会に典型的な、整然とした年齢階梯《かいてい》制をもつ無頭制の社会を形成していた。二つの宗教勢力の間隙をついて、オロモ社会は、王国の敗残者や貧民を吸収しながら侮《あなど》り難い勢力となった。

2——上ナイルの地域形成

シルック王権の歴史

青ナイルと白ナイルの分岐点を過ぎ、白ナイルを南スーダンのサバンナ地帯までさかのぼると、ナイロート系の言語を話す黒人の世界が広がる。ナイロートに属す諸民族は、痩身長軀で、手足が長く皮膚の色が漆黒という身体的特徴を共有しているだけでなく、生業形態や宗教観念などにも多くの共通点を見出すことができる。しかしそのナイロート系諸民族の中でも、シルック人は王（レス）をその宗教的中心として戴く王国を築き上げている点で、他の民族とは異なっている。

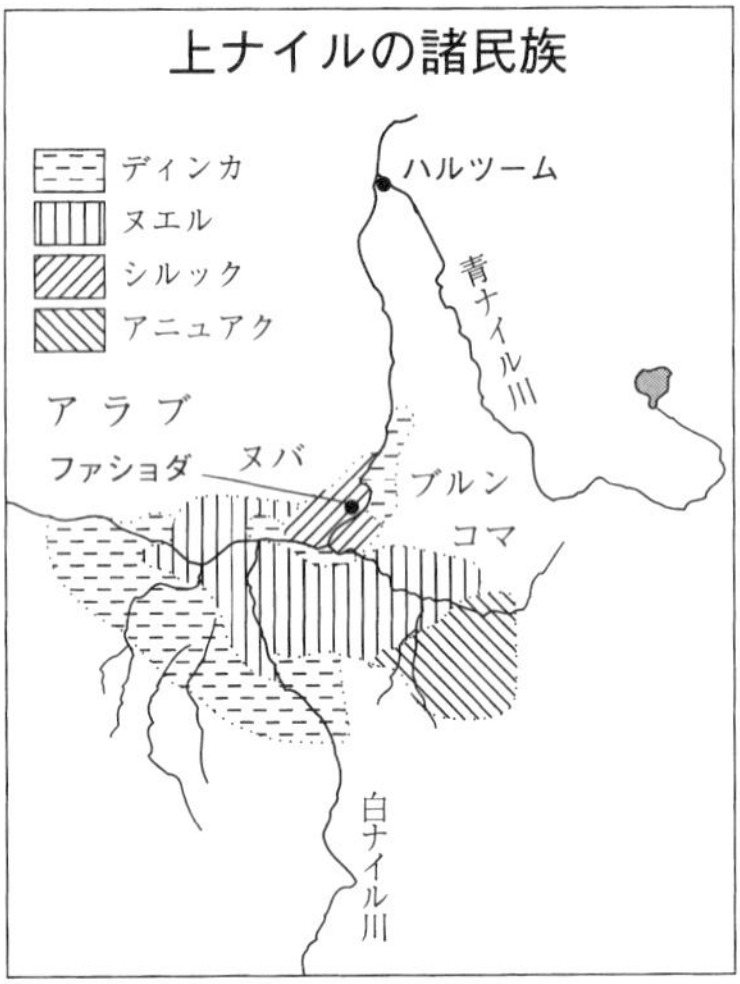

上ナイルの諸民族

ナイロートに属するルオ系民族集団の小グループが、南方から現在の南スーダン、シルック地方に侵入してきたのは、一六世紀のことと考えられている。神話伝承の中でこの移住は、シルック国家の礎《いしずえ》を築いた英雄ニイカングの武勇と結びつけられて語られている。ルオ系の民族は土着の人々の諸集団を吸収していき、一七世紀初めまでには上ナイル流域に定住する社会としてシルックが形成されていった。

シルック社会において、王権が発達するのは一七世紀の終わりのことである。当時シルック人はディンカ人（後述）に圧迫され続けていたのだが、首長トコットの指導のもと、ナイル川を渡ってきたディンカの略奪集団を撃退することに成功した。トコットは周囲のヌバ人、ヌエル人、アニュアク人とも戦い、勝利を収め戦利品を持ち帰った。こうした彼の功績はシルックの口頭伝承でも讃えられ、トコットの息子で後継者のトゥゴも、父の威光を背景にして、他の首長たちより高い権威を身につけることができた。こうしてトゥゴはシルック全土の最初の王（レス）となったのである。神話ではニイカングが初代の王で、歴代の王はニイカングの父系の子孫であるように伝えられているが、ニイカングを始祖とする神話は、このトゥゴの開いた王朝の正統性を確立するために、のちに創られ語り伝えられたものだ。

ひとたび王権が確立し独特な社会発展を遂げると、シルック人は周辺の諸民族のあいだで有名な存在となった。フンジ王国の住人などは、彼らのことを悪名高い略奪者と見なしていた。人々は今日のシルック人のホームランドとなっている川沿いの地に密集して生活していたが、彼らは白ナイルと青ナイルの合流地点（現在のハルツーム付近）まで略奪に出向いていた。一八世紀の終わりに、シルックの攻撃の防波堤の役割を果たしていたフンジ王国が没落すると、白ナイル方面へのシルックの圧力は一層強まっていった。シルックがこのように優勢であった理由は、彼らのもつカヌーによるところが大きい。シルックはこのカヌーを大量に繰り出して、川から他民族の村や家畜に襲撃を仕掛けたのである。

一八二〇年頃からシルックはイスラーム世界との関わりを深めていく。エジプトの支配から逃げ出した北部イスラーム系遊牧民族たちがシルック領地内に移住し始めたばかりでなく、シルックランドの象牙への需要が高まると、ジェラバと呼ばれるイスラーム教徒の小商人たちがシルックと恒常的な交易関係を結ぶようになったのである。しかし象牙交易は王の独占であり、その権利を守るため王は首長たちを自らの手先に使った。さらに王の下には、威光を遵守させるためのバングレスと呼ばれる私設軍隊がいた。象牙交易で得られた富は、王の権力をさらに増大させることになった。

一方、イスラーム系遊牧民の移住者たちは、もう一つの交易商品に目をつけた。彼らはディンカ人を襲撃して奴隷として売り飛ばしたのである。こうした襲撃と交易に加わるシルックたちも現れた。しかし、ムスリムの移住者の増大は、トルコ・エジプトからのシルックに対する直接の武力介入をもたらすことになり、一八六一年、王都ファショダは破壊されてしまう。その後スーダンがイギリス・エジプトの共同統治になると、シルック王の実質的な権力は弱められていくのである。

シルックの王制は今日も続いている。しかし王は政治的な権力はもたず、人々の精神的・象徴的中心としてシルックに君臨しているのみである。歴代の王は、神話の中の英雄であり、王国建国の祖として伝えられるニイカングの霊の化身とされている。

このニイカングは、シルックの宇宙の三領域（空、大地、川）および宇宙全体と同一視されるとともに、過去・現在・未来にわたるシルックの統合と永続の象徴でもある。ニイカングの運命はシルックの運命であり、ニイカングが死ぬとシルックは消滅すると見なされている。そのためニイカングは不死であり、歴代の王の身体の中にその霊が再生し続けていくと信じられている。

そのようなニイカングの化身である王は、シルックの国土が繁栄し豊穣と安寧がもたらされるよう儀礼を執行する司祭であるだけでなく、国家全体の活力・生命力をその内に宿す者でもある。このような特徴をもつ王権は、神聖王権と呼ばれている。シルックの人々の精神的支えとなる象徴として不可欠な存在、それが現在のシルック王なのである。

ヌエル人とディンカ人

すべてのナイロート系民族が、シルックのような神聖王権をもっていたわけではない。同じく南スーダンに居住するヌエル人のように、王や首長をもたない民族もいる。こうした無頭制の社会が、ナイル上流域には数多く形成されてきた。従来、アフリカ史の教科書に取り上げられることのなかったこれらの社会は、ナイル川世界の歴史の重要な構成要素なのである。その社会の中からヌエル人とディンカ人の経験を見ることにしよう。

ヌエルはウシにきわめて高い価値を置く牧畜民で、ウシの放牧を中心とする生活を営んでいる。しかし二〇世紀初めの牛疫によるウシ保有数の減少後、牧畜だけでは充分な食料を得られなくなったため、乾期の漁撈および雨期の豆類やモロコシなどの農耕に大きく依存している。

ヌエルは周囲の諸民族からも、またヨーロッパ人からも大変好戦的な民族と見なされてきた。この地域の民族分布を見ると、ヌエル人がディンカ人を分断し、ナイル川の南西と北東という二つのセクションに切り離したように見える（186ページ地図参照）。つまりヌエル人がナイル上流域の主要な侵略民族であり、ディンカ人はその哀れな犠牲者であるかのようである。

ディンカ人の起源について学者の間で一致した見解はないが、およそ四〇〇〇年前に現在の居住地へ移住してきたと考えられている。弱体で分裂的な政治構造しかもたないディンカが、どのようにして九〇万の人口を維持できたのだろうか。それは、彼らが競争相手に邪魔されず、未占拠のほとんど手つかずの土地と牧草地へと自由に移動できた歴史を示唆しているのである。

一方、ヌエル人の起源についても確かなことは少ないが、ナイル川の西岸が彼らのもともとの「故郷」だと考えられている。彼らはおよそ二〇〇〇年前、東方への移住を開始したらしい。移動とそれに伴う侵略と略奪が特に活発だったのが一九世紀中頃、ちょうど欧米のナイル探検が始まる直前の時代であった。

このようにヌエルが領土を拡大しようとしたとき、彼らは先住民ディンカと衝突した。ディンカ人との領土争いは、ヌエル人のあいだの結束力をいちだんと強めさせる結果になったが、ヌエルにとって有利に働いたのは、二つの社会の政治構造の違いだった。ヌエル人は、侵略と拡大にとってまことに都合のよいユニークな政治組織をつくりあげていたのである。その仕組みを簡単に見ておこう。

団結する無頭制――ヌエル社会の分節構造

ヌエル社会にはその全体を統轄する王はいない。いわゆる無頭制の社会である。しかし、一九三〇年代にヌエルを調査したイギリスの人類学者エヴァンズ＝プリチャードが「部族（tribe）」と呼んだ地域集団としてのまとまりがある。「部族」は、その下にさらにいくつかの小さなまとまり（分節）をもっている。それら分節同士の関係は、父から父へとたどっていけば、共通の男の祖先に行き着く、いわば一族の関係である。それはさかのぼる深度が浅ければ（数世代）小さな一族のまとまりとなるし、深くなれば（一〇世代）かなり大きなまとまりになる。つまり、ヌエル社会は、上から大きいまとまりの順に、「部族」―大分節―中分節―小分節というピラミッド型の階層構造をもっているのである。

ではこうした無頭制社会において、もめごとや暴力事件、あるいは他民族との戦争はどのように組織されるのだろうか。彼らは、このピラミッド型のまとまりを活用して、整然と人々を動員していくのである。それはこういうことだ。

まず二人のヌエル人が戦いを始めると、彼らが属している小分節同士の争いへとエスカレートするが、その小分節が同じ中分節に属している限り、それを越えて紛争が拡大することはない。しかし異なった中分節のメンバー同士の争いが始まると、争いは中分節間へと拡大する。そのとき争っていた小分節同士は、同じ中分節の構成員として団結してしまう。同様に争う二人が異なった大分節のメンバーであれば、大分節間の争いに、異なった「部族」であれば、「部族」間の争いとなり、内部の争いは即座に中止される。そして最後に異なった民族と争うときは、それまでのすべての争いを中断して、同じヌエル人として団結して敵にあたるのである。

これが、ヌエル人が戦いのときにディンカ人を圧倒してきた理由なのである。

生態環境と地域ネットワーク

こうした政治組織の構造は、同様の構造をもたない民族との戦争では有利に働くと想定されてきた。相手がヌエルのようなピラミッド型の政治組織をもたない社会であれば、小さな集団同士の間で始められた争いであっても、戦いは結局「我々（ヌエル）全員」対「少数の相手」となるからである。ディンカ人はまさにそういう犠牲者と考えられてきた。

しかし、こうした考え方を突き詰めていけば、ヌエル人は一方的に好戦的な略奪者ということになり、ディンカ人とのあいだに友好的な共存関係など見られないことになる。それではヌエルの対ディンカ関係の歴史の実情を正しく反映しているとはいえない。彼らはともに上ナイル流域の地域社会を構成し、歴史的に共存共生してきたからだ。

ヌエル人は一方的な破壊者であり、ディンカ人は被害者であるという見方は、実は誤りであった。そのことを解く鍵は、生態環境への適応にあった。上ナイル流域という限られた範囲内においても、土壌植生などの生態環境は決して一様ではなかった。ナイル川も氾濫を繰り返したり、あるいは逆に旱魃に見舞われ続けてきた。洪水に襲われ住居や牧草地がだいなしになるとヌエルは、冠水していない土地を求めて移動する。一九世紀の前半は旱魃と飢饉により、一九世紀後半は洪水により、湿地帯の分布パターンが変動したことでヌエルは頻繁に移動を繰り返した。こうして見ると、彼らの移動は、彼らが好戦的な侵略者だからではなかったことがわかる。

確かにヌエルは移動によって、ナイル東岸に拡散移住していたディンカと抵触した。しかしヌエルは、占領した土地からディンカを完全に追い出すことをしなかった。同じ村にヌエル人とディンカ人が平和に共住していたのである。

つまり、ヌエルはディンカを一方的に侵略していたわけではなかったのだ。確かに敵意と侵略は存在した。しかしそれはしばしば乗り越え可能だったのであり、特に地域全体が飢饉や欠乏に苦しんでいるような場合には、ヌエルとディンカの間には相互扶助の絆が結ばれていたのである。また婚姻は、将来の援助を約束するものであったから、ディンカとヌエルのあいだでも多くの通婚関係が成立していた。こうして上ナイル流域社会に、多民族共生の地域ネットワークが築かれていったのである。

3――大湖水地方のニョロ王国

ニョロの王権神話

ナイル川をさらにさかのぼると、アルバート湖を経て水源のビクトリア湖に至る。この地帯は、他にエドワード、キョガ、キブなど大きな湖に取り囲まれており、大湖水地方と呼ばれている。この地にある王国で最も古いのがニョロ王国である。

ニョロの王権は、シルックのように、神聖王権と呼べるような側面がある。王（ムカマ）はニョロ王国全土と同一視され、王が肉体の健康を維持しないことは、国土や人民全部も苦しむことを意味した。そこで、王の衰弱や死が王国全体の崩壊につながらないよう、衰弱の徴《しるし》が見えだした王を意図的に殺害する王殺しの習俗が、かつてあったという説もある。さらに王は、王国の繁栄と平和のために王室の家畜を使った儀礼も執り行った。

しかし、王を政治的実権のない司祭や雨乞師と考えるのは間違いだ。ムカマは「君臨すれども統治せず」では決してなく、イギリスによる植民地化以前は、政治的実権を握った最高権力者であった。各地の領土を治める権限は王から首長に委託されていた。この首長職は父系の家族で受け継がれていく傾向はあったが、世襲ではなく、王は随意にそれを召し上げることができたのである。

19世紀以前の大湖水地方の王国

王国の成立について、ニョロには様々な神話や伝説があるが、そこでは三つの異なる王朝が生起したと伝えられている。すなわち、テンブジ、チュエジ、ビトである。テンブジ王朝の初代の王は、創造主の弟の末息子カカマであった。チュエジ王朝は、ンダフラ、ムリンドゥワ、ワマラと三代の王しか続かなかったが、様々な技術や制度を導入し、彼らの築いたキ

タラ王国は、ウガンダの南半分、西ケニアの一部、コンゴ（旧ザイール）の東端、ルワンダ、ブルンジ、タンザニアの北西部と、広大な範囲に及んだ。しかしワマラの治世には不吉な出来事が続き、北から来たアチョリ人の占い師に支配の終わりを告げられた。この結果、チュエジらは忽然《こつぜん》と姿を消したという。

この後を平和裡に継いだのが、ナイル川の北からやって来たルオ系牧畜民（彼らと同じ系統の集団が別方向へ移動して建国したのが先述のシルック王国である）によるビトであり、伝承によれば、その初代王ルキディ・ムプガはキタラ王国を分割し、王と双子である弟のカト・キメラに後のガンダ王国となる地を、末弟のキィザにブソガの地をそれぞれ与えたという。もっともこれはニョロ側の伝承であり、ガンダ人はこれを認めず、彼らの初代の王キントゥは、東方のエルゴン山の彼方から移動してきて王国を建国したと伝えている。

ニョロのライバルと目されるこのガンダ王国は、一八世紀には強大な軍事国家としてニョロ王国を攻め版図を拡大しただけでなく、インド洋沿岸のスワヒリ都市（第八章参照）を中継基地とする象牙交易にのりだし、その富を独占していった。さらに一九世紀半ばになると、イスラーム商人から火器を輸入して軍隊を近代化し、より一層の軍事力増大を図った。こうしてガンダ王国は、一九世紀末には大湖水地方最大の国家になった。ガンダ王国の政治体制はヨーロッパの封建制にもたとえられる。地方首長は王によって任命され、中央政府はカティキロと呼ばれる宰相を頂点とする官僚制が組織されていた。王国の土地は個々の父系氏族（クラン）が管理していたが、王はすべてのクランの頂点に立ち、財や奉仕の形で、個々のクランから貢納を受け取っていた。

「キタラ王国」というシステム

ルキディ・ムプガについては史実と見なすことが困難なエピソードもあるが、このルオ系民族の移動は歴史的事実と見なされ、ビト王朝の成立は、一五世紀半ばと考えられている。一方、神話的色彩の濃いテンブジとチュエジの実在は、長らく疑問視されてきた。今日ニョロ社会やンコーレ社会では、チュエジとは、霊媒たちの組織する結社が崇拝する憑《ひょう》依霊《いれい》のことである。したがってチュエジの神話は、精霊を人間化した形で伝承したものであり、実在の人間である王を神格化したものではないと主張する学者もいる。

しかし、チュエジが造ったと言われる大土塁が、首都のあったと伝えられるビゴに残っており、炭素による年代測定で一三五〇年から一五〇〇年頃のものという結果が出たこと、さらに一九六〇年代から大湖水地方の歴史伝承に関する研究が進んだことなどから、一九八〇年代には、チュエジとテンブジの実在が確実視されるようになった。

ケニア人の歴史学者オゴットによれば、現在言語的に優勢なバンツー語系諸民族が、初めてこの地域に移住してきたのは、七二二年から一二〇〇年の間だと考えられる。初期に移住してきたその氏族の中には、のちに多数の小規模な農耕民国家の形成に関与したものもあった。たとえばウガンダ最古の国家の一つと考えられているガンガイジ首長国は、ガブ氏族によって創設されたが、口頭伝承ではハンギを始祖とするテンブジとして記憶されている。これがテンブジ朝であり、九〇〇年から一三〇〇年のあいだと推測される。

従来チュエジ実在説を採る学者たちは、チュエジ王朝は牧畜民ヒマの侵入によって建国されたと主張してきた。しかしオゴットはそれを否定し、一四～一五世紀に西ウガンダで勃興した貴族階層がチュエジなのであり、彼らは侵略者でなく地域に根づいた支配者たちだったと考えた。偉大な戦士かつ王であったンダフラによって建国されたキタラ王国は広大な範囲に及んだが、ワマラの治世のとき牧畜民ヒマとルオ人が到来し、政治的緊張が高まりついには崩壊するに至ったというのがオゴットの仮説である。

このようなチュエジならびに彼らが築いた広大なキタラ王国の実在は、ビゴやムベンデそのほかの丘陵にある土塁などの遺跡に、その証拠の一部を負っていた。しかし綿密に検討すると、これらがチュエジ朝の王宮の遺跡だと断言することは今日では難しくなっている。そこには人間の居住空間だけでなく祠《ほこら》の跡もあり、そのかたわらから発掘される遺物から、チュエジ王朝の成立した一四～一五世紀以前よりチュエジ精霊の信仰があったと想定することもできるからである。つまり、チュエジとは実在した人間社会である前に精霊のことだと見なす見解が再び説得力を帯びてきたのである。

またキベンゴ、ムンサ、ビゴなどの遺跡を、かつての支配者たちの首都の跡と見なすことができるにしても、その規模から判断して、彼らが支配した領土は、その周辺の草原地帯に限られるようだ。つまりキタラとは、そこから後にンコーレやニョロなどの王国が分かれ出た巨大な統一国家なのではなく、一三〜一四世紀の大湖水地方における政治経済的システムと解釈した方が妥当なのである。

創られた系譜

ニョロ王国が実在したことは疑いえないし、その歴史も一五〜一六世紀のビト王朝以前から続いていたことも確かであろう。しかし、広大なキタラ王国も、チュエジ王朝も、一八代続いたビトの王の系譜も、実のところ、ヨーロッパとの接触以後に生じた「発明」とも考えられる。

一八六一〜六二年にガンダ王国を探検したイギリスのスピークが採録した歴代王のリストでは、初代王キメラから当時のムテサ一世まで、ガンダには八人の王しかいなかった。ところがスタンリーの一八七五年のリストによれば、三五人のガンダ王がいたことになっている。しかしこれは、スタンリーに情報提供した者の記憶力がより確かであることを必ずしも意味しない。ヨーロッパでは、歴代の王を年代順に配列し、それを基準に歴史が記録されてきた。そうした伝統をもつ圧倒的に強力な世界と接触することになったアフリカ社会は、自分たちの王朝の伝承を年代記風に組み立て、書き記す必要が出てきたのだろう。自分たちの社会も、白人に負けず劣らず長い歴史的伝統をもつものであることを示すために、王の系譜が発明されたのである。

特にそれは、ニョロ王国にとって重大であった。ニョロの近年の歴史は、勢力の衰退によって特徴づけられる。ライバルのガンダ王国が強大化したのに対して、ニョロでは、王国内部の統制の弱まりが周辺部の首長たちの反乱を招き、その結果、一九世紀初頭にはトロが別の王国としてニョロ王国から独立した。

一八九〇年代になると、東アフリカに進出していたイギリスがガンダと連合してニョロに軍隊を送ってきた。当時の王カバレガは激しく抵抗したが、一八九五年に二万人のガンダ兵を含む軍勢が進攻した結果、カバレガは国外に逃亡することを余儀なくされた。一八九六年、ついにニョロはイギリスの保護領となった。その後の植民地支配の中では、イギリスに加勢したガンダがイギリスに優遇されたのに対して、反抗したニョロは徹底的に冷遇された。かつてのニョロ王国の中心があった国土の南部はガンダの領土になり、ニョロ人の人口の四〇パーセントがガンダ人首長の統制下に置かれた。また彼らの文化は抑圧され、チュエジ精霊の信仰も弾圧された。

こうした中で、失われた領土に対する正当な権利と、ガンダにひけをとらない由緒ある王国であることを主張していくのに必要だったのが、歴代の王を中心に構成された歴史であった。かくして王の系譜の精緻化では、ガンダに後れをとったニョロだったが、一八七五年には五人だった王の数が、一八九〇年代には一二人、一九二〇年代には一七人、そして一九三五年に書き記された最終的リストでは二三人にまで膨れ上がる。歴代三王朝にしても、系統が全く異なるのに、伝承の中では親族関係が設定されることで、そこに連続性が保たれている。いわば万世一系性を示すことで、ニョロの王国の古さと正しさが証明されているのである。政治経済的なシステムの名称だったキタラも、かつて存在した巨大な王国として自明視され、ニョロ人はその末裔として記憶されることになるのだ。植民地状況下で弾圧された憑霊信仰の対象であるチュエジ霊も、王朝の名前としてよみがえったのである。

植民地化以前のナイル川流域の歴史は、今後の研究をまたねば解明できない点が多い。しかし今まで述べてきたことからも明らかなように、その流域の諸社会は、閉鎖的で相互に孤立し、社会的変化と一切無縁であるような「真空」状態にあったのではなかった。地域社会に暮らす諸民族の間には、ダイナミックな交流が見られたのである。その歴史も、ニョロ王国のように近代の植民地時代に「創られた伝統」であるにせよ、むしろそこに、困難な時期を生き延びるためにそれらを駆使する人々のしぶとさや力強さを見出すべきであろう。

〈出口　顯〉

第Ⅲ部

外世界交渉のダイナミズム

ジェンネの大モスク。日干レンガを積み上げて造った建造物としては世界有数。
(写真：嶋田義仁)

ザンジバル島ストーンタウンの英国国教会大聖堂。昔はここで奴隷のせりが行われた。
(写真：宮本正興)

第七章　トランス・サハラ交渉史

1——イスラーム以前のサハラ

緑の時代、馬車絵の時代

サハラ砂漠は、アフリカが外的世界と交流するための最重要な媒体の一つであった。イスラームが北アフリカに広がった発展する八～九世紀頃から、サハラの南のブラック・アフリカ世界とサハラの北の地中海世界とを結ぶ長距離交易が始まった。

しかし、サハラを介してのアフリカへのイスラーム文明の影響は、長いあいだサハラ辺縁のわずかの帯状地帯と、そこから南へと延びる細い交易路線に限られていた。サハラ交易はラクダに支えられたが、サハラ南縁地帯の雨量はサハラを離れるや急激に増大し、たちまちラクダの成育には適さないサバンナ地帯（年間降雨量六〇〇ミリメートル以上）になり、さらにロバも使えなくなってしまうからである。しかも、サハラ地域へのラクダの導入は紀元前後であり、普及しだすのは四世紀以後にすぎない。七世紀末から八世紀にイスラーム化の波がアラブとともにサハラ砂漠におしよせてくるまで、サハラを介しての歴史交渉はきわめて小さな規模にとどまった。これには、サハラの凄まじいまでの気候変動も関与している。

現在の面積約七八〇万平方キロメートル、東西約四九〇〇キロメートル、南北約一六〇〇キロメートルに及ぶ世界最大のサハラ砂漠は、この数万年の歴史で見ると著しい気候変動を経験している。これは、氷河期・間氷期という地球規模の気候変動に連動して起こるものらしい。最後の氷期が訪れた七万～一万二〇〇〇年前の時代、サハラは南方に拡大し、現在の熱帯雨林地帯もほとんど消失するまでに乾燥した。

しかし地球規模の温暖化が始まる一万二〇〇〇年前頃から、四五〇〇年前頃まで、サハラは湿潤期に入り、緑のサハラとなる。チャド湖は湖面が四〇メートル以上も上昇し、カスピ海ほどの広さに拡大したという。サハラに緑の時代があったことは、砂漠に残された多数の岩壁画で知られる。フランスの先史美術学者アンリ・ロートの研究によって有名になったサハラの岩壁画には、キリンやワニ、ゾウなどサバンナ性の動物や、これを狩る狩猟民、また大量のウシを飼う牧畜民の姿などが描かれているのである。

そのサハラも四五〇〇年前頃から再び乾燥化し、現在とほぼ似た姿となった。しかし、サハラにラクダが登場するのは紀元前後である。言い換えると、サハラが乾燥し始めた四五〇〇年前から二五〇〇年以上ものあいだ、サハラ以南のアフリカは旧大陸文明とほとんど没交渉だったことになる。ラクダなくして巨大な砂漠を越えることは困難だからである。

ただサハラの岩壁画には、二頭から四頭の馬に曳かれた二輪の馬車の絵がある（次ページ上）。ロートによると、残された馬車絵の数六〇〇以上、時代的には紀元前後から紀元前一〇〇〇年近くにまでさかのぼるという。これは、紀元前五世紀に書かれたヘロドトスの『歴史』にある「四頭立馬車で穴居エチオピア人狩りをする」ガラマンテスであろう、と推測されている。馬車絵は地中海岸のトリポリと、現アルジェリアのオランの南方から、二つのラインに沿ってニジェール川湾曲部に至っている。このことから、馬車によるサハラ横断が行われていた可能性はある。

しかし、この馬車は基本的に戦闘用戦車であり、馬は常にギャロップの状態で描かれ、荷物も描かれていない。したがって、馬車によるサハラ横断は行われえたとしても、それがサハラを越えた物流の交流を促すような交易に至ったとは考えられない。実際、馬車絵の時代というのは、北アフリカの地中海岸東部のキレナイカにはギリシア人、中西部海岸

(Lhote, 1984)

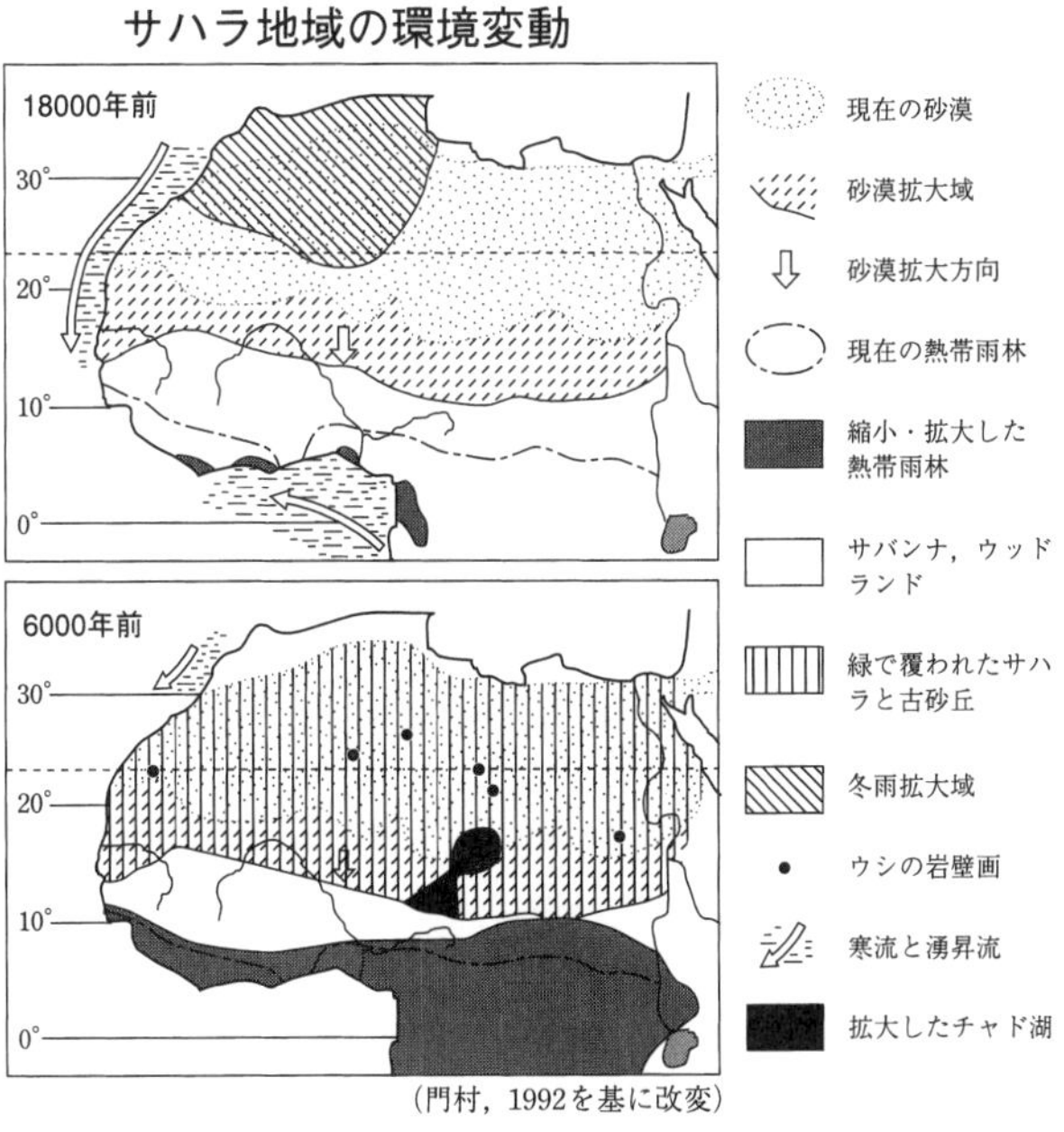

（門村，1992を基に改変）

サハラのオアシスの
ナツメヤシ畑を灌漑するフォガラの分水路

には海洋商業民族フェニキア人が植民しカルタゴが繁栄した時代に相当するが、サハラ内部からは、フェニキアやギリシアとの物流の交流を示す出土物は見つかっていない。

ユダヤ人のディアスポラ

しかし、ローマがカルタゴを攻め落とし（紀元前一四六年）て北アフリカを支配する時代になると、海戦より陸戦に優れていたローマだけに、その支配はサハラ内部にもかなり広がる。たとえば紀元前二一～前二〇年、ローマ軍は、ガラマンテスの本拠フェッザーン地方（現リビア南部）に攻め入り、ガラマンテスの首都ガラマを陥落させている。

ローマ時代には、ユダヤ人のサハラ内部へのディアスポラも起きた。北アフリカにはユダヤ人も数多く入植していたらしい。ところが紀元一一八年、キレナイカを中心にユダヤ人の反乱が起き、ローマによって徹底的に弾圧されるという事件が生じた。そのため、ユダヤ人はサハラ奥地へと移住を始める。

サハラ交渉史におけるユダヤ人の役割は重要である。たとえば、貴金属工芸に優れたユダヤ人は、北アフリカのサハラ沿いの都市でも、サハラからもたらされる金を使っての工芸に重要な役割を果たしていた。また、サハラにはフォガラと呼ばれる地下暗渠《あんきょ》式の灌漑システムによって成り立つオアシスが点在しているが、フォガラをサハラに導入したのはユダヤ人だという伝承もある。実際、サハラ中央のトゥワットの中心オアシス、タメンチットには強力なユダヤ・コミュニティとシナゴーグが存在し、一五世紀末、マーリク派イスラームの学僧アル・マギーリによるユダヤ人大弾圧事件が起きている（後述）。

しかし、フォガラ自体の起源までユダヤ人に帰すのは問題があるようだ。というのは、ヘロドトスの『歴史』にあるように、サハラの先住民には「穴居」の伝統があるからだ。事実、サハラには半地下や崖をくりぬいた「穴居」式の住居がたいへん多い。これは、サハラのように乾燥して温度の日較差、年較差の大きい地域では好都合な住居で、地下水路を造るという技術や発想は、こうした住居の伝統に根差しているように思われる。

サハラの先住民、ベルベルとテダ

サハラの先住民はベルベルとテダ（トゥブ）である。

ベルベルというのは、ギリシア語のバルバロイ（野蛮人）に由来し、北アフリカに植民したギリシア人がアフリカ土着の住民を軽蔑してこう呼んだことに由来する。しかし彼らは白色系民族で、ベルベル語も、いわゆるハム・セム語族のハム語族に属する。先述のガラマンテスなどもベルベルの一派だ。

イスラーム化の進展とともに、ベルベルのアラブ化が進んでいくが、モロッコとアルジェリア北部に横たわるアトラス山脈や、サハラ中央部のホガール、タッシリ・ナジェールなどの山岳地帯には、ベルベル系の人々がベルベル文化を色濃く保ちながら、現在も多数居住している。サハラ中央部の山岳地帯に住むベルベル系住民は、藍染のターバンで顔を覆った出で立ちで知られる遊牧民トゥアレグである。彼らはおそらくガラマンテスの子孫で、北アフリカのベルベルがウマやラクダを獲得する中で、次第にサハラ中央部へと入り込んでいったのだと考えられる。

サハラ中央には、トゥアレグの分布域の東隣に、ベルベル系とは異なった土着遊牧民がもう一グループ分布している。トゥブあるいはテダと呼ばれる、ナイル・サハラ系の言語を話す人々である。肌の色は黒色系であり、彼らは、二輪の戦車を操るガラマンテスに追われていた、穴居する黒色系人種「エチオピア人」の子孫だとも考えられる。

このトゥブ人の分布圏の南のチャド湖周辺に分布するカヌリ・ボルヌ系の言語、さらにその南のマンダラ山地に多数分布するパレオネグリティック（古黒色人種）系の人々の言語も、ナイル・サハラ系の言語である。他方、トゥアレグの分布域に接して南に分布するハウサ語はベルベル系言語に属する。

サハラ中央に分布する人々とその南の黒色人種のあいだにこのような言語的つながりがあることは、両者のあいだに密接な歴史的つながりがあったことを示している。サハラが緑であった時代にサハラ中央部に住んでいた人々の一部が、乾燥化にともない南に移動していったこととの反映だとも見なされている。

2——中世イスラーム国家の繁栄

アラブの北アフリカ征服

サハラを越えた南北地域の交渉が活発化するのは、七世紀の後半から八世紀初めにかけて、アラブ系イスラーム民が北アフリカの征服を成し遂げてから後である。こうしてサハラ砂漠南縁に形成された文化を、わたしは黒アフリカ・イスラーム文明と呼んでいる。しかし、アラブが北アフリカに到来した時代の記録を見ると、すでに先住のベルベル系住民を中心に、かなりのサハラ交易が行われていたらしいことが推測できる。アラブの征服後も、ベルベル商人がサハラ交易の中枢を占め続けた。

北アフリカおよびサハラのイスラーム化の英雄は、ウクバ・イブン・ナーフィである。六三二年の預言者ムハンマドの死後、アラブ・イスラーム勢力は爆発的な発展を遂げ、六七〇年には、ウクバ将軍の指揮下、現在のチュニジアにまで進み、カイラワーン建設に至る。ウクバ将軍は六八三年に死去するが、カイラワーンはその後のアラブ・イスラーム勢力による北アフリカ、スペイン征服の根拠地となり、七一一年頃にはマグレブ全体とスペインがイスラーム支配下に入った。

ウクバ将軍の足跡は、サハラ砂漠奥深くにも及んだ。西アフリカではウクバの名前は、イスラームを広めたアラブとして知られる。西アフリカの牧畜民で、黒色人種とやや異なった体型をもつフルベ（229ページ参照）と呼ばれる人々には、サハラの南にまでやってきたウクバと黒人の女から生まれた子供が祖先であるとする伝承があるほどである。

ベルベルの抵抗とハワーリジュ派イスラーム

こうしたアラブ・イスラーム軍の征服活動によって、北アフリカの先住民ベルベルのイスラーム化が始まった。しかしここで、興味深いことが起きた。ベルベル系の多くは、正統派のスンナ（スンニー）派イスラームを受け容れたのではなく、異端として知られるハワーリジュ派の中のイバード派イスラームを受け容れていったのである。

イスラームは、正統スンナ（スンニー）派とシーア派とに大きく分かれる。シーア派の形成は、かつてはムハンマドに敵対的だったメッカの豪族ウマイヤ家がカリフ位を占め始めたことに対して、これを批判する勢力が、ムハンマドの娘ファティマの子孫アリーを戴いて分裂行動を起こした争いに起因する。シーア派形成の原点には、アラブの伝統的豪族がイスラームの指導権を握ることへの批判があり、シーア派はペルシア人の卓越するイランで発展する。しかしアリーは途中でウマイヤ家との妥協を図った。ハワーリジュ派はこれを拒否し、アリーを殺害し、ウマイヤ家批判を貫こうとした一派である。

ウマイヤ朝軍に征服されたベルベルにとっても、ハワーリジュ派の思想は、イスラームを受け容れながらも、アラブ支配に抵抗できる格好の思想手段であった。その結果、アラブの征服から一〇〇年たたないうちにマグレブには、ベルベル系の人々が多数居住するアトラス山脈地域を中心に、いくつものハワーリジュ派王朝が成立する。現チュニジアからアルジェリア東部にかけて成立したアグラブ朝（八〇九〜九〇九年）、モロッコのイドリース朝（七八九〜九二六年）、アルジェリア西部のルスタム朝（七七九〜九二六年）である。

そして、サハラ交易の初期の時代の記録を見ると、北アフリカにおいてサハラ交易の拠点となった、シジルマサなどの都市のほとんどが、ハワーリジュ派のベルベル商人に握られていたことがわかる。

ハワーリジュ派イスラームというのは、妥協を排するピューリタン的な理想主義の立場にたつ。しかしイバード派はそのピューリタニズムを守るために、信仰を個人の心深くにしまい込み、世の権力者などと無益な軋轢《あつれき》を引き起こさない立場をとってきた。これはシーア派で言うタキーヤの思想で、イバード派ではキトーマンと言う。こうしたイバード派商人は、まだイスラームが浸透していないサハラ南部の黒人世界相手に交易活動を行うにはふさわしく、黒人世界の人々の信頼も得やすかったようだ。

アルモラビッドの聖戦と正統派イスラームの発展

しかしハワーリジュ派イスラームの発展は、一一世紀中葉の一〇五六年、サハラ西部、現在のモーリタニア南部で発生したアルモラビッド（ムラービト。154ページ参照）の聖戦によって終止符を打たれる。アルモラビッドの聖戦は、イブン・ヤーシンを指導者に、サンハージャ系のベルベル人が中心になって正統派マーリク派イスラームを奉じて起こしたイスラーム宗教戦争であった。聖戦はサハラ南部から始まったが、サハラ砂漠を北上して、モロッコ、スペインにまで至る大帝国建設運動となった。モロッコの古都マラケシュはこのとき建設された。

アルモラビッドの聖戦がどうして生じたか。これにはサハラ交易の主導権をめぐる、重なり合った二つの争いがあったようだ。一つは、イスラーム異端イバード派と正統派の争い。もう一つは、ベルベル内部の争いである。

イバード派イスラームを信奉したのは主に、北アフリカ北部に分布するゼナートと呼ばれるベルベルの一派であった。しかしサハラ西南部にはサンハージャと呼ばれる、ラクダ遊牧に従うベルベルの一派が分布し、彼らは遊牧とともに塩の交易にも従っていたらしい。これに対して、イバード派イスラームを奉ずるゼナート商人たちは、金と奴隷の交易を中心にしていた。サンハージャとゼナートの間には潜在的対立があった。

問題は、イバード派イスラームというのは穏健な立場にたち、自らの内には純粋なイスラームを保持しようとするが、外部には強いて求めない点にある。そのため、イバード派のゼナート商人が取引していたガーナ王国の王も非イスラーム教徒のままだった。イバード派商人は異教徒の王に取り入り、金や奴隷の交易から大きな利益をあげているように見えた。これは、正統派イスラームの目から見れば許されないことだった。サンハージャ系ベルベルは、この正統派思想をてこに立ち上がったのである。

アルモラビッドの聖戦は一〇七七年、異教徒の王を戴くガーナ王国を征服した。これにより正統派マーリク派のイスラーム国家としてのガーナ帝国の歴史が始まる。

マリ帝国興隆と主要交易ルート

遊牧民が中心になって興した国家の例に漏れず、アルモラビッド帝国の寿命は短かった（一〇五六〜一一三〇年）。その後サハラ西部の政治秩序は乱れ、交易活動の安全確保も難しくなり、ガーナ帝国は衰微する。

西アフリカ西部では、そのガーナ帝国に代わって一三世紀前半から、ガーナ帝国のはるか南の金産地近くを中心に、マリ帝国が成長を始める。一四世紀前半には最盛期を迎え、第五章2節で述べたように、ムーサ王（マンサ・ムーサ）をはじめとする歴代の王が大量の金塊を持って豪華な隊列を組みメッカ巡礼を行い、「黄金の国マリ」の名が中東アラブ世界に響き渡る。

一三二四年にメッカ巡礼を行ったムーサ王の隊列は、八〇〇〇から一万人以上に及び（ある口頭伝承は七万七七〇〇人！）、黄金はロバ四〇頭に載せて運んだという。巡礼の帰り、ムーサ王は多数のマーリク派の書物とともに、数人のシェリフ（ムハンマドの子孫）をはじめ、アンダルシア出身の建築家、トルコ人やアビシニア人奴隷兵士などを、スーダンに連れ帰った。そして帰国後、各地で多くのモスクの建設を行った。

マリの王たちが繰り返した豪華なメッカ巡礼は、それまでの旧ガーナ帝国を経由する西サハラ・ルートに代わる、新たな交易ルートの開発、つまりトンブクツを経由する中央サ

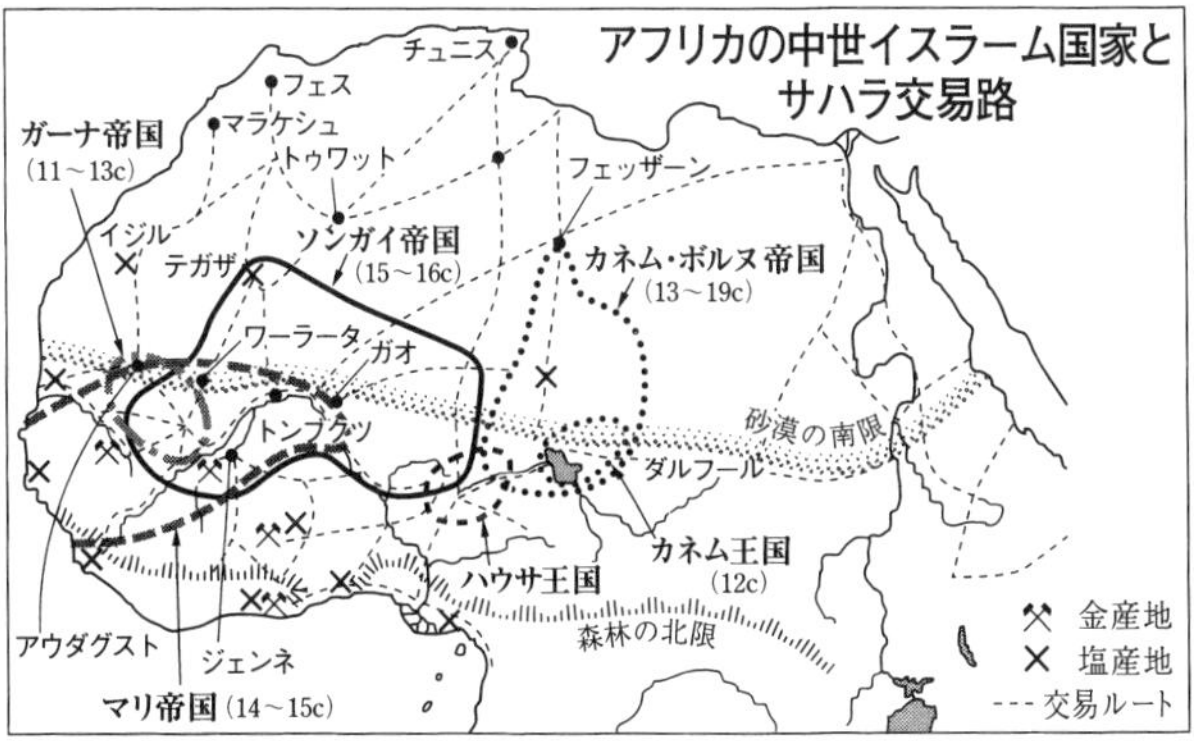

アフリカの中世イスラーム国家とサハラ交易路

トンブクツのサンコーレ・モスク
(かつてはイスラームの大学だった)

トンブクツの街並

ハラ・ルートの開発も目的にしていたようだ。トンブクツの発展も、ムーサ王がメッカ巡礼後、トンブクツに大モスクを建てたことから始まる。同時に、トンブクツの北方八〇〇キロにあるテガザの岩塩を南のスーダンへと運ぶルートとして、ニジェール川の水運によってトンブクツから上流のジェンネに至るルートも開拓された。それ以前の塩の交易ルートは、サハラ西部のイジルとサハラ中央のテガザから陸路直接ガーナ帝国内の交易都市ワーラータやアウダグストへと運ぶルートが中心であった。

こうしてサハラ中央ルートが栄え始めるが、その際に重要な中継地となったのが、サハラ中央部に位置するトゥワットのフォガラ・オアシス地帯である。

ソンガイ帝国とトンブクツの繁栄

しかしマリ帝国も次第に衰え、一五世紀中葉の一四六四年、ソンニ・アリ大王（ソンニは王の意）の指揮するソンガイ帝国が、ニジェール川大湾曲地帯の盟主となる。ソンガイはこの地域で稲作や漁撈に従う民族で、水運にも熟達していた。彼らが、水運に熟達していないマリ帝国の勢力を駆逐しえたのも当然である。ソンニ・アリは強力な水軍を組織し、経済的にも軍事的にも、ニジェール川大湾曲部に支配を広げていった。その象徴となるのが、イスラーム交易都市ジェンネとトンブクツの支配である。

ジェンネはニジェール川内陸デルタ最上流部の湿地帯の中の島に立地して、マリ帝国時代、マリの支配下に入らなかった。しかしソンニ・アリの時代、ソンガイの大水軍に包囲されてその軍門に降った。トンブクツはニジェール川の本流とは外港カバラまで運河によって結ばれていたが、この運河を建設したのもソンニ・アリだと言われている。

しかし他方、ソンニ・アリは残虐な暴君として知られ、とくにトンブクツのイスラーム学者を弾圧し多数殺したことで有名である。ソンニ朝帝国はイスラーム化に対する反動帝国だった。

そのためソンニ・アリの死後、その家臣であったアスキア・ムハンマドのクーデターが起こり、一四九三年、ソンニ王朝は倒れる。主君を弑逆《しいぎゃく》したアスキア・ムハンマドはただちにメッカ巡礼を行い、二年近くもメッカに滞在して、メッカのシェリフよりカリフの位を授けられて帰った。こうして、はっきりとイスラーム王朝を志向したアスキア王朝が始まる。

さらにアスキア王朝の開始まもなく、ハウサ地方で伝道活動を行っていたトゥワットのマーリク派学僧アル・マギーリがガオを訪れ、アスキア・ムハンマドの質問に答え、きわめて厳格なイスラーム国家としてのあり方をコーチしている。

アル・マギーリはトゥワットのユダヤ人大弾圧の責任者として知られる人物であるが、

一五世紀末というのは、イベリア半島に残った最後のムスリムの砦グラナダが陥落し（一四九二年）、アンダルシア地方にいたムスリムが大量にイベリア半島から追放された時代である。そのうえニジェール川大湾曲部でも、ソンニ・アリがイスラーム学者の大弾圧を行っていた。アル・マギーリのユダヤ人弾圧は、こうした北と南からのイスラーム危機に対応するものであった。アル・マギーリは中央スーダンのハウサ地方にも赴き、イスラームの伝道に精力的に励んだことで知られている。

ソンガイ帝国アスキア王朝は一〇〇〇年後の一五九〇年、モロッコの侵入によって滅びるが、それまでは安定した繁栄を享受した。とくにトンブクツのイスラーム学術都市としての発展は著しく、モロッコによる征服前夜には一五〇〇のマドラサ（神学校）が建ち並び、学僧たちの学識と権威も高かった。総計五六点にのぼる著作を残したアーマド・バーバは、モロッコに捕虜として連れて行かれた。しかし、モロッコのマンスール王に面会した折には、王がすだれ越しに話すのを無礼だとして、すだれを取り払わせた。その上で、一六〇〇の蔵書がモロッコ軍兵士に略奪されたと王を激しく非難した。アーマド・バーバは十数年のあいだモロッコ王家のモスクでマーリク派の法学を講義して、トンブクツに戻った。

カネム・ボルヌ帝国の発展

ソンガイ帝国が栄えた一六世紀は、中央スーダンのチャド湖を中心とするカネム・ボルヌ帝国の発展も著しかった時代である。

中央スーダンは生態学的環境から見れば砂漠と草原の世界である、チャド湖という大きな内陸湖とこれに流れ込む河川があり、ニジェール川大湾曲部と類似した条件下にあった。しかし大きな違いは、その南方に金が産しなかったことであり、それゆえ、北アフリカからのムスリム商人を引き付ける魅力に欠けていた。そのため中央スーダンのイスラーム化は遅々として進まず、サハラ交易の発展も、奴隷の輸出に負うところが大きかった。

こうした条件下、カネム・ボルヌ帝国は、自らの力で政治的支配圏を北方サハラ内部へと拡大することにより、交易の維持発展と北方アラブ・イスラーム世界との交流に努力した。一三世紀、チャド湖北辺を本拠とするカネム王国は現リビアのフェッザーンを支配下に置いて、チュニスのハフス朝を助け反乱鎮圧のために兵を送ってさえいる。メッカにはマドラサを開き、カネム出身者のメッカ留学の便宜も図った。しかし、一四世紀、チャド湖北岸にあったカネムは衰退し、権力の中心がチャド湖西南のボルヌに移る。

そのボルヌ帝国が再び一六世紀、イドリス・アリ王（在位一四九七〜一五一九年）からイドリス・アローマ王（在位一五六四〜九六年）にかけての時代に大きく発展する。この時代はオスマン・トルコ帝国の支配が北アフリカに広がる時代であった。ボルヌ帝国は、オスマン式の騎馬を中心とする軍隊の整備を図るとともに、地中海岸を占拠したスペイン、オスマン・トルコ、さらにモロッコから銃砲の入手さえ試みた。しかし、フェッザーンまで南下したオスマン・トルコの勢力拡大に危機感をいだいたボルヌは、モロッコに使者を送り、サード朝スルタンのマンスール王をカリフとして認める臣従関係を結んだ（一五八三年）。

モロッコによるソンガイ征服

その七年後の一五九〇年、モロッコはサハラ砂漠を越えてソンガイ帝国征服を行う。この直接のきっかけになったのは、サハラ中央にあるテガザという岩塩鉱山のソンガイとの領有問題であったが、より深い理由は、当時のアフリカ全体に関わる歴史情勢にある。

その一つは、右に述べたような同じイスラーム国家のオスマン・トルコの支配圏拡大であった。地中海岸を東部から次々と支配下に収めて版図を拡大してきたオスマン・トルコは、チュニジア、アルジェリアを支配圏に入れて、モロッコにも属国化を迫っていた。さらに、サハラ交易の要地トゥワットにも勢力を伸ばし始めた。ここが占領されると、アフリカの金交易がオスマン・トルコの支配下に入る恐れがあった。

そしてもう一つは当然、隣国のキリスト教国ポルトガルとスペインの勢力の伸張であった。大航海時代の先陣を切っていたポルトガルとスペインは直接モロッコを脅《おびや》かしたばかりでなく、アフリカ大西洋岸での交易活動によって、サハラを経由してモロッコに流れていた金を直接海岸地帯で手に入れ始めていた。

こうしたモロッコの危機に立ち上がったのが、モロッコ南部サハラに面したドラ地方のシェリフの家系のサード家で、サード朝を興す。一五七八年のポルトガルとの戦いに勝利して王位についたマンスール（勝利者の意）王は、一五八三年にサハラ中央のオアシス都市トゥワット、一五八五年に塩産地のテガザを征服すると、一五九〇年、一万のラクダを引き連れた総勢五〇〇〇の兵をソンガイに送り込んだ。

指揮したのは元キリスト教徒のスペイン人宦官、兵も一〇〇〇人が、一四九二年グラナダのイスラーム王朝の陥落以後スペインからモロッコに逃げてきたムスリムのアンダルシア人、もう一〇〇〇人が元キリスト教徒でイスラームに改宗した背教者であった。モロッコのソンガイ征服には、スペインにおけるイスラーム国家の滅亡によりモロッコに流れ込んでいた多数のスペイン出身者の不満を抑え、彼らを有効利用しようとする意図も明らかにあった。これらスペイン出身の二〇〇〇の兵はすべて鉄砲隊に組織され、一〇門の迫撃砲も所持していた。

ソンガイ征服の成功により、モロッコには毎年一トンもの莫大な黄金が流れ込み、マン

西アフリカのイスラーム王朝交代表

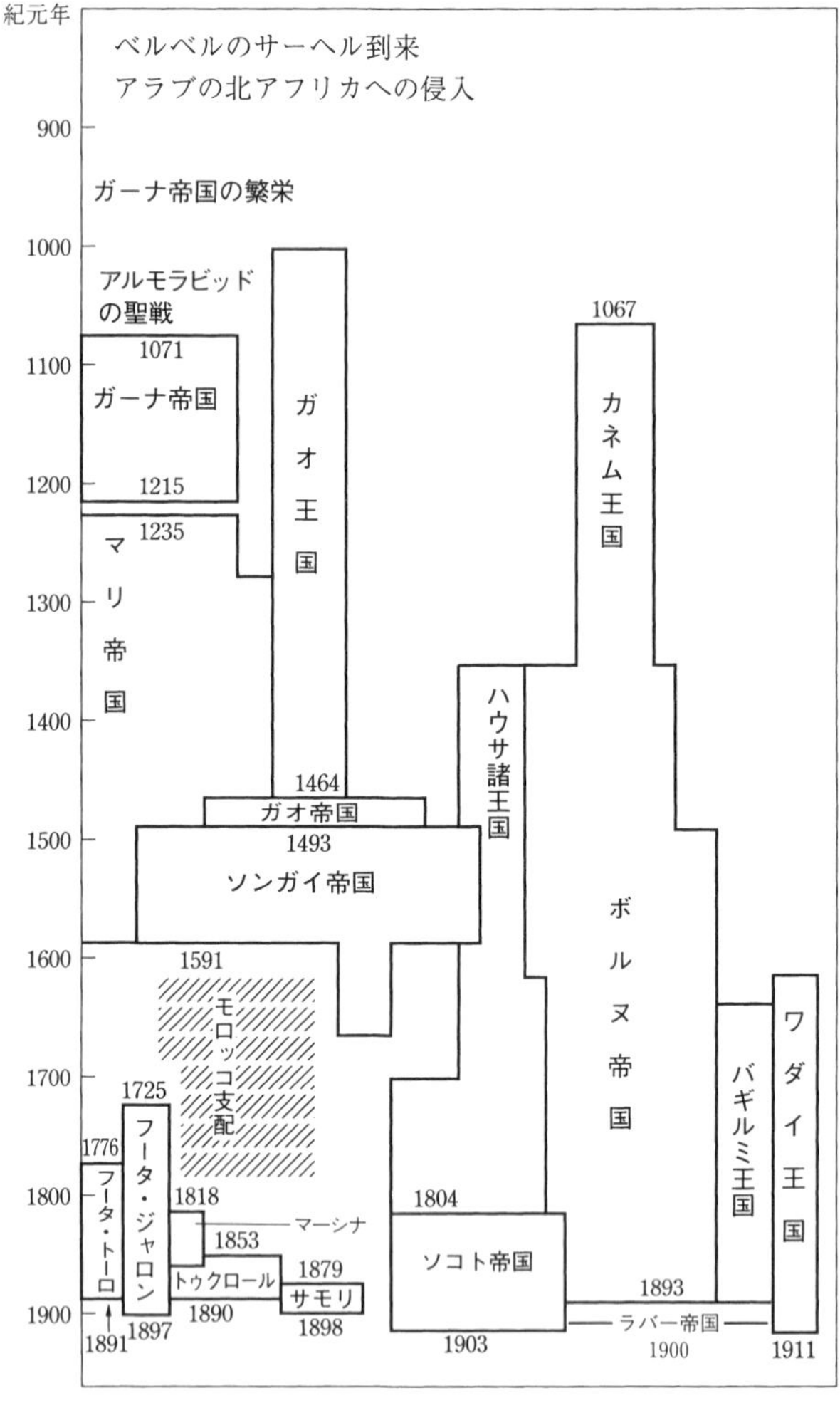

スール王はさらに、「黄金に輝く」という異名もつけて呼ばれるようになった。

3――サハラ交易の矛盾とブラック・アフリカの覚醒

モロッコ統治と奴隷交易

モロッコ統治下、トンブクツには総督にあたるパシャが置かれた。パシャは初め本国から任命されてきた。しかしマンスール王の死後（一六〇三年）サード朝は内紛で衰弱し、パシャや軍を送り込む能力を失う。そのために一六一二年以後、パシャは現地のトンブクツで自主的に選ばれるようになる。「植民地」の一種の独立である。

本国の支えを失ったパシャの権力は、限られた。しかし、トンブクツとジェンネという、ニジェール川水運の要衝に位置した交易都市を支配し続けながら、モロッコの名目支配は一八三三年まで存続した。その間、モロッコ人は現地のソンガイとの混血を繰り返し、ほとんど現地人化し、ソンガイ・アルマと呼ばれるようになる。彼らはソンガイ文化に同化されているが、装飾豊かな革製履物文化など、モロッコあるいはアンダルシアからもたらされた文化も、ソンガイ文化の中に組み込まれている。

モロッコ支配が続いた一七〜一八世紀という時代は、サハラ交易が著しく活発化する時代である。これは中央スーダンにおいても同じで、とくに、それまでソンガイ帝国のくびきの下に喘《あえ》いでいたハウサ地方が独立し、サハラ交易のセンターとして急成長する。

しかしこの時代のサハラ交易の活発化は、サハラ南縁社会の人々にとっては、国際商業の矛盾に目を開かされ、彼らのナショナリズムを育む要因ともなったようだ。というのは、アフリカの中世イスラーム国家がサハラ交易の刺激を大きく受けながら形成されたことは確かにしても、政治権力を握っているのが土着のスーダン人である以上、国際商業の暴力的な経済論理にはなんらかの歯止めがあった。その有名な一例には、金がサハラ交易の最大の交易品目でありながら、その産地にはアラブ・ベルベル系白色人種の商人たちは決して近づけなかった、ということがある。

しかし、モロッコ支配下のニジェール川大湾曲地帯では、その歯止めがなくなってしまった。その結果活発化したものに、奴隷交易がある。とくにソンガイ征服直後には、大量の奴隷が戦利品としてモロッコに送られた。

金を産しない中央スーダンでは、奴隷はもともと第一の交易品目であり、その中心はカネム・ボルヌ帝国であった。カネム・ボルヌ帝国の奴隷狩りの対象となったその南部地域にあたる現在の北カメルーンやチャドには、歯を尖《とが》らせたり、唇に巨大な円盤を入れたりして身体を著しく変形させている人々が多く分布していたが、それは奴隷狩りを避けるためだったとさえいう。ムスリムはこうした人々は、「食人種」と見なして奴隷化しないからである。それほどカネム・ボルヌ帝国は奴隷狩りを盛んに行ったらしく、サハラの奴隷交易に関する資料もカネム・ボルヌ帝国関係に集中している。さらに一七世紀以後、これにハウサ諸王国が加わり、中央スーダンにおける奴隷交易はいっそう盛んになった。

ハウサ地方は、ソコト川、ハデイジャ川など、ジョス高原に発する中小河川がいくつもの谷をつくっている地域で、それぞれの谷筋に対応する形でハウサ七帝国（162ページ図参照）がまず興り、しばらくして五王国に統合された。これらハウサ五王国は、城壁に囲まれた王都を有して都市国家風な発展を遂げたが、それぞれが自らのヘゲモニーを拡張しようとして互いに攻撃し合うようになった。つまりは奴隷の略奪を繰り返した。奴隷によって馬や武具などの購入を図っていたらしい。先述のトンブクツの学者アーマド・バーバは、奴隷問題を論じた著作の一つで、モロッコ人がスーダンのムスリムを奴隷化したことを非難するとともに、ハウサの奴隷交易を厳しく弾劾している。

トランス・サハラ奴隷交易

ただ、サハラにおける奴隷交易と大西洋における奴隷交易とを同列に論じてはならない。船で奴隷を有無を言わさず大量輸送する大西洋奴隷交易と、徒歩で輸送するサハラの奴隷交易では、数量にまず差があり、扱いにも差があった。サハラにおいて交易された奴隷の数は、一六世紀まで年平均で四〇〇〇～五一〇〇人、その後は五〇パーセント増しの七〇〇〇人と推測されているが、大西洋で交易された奴隷の数は、奴隷交易が活発化する一七世紀後半から一八世紀初め頃で年平均二万五〇〇〇～三万一〇〇〇人、それ以後は一八世紀末まで五万人、八万人というオーダーである。

また、奴隷の使途も性別も大きく違っていた。大西洋交易の場合、男性奴隷中心に交易されたが、サハラ交易の場合、交易される奴隷は主に若い女性であった。たとえば、一四世紀の大旅行家イブン・バットゥータは黒アフリカからの帰途六〇〇人の奴隷とともにサハラを横断しているが、そのほとんどが女性であった。女性奴隷の使い途は当然、妻妾や召使である。男性も少数ながら交易された。その用途の一つはサハラのオアシスにおけるナツメヤシ畑の管理・労働であった。しかし、北アフリカの王朝の軍隊にも多く流れ込み、とくに王の親衛隊や閣僚には相当数の黒人奴隷出身者が使われた。それゆえイスラーム世界における奴隷は、新大陸における奴隷のように、奴隷として自由民から経済的・社会的に差別された階層を形成したわけでもない。モロッコの前国王ハッサン二世の曾祖母も黒アフリカ出身の奴隷であり、国王はこれを隠すどころか公言して、むしろモロッコと黒アフリカの歴史的つながりの深さを強調する材料とさえしていた。

アフリカ・ナショナリズムの芽生えとフルベの聖戦

　奴隷交易の増大はしかし、そこから奴隷が連れ去られてゆくサハラ南縁世界にとって、由々しき問題であった。一七～一八世紀には、こうしたサハラ交易の矛盾が次第に高まり、サハラ交易を支配するアラブ・ベルベルの白色系民族と、これに結びついて同胞の略奪を繰り返す既存のムスリム国家への批判が高まっていった。それは、一種のアフリカ・ナショナリズムの醸成となった。

　このアフリカ・ナショナリズムを思想的に整備していったのは、アーマド・バーバのような土着のイスラーム学者である。一七世紀にアフリカで編まれた二つの歴史書『タリーク・エス・スーダーン（スーダンの歴史）』と『タリーク・エル・フェターシュ（探求者による年代記）』の著者、エス・サーディとムハンマド・カティもその中に入る。二書とも内容の中心は、モロッコによって滅ぼされたソンガイ帝国やマリ帝国の歴史であり、それは暗黙のモロッコ批判、あるいは失われたスーダンの栄光の記録となっているからである。

　こうした背景の中で、西アフリカ内陸世界では一八世紀から一九世紀初めにかけて、遊牧民フルベの聖戦が始まる。フルベはセネガル川流域のフータ・トーロを起源地とする牛牧畜民であるが、一五世紀頃から東方への移動を始め、西アフリカ内陸部全域にほぼ分散

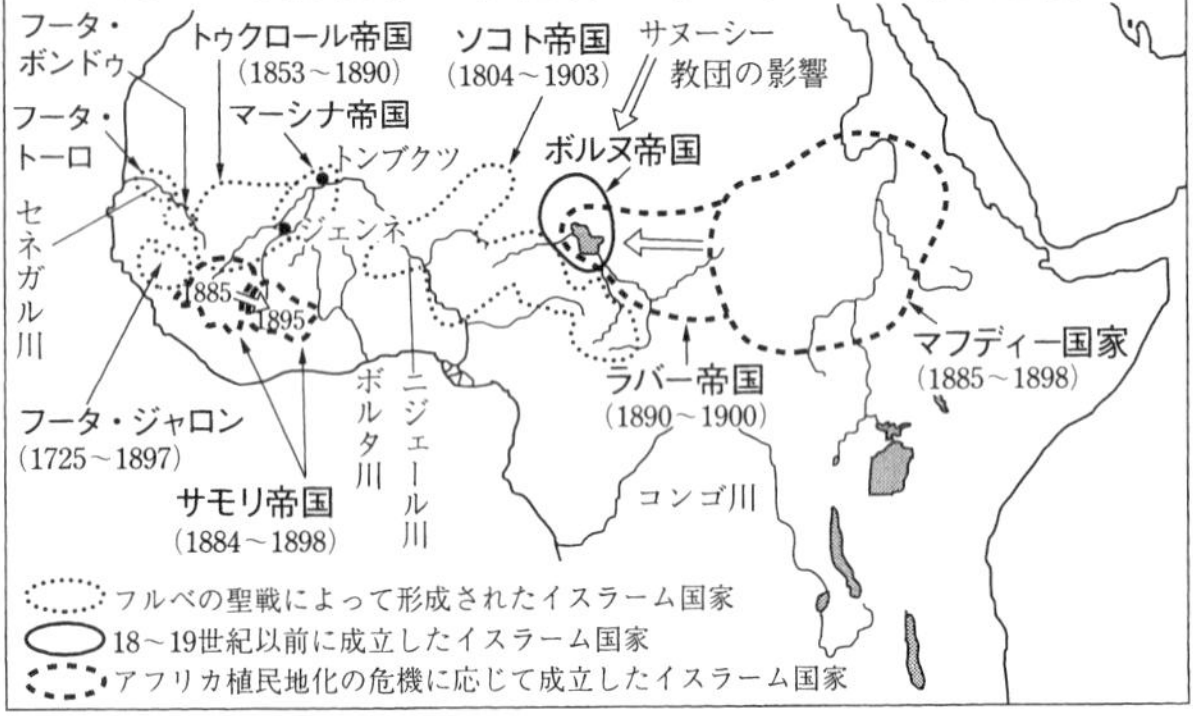

18～19世紀サハラ世界のイスラーム国家建設

し終わった一八～一九世紀に立ち上がり、イスラーム国家の建設に動き出した。

フルベ（仏語ではプル、英語ではフラーニ）の聖戦はまず、西アフリカ西部、ギニア高原のフータ・ジャロン（一七二六年）、セネガル川流域のフータ・トーロ（一七七六年）、フータ・ボンドゥ（一七七八年）で始まり、一九世紀には中央スーダンのハウサ地方に飛び火して（一八〇四年）ソコト帝国の建設に至った。次いでニジェール川内陸デルタではマーシナ帝国を建設する（一八一八年）。さらに一九世紀中葉になると、西アフリカ西部ではエルハジ・ウマールの聖戦が新たに始まり、トゥクロール帝国の形成に至った。

フルベ・イスラーム国家は、サハラ以南の黒人世界で初めて成立したイスラーム神権国家である。これまで、マリ帝国、ソンガイ帝国、カネム・ボルヌ帝国など、いくつものイスラーム国家が成立してきたが、これらは元来、異教国家として成立し、その後、王がイスラーム化するという形でイスラーム国家となったものであり、その根に異教的な原理を残していた。ところがフルベ・イスラーム国家の場合、初めからイスラーム原理に基礎を置く国家として成立し、王もイマーム、カリフ、シェイク、といった宗教的な地位を表す称号を用いた。聖戦を指揮したのも武人でなく、イスラーム学者としての学識と徳を高く評価された聖職者・学僧であった。しかし重要なのは、その学僧が土着の、多くはフルベ出身の学僧だったことである。中でもソコト帝国の創始者ウスマン・ダン・フォディオは、多数の宗教的著作を残したことで知られている。

サハラ南縁のスーダン世界におけるこれまでのイスラーム化の主導権を握っていたのは、長距離交易に関与する商人や、これと直接・間接に関連したアラブ・ベルベル系聖職者であった。しかしフルベの聖戦は、牧畜民というサハラ南縁世界の第一次生産者とその中から生まれた土着のイスラーム聖職者・思想家が中心になって行ったイスラーム国家建設運動であり、その根底にはアフリカ・ナショナリズムがあった。

既存のイスラーム勢力との戦い

フルベの聖戦はそれゆえ、一面では、ソコト帝国東南部アダマワ地方に見られるように、農耕民などこれまで異教徒にとどまったサハラ南縁世界の一般大衆に対するイスラーム宣教運動という側面を有しながら、他面では、既存のイスラーム国家やイスラーム権威に対する激しい戦いであった。この意味で、フルベの聖戦は黒アフリカにおけるイスラーム宗教改革運動であった。

ソコト帝国の場合であれば、ハウサ、ボルヌといった伝統ある強力なイスラーム国家と戦わなければならなかった。しかしこの戦いは、既存のイスラーム国家がいかに北アフリカの奴隷交易と結びついているかを明らかにした。ボルヌ帝国はソコトの攻撃にあって一度倒れるが、フェッザーン出身のアル・カネミによって、鉄砲を持ったアラブの傭兵隊などの助力のもと再興されたのである。またソコト帝国の勢力伸張を恐れる北アフリカ・サハラ勢力は、ソコトへの鉄砲の輸出を制限した。そのため広大な中央スーダンの統一国家となったソコト帝国には当時、その最後まで充分な鉄砲隊は存在しなかった。

西アフリカ西部には、トンブクツやジェンネという格式高いイスラーム都市があり、そのうえモーリタニアからトンブクツにかけての砂漠中には、アラブ系（モール）のクンタと称するカーディリア派スーフィズム教団などが勢力を張って、宗教的のみならず政治的経済的にも大きな影響力を振るっていた。

こうした伝統的なイスラーム勢力との戦いは聖戦の観点から見ると矛盾であり、ムスリムがムスリムに対して聖戦をなしうるかという神学論議が激しく戦わされた。しかし、これは、フルベの聖戦が始まった時代の歴史状況に照らして考えてみると矛盾でもなんでもない。この時代、サハラ交易と結びついたイスラーム聖職者、また既存のイスラーム政治権力は、サハラの南縁世界の住民の生活にとって危機的要因となりつつあったのだから。

この危機からサハラ南縁世界の住民の生活を救済するためには、住民自身が土着の聖職者の宗教的指導のもとに立ち上がり、自前のイスラーム国家を建設するしかなかった。フルベの聖戦は、こうしたアフリカ・ナショナリズムの運動として理解できるのである。そのためには、土着の聖職者たちが自らの権威で聖戦を宣言できるほど、イスラーム神学に充分習熟している必要があったが、この時代、彼らの知識はそのレベルに達していたのである。自らに恃《たの》むところある聖戦指導者たちは、第一三章3節で論ずるエルハジ・ウマールを除き、メッカ巡礼も行わなかった。

〈嶋田義仁〉

第八章　インド洋交渉史

1――インド洋を渡る大交易路

ヒッパロスの風

インド洋の西部海域では、地域によってその時期は若干異なるものの、おおむね四月末から九月にかけて強い風が南西から北東に、つまりアフリカ方面からアラビア・インド方向に向けて止《や》むことなく吹き続ける。そして一一月から三月にかけては、逆に北東から南西へ向けて風が吹く。

このインド洋の季節風（モンスーン）は、古い時代にはヒッパロスの風と呼ばれたこともある。インド洋交易を行っていたエジプト在住の無名の商人によって紀元一〜二世紀頃に書かれた、ギリシア語の小冊子『エリュトゥラー海案内記』によれば、ギリシア人の船乗りヒッパロスがこの季節風を知りアラビアからインドへの直接航海を行ったため、その南西風をヒッパロスの風と呼ぶようになったと言われる。もっとも季節風の存在そのものは、地元の船乗りたちの間ではそれ以前から知られていたようである。

一定の期間、ほぼ一定の方向に吹き続ける風は、風を受けて走る帆船の航行にはきわめて都合がよかった。しかも、その一定の期間が過ぎると今度は反対方向に風が吹き、出かけた船はその風に乗って帰って来ることができる。もっとも、南西からの風が一段と強くなる七月前後の時期は、あまりの強風で帆船の航行が危険なため航海は見合わされたが。この季節風の仕組みを利用して、アフリカの東部沿岸地域とアラビアなどとの間では、紀元前から交易活動が行われてきた。

古代ギリシアの歴史家ヘロドトスはその著書『歴史』の中で、紀元前七世紀頃にエジプト王ネコがフェニキア人の船団をアフリカ周航のために派遣し、彼らは紅海から東アフリカを経てアフリカ南端を回航しジブラルタル海峡を通り地中海へ出て、アフリカを一周してエジプトへ戻って来たという話を紹介している（もっともヘロドトス自身は、この話を信じられないと述べている）。この記述が示唆しているように、東アフリカとアラビアなどとの間の交渉や交易は、かなり古い時代から行われていたものと考えられる。前述の『エリュトゥラー海案内記』の中でも、当時、アラビアのモカの港（イエメン）から毎年多数の船が東アフリカへ行き交易を行っていたことが記されている。しかし、初期の交易活動については史料が少なく、詳しいことはわかっていない。

交易活動についての情報が増えてくるのはアッバース朝（七五〇～一二五八年）の中頃以降のことで、その頃には交易活動が盛んに行われていたことが知られている。東アフリカとアラビアを往き来したのは、一般的にはダウと呼ばれた木造の帆船（255ページ図版参照）で、大きさは大小あるが、普通は一五～二〇メートル前後の長さのものが多く用いられていた。

季節風を用いて、アラビアやペルシア湾岸地域などから、商人たちが帆船に商品を積んでアフリカ沿岸の港町にやって来た。帆船が来航し取引が行われた港町は、現在のソマリア、ケニア、タンザニア、モザンビークなどの海岸線に沿って点在していた。北からの商船は、アラビアを離れた後はどこにも寄らずに真っすぐに目的地にやって来ることもあったが、通例は北の方から順番にいくつかの港に立ち寄り商品を売却した。すべての商品を売りきり、帰り船のための買い付けを終えるまで二、三ヵ月、あるいはそれ以上かかることも多かった。そして、四月になって最初の弱い南西の季節風が吹き始めると、あるいはそれ以降の時期に、アフリカの沿岸で仕入れた商品を積み込んだ帆船は、一路北へ帰って行く。船によってはいくつかの港に寄港しながら北へ向かうこともあったが、どこにも立ち寄らずアラビアに直航するときは、たとえば、タンザニア沿岸からアラビア半島東端のオマーンまでの三〇〇〇～四〇〇〇キロメートルの距離を三～四週間くらいで航海したといわれている。

このように、この季節風を利用した帆船ルートは古来、アフリカ東部沿岸地方をアラビアやペルシア、インドなどと結びつける海の大動脈の役割を果たしてきた。このルートは主に交易活動に用いられたが、イスラームが広まるにつれてメッカへの巡礼を運ぶ道としても用いられ、この海の道を通って人や文化の交流が行われた。

なお、四～五世紀頃には、東南アジア方面からオーストロネシア語族・マライ系の人々がインド洋を直接に渡ってやって来て、東アフリカの海岸地方の一部に住むようになった。彼らの移動にともなって、イネ、ココヤシ、バナナ、サトウキビ、イモ類などがアフリカに伝えられたとされる。彼らは一〇世紀頃に、東アフリカの海岸部地方からマダガスカル島へ移った。現在でもマダガスカル島の住民の中には、形質や言葉の面でインドネシアやマレーシアの住民との近似性が認められる人々も多く、また稲作農業も行われているなど、とりわけマダガスカル島では移住してきた彼らの足跡が色濃く残っている。

海のシルクロードと結んで

東アフリカから北へ向かった海の交易ルートは、古い時代には、まずアラビア半島に至り、そこを経由してペルシア、エジプト、インドなどともつながっていたものと考えられる。その後、時代が下り航海の知識が増え航海術も発達してくると、インドなどへ直接航海するルートも用いられるようになった。

アラビア半島やインドは、海のシルクロードと呼ばれることもある東西交通路の真ん中に位置しており、そのルートは西は地中海世界、東は東南アジアを経て中国へとつながっていた。このため、アフリカ東部沿岸地方とアラビアなどとの間で行われたダウ船による交易は、インド洋海域内の交易にとどまらず、東西交易の大動脈と結びつくことを通し、東アフリカ地域をヨーロッパや中国とも結びつけた。

東アフリカの産物は、アラビア、インド、ペルシアへ運ばれたのはもちろんであるが、何人かの商人の手を経て、遠くヨーロッパや中国へも運ばれていった。一方で、地中海世界や中国の産物も、逆のルートを通って東アフリカへもたらされた。東アフリカ沿岸のいくつかの港町ではローマのコインが発掘されており、また中国製陶磁器の破片も各地で見つけることができるが、そのことは東アフリカ地域が交易を通して世界各地と広く交渉をもっていたことを示している。

交易活動ではどのようなものが取引されていたのであろうか。『エリュトゥラー海案内記』によれば、当時東アフリカから北方に向けて輸出されたものは象牙、犀《さい》の角、亀の甲羅（べっこう）などであり、北からは、槍、短刀、ガラス製品、葡萄酒、麦などが輸入されていた。ソマリアなど「アフリカの角《つの》」と呼ばれている地域からは、肉桂や乳香なども輸出され、エジプトに向けて奴隷も運び出されていた。

一〇世紀頃には、東アフリカからは、金、龍涎香《りゅうぜんこう》、象牙、材木、スパイスなどが輸出されていた。東アフリカから船で運び出されたものとしては、その他に奴隷を挙げる必要があろうが、一般的には輸出品は原材料が多く、輸入されたものにはインド、西アジア、地中海世界、中国などから運ばれた手工業製品が多かった。

海港都市の繁栄

アフリカで産出する様々な品物を求めて、あるいはアフリカで需要がある手工業製品などを船に乗せて、ペルシア湾岸地域、オマーン、イエメンなどから、アラブ人やペルシア系の商人たちがやって来た。沿岸部には、こうした交易活動の拠点となった港町が発展してくる。これまでの発掘によれば、九世紀にはケニア北岸ラム島近くのマンダの町が繁栄していたことが確認されているが、その他にも交易活動で賑わっていたいくつかの港町があったものと思われる。

八世紀半ばにバグダードを首都としてアッバース朝が成立すると、アラビア近海の海洋交易ルートもバグダードにつながるペルシア湾経由のルートが中心になった。このためアッバース朝期には、この交易ルートが通るペルシア湾岸地域やオマーンからやって来たアラブ系やペルシア系の商人が、東アフリカの港町に数多く見られるようになった。

一六世紀初め頃に書かれた作者不詳の『キルワ王国年代記（「キルワの出来事についての慰めの書」が原題）』は、アラビア語で書かれたキルワの歴史書であるが、その中に、ペルシアのシーラーズから王侯たちが七隻の船に乗り東アフリカ沿岸各地へ移住し、彼らによってキルワの町が作られたとする伝承が述べられている。このシーラーズからの移住民については似たような移住伝承が沿岸部各地に残されているが、彼らの子孫を自任する者たちが、後に現在のシラジと呼ばれるようになる人々であると言われている（もっとも、シラジの出身地や出自、そして彼らが東アフリカで広まっていく過程に関しては、いくつかの説があり不明な点も多い）。このシラジの人々によってつくられたとされるキルワの王国は、一二世紀後半頃には金の交易などによって繁栄するようになった。

一〇世紀後半以降、アッバース朝の力は衰えていき、一三世紀半ばには滅亡した。代わって、一〇世紀後半にはカイロのファーティマ朝が、後にはマムルーク朝などが力を伸ば

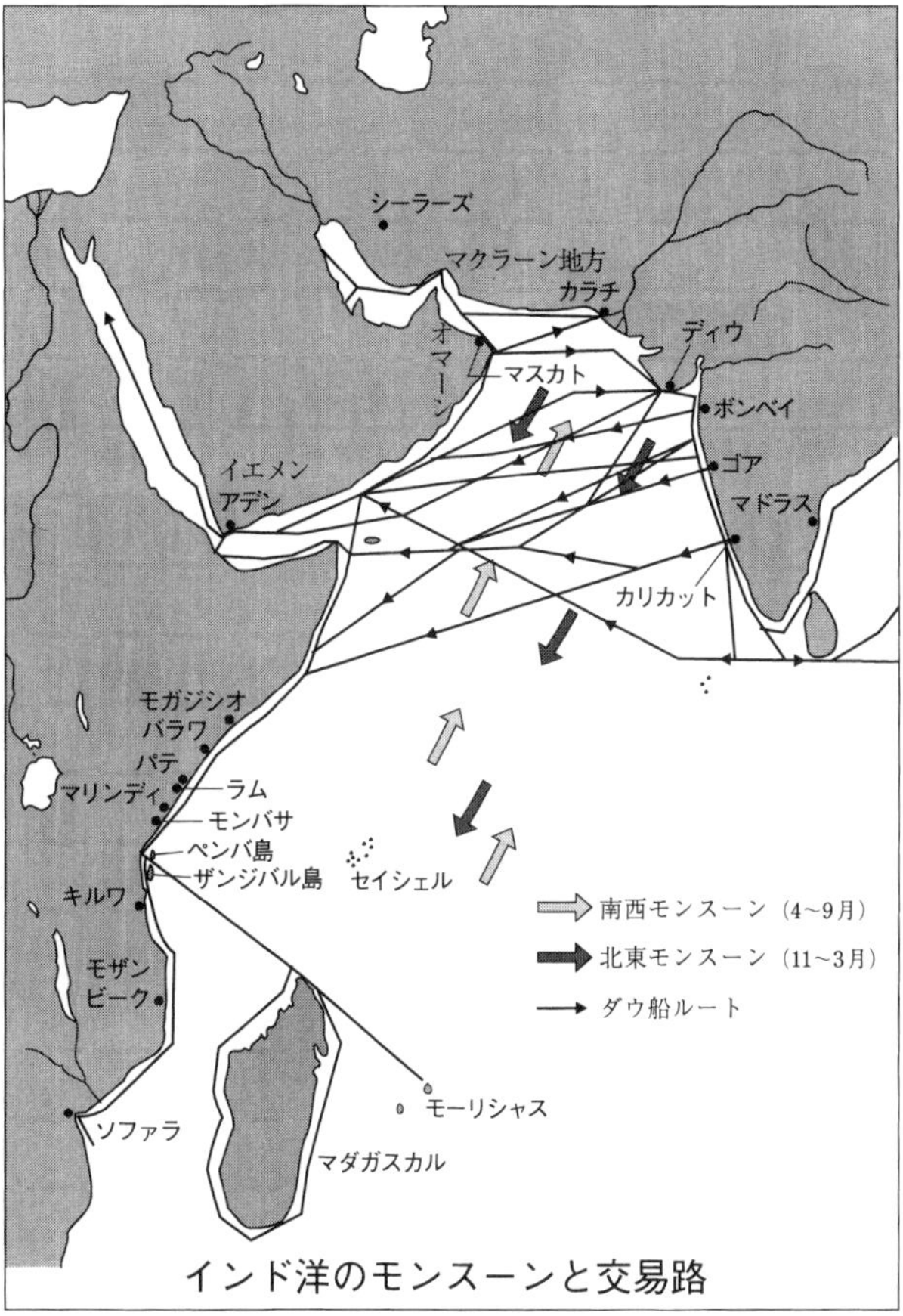

インド洋のモンスーンと交易路

してくる。以後、海洋交易のルートもペルシア湾よりカイロとつながる紅海へとその重心を移してくる。そのため、紅海の出入口に位置したイエメン出身の商人たちが活躍することが多くなり、東アフリカ沿岸地方でもイエメン系の商人や船乗りが増えてくる。

キルワでも、一三世紀にはイエメン系の影響力が強まり、イエメン系支配者の下で新王朝が成立したといわれている。キルワは、モザンビーク海岸のソファアラからもたらされた金や、あるいは象牙や奴隷の交易など、周辺地域の交易を支配し、その繁栄を続け中心的な海港都市としてその重要性を強めた。

この頃から一五世紀末にかけて、東アフリカではキルワの他にもモガジシオ、パテ、ラム、マリンディ、モンバサなど、比較的小規模ではあったが海港都市が成長し、それぞれ交易活動で栄えるようになった。一四世紀半ばに東アフリカを訪れたイブン・バットゥータは、その旅行記の中で、モガジシオは大きな町でその住民は商人でたくさんのラクダをもっているとし、またキルワについても、それは大きな町でたいへん立派につくられており住民の多数はザンジュと呼ばれる黒人であると伝えている。どちらの都市もスルタンによって統治されていた。

また、一五世紀後半に活躍した水先案内人であり航海術に関する学者でもあったイブン・マージド（オマーン出身とも言われる）は、東アフリカには旅行者のための港がたくさんあり、それらの中で最も有名なものはモガジシオ、バラワ、モンバサ、キルワであり、そしてソファラの地があり、そこには金鉱山があると述べている。これらの町以外にもいくつかの港町があったが、主要な港町の中には、モンバサやキルワあるいはパテやラムなどのように、島に位置したものも多かった。

海港都市の中でもキルワやモガジシオなどのように有力な都市は、都市国家的な存在になっていた。そこではアラブ系やペルシア系の住民と、ザンジュと呼ばれたバンツー系言語を話す人々が一緒に住み、その統治はスルタンを戴きつつも、南・東アラビアやペルシア湾岸出身の商人層も強い発言力をもっていた。また、それらの都市は交易活動に大幅に依存しており、交易の消長が都市の盛衰を左右した。

明朝艦隊の来航

このように、この時期には海港都市が成長しインド洋交渉も発展したが、それを象徴したものが、明朝が派遣した中国艦隊の東アフリカへの来航であろう。明の第三代永楽帝(在位一四〇二〜二四年)は積極的な対外政策を推進したが、東南アジアやインド洋にも関心を向け、朝貢貿易の再開などを目的に一四〇五年、鄭和《ていわ》に数十隻からなる大艦隊を授け東南アジアやインド洋に派遣した。以後、鄭和に率いられた中国艦隊は一四三三年まで都合七回、インド洋に来航した。第一回から第三回まではその艦隊はインド西岸のカリカット（現コジコーデ）までしかやって来なかったが、第四回以降はペルシア湾にまで来航している。

なかでも一四一三年の第三回、一四一七年の第四回、一四二一年の第五回航海では、分遣隊が東アフリカへもやって来た。中国の史料の中には、中国艦隊が訪れた東アフリカ沿岸の港町として木骨都束や麻林などの名前が見られる。木骨都束はモガジシオ、麻林はマリンディに比定されている。各地の産物に加え、獅子、麒麟《きりん》、斑馬《まだらうま》（シマウマ）などの動物も連れて、鄭和の艦隊は中国に帰帆したと言われている。

ポルトガル艦隊の登場

バスコ・ダ・ガマに率いられ、四隻一七〇人の陣容で一四九七年七月八日にリスボンを出帆したポルトガル艦隊が、喜望峰を回りインド洋に入ったのは一一月二二日のことであった。三隻になっていた艦隊は沿岸をゆっくりと北上した。途中からスピードを上げた艦隊は、翌年四月四日にキルワを通過し、モンバサに立ち寄ったのち四月一三日にはマリンディに到着した。

当時のマリンディは王の下で統治されており、その様子は「町は湾にのぞみ海辺に沿って立っている。〔中略〕家は高く建てられ、白く塗られ、窓がたくさんついている。住宅に密接した奥地の方には、みごとな椰子林がみられ、町の周辺はみな蜀黍《もろこし》やその他の野菜の畑である」(「大航海時代叢書」I)と記録されている。

マリンディで、水や食料、そしてインド洋を航海するために必要な水先案内人(イブン・マージドであると言われているが否定的な説もある)を得た艦隊は、吹き始めた南西のモンスーンに乗って四月二四日、インドに向けて出帆した。艦隊は、五月二〇日にカリカット近郊に到着した。

ガマの艦隊がインド洋に入ったとき、東アフリカ沿岸ではイスラーム教徒を中心にして交易活動が盛んに行われていた。当時の記録は、艦隊が停泊したモザンビーク島近くのある港での交易活動の様子を次のように紹介している。その土地の住民は、赤っぽい色の肌をしたイスラーム教徒で「彼らは商人であり肌の色の白いモーロ人達と貿易を行なっている。その時もモーロ人の船が四艘港にいて、金、銀、布地、丁子、胡椒、生姜、たくさんの真珠、小粒の真珠、ルビーのついた銀の指輪などを積んでいた。〔中略〕これらの品々はすべて船で運ばれ、金を除けば全部モーロ人が持ってきたものである」(「大航海時代叢書」I)。彼らはモーロ人の言葉を話した。ここでのモーロ人とは主にはアラブ人ないしはアラブ系の人々のことであり、モーロ人の言葉とはアラビア語のことである。

ポルトガル艦隊のインド洋への登場は、交易活動に依存した都市国家に大きな影響を与えることとなる。前述の『キルワ王国年代記』の中では、三隻からなるヨーロッパ人の艦隊がモザンビークへ到着したとの情報はキルワの王にすぐに報告されたことが示されており、またモンバサでは人々が警戒し、艦隊に攻撃を加えようとする動きがあったことが記されている。人々の反応は敏感であった。事実、ポルトガルの艦隊は、モンバサに入港したものの不穏な動きのあることを知り、すぐにそこを離れマリンディへ向かっている。

モンバサを支配拠点に

モンバサの人々の恐れは、次第に現実のものとなっていく。影響は、まず交易活動の支配権に現れた。ポルトガルの艦隊は、一五〇九年にインドのディウの沖合でエジプトなどイスラーム側の連合艦隊を破り、以後、インド洋交易の支配権はポルトガルの手に移った。東アフリカでも、キルワに富をもたらしたソファラが一五〇五年にポルトガルの支配下に入ったように、キルワの交易活動はポルトガルの進出によって打撃を受け、またキルワ自身もポルトガルによって一時占領され、その繁栄と勢力を失っていく。

ポルトガルの進出に直面しても、沿岸部港町の間では協力関係は生まれなかった。バスコ・ダ・ガマが来航した当時、たとえばマリンディとモンバサやキルワとの関係が良くなかったように、都市国家間には対立関係が存在していた。対立の背景には、交易の支配権をめぐる都市国家間の対抗関係があった。あるいは、シラジ系とイエメン系の対立も背景の一つとしてあったかもしれない。マリンディとポルトガルとの間では早くから提携関係が作られたように、ポルトガルはこうした沿岸の都市国家間の足並みの乱れをうまく利用して、一部の海港都市を味方として取り込みつつその影響力を拡大していった。こうしたポルトガルの政策のため、多くの海港都市ではポルトガルの時代になっても、スルタンなど既存の統治体制が存続することになった。

ポルトガルは通商活動を支配するために、モザンビークなど支配下に置いた東アフリカ沿岸のいくつかの港町に要塞や通商拠点を設けた。しかし、モンバサや一部の海港都市は、ポルトガルに一応服属したものの、ポルトガルの勢力に対し機会を見ては反抗を繰り返した。そのモンバサでポルトガルの支配が固まったのは、一五九二年にポルトガルによって占領された後のことである。その後、ポルトガルはマリンディの統治者をモンバサのスルタンに据えた。こうして沿岸部一帯でのポルトガルの支配が確立され、ザンジバル島やペンバ島を含め、タンザニア、ケニア、モザンビーク、ソマリアの港町はポルトガルに支配されるか、あるいはその影響力の下に置かれるようになった。

モンバサを支配下に置いたポルトガルは、そこをモザンビーク以北の沿岸部における拠点とすべく一五九三年に、要塞（現在のフォート・ジーザス）の建設にとりかかった。フォート・ジーザスは以後約一〇〇年にわたり、ポルトガルの支配の拠点としての役割を果たし続けることになる。

ポルトガルは、インド洋で海洋通商国家を作り上げた。インド洋の通商はポルトガルの支配を受けるようになったとはいえ、それまでインド洋各地で活動していた在地の商人たちもポルトガルから許可証をもらい港で関税を支払えば、制約はあったものの、通商活動をすることが許された。また、ポルトガルはアデンを支配下に置くことができず、イエメン・紅海方面には、あまり睨みが利かなかった。そのため、インド洋と紅海との間では、ポルトガルの監視の目をくぐり「密輸船」が往来していた。東アフリカの沿岸地域はポルトガルの支配下に置かれたが、そのことによって在地の人々によるインド洋交渉が途絶えたわけではなかった。アラビアなどとの交流は、ポルトガルによる制約を受け、以前ほど自由ではなくなったが、途切れることなく続いていたのであった。

天正遣欧使節のアフリカ来訪

ポルトガルの時代になって、東アフリカに初めて日本人の足跡がしるされた。いわゆる天正の少年使節である。それは、大友、大村、有馬の九州の三大名がローマ教皇グレゴリウス一三世のもとに派遣した、伊東マンショ、千々石《ちぢわ》ミゲルら四人の少年からなる遣欧使節であった。

一五八二年（天正一〇年）に長崎から出帆した使節は、一五八四年にインドのゴアを発ちローマなどを訪れ、その帰路、一五八六年九月一日にモザンビーク港に到着した。一行は食料などを補給したのちゴアへ向かおうと出帆したが、航海の季節も終わりに近く順風が得られずに航海を断念し、翌年三月まで約半年間モザンビークに逗留した。一行は三月一五日にゴアに向けて出発したが、途中で風向きが大陸方向に変わったため、船はモガジシオに押し寄せられてしまった。結局、モガジシオに一二日間停泊し食料などを補給し、五月二九日ようやくゴアに到着した。

喜望峰経由のルートが開かれ、東西交易の新しいルートが確立すると、東アフリカはその中継基地としてますます重要性を増すことになった。

2——ザンジバルの盛衰

オマーンの進出

東アフリカでは一七世紀の終わりにかけて、ポルトガルの勢力が後退し始めた。イギリスなどの進出はまだ先のことであった。こうした転換期の東アフリカで勢力を伸ばしてくるのが、アラビア半島東部に位置したオマーンであった。

オマーンでは、一七世紀初めにヤアーリバ朝が始まった。ヤアーリバ朝は、オマーンの支配的宗派イバード派（イスラームの一派）の宗教指導者（イマーム）によって統治された、世襲の王朝であった。イマーム（事実上の君主）の下でヤアーリバ朝は、一六五〇年にポルトガルを破りマスカットを奪回し、以後、通商活動に乗り出しインド洋各地に進出していった。

こうした中で、オマーンとポルトガルは各地で抗争を繰り返していた。東アフリカでは、オマーンは一六五二年にザンジバル島に来航しポルトガルの居留地を攻撃し、一六五五年頃にはモンバサを攻撃し、一時期占領した。その後、オマーンの内政不安定のためその活動は一時弱まったが、一六九〇年代になるとポルトガルとの抗争が再び激しくなった。

ポルトガルの拠点であったモンバサは、一六九六年に再びオマーンの攻撃を受けた。二年と九ヵ月の間オマーン軍に包囲され続けたフォート・ジーザスは、一六九八年についに陥落した。以後、モンバサではオマーン系アラブ人の支配権が確立されてくる。モンバサの陥落と前後して、モザンビーク以北の東アフリカの海港都市ではオマーンの勢力が強まり、ザンジバル島もオマーンの勢力下に入った。

ヤアーリバ朝のイマームや商人たちは通商活動を始めたが、同時に商船から通行税をとるなど、アラビア近海で船舶への支配を強めた。このためオマーンは、通商を支配し続けようとした海洋通商国家ポルトガルと利害が衝突し厳しく対立した。両者の抗争は洋上と陸上で繰り広げられ、ポルトガルはオマーンの艦隊を攻撃し、オマーンの艦隊もボンベイ（現ムンバイ）やディウなど各地のポルトガルの拠点を襲った。オマーンは、ポルトガルを攻撃することで戦利品を得ることもできた。東アフリカでのオマーンの攻撃も、こうした流れの中で起こったものであり、ポルトガルを排除し支配権を確立し、通商を掌握することを主な目的にしていた。

またモンバサでは、一六三一年にスルタン・ユースフらがポルトガル支配に叛旗をひるがえし、一時期モンバサの支配を奪回した。ほどなくポルトガルの支配が回復し、ユースフは逃亡し彼はモンバサ最後のスルタンとなったが、このように東アフリカ沿岸部の住民の間にポルトガル支配に対し反感が存在したことも、オマーンの進出を容易にした。東アフリカの住民からも、オマーンの進出を促す働きかけがあったとされる。

沿岸部の港町にはアラブ系住民も多かったが、ポルトガルを駆逐したヤアーリバ朝は、アラブ系住民などの協力を得て東アフリカ一帯での支配的立場を確立するかに見えた。しかし一七二〇年頃以降、オマーンで内戦が始まったため、東アフリカでのオマーンの勢力は後退していく。オマーン本土の政治的混乱は、モンバサのマズルイ（マズルーイー）家など在地のオマーン系勢力に、力を養いオマーン本国の支配を離れる絶好の機会を与えた。

オマーンでは一八世紀半ば、イマーム・アフマドの下でブー・サイード朝が始まった。しかしモンバサで勢力を築いていたマズルイ家は、オマーンの新王朝に従おうとはせず、ペンバ島などへもその勢力を伸ばしていった。パテでは、オマーン出身のナブハーニー家が支配を固めていた。モンバサなどの支配をあきらめたイマーム・アフマドは、まだオマーン影響下にあったザンジバル島の維持に努めた。ザンジバルを保ち得たことで、オマーンは東アフリカでの足がかりを辛うじて残すことができたのであった。

ザンジバルを中心にした東アフリカ一帯がオマーンの支配下に入ったのは、一九世紀になってからのことで、それはサイイド・サイードの治世のことであった。

サイイド・サイードの覇権

新たに始まったブー・サイード朝の下で、一八世紀後半のオマーンは通商活動で栄えていた。当時、エジプトで政治的混乱が続き紅海を通る通商ルートが機能しなくなり、代わってペルシア湾ルートが多用されるようになった。このため、ペルシア湾の出入口に位置したオマーンは、ペルシア湾通商の八分の五がマスカットを経由したと言われたように、アラビア近海での通商の多くをその手に握り、中継貿易などで繁栄した。

ポルトガルの時代には、大型船が増えてくる。バスコ・ダ・ガマの旗艦サン・ガブリエル号はたった一二〇トンの大きさしかなく、アラブやインドの船と比べても見劣りするような小さな船からなる艦隊であったが、一五五八年以降ポルトガルは一〇〇〇トンを超える大型帆船をインド洋航路に就航させるようになった。大型帆船は小回りがきかず、操船性やスピードなどの点で劣ったが、大量の大砲を搭載でき海戦には有利であった。

東アフリカでの通商のかなりの部分は、商人などが保有したダウと呼ばれた比較的小型の帆船によって担われ続けたが、大型の帆船も活躍するようになっていく。

オマーンでも、ヤアーリバ朝のイマームたちは三〇隻近い大型帆船を保有し、ブー・サイード朝になった一八世紀後半のある君主（サイイド）が保有した帆船も最大のものは一〇〇〇トンあり、その艦隊の主力は四〇〇〜七〇〇トンの大きさの船一五隻以上からなっていた。一八二六年にボンベイの造船所で建造されたサイイド・サイードの旗艦リバプール号は一八〇〇トン、二層甲板で七四門の大砲を装備していた。ヤアーリバ朝やブー・サイード朝の艦は多数の大砲を装備していたが、これらの船は商船としても用いられていた。オマーンは、こうした大型帆船を用いアラビア近海などでの通商活動を掌握し、マスカットを中心的な中継貿易港とすることに成功したのであった。

さて、一九世紀に入るとエジプトの政情は安定し、紅海経由の通商ルートも復活してくる。しかも、この時期のペルシア湾では、イギリスの活動が強まりつつあった。オマーンはペルシア湾経由の通商で得ていた利益や権益の多くを次第に失っていく。

サイイド・サイード（在位一八〇六頃〜五六年）の治世の始まりは、オマーンのペルシア湾通商が衰えていく時期と重なった。サイイドに冠せられた称号のサイイドとは世俗的な統治者のことである。ブー・サイード朝はイマームが統治する王朝として始まったが、その統治者は一七八〇年代以降、イマームにはならずサイイドとして統治するようになった。イマーム位を失った統治者たちは本土国内での統治が難しくなり、財政的にも通商活動や関税などへの依存を強め、海外への進出を積極化させていった。サイイド・サイードにとっても通商活動から派生する利益は、その統治の維持のために不可欠なものになっていた。ペルシア湾方面での活動が少しずつ難しくなっていったサイードは、新たな富の源泉を探さなければならなかった。それが、東アフリカであった。

サイードは東アフリカへの関心を持ち続けていたが、一八二〇年代に入ると積極的な勢力拡大に乗り出した。その際に最大の障害となったのが、モンバサのマズルイ家であった。サイードは一八二八年頃みずからリバプール号に乗り、艦隊を率いてモンバサへやっ

サイイド・サイード

19世紀中頃のザンジバルの街とダウ船

て来た。オマーン艦隊の攻撃を受け、マズルイ家はサイードへの服属を約束した。後にサイードはマズルイ家を滅ぼし、モンバサでの支配を確固たるものにした。それは一八三七年のことであった。こうしてサイードは、ザンジバルを拠点とし、ソマリアの南部からケニア、タンザニアにかけての沿岸部を支配下に置くこととなった。

海洋帝国の首都ザンジバル

支配下に置いた東アフリカで、サイードは通商活動の掌握に努め、同時に沿岸部各地に税関を設け関税収入の確保を図った。この時期に、沿岸部港町と内陸を結ぶ通商がいっそう盛んになった。

またサイードは、ザンジバルの開発にも努め、通商以外の経済も育成しようとした。一八二〇年代にザンジバルに導入されたクローブ（丁子）の木は、サイードの統治下で広く栽培されるようになり、輸出され多くの利益をもたらした。当時「ザンジバルで笛吹けば、湖岸の人々踊りだす」と言われたように、ザンジバルは東アフリカの通商の中心となり、その影響は通商ルートを通ってタンガニーカ湖やビクトリア湖まで及んでいった。

東アフリカの領地はサイードに多くの富をもたらした。一八三四年のイギリスの報告書によれば、サイードの歳入は年二五万ドル（マリアテレサ・ドル。銀貨。もとはハプスブルク帝国の通貨であったが、そのコピーがイギリスなどで造られ、アラビア地域で広く流通していた）で、うち一五万ドルがザンジバルからのものであり、本国マスカットからのものは一〇万ドルしかなかった。

サイド・サイードは一八三二年に、ザンジバルで王宮の建設を始めた。一八三三年以降、彼はほとんどの期間をザンジバルで過ごし、ザンジバルは事実上オマーンの首都となった。この時代ブー・サイード朝は、モガジシオからモザンビークとの境界までの沿岸部を支配下に置き、またオマーン本土とパキスタンのマクラーン地方の一部などを支配していたが、ザンジバルはこの一大海洋帝国の首都となり、経済的にも繁栄するようになった。

こうした繁栄には、欧米諸国との関係が良好であったことも大きく寄与している。サイードは、一八三三年にアメリカ合衆国との間で修好通商条約を締結し、一八四〇年にはアメリカとの修好を深める目的で、アメリカ大統領バン・ビューレンへの贈呈品と、象牙やクローブなどの商品を積んだ帆船スルターナ号をニューヨークへ派遣した。一八三九年にはアメリカとの条約にならってイギリス政府との間でも通商条約が締結され、さらに一八四四年にはフランスとの修好通商条約が締結されるなど、外交関係は比較的安定していた。スルターナ号はビクトリア英女王への使節を乗せ、一八四二年にはロンドンに派遣された。その使節はモンバサ知事のアリー・ブン・ナーセルであった。

こうしてザンジバルの港には、アメリカ合衆国やヨーロッパ諸国の商船が増えてくる。一八三三年には、九隻のアメリカ船と三隻のイギリス船が来航したことがイギリスの報告書に書かれているが、一八五七年になると船の数は増加し、三五隻のアメリカ船、二四隻のフランス船、二三隻のドイツ船、三隻のイギリス船がザンジバルにやって来た。

当時は通商面でのイギリスとの関係はあまり強くなかったが、後にも述べるように、奴隷貿易の禁止をめぐる交渉などを通じ、イギリスの影響力も次第に強まってくる。

一方、オマーン本土では、イギリス東インド会社は一七九八年、フランスの影響力排除を主な目的にして、オマーンとの間で協定を結んでいた。続く一八〇〇年の協定によって、東インド会社はマスカットに駐在代表の事務所を構えるようになり、以後、オマーン本土やペルシア湾方面ではイギリス東インド会社との協力関係がつくられていった。この背景には、ペルシア湾岸地方やオマーンへ勢力を拡大しつつあったワッハーブ派（サウジアラビアを拠点とするスンニー派の一派）勢力への対策やペルシア湾航行の安全確保など、イギリスとサイードとの間で利害の一致点が多かったことがある。ペルシア湾地域での勢力をまだ確立していなかったイギリスにとっては、オマーンは利用価値をもっていた。サイイド・サイードの側でも、このイギリスとの友好関係は海洋帝国を維持する上で大きな役割を果たした。

奴隷貿易の傷跡

インド洋交渉史は、暗い影の部分をもつ。アフリカの歴史に深い傷跡を残した奴隷貿易の歴史である。東アフリカの奴隷貿易は長い歴史があり、紀元前から行われていたものと思われる。奴隷売買は多額の利益を生んだため、人を捕まえ売り買いするという非人道的な行為にもかかわらず、奴隷貿易は止むことなく続けられてきた。

奴隷たちは、一八～一九世紀には、内陸部やアビシニア（エチオピア）高原から海岸部の港町に連れて来られ、そこから船で運ばれて行った。イスラーム法はイスラーム教徒を捕まえて奴隷にすることを禁止している。イスラーム化を経て、東アフリカの沿岸部ではイスラーム教徒が多くなっていたため、奴隷供給地はまだイスラーム化が進んでいなかった内陸部へと延びていった。またキリスト教徒が多いアビシニア地方も、有力な奴隷供給地であった。ザンジバルが東アフリカの通商の中心となってくるのにしたがい、多くの奴隷たちがザンジバルを経由して西アジア地域やインドなどへ運ばれて行った。東アフリカ地域ではモザンビークからブラジルへ送られた奴隷を除いては、アメリカへ送られることは少なかった。

西アジアなどへ運ばれた奴隷は、何をさせられたのであろうか。多くの奴隷が家内労働や土木建設労働あるいは農業労働などに使われていたが、アラビアやインドでは軍人として国王の側近に仕えたアフリカ出身の奴隷もいた。ブー・サイード朝のイマーム・アフマドは、即位後マスカットで一〇〇〇人のザンジュ（黒人）奴隷と一〇〇〇人のヌビア人奴隷を購入し、その奴隷たちを自分の居城に住まわせ、どこへ行くときも彼らを連れて行った。彼らの多くは兵士としてイマームに仕え、責任ある地位についていた者もいた。

一八世紀後半以降、東アフリカの奴隷貿易に変化が現れてくる。まず一八世紀半ば以降、フランスの植民地モーリシャスやレユニオン島でコーヒーやサトウキビなどの大農園開発が進み、労働力として多数の奴隷が求められるようになる。続いてザンジバルでも、サイイド・サイードの時代に広まったクローブ栽培の労働力として、数多くの奴隷が働くようになった。一八五〇年代末のザンジバル島とペンバ島についての推計では、総人口約三〇万人のうち二〇万人が奴隷であったと見積もっているものもあるほどである。

奴隷への需要に応えるために、奴隷商人たちは奴隷を求めてアフリカ本土を内陸部へと入って行った。こうした奴隷貿易は様々な影響を東アフリカに与えたが、一方で奴隷貿易の禁止を求める声も高まってくる。

一九世紀に入ると、東アフリカではイギリスが奴隷貿易の禁止に向けて動き始めた。イギリスの圧力を受けサイイド・サイードは、一八二二年に奴隷貿易禁止を目的とした条約をイギリスとの間で結んだ。しかしこの条約は、キリスト教国家との奴隷貿易禁止を規定したものであり、西アジアなどを対象とした奴隷貿易ではほとんど効果は無かった。

その後もイギリスは奴隷貿易の禁止を求め続け、一八七三年になると、ザンジバル、オマーンの両国と、すべての奴隷売買を止めることを内容とした条約の締結に成功した。ザンジバルの町にあった奴隷市場は、条約が結ばれた日に閉鎖され、その場所には後に教会が建てられた。しかし、この条約でも奴隷貿易を完全になくすことはできなかった。奴隷貿易が姿を消すのは、二〇世紀になってからのことである。

増加するインド人

東アフリカのインド洋交渉史の中で無視できない役割を果たしたもう一つのファクターとして、インド人を挙げなければならない。

バスコ・ダ・ガマが来航したときマリンディの港にインド人の船が四隻停泊していたと記録されているように、インド人たちは早い時期から東アフリカとの通商を行っていたものと考えられる。東アフリカにやって来たインド人には、イスラーム教徒に加えヒンズー教徒などもいた。また一四世紀半ばのイブン・バットゥータは、インド洋貿易の中継港であった当時のアデンに多数のインド人がいたことを記している。東アフリカでも、アデンほど多くはなかったであろうが、インド人が住んでいたものと思われる。

とはいえ、ポルトガルがやって来るまでは、インド以西のインド洋通商では、アラブ人をはじめとするイスラーム教徒が中心になっていた。東アフリカとの通商ではアラブ系商人が中心であり、インド人の活動は制約されたものであったと思われる。

そうした状況の中で、ポルトガルの支配はインド人にとって有利な状況を作り出した。インド洋でのポルトガルの本拠地はゴアやディウなどインドに置かれた。通商ルートはインドを中心にインド洋沿岸の各地へ延び、インドの産品も各地に運ばれた。新しく作られた通商体制の下で、許可を得れば通商活動を認められるようになったインド人たちは、ポルトガル支配下の港町で活動を強めていった。事実、アラビアなどにあったポルトガルの港ではインド人が商業や通商を行っていた。ポルトガル支配下の東アフリカの港町でも、インド人たちがインドとの、あるいはその他の港との通商を行っていたであろう。

しかし一七世紀後半以降、東アフリカからポルトガルの勢力が追われ、代わってオマーンの勢力が伸びてくると、イバード派イマームやアラブ人の統治下でインド人の活動範囲は狭められた。しかも、オマーンはインドを拠点としたポルトガルと抗争を繰り返しており、インドと東アフリカとの交渉も大きく制約された。通商活動の多くはイマームやアラブ人商人の手に握られ、インド人の活動は後退した。インド人たちが、東アフリカで再び活躍するようになるのは、サイイド・サイードの時代になってからのことである。世俗的な統治者であったサイイド・サイードの下で、ヒンズー教徒やシーア派のインド人にとっても活躍の機会が増えたからである。

一八世紀後半のオマーンの繁栄の中で、マスカットには、ペルシア湾岸地域やインドなどから多数の人々がやって来て様々な分野で働いていた。

こうした中で、一八〇〇年頃からヒンズー教徒のインド人による税関の徴税請負が始まった。アラブ人ではなくインド人、しかもヒンズー教徒が徴税請負をするようになったのは、当時の税関が単に関税を徴収しただけではなく、政府の歳出の多くを代行し、その中で金融業務にも関わるようになったからである。イスラーム法は利息を取ることを禁止しており、イスラーム教徒のアラブ人よりも、金融や資金の管理に慣れていたヒンズー教徒に徴税請負をさせたほうが、税関の運営上都合がよかったのであった。ヒンズー教徒には金融活動を行っていたものも多く、資金を集めやすかったことも背景としてある。

ザンジバルの税関でも、一八二〇年頃からヒンズー教徒のインド人が徴税業務を請け負うようになった。以後、ザンジバルでもマスカットでも、ヒンズー教徒の徴税請負が続いた。サイイド・サイードは一八三〇年代に活動の拠点をザンジバルへ移したが、サイードの統治の下で新しく形成されてきた経済体制の中で、サイイドの統治と結びつくようになったインド人たちはその経済力を強め、活動の範囲を広げていった。一八一九年頃にザンジバルにいたインド人の数は約二〇〇人であったが、その数は一八四〇年代末には約一〇〇〇人にまで増えている。

一九世紀半ばには、ホージャと呼ばれたシーア派のインド人も増えてくる。イギリスの報告書によれば、一八四〇年頃にはザンジバル領でのホージャの数は一六五家族であったのが、一八七〇年までには七〇三家族、二五五八人に増えている。彼らのほぼすべてはインドから直接やって来た。ザンジバルの経済的発展が彼らを引き付けた主因であろうが、インドとの交通が改善されてきたことや、シーア派マイノリティとして彼らがインドで置かれていた立場も、移住の背景として無視できないであろう。

イギリスの保護国に

サイイド・サイードは一八五六年、マスカットからザンジバルへ向かった船の中で世を去った。サイイド・サイードが築いた海洋帝国は、サイードの二人の息子、ザンジバルに拠《よ》ったサイイド・マージドとマスカットに拠ったサイイド・スエィニーによって、ザンジバル領とオマーン本土などに分割された。

インド洋では蒸気船の時代が始まり、スエズ運河が開通し通商ルートも変わっていく。すでに一八四二年にはエジプトとインドを結ぶ蒸気船による定期航路がイギリスの船会社の手で開始されている。帆船に代表された、旧来の貿易の時代は終わろうとしていた。本土と別れ、通商活動の主役の座を降りたザンジバルは、次第にイギリスの支配下に入っていく。ザンジバル領だった大陸側の沿岸部地域は分割され、イギリス、ドイツ、イタリアの支配下に入り、そしてザンジバル自体も一八九〇年、イギリスによって保護国化された。

ザンジバルがオマーン本土と別れ、イギリスの影響力が強まっていく一九世紀後半以降の時期には、イギリス支配下のインドとザンジバルとの結びつきが強まっていく。そして、そのことはインドからの移民の数をさらに増加させていく。そうした中で一八七〇年代半ば以降、アラブ人プランテーション経営者のインド人金融業者への負債が急増したように、経済の分野ではインド人の影響力が強まっていった。一九世紀半ばに約一〇〇〇人だったインド人の数は、一九二四年に行われたザンジバル領の人口調査では一万二九〇三人に増えており、一九四八年には一万五二一一人になっていた。ちなみにアラブ人の数は、一九二四年には一万八八八四人、一九四八年には四万四五六〇人であった。東アフリカ本土でも一九世紀半ば以降、インド人の数は増加していった。

なお、一九世紀の半ば頃から、外国人たちはサイイドのことをスルタンと呼ぶようになっていく。オスマン帝国などのスルタンを念頭に置き、お世辞のつもりでスルタンと呼んだのであろうが、この呼称はザンジバルにおいても次第に定着していった。

3――スワヒリ世界の形成

イスラーム化の進展

インド洋を通した他地域との交流は、東アフリカ地域の人々に大きな影響を残した。その中でも、イスラーム化の進展とスワヒリ語が生まれたことは、東アフリカ地域における文化と、そこに住む人々のアイデンティティの形成に大きな役割を果たしてきた。

イスラームの東アフリカへの伝播は、主にはアラブ人やペルシア人の通商活動を通して行われた。オマーンなどには預言者ムハンマド（六三二年没）の時代にイスラームが伝えられており、東アフリカにも七世紀の中頃までにはイスラーム教徒たちがやって来るようになったものと思われる。港町にはアラブ系やペルシア系のイスラーム商人や船乗りなどが来航し、彼らの中には港町に居住したり現地人と通婚するものも増え、こうした交流を通してイスラームが少しずつ広まっていった。商人や船乗り以外にも、政治や宗教上の争いから逃れ、東アフリカに避難の地を求めてやって来たイスラーム教徒もいたであろう。

一〇世紀半ばに活躍したアラブの学者で旅行家でもあったマスウーディーは、「オマーンの船乗りたちはザンジュ（黒人）の海にあるカンバルー島へ航海する。そこの町では、ザンジュの異教徒たちとともにイスラーム教徒が住んでいる」と述べている。カンバルー島とは現在のペンバ島のことであるとされるが、この記述が示しているように、一〇世紀頃までにはイスラーム教徒は東アフリカ沿岸各地に存在するようになり、その数も増えていた。もっとも、ザンジュの異教徒もいたとされることから見て、ペンバ島ではイスラーム教徒の中心はアラブやペルシア系の住民であったろう。

その後の海港都市の成長とともに、港町を中心にしてイスラーム教徒の数はさらに増え、イスラーム化も進展した。一四世紀半ばのイブン・バットゥータの旅行記は、モガジシオにはカーディー（イスラームの法官）とその学生たちが多数おり、モンバサには木造の立派なモスクがいくつもあったと記している。また、モガジシオやキルワはスルタンによって統治されていた。この記述からは、当時イスラームがかなり広まっており、スルタンを戴いたイスラーム的な統治体制や司法制度も作られ、また一部の町ではイスラームの学者やカーディーを再生産していく態勢もできていたことが見て取れよう。

ポルトガルの時代には、モザンビーク島に住んでいた人々は黒人でその中にはイスラーム教徒がいたとされるように、一五世紀末までには、イスラーム化の波はソマリア沿岸からモザンビーク港までの広い範囲に及んでいた。ポルトガルの時代ですら、沿岸部の多くの海港都市では、住民の間ではイスラーム法が守られ、アラビアなどと同様なイスラーム的統治が行われていたとされる。もっとも、モザンビーク港以南にはカーフィル（不信仰者、ここでは異教徒を意味する）と呼ばれた非イスラーム教徒が住んでいたとされていることから見て、モザンビーク港より南にはイスラームはほとんど伝わっていなかったものと思われる。

海港都市や沿岸部地域に住んでいたバンツー語系の人々の間でも、イスラーム化が進んだ。イスラーム教徒であったアラブ系やペルシア系の住民との交流や、海港都市でのイスラーム的統治や社会体制の存在によって、イスラーム化は進展した。イスラームは文化としても影響を与えていった。また、奴隷にされることを避けるためにイスラーム教徒になる者もいたであろうが、奴隷貿易もイスラーム化を進める一つの要因となったのである。

東アフリカでのイスラームは一九世紀以降、その地域を広げ内陸部へも伝わっていく。この時期のイスラーム化は、スワヒリ文化の拡大とともに進展した。一九世紀以降、内陸部との交通が増え、それにともない内陸部へイスラーム色の濃いスワヒリ文化が浸透していったが、このスワヒリ文化を媒体として内陸部へもイスラームが伝わっていった。

スワヒリ語の生成と普及

インド洋交渉は東アフリカ一帯に、スワヒリ語を核とするスワヒリ世界を生み出した。長いインド洋交渉の歴史の中で、北からやって来た人々とバンツー語系の人々との交流が続いたが、そうした中でアラブ系などの外来文化の影響を受けつつ、バンツー語系の言語文化を土台としてスワヒリ語が生まれ、スワヒリ文化が生成されてくる。単身でやって来たアラブ人などとバンツー語系の女性との通婚により、混血が進んだこともスワヒリ文化が生まれてくる土壌となった。

スワヒリという語は、海岸地方を意味するアラビア語のサワーヒル（単数形はサーヒル）から派生したものである。そのことが示しているように、スワヒリの文化は、アラブ商人などが住んでいた沿岸の島嶼《とうしょ》部などにあった港町に生まれた。スワヒリ文化の担い手であるスワヒリと呼ばれる人たちは、もともとは、沿岸部の港町に住んでいた人々である。彼らはイスラーム教徒でもあり、彼らのもつ文化や生活様式にはイスラームの強い影響が見られる。スワヒリ語自体にも、アラビア語などを起源とする外来の語彙が多く含まれているように、アラブなど外来文化の影響も認められる。また、スワヒリの文化は、都市的な、商業的な色彩ももっている。スワヒリの人々は特徴ある生活慣習や文化をもっているのである。

　こうしたスワヒリ文化は、近代以降、沿岸部と内陸部の交流が強まり、沿岸部の商人などが内陸部に進出していくようになるにつれ、内陸部にも伝わっていった。また、キリスト教の布教活動においてスワヒリ語が用いられたことも、スワヒリ文化をひろめることになった。

　本来のスワヒリ文化はイスラーム色の強いものであり、近代のスワヒリ文化の拡大はイスラームの影響力の拡大もともなった。しかし、一九世紀末以降のヨーロッパ列強による植民地支配下で行われたスワヒリ語表記法の、アラビア文字からローマ字（ラテン文字）への転換は、スワヒリ語とイスラームとの関係を弱めるきっかけとなり、スワヒリ文化のなかでも、とりわけスワヒリ語が植民地圏内の広い地域に普及していくことを可能にした。本来、特定の文化は特定の民族と表裏一体を成しており、一般的に文化の影響力の拡大は文化的・政治的な摩擦を引き起こすことも多いが、言葉を中心に広まっていったスワヒリ語文化はキリスト教徒を含めた多くの人々に受け容れられ、スワヒリ語の世界はその領域を広げていった。こうして、共通語としてのスワヒリ語の話される地域は拡大し、多くの方言を生みつつも、今日ではケニアやタンザニアなどで広く話されるようになっている。

　スワヒリ語の形成過程はどのようなものであったろうか。スワヒリ語がいつ頃どこで形成され、どのようにして広まっていったかについては、具体的なことは現在のところはよくわからず、研究者の間でも意見の一致を見ないが、一般的には、沿岸部の海港都市でアラブ人やペルシア人との交流が進む中でスワヒリ語の形成が進み、ポルトガルがやって来た頃にはある程度整った形のスワヒリ語が話されていたものと推測されている。しかし、ポルトガルの来航時には、後の時代と比べて、スワヒリ語が話されていた地域はあまり広くなく、その役割もまだ限られたものであったと思われる。

スワヒリ語が沿岸部一帯に広まりその役割を増していくのは、ポルトガル以後の時代のことである。ポルトガルの支配はアラブ人とアラビア語の役割を後退させ、同時にアラブ系住民のスワヒリ化を進めた。この時期にはシラジの住む地域が広がっていったが、土着的要素を強くもつシラジの拡大はスワヒリ化を促進したであろう。またキリスト教徒のポルトガル人の統治も、住民の間でイスラーム教徒としてのアイデンティティを強めスワヒリ化を促した。後のヤアーリバ朝やブー・サイード朝の時代には、結果的にアラブ統治による文化的な影響は少なく、確立されたスワヒリ語は広い地域に拡大していく。

一八世紀になると、スワヒリ語の書き言葉が見られるようになる。現在知られている最も古いスワヒリ語で書かれた文書は、一七一〇年の日付をもつ、キルワのスルタンからゴアのポルトガル司令官に宛てた手紙であるとされる。この時期以降のスワヒリ語はアラビア文字を用いて表記されていたが、一八八〇年代以降、キリスト教ミッションによる布教活動の中でラテン文字（ローマ字）を使用してスワヒリ語を表記する試みが行われたことなどをきっかけに、現在のようなローマ字に変わっていく。

スワヒリ語は書き言葉としても発展し、近代以降、多くの詩や文学作品がスワヒリ語で書かれるようになっていく。言語文化として豊かな内容をもつようになったスワヒリ語は、その影響力を強めた。ザンジバルのオマーン系アラブ人の中にすら、スワヒリ語しか話さない者も見られるようになる。スワヒリ語が話される地域も沿岸部一帯から内陸部へと広まっていき、東アフリカ一帯の共通語として重要な役割を果たすようになっていく。

スワヒリ世界は長いインド洋交渉の歴史の中で形成された。それは、バンツー語系諸民族社会の要素を土台としつつも、アラブ、ペルシア、インド、ポルトガル、イギリスなど様々な外来の要素を取り込み、融合させ、一つの文化的アイデンティティをもった共通な世界を作り上げた。とはいえ、それは排他的な世界となったのではなく、本質的にコスモポリタンな性格をもつものであり、その核であるスワヒリ語もリンガ・フランカ（地域共通語）として広くアフリカの人々に受け容れられていった。

〈福田安志〉

第九章　大西洋交渉史

1――ポルトガルとアフリカ

大航海時代の幕開け

一五世紀以降、イベリア半島の二つの国、ポルトガルとスペインを先頭に、北西ヨーロッパ諸国が探検、略奪、植民、商取引などの形で海外に進出し、数々の地理上の「発見」を経て、やがて新旧世界が「近代世界システム」と呼ばれる一つの構造としてまとめあげられていった時代は、一般に大航海時代と言われている。それは歴史の舞台が、ジブラルタル海峡を越えて、地中海から大西洋へ移る時代で、バルトロメオ・ディアズ（一四五〇頃～一五〇〇年）、クリストファー・コロンブス（一四五一～一五〇六年）、バスコ・ダ・ガマ（一四六九～一五二四年）、フェルディナンド・マゼラン（一四八〇～一五二一年）らが活躍した。そのなかでも、コロンブスによるアメリカ大陸の「発見」（一四九二年）とダ・ガマによる喜望峰（一四八八年、ディアズは「嵐の岬」と名づけたが、のちに改称）を迂回して東アジアに至るインド航路の開拓（一四九八年）は「人類史上の最も偉大で、最も重要な出来事」（アダム・スミス）だった。時あたかも、西欧ブルジョア階級の台頭を促すヨーロッパ・ルネサンスの曙であり、資本主義近代の土台が敷かれる頃だった。

インド航路を開く

一四一五年八月、ポルトガルがジブラルタル海峡の対岸の港町セウタを占領した時、この時代の幕が切って落とされた。そこはスーダン産の金の集まる市場として知られ、モロッコ有数の穀倉地帯が背後に広がっていた（セウタは、スペインによるポルトガル併合が終わった一六四〇年以後もスペインに委譲され、近くの港町メリーリャとともに、現在に至るまでスペインの飛び領土として、アルジェリアやサハラ方面への交易基地、軍事拠点となっている）。

セウタ占領はインド航路発見のプレリュードとなったが、まだしばらくの間、ポルトガルの船は南部モロッコより彼方へ南下することはできなかった。その理由を理解するのはやさしい。北緯三〇度から二〇度の域内にあるジュビ岬からブランコ岬までの大西洋岸約六四〇キロの沖合は、いつも風が北から吹いており、当時の船と航海術では逆風をついて北方へ戻ることができなかったからである。一四世紀中頃に、マジョルカ島の船乗りがこの冒険航海を試みて、二度と帰らなかったと言われる。

その当時、インド洋西域で活躍していたのはアラブ人、スワヒリ人の船乗りたちであった。彼らは風を自在に利用できる大三角帆の使用を知っていたほか、羅針盤やアストラーベ（天文観測儀）など中国人が発明した航海用具を取り入れていた。おそらく十字軍の経験を通じて、これらの用具が地中海のヨーロッパ人にも伝わってきた。ポルトガルの船乗りたちが、以前よりももっと正確になった海図を利用して、アフリカ西海岸をさらに南に向かって進むのは時間の問題であった。

一四三四年、ボジャドル岬（現西サハラ北方海岸。北緯二六度七分、西経一四度二九分）を越えて南下したポルトガルのキャラベル船（軽快帆船）が逆風をついて無事にリスボンへ戻って来た。この成功に自信を深めたポルトガル人は、以後半世紀ほどのあいだにギニア湾に到達（ちなみに、ゴールドコースト到達は一四七一年）、西アフリカの裏口を開き、さらに南進をつづけた。ディアズが喜望峰を「発見」し、最初の石の十字架（パドラオ）をインド洋岸のクワイフックに打ち込んだのは一四八八年三月のことだった。

それから九年後、四隻の船隊を率いてダ・ガマがインドに向かった。彼は喜望峰を迂回した後、一四九七年のクリスマスの日にナタール（キリスト降臨の日にちなむ）沖を通過、さ

らに北上を続け、翌年四月にケニアの港町マリンディに到達した。マリンディでは、通説によれば、グジャラート出身のイブン・マージドという名前のキリスト教徒の水先案内人を見つけるという幸運に恵まれ、やがてインドのカリカットに無事に到達できた。一四九八年五月二〇日のことだった。

　一五〇九年、フランシスコ・アルメイダの率いるポルトガル艦隊がインド洋上に現れ、グジャラートとエジプトの連合艦隊を破り、海上の覇権を獲得した。一五一〇年、ポルトガル人はゴアを占領し、翌年にホルムズ、マラッカを占領した。

動機と目的

アフリカ西海岸を南下し、インド航路の開拓をめざしたポルトガル人の動機と目的は何であったのだろうか。

一五世紀の間に、西ヨーロッパ各国ではある程度の民族的成長があり、財政上、軍事上の権力の膨張が見られた。ポルトガルによるセウタ占領や、スペインによるメリーリャ占領（一四九七年）はその典型であった。海外進出に成功して、金を儲け、国威を発揚したいという点で、都市に育ちつつあった商業ブルジョアジーと国家の利害が一致したのである。

各国に共通していたのは、それまでイスラーム教徒が独占してきたアジア・西アフリカ間の国際貿易に商業的関心を育てていたことである。しかし、地中海の東域ではイスラーム教徒のほか、ベネチア人が海上貿易を支配していた。したがって、西ヨーロッパの各国がアジアの香料や西アフリカの金市場に直接のルートを開くには、彼らの背後を回る必要があった。なお、西ヨーロッパ各国の商業上の関心については、香料のような高級奢侈品よりも、長期的には食料（小麦、砂糖など）、木材（燃料、造船資材）、衣料といった基礎商品、蛋白源となる新たな漁場の獲得が目的だったという考え方もある。

商業上の関心とあわせて、アジア、アフリカのどこかにあると信じられた伝説上のキリスト教徒の君主プレスター・ジョンの王国を発見したいという宗教上の動機もあった。プレスター・ジョンの伝説は中世ヨーロッパに広く流布していたもので、十字軍の失敗から、東方のイスラーム勢力に対抗する味方をヨーロッパ人が強く願望していたことがわかる。一五～一六世紀には、エチオピアにこの王国があるとの信仰が強まった。

ポルトガルのイニシアチブ

イベリア半島の小国ポルトガルが、この海外進出の主導権を握ることができたのはなぜだろうか。

まず、イベリア半島の先端に位置するポルトガルの地理的条件が決定的な意味をもった。そこは海流が集中して、海上への進出が容易であり、しかもアフリカ西海岸にいちばん近かった。次には、アビス朝の創始者ジョアン一世の息子エンリケ（一三九四～一四六〇年）の存在である。彼こそはポルトガルの海外進出の立役者であったとの通説を疑う向きもあるが、「航海王子」という仇名《あだな》からも知られるように、ポルトガルの海外進出の最大の貢献者であるとの伝説が継承されてきた。

　一般に考えられているように、エンリケは初めから海上の冒険航海に熱心だったのではない。一四一五年のセウタ占領後、父王から同地の防衛を任された頃、彼はモロッコの軍事的侵略を主張する封建貴族たちと利害をともにしていた。土地不足に悩んだ封建貴族、とくに土地をもたない次・三男にとって、対岸に位置するモロッコは格好の標的だった。父王の死後、アフリカ西海岸への進出をまず唱えたのは兄のペドロであった。その後ペドロが、ドゥアルテ王の死後わずか六歳で即位したアフォンソ五世の摂政役につくと、アフリカ西海岸との交易独占権がエンリケの手に渡った。以後、彼は天文学者や数学者を庇護し、航海学校を創設したり、海図制作を奨励するなど航海事業に力を入れ始めた。一四三四年、ボジャドル岬の彼方まで最初の航海に成功したジル・エアネスなる人物は、エンリケの従士であった。

　ポルトガルが地中海域のイスラーム経済と古くから結びついており、ヨーロッパ各国の中で貨幣経済が最も発達していた点も見逃せない。しかも、一五世紀を通じて、ポルトガルは内乱や社会不安のない、西ヨーロッパでほとんど唯一の国であった（当時のヨーロッパの最強国フランスはイギリスとの百年戦争で疲弊していた）。こうした有利な諸条件に加えて、ベネチアと対抗関係にあったジェノバの商人たちはポルトガル人との一体感を深め、彼らの事業に多額の投資を惜しまなかった（ジェノバ人は一方でスペイン人の事業にも投資した）。その結果、一六世紀末にオランダ、イギリス、フランスなどが海外進出の主役を奪うまで、ポルトガルは大西洋とインド洋で強大な商業帝国を築くことができたのである。

2――奴隷貿易の衝撃

初期の友好関係

ポルトガル人が西海岸を南下し始めると、他のヨーロッパ人（イギリス人、フランス人、少し遅れてオランダ人。そのほかスウェーデン人、デンマーク人、ブランデンブルクのドイツ人など）がその後に続いた。彼らは沿岸の支配者から土地を借り、交易の許可をとりつけ、多数の交易基地（城砦）を建設した。それらの中でも、一四八二年にポルトガル人がアクラ（ゴールドコースト）に建てたサン・ジョルジェ・ダ・ミナ（エルミナ城）の名前はよく知られる（281ページ図版参照）。

しかし、ヨーロッパ人は奥地へ踏み込むことはできなかった。セネガンビアやケープなど一部地域を除いて、一九世紀以前にヨーロッパ人のコロニーはほとんど造られなかった。海上ではヨーロッパ人が主人であったが、陸上の主人はアフリカ人だったのである。

17世紀後半頃のエルミナ城

当初には略奪商法ともいうべき海賊行為がはびこったが、それが収まると、主にヨーロッパの金属製品と西アフリカの金、象牙、胡椒、綿製品などとの平和な交換が始まり、アフリカとヨーロッパの双方が利益を引き出した。

全般に一六世紀は平等と相互信頼の友好関係の時代であり、ポルトガルとアフリカの王の間で大使の往来があり、贈り物の交換があった。一六世紀初めにギニア湾岸の最強国ベニンの王がポルトガルへ遣わしたアフリカ人首長について、同時代のポルトガル人が次のように報告している。「この大使は弁舌さわやかで、生まれつきかしこい男であった。ポルトガルでは、彼のために大宴会が催された。彼はポルトガルのりっぱな品物を見せられた。彼は〔往路と同様〕ポルトガル王の船で彼の国へ帰った。彼が帰るとき、ポルトガル王は、彼とその妻のために、高価な着物を贈り、また、ベニンの王へも豊かな贈り物をした」（B・デビッドソン『アフリカ文明史』）。

大西洋奴隷貿易始まる

一六世紀、ポルトガルとスペイン、次いでオランダ、イギリス、フランスが西インド諸島や南北アメリカ大陸でヨーロッパ市場向けの広大な農園経営に乗り出すと、大量の労働力が必要となった。地元の労働力には限度があり、しかも先住民（インディオ）は激しい農園労働に不向きであることがわかった。そこで浮上してきたのが、大西洋の彼方、アフリカから奴隷を移入するという考え方である。

奴隷労働自体は珍しいものではなく、地中海東域で、特に砂糖生産にともなって、早くから奴隷の需要があった。早くも西暦一〇〇〇年頃から、ポルトガル人もまたカナリア諸島、マデイラ諸島などでアフリカ人奴隷を使って砂糖生産に従事していたらしい。

ポルトガルとスペインは早くから奴隷を本国へ連れ帰っていた。西アフリカ出身の奴隷がリスボンで売られたという一四四四年の記録が残っている。一四八六年、ポルトガル王室はリスボン奴隷局を設置し、奴隷商人に貿易許可証を発行するなど、奴隷売買の独占を試みている。その結果、一六世紀中頃には、リスボンの全人口約一〇万のうち一割を奴隷が占めていた。同時期にスペインのセビーリャでも、全人口八万五〇〇〇のうち八パーセント弱が奴隷だった。

大西洋奴隷貿易の開始を告げたのはスペインだった。スペイン王室は、交易事業に関して民間人や外国政府との間で請負契約（アシエント）を結んでいたが、その内容は、特に一六世紀から一八世紀半ばにかけて、労働力不足に悩む新世界の植民地への奴隷輸送業務に集中した。奴隷供給契約許可証を得た業者は、契約料と税金を王室に納めるというものであった。一五一三年に最初の許可証が発行された。その二年後にスペイン商人は西インドから初めて砂糖の船荷を持ち帰り、一五一八年に初めて奴隷の船荷をアフリカ西海岸から西インドへ運び出した。以後、スペイン領アメリカ市場を標的にして、ヨーロッパ各国の商人の間で「アシエント」の獲得をめぐって熾《し》烈《れつ》な競争が始まった。

一七世紀になると、スペインとポルトガルに代わってオランダの海上権力が拡大し、イギリスとフランスが西インド諸島に地盤を築いた。アフリカ西海岸の主要輸出品はもはや金ではなく、奴隷に替わった。一八世紀中頃には、カリブ海の英領ジャマイカ、仏領サンドマング（ハイチ）がブラジルと並んでカリブ海域の主要な目的地となり、イギリス人やフランス人の独占事業となった。

イギリスは、すでに一七世紀の初めから大西洋ルートの主役になっていた。北米一三の英領植民地とカナダ（一七六三年以降）で奴隷制が見られた。初めは、王立アフリカ会社の

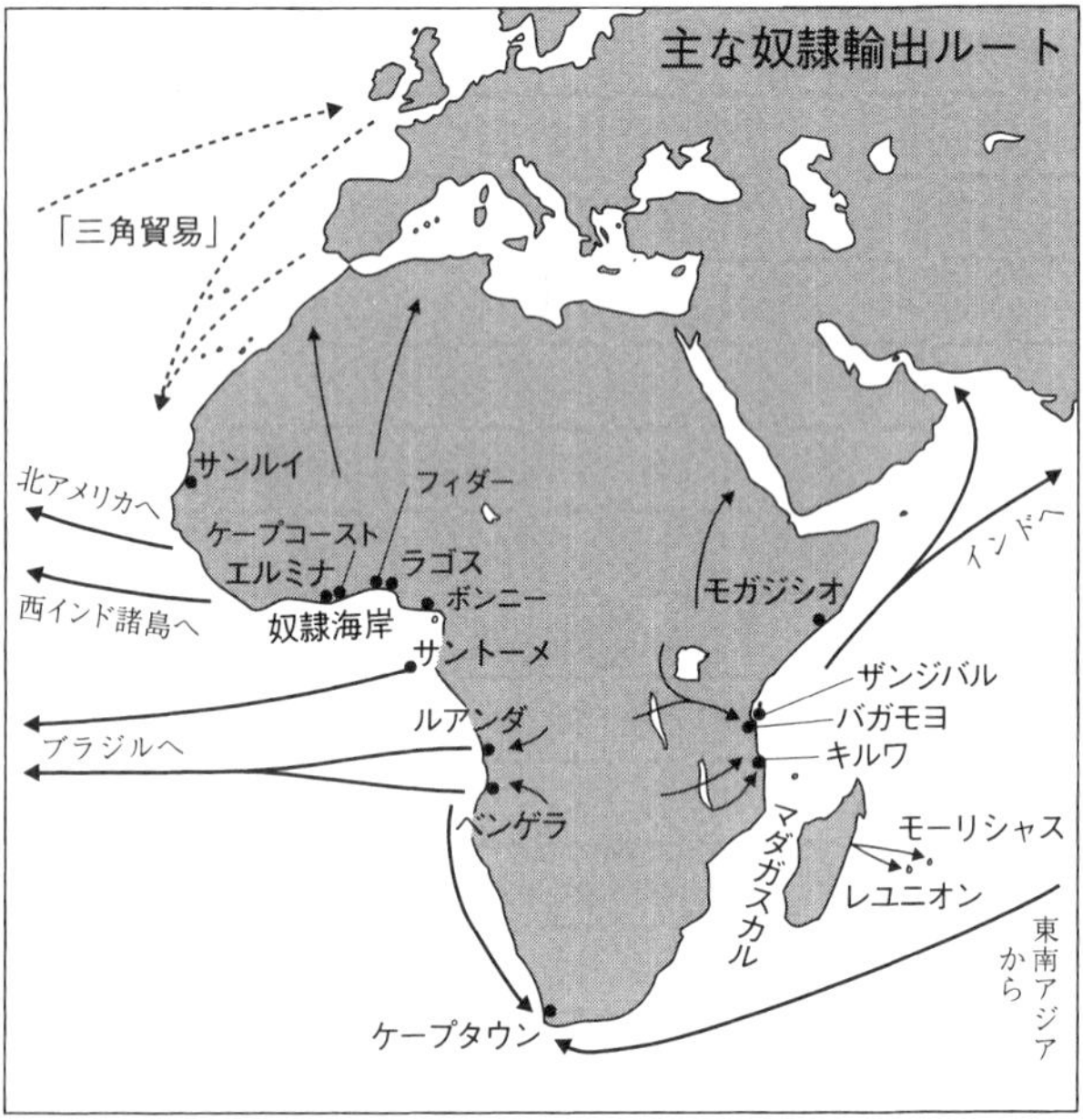

独占事業であったが、一七世紀末以降、ブリストルやリバプールの商人が進出、当時はリバプールを出航する船の四分の一が奴隷船で、バーミンガムは奴隷と交換用の銃の製造で、マンチェスターは綿織物の生産で栄えた。これとあわせて、保険業や海運業、金融業が未曾有《みぞう》の勢いで勃興した（ロイド銀行やバークレイズ銀行の創始者は奴隷貿易で財をなした当時の有力者だった）。フランスは、セネガル沖のゴレ島をオランダから奪ってから積極的に大西洋ルートに参入し始めた（フランスは、一七九四年に奴隷

制を一時廃止していたが、ナポレオン政権期の一八〇四年に復活させた）。

ポルトガル、オランダ、フランス、イギリス、スペインのほかにも、スコットランド、ブランデンブルク、デンマーク、スウェーデンなどが大西洋ルートに参入したが、彼らは綿布、銅・真鍮製品、ビーズ・バングルなどの装飾品、鉄棒、火器、弾薬、アルコール飲料などを積んでアフリカへ運び、奴隷と交換、南北アメリカ・カリブ海域で積荷を降ろすと、砂糖、インディゴ、原綿、コーヒーなどを積んでリバプール、ナント、リスボン、アムステルダムなどへ引き返した。アフリカ人奴隷は、彼の地で競りにかけられ、綿花・サトウキビ農園、タバコ栽培、金・銀の鉱山労働に従事したほか、主人の屋敷で働いた。こうして、一九世紀初頭に禁止令が出されるまで、イギリス主導のもとに大西洋奴隷貿易は絶頂期を迎えた。なお、大西洋ルートでは、カリブ海諸島（四〇〇万人以上）とブラジル（三六五万人）が二大受け入れ地域で、全体の八〇パーセントを占めた。

三角貿易と中間航路

こうして一六世紀中頃から発達したのが「三角貿易」（Triangular trade）と言われる商業航海サイクルであった。産業革命を迎えたヨーロッパ（主にイギリス）の廉価な製造品（綿布、金属製品、アルコール飲料、鉄砲など）を満載した船が、まずアフリカ西海岸で船荷を奴隷と交換し、その奴隷を積んで西インド諸島、南北アメリカ大陸へ渡る。目的地で奴隷の船荷を降ろした後、砂糖、綿花、タバコなど現地の主要換金商品（ステイプル）を積み込んで西ヨーロッパの母港へ向かうのである。この航海サイクルを一巡するのに一年半から二年の期間を要した。イギリスを先頭に主なヨーロッパの国々（デンマーク、オランダ、フランス、ドイツ、ポルトガル、スペインなど）がこの事業に参加し、莫大な利益を得た。

奴隷貿易の期間に大西洋を渡ったアフリカ人奴隷の数については諸説があり、一定していない。しかし一般には、一二〇〇万から二〇〇〇万程度と見積もられているようである。男女比は二対一だった。その内訳は、ブラジル向け三八パーセント、カリブ海諸国向け三一パーセント、スペイン領アメリカ向け一六パーセント、アメリカ合衆国向け五パーセントである。ただしこの数字は、奴隷狩りの途中で殺された者（一説に、アフリカの積出し港に着くまでに、総数の三分の一が死んだと言われる）や奴隷船上での死者を含んでいない。スペインによる併合時代を含めて、「アシェント」をほぼ独占したポルトガル商人が全体の約四割を運んだと言われる。彼らはブラジルおよびスペイン領アメリカ向け奴隷貿易の仲介地として、サントーメとサンチアゴを建設した。ルアンダはベンゲラ（ともにアンゴラ沿岸）とともに、西海岸最大の奴隷積出し港として知られるようになった。

西海岸の各地から新大陸までは、ほぼ四〇日から七〇日の航海だったが、悪天候が続け

「三角貿易」の概念図　デビッドソン〔1975〕をもとに作成。(松田、2014)

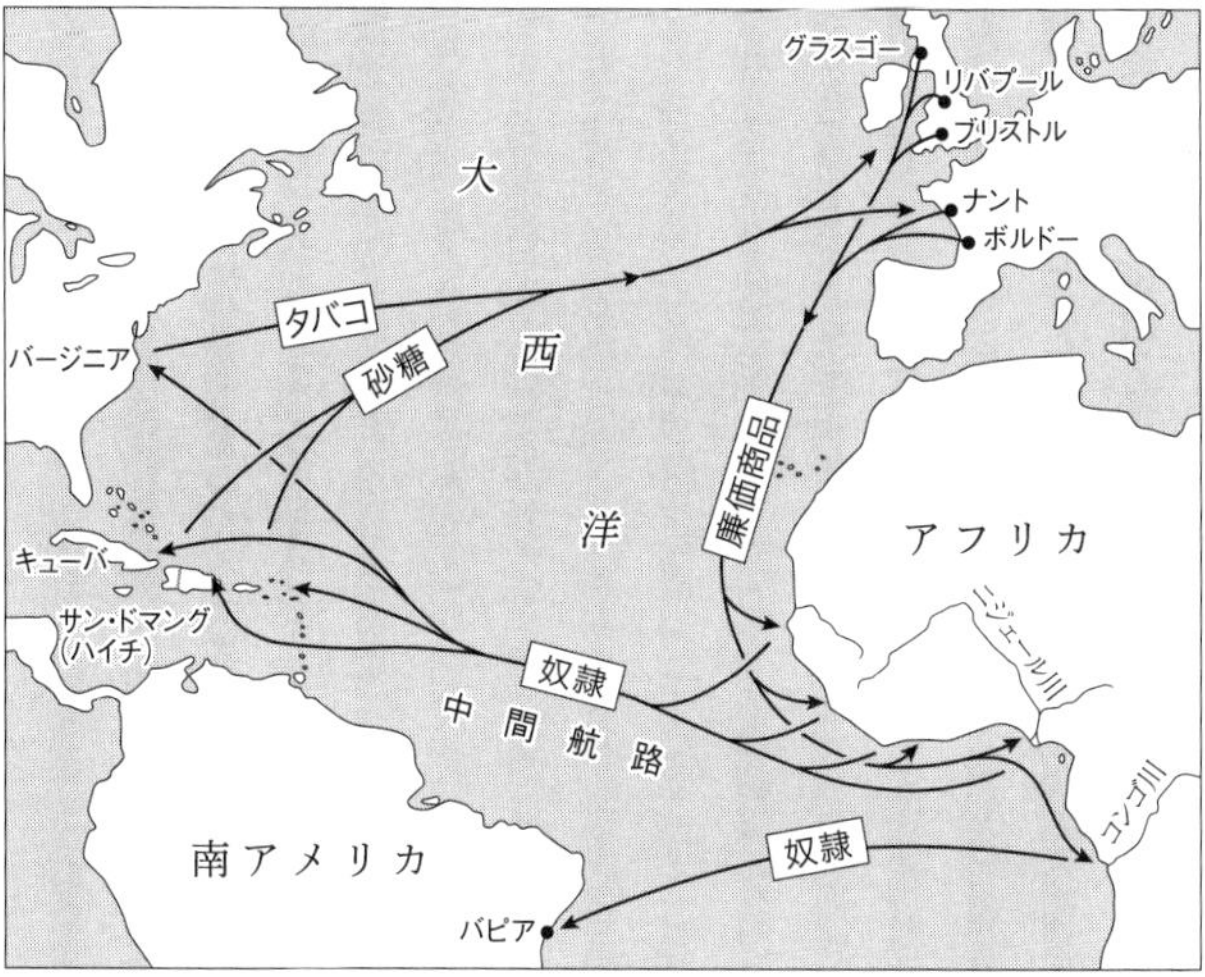

ば一〇〇日を超えることもあった。これは「三角貿易」の第二辺をなしており、「中間航路」(Middle passage) と呼ばれた。「中間航路」こそは人類史上他に例を見ない、凄惨きわまる奴隷航海のことであった。時期によって相違はあったが、航海中の死亡率は八パーセントから二五パーセント、平均的には船上の捕虜六人のうち一人が死んだと言われる。

　奴隷船の大きさは一〇〇ないし二〇〇トンで、船に積み込まれる前には男女とも頭を剃られ、所有主か会社のブランドが身体に焼き付けられた。足首に鎖を付けられたほか、全裸で、船のトン当たり一～二名が船倉にぎっしり

海外で陸揚げされたアフリカ人の数（概算）

	旧世界へ		南北アメリカへ		合計
	総数	年平均	総数	年平均	
1451～1525	76,000	1,000			
1526～1550	31,300	1,200	12,500	500	
1551～1575	26,300	1,000	34,700	1,400	
1576～1600	16,300	600	96,000	3,800	
					293,000
1601～1625	12,800	500	249,000	10,000	
1626～1650	6,600	300	236,000	9,500	
1651～1675	3,000	120	368,000	15,000	
1676～1700	2,700	100	616,000	25,000	
					1,494,000
1701～1720			626,000	31,000	
1721～1740			870,000	43,000	
1741～1760			1,007,000	50,000	
1761～1780			1,148,000	57,000	
1781～1800			1,561,000	78,000	
					5,212,000
1801～1820			980,000	49,000	
1821～1867			1,803,000	38,000	
					2,783,000
合計	175,000		9,607,000		9,782,000

〔Fage 1988:254〕
〔Fage 1988〕において、合計は100の位で切り捨てていると思われる。
ただし、年平均の算出は不明。（松田、2014）

と詰め込まれた。食事は朝夕の二回、少量の水がときどき与えられたほか、一日に二回程度は甲板に出て外気を吸うことが許された。船内は不潔そのもので、汚物と臭気が充満し、マラリア、天然痘、赤痢などの病気が襲うこともよくあった。そんな場合、死者だけでなく、病気にかかった者までが生きたまま海に投げ捨てられたために、奴隷船の後をサメの大群が追いかけたという。航海中の損失を少なくするために、船荷には多額の保険がかけられた。

こうした過酷きわまる境遇に置かれても、奴隷たちは自らの運命に決して従順でなかったことは特筆しておかなくてはならないだろう。

一七五〇年六月二五日付「ボストン・ポストボーイ」紙によると、三五〇人のアフリカ人捕虜を乗せたリバプール所属の奴隷船が、西インド諸島のグァドループ島付近に到達したところ、たまたま甲板に出て外気を吸うことを許された奴隷たちが、その機会をとらえて反乱を起こした。船長と機関士が殺され、一五名の乗組員が海中に投げ込まれたという。その後、奴隷たちはボートを出してあたりの様子を調べ逃亡を試みたものの、やがて近くの島の司令官が反乱のニュースを知り、一〇〇人の兵士で追跡させ二、三時間後に拿捕《だほ》したという。

大西洋ルートで積み出されたアフリカ人の数（概算）

	総数	年平均
1451〜1600	367,000	
1601〜1700	1,867,000	19,000
1701〜1800	6,133,000	61,000
1801〜1860	3,274,000	55,000
合計	11,641,000	

年平均は、1世紀ごとの年平均を示す。
（松田、2014　一部修正）

奴隷を獲得する方法

奴隷として売り飛ばされたのは、民族・国家間の戦争捕虜、犯罪者などのほか、奴隷狩りや人さらいの犠牲者もいた。海外での需要が高まった一七世紀後半からは、アフリカ人支配者の間で奴隷獲得のための戦争が鉄砲を使って行われた。中央政府のない社会では、奴隷狩りの餌食《えじき》になる者が多かった。誰もが一〇～三五歳の働き盛りの年齢だった。

一七四五年頃、ニジェール川下流のイボランド（当時のベニン王国内）に生まれ、のちにロンドンで奴隷制廃止運動に専念したオラウダー・エキアノ（アフリカ名はグスタブス・バサ。一七九七年没）は数奇な運命をたどった元奴隷だった。彼は一一歳の頃、大人たちが農作業に出かけ、妹と一緒に留守番をしていたときに誘拐されたのだった。数ヵ月後にニジェール川デルタに停泊中の奴隷船に積み込まれ、バルバドスに運ばれ、競売に付されたが売れ残り、その後バージニアへ連れていかれた。エキアノの波乱万丈、スケールの大きな生涯については、フランス革命の年（一七八九年）に出版された自伝『オラウダー・エキアノすなわちアフリカ人グスタブス・バサの生涯の興味ある物語』に詳しく描かれている。

彼自身、奴隷商人によってニジェール川デルタの港へ連れ出され、船荷となった時の恐怖を次のように回想している。「恐ろしい顔つきをした赤ら顔で長髪の白い人を見て、今にも食われてしまうのだと思った。船を見回して、大きな炉すなわち銅釜が沸き立って、あらゆる黒い仲間が、うちしおれて悲しそうな顔つきで鎖で繋ぎ合わされているのを見た時、私はもはやこれまでと思った」（B・デビッドソン『アフリカの過去』）。

エキアノは、イボランドの奴隷商人と戦争について次のように書いている。「彼らはたいてい火器、火薬、帽子、飾り玉、乾魚を持ってくる。彼らはいつもわたしたちの土地を通って奴隷を運ぶ。〔中略〕この戦争は、捕虜あるいは戦利品を獲得するための、一小国あるいは地区が他の地区へ押し入ったものであると思える。これはおそらく、わたしたちのあいだでいわゆる舶来品を持ってくるあの交易人がそそのかしたものであろう。交易人が奴隷を必要とする場合、彼は首長にそれを申し入れ、商品で誘惑する」(前掲書)。エキアノの証言から明らかなように、奴隷の取引は、ヨーロッパ人とアフリカの王や首長、一流の商人たちの仕事であった。

なお、奴隷貿易による被害の大きさを知ると奴隷や奴隷商人の領土内での通行を禁止するなど、これに反対した王や首長がいたことも特筆しておかなくてはならない。一八世紀初めダホメーのアガジャ王や同世紀末のフータ・トーロのアルマーミ王(450ページ参照)がその例である。コンゴのンジンガ・ムベンバ(洗礼名ドン・アフォンソ)王(91ページ参照)も、ポルトガル国王に奴隷交易を諫《いさ》める手紙を送っている。「〔奴隷商人らは〕日ごと、国土のむすこたち、わが貴族、わ

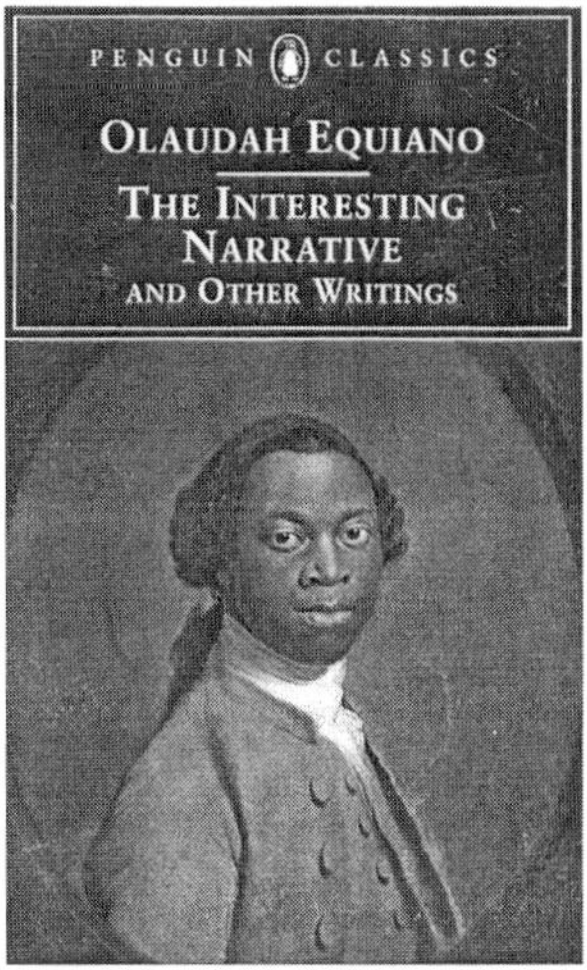

オラウダー・エキアノの自伝
(ペンギン版1995の表紙)

が臣、わが縁者らのむすこたちなる土民を捕えておるによります。〔中略〕われらが諸王国には、いやしくも奴隷の取引あるいはそのはけ口のあるべからずというわれらが心にございます〔一五二六年六月六日付〕」（前掲書）。

この手紙には、奴隷貿易によるアフリカ側の荒廃を訴え、初期の友好関係を取り戻そうとする王の必死の決意がにじみ出ている。

アフリカ社会への影響

ポルトガルの手で西アフリカの裏口を開かれてから、奴隷貿易が禁止される一九世紀初頭までの間、それによってアフリカ社会はどのような変化を経験したのだろうか。

アフリカが奴隷貿易によって大量の若い労働力（三分の二は男子）を喪失し、平和と安全が損なわれたことはいうまでもない。ヨーロッパ商人の交易基地が建設されるにつれて、西アフリカ後背地の物資がそれまでとは逆方向、つまりサハラの仲介人を通さずに南の海岸部へ向かった。その結果、トンブクツ、ジェンネなどかつて賑わったサヘル地域の商業都市の衰退が始まった。それと同時に、モーリタニアを経由し、モロッコ、南部スペイン、さらに西ヨーロッパへ通じる西のルートがまず寂れ、一五世紀後半には「砂漠の船」（ラクダ）によるサハラ越え交易の全体がヨーロッパ商人に略奪されたと言える状況が生じた。西アフリカの金、象牙、香料などが海を渡って直接にヨーロッパへ運ばれ、西アフリカの地図には穀物海岸、象牙海岸、黄金海岸、胡椒海岸、奴隷海岸といった、現地の特産商品を示す新たな名称が記されることになった。

大陸別の人口増加

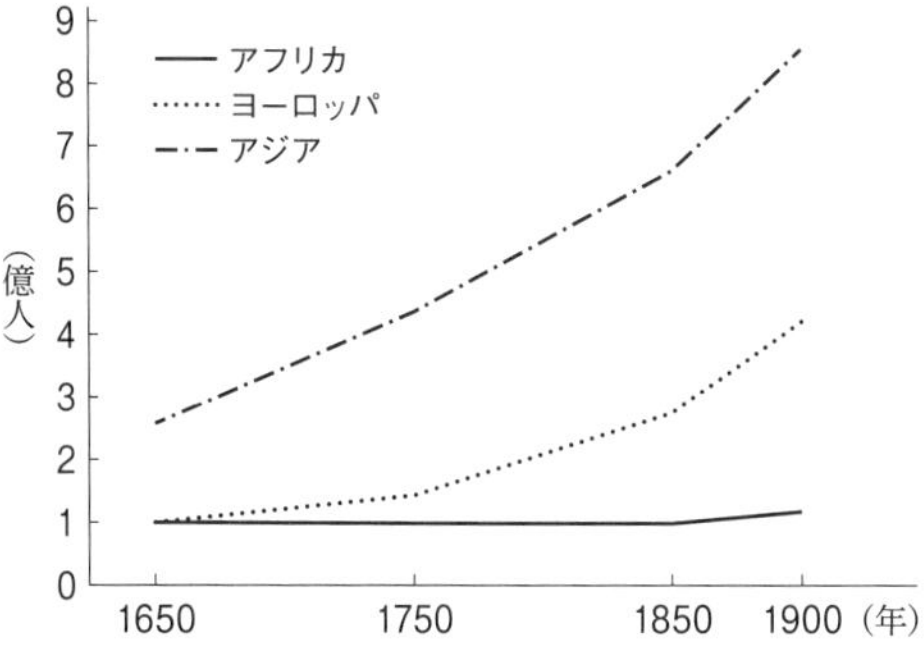

ロドネーの表〔邦訳1978:127〕をもとに作成。1650年ごろのアフリカの総人口約1億人のうち、黒人アフリカ人は約8000万。1700年ごろ、西アフリカの総人口は約2500万、人口密度は1平方マイル12人と推定される〔Fage1988〕。(松田、2014)

経済の中心が海岸部に移動した結果、スーダン諸帝国の衰退（たとえば、一六世紀末にソンガイが滅亡し、同時期にカネム・ボルヌは衰退した）を誘った。この時期、ヨーロッパ人との取引のためには、海岸に至る交易路の確保が至上命令となった。海岸部のベニン王国やダホメー王国はもちろん、内陸部のアシャンティ連合王国などはこれに成功し、ベニン湾はのちに「奴隷海岸」の名で知られることになった。奴隷貿易の結果、一定程度まで、地元産業を刺激し、これに従事した王侯や貴族階級のほかに、一部に「商人貴族」と呼べるような新興成金が生まれた。こうして、社会がある程度の階層化に向かったが、いっぽうで、政治的・社会的分裂を誘発し、伝統権力のバランスに変化をきたし、政治・社会機構の再編成を促すことになった。その例として、アシャンティはオランダと提携し、首都クマシの王権を拡大した。海岸に近い森林地帯では、ファンティ連合がイギリスと協力関係を結び、勢力を伸ばした。

しかし、全体としては、四世紀にわたる奴隷貿易の結果、ヨーロッパ産の安価な金属製品や織物のために地元産業や工芸が衰退し、技術は停滞した。この期間に、アフリカの低開発化が進み、人種差別が深く根をおろした。アフリカは「部族的封建制」と言われた旧来の社会構造をそのまま維持し、ヨーロッパとの出会いによっても政治的・経済的野心を海の外へ向けることはなかった。

アフリカ側の経済的努力は、もっぱら海外の利益に奉仕するばかりで、その発展は歪められた。大部分の地域が伝統的な自給経済に満足し、技術の開発、機械の利用、工業生産の点で非常な後れをとってしまった。マルクスは、この間の世界の歴史を総括して、次のように述べている。「アメリカにおける金銀の発見、原住民の抹殺、奴隷化と鉱山への生き埋め、黒人狩りのための商業的飼育場へのアフリカの転換。これが資本主義的生産時代のバラ色の曙を告げるものである」。

前章で述べたように、アフリカ東海岸では、とりわけ一九世紀にザンジバルを拠点として、アラブ・スワヒリ商人（なかでも奴隷商人として、現在のコンゴ民主共和国〔旧ザイール〕東部まで進出したティップ・ティップなどが有名である）による奴隷交易ルートが内陸深くまで伸びた。奴隷の一部は、主にフランス人の手でレユニオン、モーリシャスなどインド洋上の大農園へ移送された。

アフリカの東西海岸を初期の対外関係を通して比較した場合、西海岸では初期の平和な取引がやがて大がかりな奴隷貿易に集中したのに対し、東海岸では、ザンベジ川峡谷など一部地域にポルトガル人の交易所が建設されたほかは、南のソファラから北のラム島まで、おおむね略奪と海賊行為が支配した。インド洋でのポルトガルの覇権が失われた後、アフリカ東海岸を含む環インド洋のイスラーム世界は一時的な復活を経験した。しかし一九世紀後半になると、東西海岸を含むアフリカ全体がヨーロッパによる植民地支配の挑戦を受けることになる。

3——近代世界システムの成立

世界経済の出現

中世末期の西ヨーロッパ経済は、比較的小規模で自給的な単位から構成されており、

「世界経済」と言えるほど大がかりなシステムは見られなかった。西ヨーロッパ諸国をそれまでになかった巨大な経済の仕組みに引き込み、しかもその中枢部に位置づけたのは、近代奴隷制と大西洋貿易であった。

この「世界経済」は一六世紀に出現し、一八世紀中頃に完成した。「世界経済」の形成が西ヨーロッパに絶対王政が成立した時期と一致していることは注目できる。国家自体が企業を営み、商人にとって重要な顧客でもあったこの時期に、肥大化する国家官僚機構を支えたのは農業資本主義の発達であり、対外的な商業進出であった。

『近代世界システム』(一九七四年)や『資本主義世界経済』(一九七九年)の著者として知られるアメリカの社会学・歴史学者I・ウォーラーステインによれば、近代の新しさは個別の国家や民族、地域の区別を越えて、地方経済が国民経済へ、ついで国民経済がたがいに結びついて「世界経済」を出現させたことにあり、それは「近代世界システム」として把握できるという。そしてこの世界は国際的な分業システムとして成立しており、「中核」「周辺」「半周辺」の三地域に機能が分化している。「中核」は西ヨーロッパで、自由な賃金労働を主体として資本主義的な経済を発展させ、「周辺」と「半周辺」を統合しながら、そのスケールを時代とともに地球的規模まで広げてゆく。「周辺」は西インド諸島や南北アメリカ大陸である。そこでは強制労働や奴隷制が支配的に見られる。これらの周辺部は主に奴隷制プランテーションによって砂糖、綿花、タバコ、コーヒー、米などの食料、嗜好品、工業原料を大量に生産し、「中核」諸国へ送り込む。「中核」諸国はきわめて不平等な交換制度を通じて、周辺部の経済的余剰を搾取する。これは支配と従属、中心と周縁の関係である。この関係を維持発展させるためには、生産に従事する低廉な労働力が周辺部に恒常的に確保される必要がある。

西インド諸島や南北アメリカ大陸では、奴隷労働が換金作物生産の基幹的な様式であった。したがって、インディオ（アメリカ先住民）の大量死を招いたスペイン領植民地のエンコミエンダ制（「信託」の意。主に征服時の功労者に対し、先住民への貢租賦役を課す権利と引き換えに、彼らを保護し、キリスト教徒に改宗させる義務を負わせるもの）への批判が高まり、先住民労働力が枯渇し始めると、新世界の外から労働力を移入する必要が生じた。解決の道はたった一つ、大西洋の彼方アフリカから奴隷を運ぶことだった。奴隷は現地で再生産する（つまり、女奴隷に子供を生み育てさせる）よりも、アフリカから運ぶ方がはるかに安くついたのである。

なお、「世界経済」の周辺に位置した西インド諸島、南北アメリカ大陸では、「中核」諸国との不平等な経済関係の中からでさえ、地主階級や商人層が浮上し、初期資本主義市場の発達が見られた。「周辺」に位置した北アメリカの北・中部植民地からも、「周辺」間の取引から利益を引き出す者が現れた。このほか奴隷貿易や対ヨーロッパ交易に直接に参加した商人がおり、彼らはかなりの資本を蓄えることができた。このように「周辺」に位置しながら「半周辺」へと経済的地位を上昇させた新興層の勢いが、アメリカの独立革命の準備につながったことは間違いない。

覇権を握る者は誰か

国土面積も人口規模も小さなポルトガルは世界に広がりすぎて、広大な海上帝国を維持するための艦隊や各地の商館の出費をまかなうことが難しくなった。そのうえ一五八〇年には、国王の没後、スペイン王軍の侵攻を受け、一六四〇年までスペインに併合されてしまった。

一方、一四九二年にジェノバのイタリア人コロンブスを雇って新大陸を「発見」していたスペインにも一六世紀中に衰退の兆しが見られた（無敵艦隊がドーバーの海戦でイギリス海軍に敗れたのは一五八八年だった）。スペイン没落の理由としては、強力な国家機構を欠いていたことが考えられる。ヨーマン（独立自営農民）は弱体で、見るべき工業もなく、外国人（ジェノバ人など）の金貸業者が金融業を支配していた。新世界への移民、そして一六世紀後半に起きた飢饉と疫病のために人口が減少した。このような状勢下で、新興ブルジョアジーは危険な海上事業よりも確実な土地投資を選んだ。一言でいえば、この時期には「世界経済」が支配層の利益に結びつくとは考えられなかったのである。

ポルトガルとスペインの没落とは対照的に、イギリス、オランダ、フランス、デンマークが一六〇〇年から一六一〇年の間に、それぞれの東インド会社を設立した。なかでもオランダは、一六四一年から四八年の間に、コンゴ王国のルアンダとベンゲラをポルトガル人から奪ったほか、一六五二年にはオランダ東インド会社のファン・リーベック以下約八〇名をケープに上陸させ、そこに食料供給基地を開いた（その後の発展については、第一二章参照）。

オランダが台頭した理由としては、バルト海貿易（木材、穀物が中心）を掌握し、海運業を発達させ、それが技術革新と結びついたことが考えられる。一六二一年に設立されたオランダ西インド会社は政府から奴隷貿易の独占権を得て、やがて大西洋奴隷貿易でポルトガルを凌ぐ勢いとなった。よく知られるように、それより二年前に二〇人のアフリカ人奴隷をイギリス領バージニアへ運んだのはオランダ商人であった（おそらく、ポルトガルかスペインの奴隷船から略奪したものと思われる）。オランダ西インド会社がブラジル北東部に植民地を獲得した一六三〇年以降、砂糖プランテーション経営のために奴隷労働力が急増した。オランダ人によるエルミナ城の奪取（一六三七年）や、ルアンダやベンゲラなど交易拠点の占領は、このような背景で生じたものである。

一六世紀後半にはヨーロッパ世界経済が再編され、その中心は「セビーリャからアムステルダムへ」(ウォーラーステイン)移行していたが、オランダの覇権は短命だった。オランダは国内市場が弱体なうえ、イギリスの航海法によって世界市場から締め出され、一七世紀後半に起きた三次におよぶ対英戦争(一六五二～五四、六五～六七、七二～七四年)で疲弊していた。

フランスは、一七世紀前半にカリブ海のグァドループ島、マルチニック島、のちにはハイチ島などを植民地化し、これらの地に砂糖プランテーションを経営した。一六六四年にフランス西インド会社が設立されてからは、大西洋奴隷貿易におけるオランダの覇権に挑戦し始めた。フランス本国ではナントが奴隷貿易港として栄え、セネガルのゴレ島が積出し港として脚光を浴びた。なお、フランスは一六四二年にイル・ド・ブルボン(レユニオン)に、一七一五年にイル・ド・フランス(モーリシャス)に交易基地を建設している。

それではイギリスはどうであったのだろうか。早くも一五六二年、イギリス人船長ジョン・ホーキンズが軍事的援助と引き換えにシエラレオネの王たちからもらい受けた多数の捕虜を奴隷にかえて、大西洋の彼方へ売り飛ばしたことはよく知られていよう。それから一〇〇年後の一六六〇年、王立アフリカ企業会社が設立され、奴隷貿易を独占した。その後身が王立アフリカ会社で、一六七二年に発足し、東インド会社と並ぶ最大の奴隷貿易会社に成長、南アメリカ大陸最東端のブランコ岬から喜望峰までの貿易を独占した。奴隷の主な輸出先はバルバドスを含む西インド諸島で、主な積出し港としてゴールドコーストのケープコースト城砦が知られた。貿易活動が自由になった一六九八年以後、自由貿易商人やもぐり商人が多数の奴隷を送り出した。

パクス・ブリタニカ(Pax Britannica)

一八世紀にはスペイン継承戦争の交戦国との間に結ばれた一連の講和条約（ユトレヒト条約、一七一三年）により、海上支配におけるイギリスの優位が決定づけられた。この時期に奴隷貿易を主導したのはイギリス商人で、ロンドン、ブリストル、リバプールなどがその順に奴隷貿易港として賑わった。一八世紀末には、リバプール所属の船の約四分の一がアフリカ貿易に従事していたという。また、その当時、バーミンガムは西アフリカ交易だけのために年間一〇万丁の鉄砲を製造していた。

イギリスの年平均奴隷輸出数は、一七世紀末には約五三〇〇人、一八世紀中頃にはそれの約五倍、同世紀末には約八倍とはねあがった。この時期、ヨーロッパ各国商人のうちイギリス商人が五〇パーセント以上の奴隷を運んでいたことになる。

奴隷貿易の最盛期に、イギリスは産業革命を経験した。強力な国家体制のもとで多数の商人、海運業者、各種職人、植民地のプランテーション経営者が緊密なネットワークを形成した。これとともにイギリスを奴隷貿易首位の座に押しあげた要因の一つとして、西アフリカ全域で需要の高かったインド産綿織物の供給能力があげられる。さらに、紡績機の開発・改良があり、一八二〇年ごろからはイギリス産綿織物工業が発展し、インド産綿織物を圧倒し始めた。リバプールの後背地に位置したマンチェスターが綿工業地としてのしあがった。北アメリカの南部農園で、奴隷による原綿栽培が盛んに行われたことはよく知られるが、このことは植民地の富と労働がイギリス産業発展の強固な礎となったことを雄弁に物語っている。

こうしてイギリスは、一八世紀の間に西インド、北アメリカ、カナダなどを含む重商主義帝国を築いた。一九世紀になると、イギリスはアフリカ、インドネシア、オーストラリア、西インドに広がる広大な植民地を獲得し、「パクス・ブリタニカ」（イギリス支配による平和）を誇ることになる。

西ヨーロッパ諸国は一九世紀初めにほぼ足並みをそろえて奴隷貿易を廃止し、奴隷制度も、イギリス植民地では一八三四年、フランス植民地では一八四八年に禁止された。

近代の光と闇

一六世紀に出現した近代世界システムは、その後の資本主義経済の発展にともない、一九世紀後半には大西洋の両岸はもちろん、アジアとアフリカを含む地球的規模にまで膨張した。これにより、サハラ砂漠やインド洋を舞台として、それ以前から成立していた地域システムは破壊されてしまった。アフリカは奴隷市場としてよりも、先進ヨーロッパ諸国への原料供給地、その製品市場としての役割を求められることになった。

パン・アフリカニズムの父W・E・B・デュボイスが「奴隷制と奴隷貿易は植民地帝国主義のために廃止された」と述べているが、これは理由のないことではなかったのである。近代世界システムの行き着くところが、アジア、アフリカ、ラテンアメリカに展開した西欧による植民地支配、帝国主義的進出であったことは、その後の歴史が証明している。

こうした西欧中心の世界史の展開を反映して、一般に非ヨーロッパ地域の歴史叙述において「近代化」＝「西欧化」＝「植民地化」という図式が定着してしまっている。また、この図式をベースにした「植民地化」の功罪についての論議も盛んである。だが、この種の論議の正当性は相当に怪しいと言わなければならない。近年に至って、「植民地経験」「植民地近代性」といったコンセプトが歴史研究に持ち込まれたが、その実態の究明と合わせて、むしろもっと大切なことは、その実態の超克、つまり「近代」をどう「非植民地化」するかといったことであろう。本書が標榜するニューヒストリーの立場からは、これまで普遍的価値を付与されてきた「西欧の近代」をより相対化した「自己の近代」、ここでは「アフリカ独自の近代」創出の過程を問う作業が課題として確認される必要があるだろう。

〈宮本正興〉

第Ⅳ部

ヨーロッパ近代とアフリカ

セシル・ローズ

ルガード卿

レオポルド二世

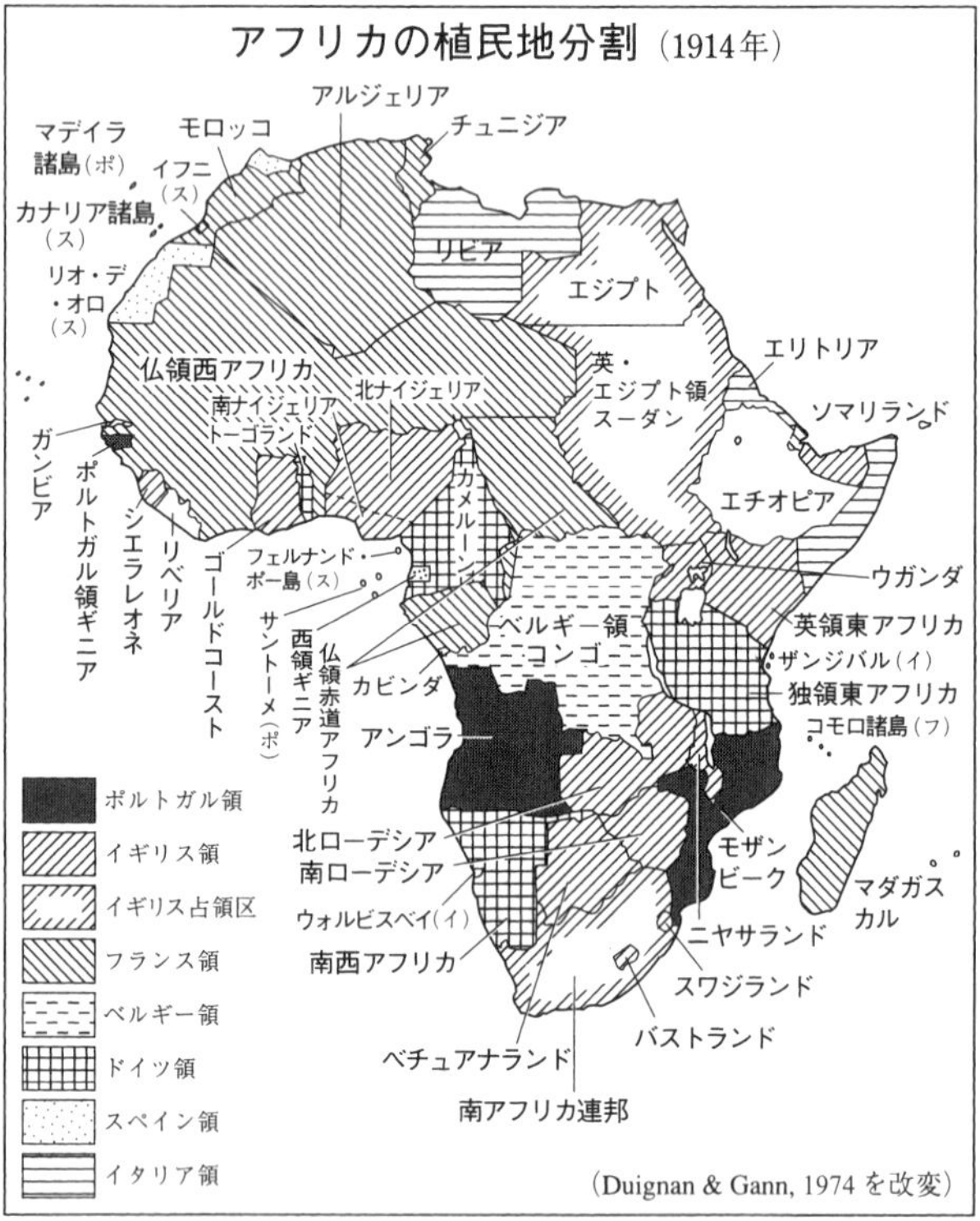
アフリカの植民地分割（1914年）
アルジェリア
チュニジア
マデイラ諸島（ポ）
モロッコ
イフニ（ス）
カナリア諸島（ス）
リビア
エジプト
リオ・デ・オロ（ス）
エリトリア
仏領西アフリカ
英・エジプト領スーダン
北ナイジェリア
南ナイジェリア
トーゴランド
ソマリランド
ガンビア
ポルトガル領ギニア
シエラレオネ
リベリア
ゴールドコースト
カメルーン
エチオピア
フェルナンド・ポー島（ス）
ウガンダ
サントーメ（ポ）
西領ギニア
仏領赤道アフリカ
ベルギー領コンゴ
英領東アフリカ
ザンジバル（イ）
カビンダ
独領東アフリカ
コモロ諸島（フ）
アンゴラ
ポルトガル領
イギリス領
イギリス占領区
フランス領
ベルギー領
ドイツ領
スペイン領
イタリア領
北ローデシア
南ローデシア
ウォルビスベイ（イ）
南西アフリカ
モザンビーク
マダガスカル
ニヤサランド
スワジランド
バストランド
ベチュアナランド
南アフリカ連邦
（Duignan & Gann, 1974 を改変）

第一〇章　ヨーロッパの来襲

1——植民地支配の始まり

野蛮の発明

これまで、アフリカ史の展開を、地域形成と外世界交渉に焦点をあわせて概観してきた。それはまさに自律的な発展過程と呼びうるものであった。ここで自律的というのは、歴史形成のイニシアチブが、ほかでもないアフリカ人自身の手にあるという意味である。「停滞的で閉鎖的な部族社会」と言われてきたこの時代のアフリカが、実は壮大でダイナミックな地域ネットワークと民族複合文化を形成してきたことを私たちは見てきた。ヨーロッパと接触する以前のアフリカ社会には、さまざまな民族と多彩な王国が興亡し、強靭で広汎な商業ネットワークが成立していた。もちろん政治・経済上の利害や野心が衝突し、多くの争いや対立を生み出したが、重要なことは、こうした交渉や対立は常に対等、平等の立場でなされたということだ。そこには、滅ぼす側が滅ぼされる側に容易に転換するという世界の共有があった。

しかし、一五世紀末に始まり、今日に至るまで五〇〇年以上続いている大西洋を隔てた大陸間交渉では、アフリカは常に弱者と敗者の側に立たされてきた。両者の立場は、相互転換が可能な対等なものではなかった。奴隷貿易以降、ヨーロッパが主導する近代世界システムにからめとられたアフリカは、人、モノ、そしてココロをヨーロッパの帝国主義と植民地主義によって一方的に蹂躙《じゅうりん》され、深い傷を負わされたのである。さらに言うなら、この誰が見ても明らかな「人道に対する重大な罪」に対して、これまで加害者であるヨーロッパが被害者であるアフリカに「謝罪」を表明したことはない。ましてや「被害の補償」などはされていない。二〇〇一年に南アフリカのダーバンで開催された国連の「反人種主義国際会議」においてこの点が議論されたものの、「謝罪」と「補償」の合意には至らなかった。

現代世界の精神と制度の基礎を形作った、人類史に燦然《さんぜん》と輝く理性と啓蒙の一八世紀は、人類史上最悪の奴隷売買の世紀だった。アフリカはヨーロッパにとって、新大陸や欧州に奴隷を供給する源であり続けた。セネガルからアンゴラまでの五〇〇〇キロメートルに及ぶ海岸沿いに点々と築かれた積出し港から、膨大な数の奴隷が送り出された。その数は一八世紀だけで五六〇万人を優に超えると推定されている。

一八世紀のイングランド社会には、アフリカ人奴隷の存在が色濃く刻印されていた。黒人の奴隷は公然と競《せ》りにかけられ売買されていたし、上流婦人が黒人少年を愛玩用の子猫と同じように「飼育」することも珍しいことではなかった。またこの時代は、ヨーロッパに紅茶やコーヒーが嗜好品として定着する時代でもあった。ロンドンのティーハウスやパリのカフェで議論を戦わせたのは、ロスチャイルドら新興の資本家階層でありロベスピエールら市民革命派の面々であった。彼ら市民層が愛飲する紅茶やコーヒーの消費は急増した。その結果、砂糖の需要も膨張していった。そしてその砂糖を生産するために、アメリカ大陸やカリブ諸島はアフリカ人奴隷をいっそう必要としたのである。

自由と平等を求めるヨーロッパの市民社会は、不自由で不平等なアフリカ人奴隷を必要としていた。この一見、相矛盾する現実を解決するために、アフリカ人を文明から徹底的に遠ざける言説が意図的に作り出された。アフリカ人は自分たちと同じ人間ではない、とすれば支配も差別も正当化できるというわけだ。アフリカ＝野蛮の言説は、このとき発明されたと言ってよい。

一七世紀から一八世紀にかけてアフリカに滞在したヨーロッパ人の残した書物は、この人種差別の言説を繰り返し反復することによって、市民社会の常識として育て上げるのに貢献した。著者はたいてい奴隷商人か奴隷船護衛の海軍将校であった。たとえば、イギリスのアフリカ貿易を独占した王立アフリカ会社の外科医、ジェイムズ・フートソンもその一人だ。彼は、一七二二年にシエラレオネを訪れた際の黒人の印象を、次の一言でまとめている。「黒人の習慣は同じこの地で仲よく暮らしている生き物にそっくりである。つまり猿だ」。

こうしたアフリカ滞在者のレポートは、さらに哲学者や生物学者の手によって学問的に仕立てられ、人種主義が似非《えせ》科学として成立する。近代植物学の先駆者カルル・リンネは、一七三五年の『自然の体系』の中で、人類をホモ・サピエンス（知恵をもつヒト）とホモ・モンストロスス（怪異なヒト）の二種に区分し、アフリカ人ら「原始的な人間」を後者に分類した。この成果を受けて、『国富論』のアダム・スミスや『人間本性論』のデイビッド・ヒューム、あるいは革命的な自由主義者であり、アメリカ独立宣言を起草したトマス・ジェファーソンといった啓蒙時代を牽引した錚々《そうそう》たる知識人や政治家たちが、アフリカ＝野蛮観に思想的な仕上げをほどこした。たとえばジェファーソンは『バージニア覚書（一七八五年）』のなかで黒人の人種的劣等性を強調し、その劣等性ゆえに黒人は奴隷制を受容したのであり、アメリカ国民（白人）の責任ではないと述べた。これが啓蒙精神の本音だったのである。

探検家の時代

一九世紀に入ると、ヨーロッパのアフリカに対する接触の仕方は少しずつ変化してきた。それまでは、ヨーロッパ勢力が沿岸の拠点を確保するだけの関係だった。内陸からアフリカ人首長やアラブ人商人が狩り出してくる奴隷を積み込むことが、ヨーロッパにとってアフリカとの関係のすべてだったからである。一七九〇年には、西アフリカの沿岸地域だけで二万人を超えるヨーロッパ人が住んでいた。

変化はまず奴隷貿易廃止の動きとして現れた。イギリスでは一八〇七年に奴隷貿易が法律で禁止され、続いて一八一五年までのあいだに、アメリカ、オランダ、フランスが相次いでこれにならった。イギリスは貿易を禁止するだけでなく、強大な海軍力を駆使して洋上パトロールを行い奴隷船を拿捕した。保護した奴隷は、インドのゴアなどでキリスト教に改宗させて、解放奴隷としてアフリカへと戻した。彼らが造った町がフリータウン（自由の町）という名称の人工都市だった。現在のシエラレオネの首都をはじめ、アフリカにはこのとき無数のフリータウンが出現した。

奴隷貿易の推進から実力阻止へと、なぜ列強は立場を百八十度変えたのだろうか。ヨーロッパ人が突然、人道主義に目覚めたわけではないはずである。なぜなら一九世紀のヨーロッパは、アフリカ人を劣等視する人種主義を体系的に完成させているからだ。『人種不平等論』を著したフランスの人類学者ゴビノーは、アフリカ人の劣等性を直截《ちょくせつ》にこう語る。「黒色人種は最低であり、人種序列の階段の下に立っている。受胎したときから、動物的な特徴がニグロに刻印され、その知能は常にきわめて狭い枠の中から出ることはないだろう」。こうした人種偏見は、ヘーゲルやスペンサーといった高名な学者の著作によって高邁《こうまい》な科学へとまつり上げられていった。

となると立場の変化は、他の要因に求めなくてはならない。その一つとして考えられるのが、当時のヨーロッパが経験した産業資本主義に向かうマクロな社会変化である。新しいシステムでは、人格を丸ごと拘束する不自由な労働力としての奴隷はもはや時代遅れの存在となった。代わりに、自らの意思で労働力を商品として切り売りする「自由な」賃金労働者が、新時代にとって都合のよい人間像となった。さらに、原料を輸入し、製品を売りつける市場としてアフリカを見る新たな眼差しも生まれた。

このような時代精神を背景にして登場したのが、一九世紀のアフリカ探検家たちであった。彼らは沿岸部の拠点から、続々と内陸へと向かった。初期の探検は大河の源流を求めて行われることが多かった。ニジェール川流域についてはイギリス人マンゴ・パーク、コンゴ川の本支流は、アメリカ人スタンリーやイギリス人カメロン、フランス人ド・ブラザらが探査を試みた。ザンベジ川はイギリスのリビングストン、そしてナイル川はイギリス人のバートンやスピークらの手によって踏査された。

　こうした探検には多額の費用が必要だった。探検家たちは、一七八八年にロンドンに設立された「アフリカ内陸発見促進協会」や、キリスト教の伝道団体、さらには新聞社、王族、各国政府をスポンサーにして出かけて行った。探検隊はヨーロッパ人の主隊員の他に、護衛、ポーター、通訳、案内人として大勢のアフリカ人が参加した。彼らの死亡率はかなり高率（二五～五〇パーセント）であった。また探検家は内陸で数多くの地理上の「発見」をした。しかも忘れてはならないのは、そこにもアフリカ人は暮らしていたという当たり前の事実である。たとえばリビングストンは、地元の人々が「ムシ・オ・トゥーニャ（とどろく水煙）」と呼ぶ巨大な滝を「発見」し、恭《うやうや》しく大英帝国の女王の名を冠してビクトリア滝と命名した。

　探検家一人一人のプロフィールを見ると、そこには新鮮な文明批判や旺盛な知的好奇心をもった魅力的な個性がある。しかし彼らの存在は、一九世紀のヨーロッパを特徴づける近代国民国家の成立と膨張の自己運動によって規定されていた。彼らの動機は五つのCによってまとめられる。すなわち、好奇心（Curiosity）、文明化（Civilization）、キリスト教化

(Christianization)、商業(Commerce)、そして最後に植民地化(Colonization)である。

アフリカの争奪戦

奴隷貿易の取締りが強化されると、アフリカ各地で合法交易の名のもとに物の移動が活発になった。もっとも、イギリス艦隊の目を盗んで、奴隷貿易は依然として続いた。南大西洋ルートでブラジルへ、あるいはエチオピアからの陸地ルートで紅海を経てアラビア半島へと奴隷は運ばれたのだ。一九世紀に入って売買された奴隷の数は、二三〇万人にも及ぶ。さらに、輸出できなくなった奴隷を使って、かつての積出し港ザンジバルでは、クローブ(スパイスの一種。丁字)やゴムの大プランテーションが成立した。ただし全体としてみれば、奴隷の商品価値はすでに低下していた。一七八〇年には四〇ドルだった奴隷一人の価格は、一八二〇年にはわずか二〇ドルにまで下落している。

奴隷に代わる商品として人気を集めたのは象牙だった。とりわけ大消費地インドでの需要急増にともない、象牙の価格は一八二二年から五〇年間で四倍にはねあがった。この時代、銃器の普及で危険なく象狩りができるようになったこともあって、象牙はアフリカ貿易の柱となった。

しかしヨーロッパにおける産業革命の進展は、アフリカにより大きな富の可能性を求め始めた。奴隷でも象牙でもない商品を要求したのである。ニジェール川のデルタ地方では、それはアブラヤシであり、セネガンビア地方では落花生であった。これらの作物からとれる油は、文字どおり産業革命の潤滑油として重宝された。列車の車輪の動きを最も円滑に制御できる機械油として、あるいは石鹸やロウソク、マーガリンの原料として、ヤシ油やピーナッツ油は引っ張りだこの人気商品となった。一八一〇年には一〇〇〇トンだったアブラヤシの輸出高は、一八五五年には四万トンを超えた。

こうした状況を見たヨーロッパ列強は、沿岸部の拠点の確保だけではもはや満足しなくなった。内陸に押し入り領土を切り取ることを欲し始めたのである。その露払いが探検家であり、キリスト教の宣教師であった。彼らは内陸の町や村で、首長や長老に出会うとスポンサーの国旗を渡し、ガラス玉や金属器をプレゼントして保護を約束した。するとその地域は、もうその国の勢力圏ということになるのである。たとえばベルギーのレオポルド二世をスポンサーにもつスタンリーは、一八七九年からのコンゴ川探検で四〇の基地を築き、四〇〇余りの条約を土地の首長と結んだ。その結果、コンゴ全域はレオポルド二世の勢力圏となり、王の私領「コンゴ自由国」の成立を導いた(第一一章4節参照)。

切り取り放題の状態を憂慮した列強は、秩序だったアフリカ争奪のための会議を開いた。それが一八八四年一一月から翌年二月まで続くベルリン会議である。会議にはアフリカの領土を欲望する一三の国が参加した（レオポルド二世の私的利害を代表するコンゴ国際協会もオブザーバーとして参加）。一三の国とは、イギリス、ドイツ、フランス、イタリア、アメリカ、ロシア、オランダ、オーストリア＝ハンガリー、スペイン、ポルトガル、スウェーデン＝ノルウェー、オスマン・トルコ、それにベルギーであった。会議はもともとコンゴ地域における、列強の領土分捕り合戦の調停を意図してドイツの宰相・ビスマルクが呼びかけた。レオポルド二世のロビー活動の成果もあって、列強はコンゴ自由国の権益を承認するとともに、コンゴ川の自由航行権とコンゴ盆地の自由貿易地域化を図った。それとともに、紛争の種であったニジェール川についても自由航行が認められた。

ベルリン会議では、アフリカ争奪のための二大基本原則が合意される。それは勢力範囲の原則と実効支配の原則である。前者は、沿岸部の占領が自動的に後背地の所有権を生み出すという勝手なものだ。また他国の権益のない場所を新たに勢力圏に入れるには、列強に通告しさえすればよいことになった。後者の原則は、勢力下に置いた地域では他国の権益（通商、航行）を保護できる実体的権力を打ち立てなければならないというものである。

アフリカ人の存在を見事に無視したこの合意について、ケニア人の歴史家オゴットはこう述べている。「一大陸の国家がより集まって、他の大陸の分割と占領について、これほど図々しく語ることが正当化されると考えたというのは、世界史に先例がない」。

2——武力征服の時代

機関銃対弓矢の戦争

一八八〇年から一九一〇年までは、アフリカにとっては侵略と屈服の歴史的激動の時代だった。このわずか三〇年の間に、広大なアフリカ大陸は、ヨーロッパ列強によって迅速かつスムーズに分割され征服された。なぜこのような短期間に広大な領土の占領が可能だったのだろうか。なぜアフリカ人は侵入者を食い止められなかったのだろうか。

まずはヨーロッパ側の事情に目を向けよう。当時のヨーロッパは産業革命による社会構造のドラスティックなリストラが進行中だった。たとえば新たなエネルギーとして登場した電気は、市民生活の光景を一変させた。電灯や電車の登場によって、導線としての銅の需要は飛躍的に伸びた。そのため北ローデシア（現ザンビア）の大銅山地帯は列強の垂涎《すいぜん》の的となった。この過剰な生産力と余剰の資本は、原料の供給と製品の市場のために、新たな領土をアフリカに求めるようになった。

アフリカ人の側にも敗北の理由があった。彼らはヨーロッパの侵略に対して、連合して戦うことができなかった。アフリカ人陣営は相互に激しく対立していた。彼らの中には、相手に対抗するためにヨーロッパと同盟を結ぶ者さえあったが、結果的に各個撃破されていくことになる。

ヨーロッパによるアフリカ征服の方法は、判で押したようにワンパターンなものだった。それは、土地の首長に対して政治権力の保護と引き換えに主権の譲渡を迫るというものだ。そして言うことを聞かぬ場合は、征伐してしまうと脅したのである。列強は、ブガンダ（ガンダ人の集合体をバガンダ、ガンダ語をルガンダ、王国をブガンダ、そして王国と周辺地域をあわせた領域をウガンダと言う）、エチオピア、アシャンティ（現ガーナ）、モシ（現ブルキナファソ）、マタベレランド（現ジンバブエ）、マダガスカルなどアフリカ各地の王から、アメとムチを使って主権を簒奪しようとした。王はときには甘言にのって自己の政治権力を拡張しながらも、ときには列強の思惑を拒否して行動した。

たとえばブルキナファソのモシ王ウェボゴは、フランスの要請を拒否して「私の国は白人など必要としない」と宣言した。エチオピア王メネリク二世も、「遠くの列強がアフリカの分割を考えているとしたら、私はこれを傍観するつもりはない」とビクトリア女王に手紙を書いた。こうした拒絶に対するヨーロッパの回答は、徹底した軍事懲罰であった。一八八〇年代から二〇世紀が始まるまでに、多くの地域が武力で制圧され占領された。

東アフリカではガンダ王国がまず最初の犠牲者となった。王都が破壊し尽くされたメンゴの戦いの後、一八九四年にガンダ王国はイギリスの保護領とされたのである（第一二章1節参照）。抵抗したムワンガ王は五年後にインド洋のセイシェル島に流された。西アフリカ、ゴールドコースト（現ガーナ）のアシャンティ王国も、一八七四年、ウルズリー将軍指揮下のイギリス軍と徹底抗戦の末敗退し、王都クマシは掠奪された。その際イギリスは金五万オンスを賠償金として請求し、未納を理由に再度討伐を開始した。一八九六年ついにプレンペー一世は降伏し、アシャンティはイギリスの保護領となった。にもかかわらず王はセイシェル島へ流刑に処せられた（第一三章4節参照）。同様のことがフランス勢力圏の西アフリカでも、より暴力的に起こっていた。一八八九年、ダホメー（現ベナン）の属国のポルトノボにフランスは一方的に軍隊を送り保護領とした。フランスはダホメー王ベハンジンに年二万フランを支払うと約束しながら、一八九二年、王を一方的に攻めた。王は多数の死傷者を残して北へ逃げたが一八九四年に逮捕され、ダホメー全域はフランスのものとなった。

こうしたヨーロッパの圧勝を導いたのは、彼らのハイテク武器であった。とりわけマキシム砲やガットリング砲といった連射式重機関銃は、桁外《けたはず》れの威力を発揮した。ダホメー戦役において、王側の死傷者は五〇〇〇人を超えたのに対して、フランス軍の死傷者はわずかに七七人を数えたにすぎない。弓矢と槍、それに少数の単発式ライフルは、機関銃の敵ではなかったのだ。また特効薬キニーネの発見は、マラリアによるヨーロッパ人の死者を激減させた。一八四一年のイギリスのニジェール探検の際の死者は総隊員の二八パーセントであったのに対して、一八七四年のアシャンティ戦役の際の病死者は二パーセントにすぎなかった。ヨーロッパの科学技術はアフリカ侵略の立役者の一人だったのである。

この征服の時代のヨーロッパ側の主人公は、国王から統治権を与えられた特許会社である。彼らはキャラバンを組んで内陸を踏査し、首長に出会うたびに保護条約を結んでいった。イギリスだけでも王立ニジェール会社（一八八五～一九〇〇年）、南アフリカ会社（一八八九～一九二三年）、東アフリカ会社（一八八八～九三年）といった巨大な特許会社が生まれていた。これらは、本国の貴族やブルジョアジーから資本を集め、王の勅許状を得てつくられた国策会社であり、徴税権と軍隊をもった一個の独立政府のような存在だった。

たとえばセシル・ローズが一八八九年につくったイギリス南アフリカ会社の場合、リンポポ川とザンベジ川の間の開発と統治の全権限をもっていた。保守党の貴族ソールズベリーなどをスポンサーにして、一〇〇万ポンドの資金を集めると、ローズはすぐにマショナランドに遠征隊を派遣した。遠征隊員を確保するために、隊員一人あたり三〇〇〇エーカーの土地と一五の金鉱区割りが約束された。つまりアフリカ人の土地を切り取り放題として、人を集めたのである。フランスの特許会社も同様だ。仏領赤道アフリカ（現チャド、中央アフリカ、コンゴ〔ブラザビル〕、ガボン）では、租借地をフランス政府からもらい受け、その地域内で鉱物資源以外のすべてのものを開発できる権限が与えられた。このような特許会社は四〇社以上が設立され、期限三〇年で六六・五万平方キロメートルという広大な土地の租借が行われた。

しかし一部を除いて特許会社は儲からなかった。象牙以外に主力商品のないイギリス東アフリカ会社では、設立以来、巨額の赤字に四苦八苦していた。経営陣は早々と将来に見切りをつけて、イギリス政府に会社買い取りを嘆願した。政府は財政難を理由にそれをしぶったが、キリスト教伝道団体などからの圧力もあり、結局、会社の株を引き取ることになった。こうして、ヨーロッパの国家による本格的な植民地支配の道が開かれたのである（第一二章1・2節参照）。

植民地支配の思想と方法

ヨーロッパの列強がアフリカの植民地支配に乗り出した当初、彼らは体系的な支配の哲学も経営ノウハウも有していなかった。ただ他の列強の勢力を排除して、金、銅、棉といった産品を奪い取るという直接的な欲望だけがあった。この欲望を覆い隠したのが、遅れた未開人に文明の恩恵を施すという「文明の伝道」精神であった。唯一優れたヨーロッパの制度や価値、宗教や知識をアフリカ人に分け与えることは、文明人の崇高な使命だとされた。この精神に従って、多くのキリスト教伝道団が各地に入り込んだ。彼らは、伝統的支配者の改宗を試みたり、下層民や障害者など社会の周縁に追いやられた人々の間で信者を増やしていった。

しかしこの「文明の伝道」論者は、二〇世紀に入るとすぐに、よりストレートな人種主義者たちからの批判にさらされるようになる。アフリカ人はいつまでたっても(白人の)優れた文明を理解も受容もしないではないか、という苛立《いらだ》ちが出てきたのだ。彼らの批判は明快だった。「劣っているものは進歩のしようがなく、アフリカ人は永久に一人では何もできない子供のまま」だというのである。

そこで考案された支配哲学が委任論であり、その代表がイギリスの植民地行政官ルガードの「二重の委任」論である。何もできないアフリカのために、そして世界全体のために、ヨーロッパはアフリカを発展させることを委任されているというのが、二重の委任論の中味だ。二重の委任論の前提は「原住民利益最優先」の原則であり、そのための最も合理的な方法が「間接統治」と呼ばれる植民地統治の技法であった(第一一章2節参照)。被征服民の社会・政治制度を保存するのみならず、それらを操作し管理しながら人々を間接的に支配するという統治技法は、フランスの植民地においても「協力政策」の名のもとに採用され実施された。

もっとも間接統治の技法は合理的に考え出されたというよりも、それ以外に選択肢がない中で作られた苦肉の策であった。というのは広大なアフリカ植民地を、ごく少数のヨーロッパ人行政官によって安上がりに支配しようとすれば、間接統治以外の方法はない。一九三〇年代までにイギリスが用意したアフリカのための白人植民地行政官はわずか一〇〇〇人、フランス領赤道アフリカでは二〇〇人、ルワンダ・ブルンジにいたっては五〇人もいなかった。そこでアフリカ人を「文明化」する無駄な試みは棄てて、彼らを手つかずの「未開状態」のままにして支配する植民地戦略が採用されたのである。

こうしたヨーロッパによる植民地統治の根幹は、アフリカ人から税を搾《しぼ》り取り労働力を強制的に調達することにあった。植民地政府は白人入植者には税金を課さなかった。代わりに植民地財政の財源として、アフリカ人から様々な税を徴収した。中でも小屋税と人頭税は、貨幣経済を植民地のすみずみまで浸透させ、村人を出稼ぎ賃労働へと向かわせる最大の要因となった。他にも「コンゴ自由国」における採集税（野生ゴムの採集をアフリカ人に義務づけた。367ページ参照）など抑圧的な税制度は独立寸前まで続いた。また税金を徴収する過程で、強力な行政網も形成された。ドイツ領東アフリカにおけるその種の徴税官は、スワヒリ語でアキダと呼ばれ、目に見える国家の暴力装置となった。

間接統治によって、植民地の治安が維持され財政が整備され労働力が確保されると、ヨーロッパはこれらの条件をフルに活用して、母国の産業資本主義の発展を図った。産業革命に必要な商品の生産と輸出である。二〇世紀初頭までに、綿花、コーヒー、カカオ、落花生などの換金作物や鉱物が開発されるようになった。

だがこうした商品は、アフリカ人の労働抜きには生産されないものだった。そしてアフリカ人が自ら進んで鉱山やプランテーションで賃金労働をする必要性はなかった。そこで生まれたのが強制労働、強制栽培である。たとえば仏領赤道アフリカのウバンギシャリ地方（現中央アフリカ）では、フランス植民地政府によって、輸出用の棉の栽培が強制された。一九五〇年代になってさえ、各農民は一エーカーの棉の作付を義務づけられていた。しかしこの地方の棉の競争力は低かった。なぜならウバンギ川、コンゴ川の水運、鉄道、船を使って、はるばるフランスまで運ぶコストが高すぎるからだ。そのために生産者価格は極端に低く設定された。

アフリカ各地に今日はりめぐらされた鉄道網は、この時代、ヨーロッパ向けの商品作物を運ぶコストを下げることを目的にして建設されたものが多い。ダカール―サンルイ間（セネガル）やラゴス―カノ間（ナイジェリア）の鉄道は落花生鉄道と呼ばれた（それぞれ一八八五年、一九一〇年に完成）。さらにモンバサ―キスム間の綿花鉄道（ケニア、一九〇一年完成）や低地コンゴ─カタンガ間の銅鉄道（コンゴ、一九一四年完成）などがそれにあたる。これらの鉄道のおかげで、生産と輸出は飛躍的に拡大した。鉄道はアフリカをヨーロッパの欲望にストレートに結びつけたのである。こうしてアフリカはヨーロッパによる植民地支配の時代を迎えることになった。

3──リベリアとエチオピア

解放奴隷の国リベリア

このヨーロッパによるアフリカ争奪戦の中で、かろうじて独立を維持した国が二つある。それが西アフリカのリベリア共和国と、北東アフリカのエチオピア王国であった。しかしながら植民地化を防いだといっても、内実はヨーロッパ勢力の露骨な干渉と侵略を受けながらの苦しい闘いの連続であった。アメリカ系アフリカ人の植民地として出発し、アメリカの保護のもとで主権を維持したリベリア、古い王国の歴史をもち、列強を相互に牽制させながら軍事力を行使して独立を守ったエチオピアと、二つの国は異なった道を選択することによって、激しい植民地化の攻撃から身を守ることができた。アフリカでは例外に近い両者の経験を、簡単に見ておくことにしよう。

リベリアがアメリカからの解放奴隷によって建国されたのは、一八四七年であった。アメリカ植民協会が解放奴隷と奴隷船から救出した奪還奴隷を、大西洋岸の港町モンロビアに入植させたのは、これからさらに二五年もさかのぼった一八二二年のことであった。以来、アメリカから移住してきた元奴隷の数は二万人にものぼった。敬虔なキリスト教徒であり英語を自由に操り、アメリカ式の生活スタイルと価値観を身につけた彼らは、リベリアの新たな支配層を形成した。この新たな支配層は、混血入植者を支持基盤とする共和党と黒人入植者が支持する真正ホイッグ党に分かれて、激しく利権を争った。

元奴隷の大量の送り込みは、元からそこに住んでいたアフリカ人にとっては形を変えた植民地支配であった。大西洋岸のバイ人、グレボ人、クル人、内陸部のクペレ人、キッシ人、マンディンゴ人といった土着の人々は、アメリカからの解放奴隷から「部族民」「アボリジニ」と呼ばれて蔑視された。もともとの住民の社会は、年齢階梯制に基づく長老支配や、ポロ（男子用）、サンデ（女子用）といった秘密結社を核としながら独自の展開を遂げていた。それに対してアメリカ系アフリカ人のリベリア政府は、まず平定のための軍隊を送り、続いて弁務官を派遣して支配下に置こうとした。この地域の主食の一つであるコメなどの食料の強制供出（これは一九六〇年代まで続いた）、人頭税の徴収、私有農園での強制労働といった圧政に抗して、数多くの反乱が起こった。とくに一九一〇年代は、クル人、グレボ人の大規模な武装抵抗が頻発し、リベリア政府はアメリカ艦隊の援助を受けてようやく鎮圧した。

内に対しては強圧的だったリベリア政府だが、ヨーロッパの列強からは次々に武力干渉を受けていた。一八八二年にはイギリスによってバイ人首長領の大半が、シエラレオネ植民地に併合された。フランスもリベリア南東部の広範な領土を奪い取っていった。そうした国際関係の中でリベリアが頼みにしたのがアメリカであった。一九二六年にはアメリカのタイヤ会社ファイアストン社に九九年間の期限付きで一〇〇万エーカーのゴム農園用の森林を貸し与え、多くの「アボリジニ」を労働者として強制的に送り込んだ。これ以降ファイアストン社とアメリカは、リベリア経済の運営に直接関与することになった。さらに一九四二年になると、アメリカとの間に防衛条約を締結し、アメリカに軍事基地を提供した。

こうしたアメリカ系アフリカ人による国家運営に対して、もともとの住民のアフリカ人の不満は限界に達した。一九七九年四月、政府の一方的な米価値上げに抗議して、都市の行商人や学生が蜂起すると、警察が発砲し多数の死傷者を出した。この事件をきっかけにリベリア社会は混乱の度合を増し、一九八〇年にはクラーン人のサミュエル・ドウ曹長が率いる下士官を中心とした軍のクーデターが起きた。彼らはウィリアム・トルバート大統領をはじめとする旧支配層を大量に処刑して、アメリカ系アフリカ人の影響力を根絶させた。その後、国家元首に就任したドウ将軍も殺害され、いくつもの武装グループによる内戦（第一次内戦は一九八九年から一九九六年、第二次内戦が一九九九年から二〇〇三年）で、人口四〇〇万人のうち二〇万人以上の犠牲者がうまれた。二〇〇六年にはエレン・ジョンソン・サーリーフが選挙で選ばれたアフリカ初の女性大統領になり、二〇一二年には再選された。サーリーフは二〇一一年、非暴力の草の根抵抗運動「リベリア女性による平和のための大衆運動」を組織したリーマ・ロバータ・ボウィとともにノーベル平和賞を受賞している。

最古の王国エチオピアの経験

一九世紀に入っていきなり建国されたリベリアと異なり、エチオピアでは、ゴンダールを都とするキリスト教王国が連綿と続いていた。しかし王の権威は地に墜《お》ち、ショア、ゴジャム、ティグレといった各地の豪族（ラス）が、土地と人民を支配する独立国のように割拠していた。この一八世紀から一九世紀半ばまでの戦国時代を、「諸公侯時代（ザマナ・マサフェン）」と言う。これと同じ時期、ヨーロッパ列強はエチオピアを虎視眈々と狙っていた。東アジア、インド、イランとヨーロッパの結び目である紅海を支配するために、イギリス、フランス、イタリアがエチオピアに目を向けていたのである。

そのときタナ湖北辺の藩主であったカッサが、各地の豪族を平定して王国を再統一し、皇帝テオドロス二世として即位した（一八五五年）。テオドロス二世は、藩主を王の任命によるものとし、西洋式の常備軍創設、奴隷制の廃止、税制改革と矢継ぎ早の近代化政策を打ち出した。しかしヨーロッパ人の外交官や牧師を逮捕し人質にとったことから、イギリスと対立し、一八六八年、インド兵主体のイギリス軍との「マグダラの戦い」で大敗して自害してしまった。

この対英戦争でイギリスに協力したティグレの藩主が、テオドロス二世の後を継いで皇帝となりヨハネス四世を名乗った。ヨハネス四世の時代、エチオピアの周囲は侵入を目論む外敵であふれていた。紅海沿岸からはエジプト（ボゴス）、イタリア（マッサワ）、フランス（ジブチ）勢力が内陸部の隙《すき》を狙っていたし、東北方面はエジプトやスーダンのマフディー軍（第一三章3節参照）と衝突していた。一八八九年のマフディー軍との戦闘で、ヨハネス四世は流れ弾にあたって戦死してしまう。ヨーロッパ列強が、エチオピア占領に触手を伸ばそうとしたとき、ショアの藩主メネリクが、皇帝メネリク二世となって、植民地化阻止に向けて動き始めた。彼は国力を増強するために、一方で近代化を推進し、もう一方で領土を、オモ人が暮らす南部へと拡大した。首都アジスアベバ（アムハラ語で「新しい花」の意）の建設、郵便、銀行制度の導入、鉄道、道路の敷設などが急ピッチで押し進められた。また新たに征服した南エチオピアには、軍隊を駐屯させながらアムハラ・ティグレ系の人々の入植を図った。これも一種の植民地支配であった。

しかし、メネリク二世が最も力を注いだのは軍隊の近代化であった。王国の常備軍は九万人を超え、全部隊がライフル銃、連射機関銃、それに大砲などの近代装備を保有していた。これは他の地域では見られないことであった。とりわけ二〇〇〇人の在郷軍人が全軍隊であったリベリアとは対照的である。この武力を背景にして、メネリク二世は、イタリアの保護領化の要求を断固として拒絶した。その抵抗の頂点が、ヨーロッパに対する「ハンニバル以来アフリカが勝ち取った最大の軍事的勝利」と言われる「アドワの戦い」（一八九六年）である。この戦闘で一万七〇〇〇のイタリア軍は、全部隊の四割を失い壊滅した。その結果、エチオピアの完全な独立が承認されたのである。

メネリク二世の死後、その娘が女王となり、若いラス・タファリの摂政役として政権を担った。タファリは一九三〇年に即位して皇帝となった。ハイレ・セラシエ一世である。この若き皇帝は、一九七四年、皇帝の座を追われ死亡するまで、近代的開明君主と封建的大領主という矛盾した二つの側面をあわせもちながら、長期間、独裁的な執政を続けてきたが、そのあいだエチオピアの社会構造は基本的には変わらなかった。それは、皇帝を頂点として、皇帝に任命された州知事、州知事に任命された藩主あるいは郡長官というピラミッド型の構造であった。藩主にはグルトと呼ばれる、各世帯から税金や労働力を調達する権利があり、恣意的に人々から余剰を奪い取った。さらに領主から臣下に与えられた広大な土地では、五〇〜七〇パーセントという法外な小作料が課された。こうした封建的な貢納関係が、のちにエチオピア帝政を自壊させた最大の原因であった。

革命とエリトリアの独立

一九七三年から七四年にかけて、農村は旱魃による飢餓、都市は食料難と物価高騰と、エチオピア社会は深刻な危機に直面した。七四年二月には首都アジスアベバで労働者、市民、学生の大規模な自然発生的デモが起こった。各地の兵士がこれに合流すると、革命の実権は若手将校団が掌握した。九月にハイレ・セラシエ一世を退位させた彼らは、社会主義路線を標榜し、主要産業の国有化や農地解放などの急進的改革を次々に打ち出していった。七七年には強硬派のメンギスツ・ハイレ・マリアムが国家元首となり、ソ連やキューバの軍事支援を背景に、マルクス・レーニン主義に基づく国家建設を推進していく。その一方で、反政府勢力や分離運動を武力で弾圧する強権的支配を続けたため、各地で不満や反乱の火種がくすぶり始めた。

八〇年代末期、ソ連邦の崩壊が始まると、スポンサーを失ったメンギスツ政権は急速に脆弱化《ぜいじゃく》していく。これをみたティグレ人、エリトリア人、アムハラ人、オロモ人などの反政府勢力は協力して、エチオピア人民革命民主戦線（ＥＰＲＤＦ）を結成して反撃を開始した。ついに一九九一年五月、首都に進攻し新政権を樹立した。

ティグレ人民解放戦線（ＴＰＬＦ）を中核とするメレス・ゼナウィ・アスレス率いる新政権は、地方分権、民族自決を保障するユニークな連邦共和国制を導入した。それによって、各民族集団が自らの意志で連邦を離脱する権利が承認された。ヨーロッパが定めた国境に沿って国家建設を行うことを自明としてきた、これまでのアフリカ諸国とは異なった新たな実験が、新生エチオピアで始まったのである。

この新体制のもとで、一九九三年五月には、圧倒的多数（九九・八パーセント）の住民の支持を得て、人口二〇〇万のエリトリアがエチオピアからの分離独立を達成した（首都はアスマラ）。ＴＰＬＦとともに反メンギスツ戦争を戦ったエリトリア人民解放戦線（ＥＰＬＦ）主体の新政府が成立したのである。ところがこの蜜月時代も長くは続かなかった。エリトリアの独立によって海への出口を失ったエチオピアの港湾利用権をめぐる問題、エリトリアの独自通貨導入、それに帰属があいまいなバドメ地区の国境紛争などが引き金になり、一九九八年に両国間の戦争が勃発、お互いに相手の首都を空爆するなど激しい戦闘の結果、一〇万人を超える犠牲者が出た。戦争はアフリカ連合などの調停により、二〇〇〇年には停戦合意がなされたものの、その後も小競り合いは続き両国間の緊張状態は続いていたが、二〇一八年エチオピアの首相がエリトリアを訪問して国交正常化を表明した。

エチオピアでは新体制を牽引し、海外からの投資を呼び込むことで高い経済成長を達成してきたメレス首相が二〇一二年に急逝し、そのあとを少数民族出身のハイレマリアムが引き継ぎ、近代化（工業化）路線を継続している。しかしその一方で、二〇一六年のリオデジャネイロ五輪の男子マラソン銀メダリスト、フェイサ・リレサ（オロモ人）がゴールしながら両手を交差させる抗議のポーズを示したように、国内における民族間の不平等と抑圧が深刻な社会問題となりつつある。二〇一八年、オロモ人の土地問題を中心とする不満が爆発し大規模な反政府運動が起きた。政府はオロモ人数万人を逮捕し非常事態を宣言した。しかし、ハイレマリアム首相は政治犯を釈放し辞任。後任にはオロモ人のアビィ・アハメドが就任した。

〈松田素二〉

第一一章　植民地支配の方程式

1——サバンナのコロニー〈イギリス領東アフリカ〉

植民地化の過程

　東アフリカは現在でも有数の「野生の王国」である。大地溝帯にはさまれたサバンナや、そこにできたビクトリア湖などの大湖のまわりは、長い間ヨーロッパ人が「発見」できなかった地域であった。そのために東アフリカ内陸部は、「閉鎖的で停滞的な部族社会」の典型のように認識されてきた。

　しかし、そうしたヨーロッパのイメージとは裏腹に、そこには一〇世紀以降、相当活発な交易ネットワークが形成されていたことが、考古学的調査からわかっている。人口稠密《ちゅうみつ》な大湖水地方では、この時代に、それまでの半農半牧生活から農業、牧畜と専門化した新たな生業集団が誕生した。一五世紀に入ると、牧畜専業者を支配階層にした首長国家が現れ始める。ルワンダやアンコーレなどである。ほかにも、牧畜専業者と相互依存関係を築いた農民支配層の中からは、ニョロ、ガンダといった大規模な王国形成の道を歩むものも出てきた（第六章3節参照）。

一方のサバンナ地帯でも、植民地支配の始まる以前から自前の交易ネットワークが整備されていた。タンガニーカのニャムウェジ人商人は、アラブ人が内陸キャラバンを送り出した一八一一年以前、すでに独自のキャラバンを組織していた。またケニアのカンバ人キャラバンも、一八二五年にはインド洋岸の港町モンバサに姿を見せている。彼らサバンナの諸民族は、ヨーロッパの来襲以前に、独自のやり方で地域形成を進行させていたのである。

こうした東アフリカ社会の風景は、一八五〇年代以降、大きく変化し始めた。アラブのキャラバンルートをたどって、ヨーロッパ人の探検家や宣教師が侵入して来たのである。彼らが目指したのは、ナイルの源流にあるという黒人王国ガンダだった。当時ヨーロッパにとってガンダ王国は、暗黒のアフリカ大陸に灯《とも》された小さな希望であった。というのは、一八七五年一〇月、ロンドンの新聞「デイリー・テレグラフ」紙上に、探検家スタンリーがアフリカから書き送った読者への手紙が掲載された。そこでスタンリーは次のように述べたのである。「アフリカの心臓部に高い文明を誇る王国があり、その開明的な君主ムテサはイスラム教に関心を示していたが、今やキリスト教こそが彼の国に希望と光明をもたらすものと期待している。敬虔で実行力のあるミッションの来訪を求めている」。

この呼びかけにイギリス中は熱狂し、わずか半年のあいだに聖公会の教会伝道協会（CMS）だけで一万二〇〇〇ポンドの寄付が寄せられた。当時、召使いを雇用するロンドンの中産階層の年収が三〇〇〜五〇〇ポンドであることからすると、一万二〇〇〇ポンドの募金の意味がよくわかる。一八七七年には、最初の布教団がザンジバルからガンダ王国に到着し、二年後にはナイル川をさかのぼって北からフランス人神父が率いるカトリックの布教団もやって来て、イスラームとの間で三つ巴の布教合戦を繰り広げた。

しかし、宣教師たちの個人的で宗教的な意志とは別に、イギリスによる世界帝国建設の戦略がもう一つの背景として存在した。当時のヨーロッパの強国は、イギリス、フランス、ドイツだが、ガンダ王国をめぐってもこの三国の利害は競合していた。象牙の集散地であり、肥沃で生産性の高い土地でもあるこの地方は、それだけでも充分植民地としての魅力があるが、イギリスがガンダ王国の領土を欲したのはそれだけの理由ではなかった。もしもナイルの水源域を他国、とくにフランスに奪われた場合、ナイルに依存するエジプトの農業の生殺与奪の権利もまた奪われることになり、現地の農民の反乱を招き、スエズ運河の航行にも脅威となる。さらにはイギリスの「至宝」であるインドへの通航路をも遮断されては一大事、とイギリスは本気で心配し、フランス人のカトリック宣教団の動静に神経をとがらせたのである。

この国策遂行のために、一八八八年に設立されたのが、帝国イギリス東アフリカ会社（以下、ＩＢＥＡＣ）である。会社の二〇〇万ポンドの出資者にはブラッシー卿らロンドンの貴族が名を連ねた。当面の事業は、イギリスの勢力範囲内でウガンダまでの最善のルートを開発することであった。

そこでＩＢＥＡＣから派遣された一団は、インド洋岸の港町モンバサから内陸に入り、各地で土地の首長に贈り物を与え、保護条約を締結しながら一八九〇年の一〇月には西ケニアに到達した。そこでも交易ルートを支配するワンガ人やブクス人の首長たちと条約を結んだ。七〇を超える公式英語で書かれた条約はすべて同じ文面である。それは「（アフリカ人首長は）自分自身と彼の領土、人民ならびに臣下をＩＢＥＡＣの保護、支配ならびに統治下に置くことに同意し、ＩＢＥＡＣの保護と統治による利益と引き換えに、領土と人民に対する主権と統治権を（会社に）譲渡する」というまったく都合の良いものだった。

しかし事態は、ＩＢＥＡＣの望むようには進展しなかった。金銀などの鉱物資源も見つからない。第一、インド洋沿岸部から内陸部への物資の運搬だけでも莫大な出費を会社に強いた。彼らは徐々にウガンダ経営を負担に感じるようになり、とうとう破産状態の中でウガンダ撤退を決定した。代わってイギリス政府は、聖公会の伝道組織などからの突き上げもあって、一八九四年七月、ウガンダを「保護領」として領有することを公式に宣言した。翌九五年には政府が、会社の権利を二五万ポンドで買い取り、現在のケニアにあたる「イギリス東アフリカ保護領」も設立された。こうしてイギリスによる東アフリカの本格的な植民地支配が始まったのである。

白人入植者の国

東アフリカの二〇世紀は、ヨーロッパからの植民者の姿とともに始まった。一九〇一年、ウガンダ保護領の総督ジョンストンは、西ケニア（当時のウガンダ東部州）についてこう述べている。「ここはヨーロッパの移民者にとってイギリスや（カナダの）ブリティッシュ・コロンビア、南アフリカと同様快適な土地だ。アフリカの多くの土地はインドと同じく、資源は豊かでもヨーロッパ人にとって自分の故郷とすることはできない。だが東部州は自信をもって言うことができる。ここは白人の国（ホワイトマンズ・カントリー）になりうるのだ、と」。

東隣の「東アフリカ保護領（現在のケニア）」でも、ヨーロッパからの移民ブームが始まった。そこでもエリオット総督が「保護領の内陸部は白人の国とし、白人の利益を至高のものとする」と宣言していた。植民地政府は「広大で肥沃な無人の地」が東アフリカにあると宣伝したため、白人入植者の数も、一九〇〇年には四八〇人であったものが、一九〇三年には七九〇人、一九〇六年には一八〇〇人と膨張を続け、一九一四年には五四〇〇人にも達した。ナイロビ付近では、一八九七年の大旱魃と牛疫で無人の地になったキクユランドを見て、本気で自分がこの地の最初の住人になったと思い込んだ白人入植者もいたほどだった。

この「誤解」に気づいた植民地政府は、一九〇二年に「王地条例」を発布して、ケニア中央部の広大で最も肥沃な農業適地をイギリス国王の土地とみなすと一方的に宣言し、アフリカ人農民から合法的に取り上げた。いわゆるホワイト・ハイランドの誕生である。この土地を今度は九九年間の期限で（一九一五年に改定して九九九年！に変更）安く白人入植者に貸し付けた結果、多くのプランテーションが産声を上げた。初期入植者としてやって来たのは、南アフリカからのボーア人農民やイギリスの没落貴族や没落農民であった。貴族の中にはデラメア卿のように一人で一七万エーカーの土地を保有する大地主もいたが、多くは金に困ってケニアにやって来た貧乏貴族であった。彼らは自分では労働せずに、アフリカ人を村から駆り出し使役しようとした。そのための仕掛けが人頭税だった。

人頭税と賦役

ウガンダ保護領の総督ジョンストンが、本国に徴税の許可を求めたのは、一八九九年一二月のことだった。彼はユニオンジャックの旗に服属した諸民族に、「友好の証《あかし》」として小屋税を課することを思いついたのである。この案は翌年二月に裁可され、年間三ルピーの小屋税がイギリスによって制圧された地区から順に徴収された。当初は、ヤギ（一頭二ルピー）や鍬それに賦役などの現物納も認められていたように、服従の象徴としての意味も大きかった。しかしケニアの場合は、この税金にこめられた支配の仕掛けはもう少し直截なものとなった。植民地政府はこの税金を通して、一石四鳥の効果を狙ったのである。それは象徴的な支配の確認とともに、白人のための国造りの費用として、徴収のための末端行政網確立の契機として、さらに白人農園に必要な労働力創出の手段として、フルに活用された。

ケニアは、「白人の国」を標榜していたにもかかわらず、白人入植者からは税金を徴収していなかった。彼らが強硬に拒否していたからである。だが植民地の予算処置の大半は、白人居住者のためのインフラ整備に費やされた。全体の歳入のだいたい六割から八割を税金として拠出するアフリカ人には、ほとんど何の見返りも与えられず、逆にアフリカ人を酷使する白人農園主がその金を自分たちのために使っていたのである。これは二重の搾取といってよい。つまりアフリカ人は白人農園で低賃金で働かされるとともに、自分たちの支払った税金を彼らに貢がされるという構造が成立していたのだ。

税金が導入されると、それを効率的に徴収する制度が必要になってくる。それが行政首長制であった。もともと首長など存在しなかった無頭制の社会に、むりやりチーフやアシスタント・チーフを「捏造《ねつぞう》し」て「原住民による原住民支配」を装おうとしたのだ。こうした発想の背景には、ヨーロッパの「未開社会」に対するパターン化した認識がある。つまり、ヨーロッパの「文明国」は民主的な契約に基づいて国家を形成するが、「未開」なアフリカ人は首長のもとで停滞的な「部族生活」を営んでいるというイメージである。それは、アフリカ社会に彼らが実際に侵入する以前にヨーロッパにおいて発明されたものだった。

白人植民者vs.アフリカ人農民

一九二〇年七月、東アフリカ保護領はケニア植民地・保護領へと名称を変更した。ケニア社会が激しく流動する二〇年代の幕開けだった。激動の波は白人入植者とアフリカ人の農民によって巻き起こされた。両者の利害は真っ向から対立するようになったのである。

植民地の成立によって、ケニア社会は世界経済の中に周縁部として組み込まれた。そこにおいてはサイザル麻やコーヒー、皮革、トウモロコシなどの一次産品をヨーロッパに提供することが求められた。この巨大なシステムへの包摂の過程で、アフリカ人農民の中にはそれに積極的に適応して商品生産に励む者も出現した。その結果、第一次大戦前には皮革、トウモロコシ、胡麻などを中心にケニアの輸出総額の四分の三近くは、アフリカ人農民の手によって生産されていた。

これに対して、白人入植者の側による農業生産は低調だった。彼らは最初、ヨーロッパで馴染んできた小麦、羊毛、乳製品の生産をアフリカでもやろうとしたが、これは大失敗に終わる。競争力のある輸出商品にはならなかったからだ。そこで入植者は、サイザル麻、コーヒー、トウモロコシ、紅茶に目をつけた。ここにアフリカ人農民の利害と白人入植者の利害は激しく衝突することになった。白人入植者にとって、アフリカ人農民が自らの競争相手として擡頭することは死活問題であった。彼らが経営しようとするサイザル麻やコーヒーなどの大農園には膨大な肉体労働力が必要であり、それを供給できるのはアフリカ人農民しかいなかったからだ。またアフリカ人の小農経営による集密方式のトウモロコシの生産は、白人の粗放方式のやり方よりも生産性が高かった。つまり白人入植者は、アフリカ人が資本主義的な農業をせずに季節労働者となり、自分の食い扶持《ぶち》だけを生産する自給農業を続けることだけを認めようとしたのである。

白人入植者がほとんどいなかったウガンダでは、ガンダ人農民が積極的に綿花栽培に取り組み、世界市場への参入に成功していた。小農を基盤とする商品作物生産の経済が成立したのである。だがケニアの場合、アフリカ人が独立した農業生産者となることは許されなかった。その妨害の格好の例が、「コーヒー栽培」事件であった。

トウモロコシで成功したケニアのアフリカ人農民は、次に、より利潤のある輸出商品としてコーヒーに着目した。西ケニア（カビロンド地方）でも、キリスト教化された首長や裕福な農民を中心にカビロンド納税者福祉協会が結成され、執拗に政府に栽培許可を要請した。これが実現すると、国内に強力なライバルが出現するのみならず、自分たちの農園の労働力不足も決定的段階に至ると危惧したのが白人入植者たちだった。彼らの恐怖は、一九二七年にビクトリア湖畔の町キスムの近くで三人のアフリカ人農民が、コーヒーの作付を強行したことでピークに達した。入植者の組織であるケニア・コーヒー会議は、政府に絶対にアフリカ人に栽培を認めないよう強力に働きかけた。アフリカ人が栽培すると低品質で病気がちの製品ができケニア・コーヒーの商品価値を著しく下げる、というのが彼らの勝手な言い分であった。彼らはアフリカ人が植えたコーヒーの木を引き抜き、一九三三年にはロンドンまで出かけてイギリス政府や議会の実力者に強談判《こわだんぱん》した。その結果、最後には思い通りにアフリカ人排除の保証をとりつけてしまったのである。

ケニアが世界経済に包摂された一九二〇年代、アフリカ人が独立自営の農民としてそのシステムに参入する道は閉ざされた。そのうえ、植民地政府はさまざまなアフリカ人管理の方策を制度化した。その代表的なものが、一九二一年から施行された「原住民登録条例」である。この法律は、一六歳以上のアフリカ人男子を強制登録させ、登録された「原住民居住地」を離れるときにはキパンデと呼ばれるカードを常時携帯しなければならないというものだ。ちょうど南アフリカでアパルトヘイトの中核制度としてかつて機能した「パス法」や、二〇一二年に廃止された日本の外国人登録法のようなものだ。キパンデには白人雇用主によって、職種、勤務態度、支払い賃金、雇用期間が書き込まれ、契約を破棄して逃散したアフリカ人や、白人に対して反抗的なアフリカ人を随時取り締まれるようになっている。条例施行時には一九万五〇〇〇人のアフリカ人が登録されたが、その一〇年後には登録者は一二〇万人にも達した。これは当時、植民地支配下にあったアフリカ人推定人口二八〇万人の半分近い数であった。

こうして東アフリカのサバンナ地帯に、見かけ上、ホワイトマンズ・カントリーが完成したのである。

〈松田素二〉

2――間接統治のモデル〈イギリス領西アフリカ〉

ルガードの植民地観

植民地主義が人道に反するものとして国際的に否定されるようになったのは、第二次世界大戦後のことであり、それまでは、人道主義・博愛主義と植民地主義は相容れる存在として認められてきた。もちろん、ヨーロッパ列強は自らの植民地主義を正当化するため、それなりのもっともらしい論理を用意した。社会進化論や白人優越主義から発展して、「未開野蛮」で「自己発展の能力に欠ける」アフリカ人を教化し文明開化させることとアフリカの潜在的な富を開発することとは、先進的なヨーロッパ諸国の責務であると主張したのである。これから紹介するルガード卿も、このような使命をはっきりと言い切った一人である。

イギリス帝国主義の植民地行政官、そして植民地理論家であるルガードは、一八五八年インドに生まれた。彼のアフリカ経験は、ニヤサランド（現マラウイ）、ケニア、ウガンダ、ナイジェリア、ベチュアナランド（現ボツワナ）にわたる。ナイジェリアでは、後述するように北部のイスラーム勢力を制圧し、現地の統治組織をそのまま利用した「間接統治」方式を導入。この間接統治方式は、その後のイギリスの植民地支配の基本となった。

一九一二年には南・北ナイジェリア保護領の総督を兼任し、一九一四年に合併を実現した。一九一九年に退任し、その三年後の一九二二年、『イギリス領熱帯アフリカにおける二重の委任』を出版している。

ルガードのこの著書は、イギリスの植民地政策への賛美に満ち満ちている。アフリカ人支配者と比べても他の外国人と比べても、アフリカの人々に対して自由と正義を与え、思いやりにあふれた取り扱いをした統治者はイギリス人が初めてだというのである。しかし、英領植民地の臣民を教育し自治能力を与えようという意図があったとしても、植民地経営はイギリス本国の利益のために存在するものであり、植民地時代に流された多くのアフリカ人の血はそれを肯定するものではない。

彼の著書は、その後イギリス領西アフリカ各植民地の総督となった人々にも大きな影響を与えている。これから、彼の著書を手がかりにして、間接統治とはどのようなやり方を言うのか、そしてこの方式がアフリカ社会にどのような後遺症を残したのかを見ていこう。

間接統治のメカニズム

まず、イギリス政府が、イギリス人行政官が自ら住民を支配する「直接統治」ではなく、「間接統治」方式をなぜ採用したのかを考えてみよう。

間接統治方式とは、現地の支配者・支配機構（伝統的首長や王）をそのまま利用して住民を統治する図式を言う。伝統的首長を（住民がそう認めているかどうかは別として）住民の支配者としてイギリスが認め、アフリカ人住民をアフリカ人首長が支配し、イギリス植民地行政官はその監督にあたるというきわめて巧妙なやり方である。地域の伝統や習慣に不慣れなイギリス人行政官よりも伝統的首長を用いた方が住民の統治はスムーズに行われるであろうし、何より直接統治に比べて財政面・人材面でかなりの節約ができる。

実際、はるばるアフリカまでやって来るイギリス人行政官に支払われる給料その他のサービスに対する出費は、植民地政府の重荷になっていたから、それほど多くのイギリス人をアフリカに置いておくことはできなかった。ルガードは一九〇三年にナイジェリア北部のイスラーム勢力の武力制圧を完了しているが、この時期のイギリス人行政官の人員不足について、約三万平方キロメートルごとに約一人の行政官（ほとんどの行政官が若く、業務も初めてであった）しか置けず、その一人で四〇万人の現地住民の面倒を見なければならなかったと述べている。間接統治の必要性がこの数値だけからでもわかるだろう。

人員の問題以外に、ルガードは教育と秩序の問題に言及している。間接統治方式を捨てて直接統治方式を選択することは、「後進的人種」をより高い次元に自らの努力で到達させるという理想の放棄であり、彼らを教育せずに「後れた」ままにしておくことになる。また、イギリス人の到来以降、各地で伝統的権威の失墜により秩序が損なわれている。旧来の秩序を維持することはもはや困難であるが、間接統治が伝統的権威を保護することにより、法に基づいた新たな秩序を打ち立て、社会的混沌からアフリカ人を守ることができるとルガードは主張するのである。

ただし、間接統治はその大部分が西欧的教育を受けていない伝統的首長の権限を強化することになるため、学校教育を受けたアフリカ人エリートにとっては好ましくない方式であった。間接統治下の裁判はアフリカ人法曹ではなく、法的トレーニングを受けていない伝統的首長やイギリス人行政官によって行われていた。間接統治方式の一部分となっていた伝統的首長にとって、イギリスの植民地支配は心地良いものとなっていた。しかしながら、独立運動の旗手となったのは彼らではなく、西欧的教育を受けたエリートたちであった。

さて、間接統治方式は実際にどのようなメカニズムで動いていたのであろうか。植民地政府の長は「総督」である。しかしアフリカ人住民にとっては、エミール（後述）や最高首長といった伝統的首長が実質上の支配者となる。伝統的首長は地方政府単位で組織される「原住民統治機構（Native Administration）」のトップである。彼らの支配地域はさらに郡

(district) に分けられ、それぞれ長が置かれた。

では実際に、税の流れを見てみよう。エミールや最高首長の名の下に、郡の長はその配下の村長を使って住民から税を集める。集められた税は「原住民金庫 (Native Treasury)」に納められ、その一部は植民地政府に支払われる。支払額は「先進社会」として認められた地域では全体の五〇パーセント、「未開社会」として扱われた地域ではそれより少ない額であった。残りの資金で、エミール (もしくは最高首長) と彼が統括する役人たちの給料がまかなわれ、さらに余剰があれば、施療院、学校、道路その他の建設にあてられるというのが建前であった。

伝統的首長とイギリス人行政官の仕事ははっきりと区分されており、重複することも対立することもない。一人の人間に権力が集中することの非効率性を説くルガードは、伝統的首長を監督する「駐在官 (resident)」の心得として、首長の地位を低めたり首長が任務への意欲を失うような干渉をしたりせず、アドバイザーやカウンセラーとして行動することを要求している。このようにみていくと、ルガードは首長をかなり独立したものとして考えているようにみえるが、もちろん首長の権威は宗主国であるイギリスから与えられているものであるから、首長たちが伝統的支配者としての地位を維持するためにはそれなりの約束事がある。まず、武器・軍隊の所有は認められない。徴税権・立法権はイギリス当局に属する。また、総督は公共の目的や商業上の必要があれば土地を専有することができる。「原住民統治機構」で働く者は、その地域の住民に限られる。そして最後に、総督は首長の後継者を追認・拒絶する権利を有し、首長の罷免権をもっていた。

間接統治がうまく機能するためには、伝統的首長の権威が確立され、「原住民統治機構」内部の命令系統がしっかりと作動する必要がある。エミールの地位が確立されていたナイジェリア北部のイスラーム諸国では上意下達はスムーズにいったが、中央集権的な首長制が従来なかった地域、特にナイジェリア南東部のイボ人の地域では、間接統治の導入は失敗に終わっている。一九二九年、植民地政府がこの地域に直接課税を導入しようとしたとき、アバで有名な「女の戦争」が起こったが、このときの攻撃目標も住民の支持なしにイギリスが作り出した「委任首長（Warrant Chief）」たちであった。

北部ナイジェリアへの適用

北部ナイジェリアは、イギリスの間接統治が最も成功した事例としてしばしば挙げられる。

ナイジェリアの北部には、王国・帝国の歴史がある。ハウサ人の国家はハウサ七国（第五章2節参照）と呼ばれ、常にゴビール、カツィナを含む複数の王国より成っていた。一九世紀に入ると、サハラ南縁の地方にはイスラームの改革運動が続出した。一八〇四年、フルベ人のイスラーム導師ウスマン・ダン・フォディオが聖戦（ジハード）を開始し、堕落したムスリムとしてハウサ諸国は次々と征服され、イスラーム王朝たるソコト帝国（カリフェイト）が建国された（第七章3節参照）。そして、ウスマンより白旗を授けられた地方の聖戦指揮の将軍たちは、エミールとして、首長国（emirate）の創始者となった。ルガードが植民地経営の相手として選んだのが、このエミールたちであった。

イギリスは一九〇〇年に北部ナイジェリアを保護領にし、ルガードが高等弁務官に就任した。ルガードは征服に際して、協力的であったエミールに対してその地位を保障し、すでに確立されていた司法制度や管理制度もそのまま機能させることを認めた。全地域の支配者であったソコトのスルタンに対しては宗教上の権限だけを認め、彼が地方のエミールに対してもっていた監督権はイギリス側に譲渡され、各地方のエミールは駐在官によって監督された。エミールは自身の王宮をもち、税を徴収した。イギリス人行政官の役割は、監督・忠告・警告であった。

間接統治は、現地の支配者の地位を植民地化以前と異なったものとしている。植民地化以前には、エミールはソコトのスルタンに対して責任があると同時に、エミールの支配下にいる住民に対しても責任を負っていた。しかし植民地時代には、エミールは植民地政府に対して責任があるだけで、たとえ住民の支持を失っていても植民地政府から気に入られている限りその地位を失うことはなかった。植民地化以前にあったチェック・アンド・バランスのシステムが、間接統治の導入により壊されてしまったのである。

間接統治の残した傷痕

間接統治は「伝統」を強化する役割を担った。北部ナイジェリアの場合、住民は宗教・衣服・建築・生活様式一般に至るまで外部の影響を受けることはなかった。特に、イギリス政府は、この地域の支配的宗教であるイスラームに対しては不干渉を約束しており、キリスト教伝道団の活動も厳しく制限されていた。ナイジェリア南部ではキリスト教伝道団による西欧的学校教育が盛んであったが、北部では貴族のために少数の学校が建てられただけで、一般の人々はコーランの暗記を主とする伝統的なイスラーム教育を受けるのみであった。したがって、ハウサ人、フルベ人には技術者や医師といった近代的職業につくために必要な西欧的教育を受けた者が少なく、政府または企業の下級職員も南部ナイジェリアで教育を受けた者が雇用された。

ナイジェリア北部のエリートはイスラーム法（シャリーア）に通じアラビア語も堪能であり、ルガードも高く評価していた。イスラーム法で裁判を行う間接統治方式の下ではこのような人材も必要であった。しかし、近代化という面では南部との格差は開く一方であった。独立後に顕著となった北部と南部の相互不信の一因がこの「西欧化」の格差であり、特に北部のエリートは「西欧化」された南部による支配を極度に恐れていた。

一九一四年の南・北ナイジェリア統一後も、北部・南部はまるで別々の国のように統治され、北部の保守性はさらに強められていった。「近代化」「西欧化」の是非は別として、北部と南部の異質性が大きくなったことは、ともに歩んでいかなくてはならない独立後の運命に暗い影を落としていたのである（第一五章4節参照）。

〈戸田真紀子〉

3——同化と直接統治〈フランス領西アフリカ〉

文明化の使命

「繰り返し申し上げますが、優等人種には（武力によって植民地化するという）一つの権利があるのです。なぜなら優等人種には一つの義務があるからです。すなわち劣等人種を文明化するという義務です」

これは一八八五年七月二八日、その年の三月まで首相の座にあり、第三共和政（一八七一〜一九四〇年）下におけるフランスの植民地膨張策の強力な推進者であったジュール・フェリーが、自らの政策を擁護して国民議会で行った演説の中の言葉である。前年の一一月からその年の二月までベルリンで行われたアフリカ分割会議で、フランスは北アフリカから赤道アフリカに至る広大な領域に対する権益を認めさせたばかりであった。

「文明化の使命」という考え方そのものは、フランスの独占物ではない。イギリスでも、キプリングの説いた「白人の重荷」論や「適者生存」を説くスペンサーの社会進化論は白人による植民地支配を正当化する役割を果たすものであったし、高名な宣教師探検家リビングストンの信念も「優等人種の一員として人類のうちで最も堕落した部分を向上させよう」というものであった。また、その背景にある人種主義思想も同じであった。

しかし、先発植民地帝国として、すでにインドをはじめアジア・アフリカに広大な植民地帝国を確立しつつあったイギリスが、こうした考え方に基づきながらも、個々の植民地における実務的経験の上に立って「異文化」の社会を前提とした支配の方式を確立していったのに対して、一八世紀の七年戦争でインド・北アメリカの支配権をイギリスに奪われて以来イギリスの後塵を拝して来たフランスは、イギリスに対する対抗意識と「フランス文明こそが普遍文明である」というフランス中華思想も相俟って、「偉大なるフランスの拡大こそが文明化である」という考え方を植民地支配拡大のための建前として掲げることになったのである。

ジュール・フェリーは冒頭に引用した演説を次のように結んでいる。「文明の光を放ちながらも行動することなく、〔中略〕アフリカやオリエントへの膨張策を危険な冒険と見なすような生き方は、偉大な国民にとっては誇りを失うことであり、皆さんが思いもよらないほどまたたくまに、一等国から三等国、四等国の地位に転落することなのです」。

フランス植民地主義の「文明化の使命」は、「優等人種」としての自負だけでなく、先発植民地帝国イギリスや、普仏戦争で屈辱的な敗北を味わったドイツに対抗して、「偉大なるフランス」を示したいという願望を体現するものでもあった。そしてそれは、国家の膨張政策を正当化する論理として用いられただけでなく、当初は現実の政策においても植民地を本国の延長として扱う「同化《アシミラシオン》」と呼ばれる政策として遂行されたのである。

セネガルの四つのコミューンと同化政策

実は「同化」政策の原点は、「人権宣言」に盛り込まれたフランス革命の「自由、友愛、平等」の理想にあった。奴隷制の廃止問題はフランス革命期の争点の一つであり、ロベスピエール、ミラボーら革命初期の指導者たちは奴隷制廃止論者の団体「黒人友の会」の会員でもあった。彼らは「人権宣言」の植民地の黒人への適用を主張し、革命の混乱とナポレオンの擡頭によって現実には適用されることなく終わったとはいえ、一七九四年、国民公会は奴隷制廃止を宣言し、さらに一七九五年の共和暦三年の憲法では、植民地を「共和国の不可分の一部」と規定し、「本国と同一の法のもとに置かれる」としたのである。

フランス革命の理想として掲げられたこの「同化」の思想が現実の政策として実施されたのは、奴隷制廃止を実現した一八四八年の第二共和政（一八四八〜五二年）下であった。第二共和政で成立した男子普通選挙は植民地にも適用され、サハラ以南のアフリカでは、一七世紀以来フランスの大西洋三角貿易の拠点であった、セネガルのサンルイとゴレ島が代表を国民議会に送ることとなった。この権利は第二帝政（一八五二〜七〇年）によって剝奪されるが、第三共和政の成立とともに再び回復されることになる。

一八七二年にサンルイとゴレ島が、一八八〇年にリュフィスクが、そして一八八九年にダカールが、フランス本国の地方自治体と同一の地位をもつ「コミューン」として認められた。さらに一八七九年にはセネガルの「コミューン」の住民に、地方議会を選出し、本国の国民議会に議員を送る権利が認められている。セネガルの四つの「コミューン」住民はフランス市民権をもった「黒いフランス人」となったのである。当初その数は一万人にも満たず、しかも「コミューン」は事実上、白人商人と混血に牛耳られる社会であったが、一九一四年、ついにセネガル植民地は初めてのアフリカ人国民議会議員としてブレーズ・ジャーニュを選出することになる。完璧なフランス語を話す黒人議員がフランスの国民議会に登場し、セネガルの四つの「コミューン」はフランスの同化政策の輝かしい見本となったのである。しかし、こうした制度的「同化」は、第二次世界大戦後の第四共和政（一九四六〜五八年）の成立までは、セネガルの四つの「コミューン」以外のアフリカ植民地には適用されることはなかったし、また、アフリカ人の市民権には実はさまざまな制約がもうけられていた。

フランス植民地主義の「同化」思想が最も大きな影響を与えたのは、植民地エリート養成のための教育においてだった。イギリス領でミッションによる現地語教育がしばしば行われたのとは対照的に、フランス領アフリカ植民地では、実質的にフランス語のみが教育言語とされた。

フランス革命期に奴隷制廃止と普通選挙の実施を強硬に主張したグレゴワール神父は、同時に、フランス本国における方言撲滅運動の推進者でもあった。「理性」と「人権」の勝利はフランス語という「文明」の言語を通してのみ可能であるという信念が、フランスの「人権思想」と分かち難く結びついていたのである。

こうした考え方を教育制度として完成させたのも、ジュール・フェリーだった。無償の義務教育を定めた一八八二年のジュール・フェリー法は、本国人の子どもを除けば植民地にそのまま適用されることはほとんどなかったが、そうした理想はフランス式教育を受けた一握りのアフリカ人エリートによって内面化され、逆にアフリカ人側から完全な「同化」を求めることにもつながった。先に挙げたブレーズ・ジャーニュは、そうした「同化」を強固に主張した人物であり、彼が第一次世界大戦においてアフリカ人兵士の徴募を積極的に行ったのも、完全な「同化」を求めてのことだった。

　フランス式の教育を完璧に身につけ、高等教育まで達しえたアフリカ人はきわめて稀であったが、彼らは「開化民《エヴオリユエ》」と呼ばれ、フランス市民権を与えられて官吏、弁護士、政治家などの高い地位につくことも可能であった。フランスの大学教授資格をもち、後にアカデミー・フランセーズに迎えられた初代セネガル大統領サンゴールは、そうした開化民の典型であったが、彼はジャーニュと異なり、後に、自らが受けた「同化」教育をアフリカ人の固有の文化を否定するものとして批判し、ネグリチュード（第一四章1節参照）を唱えることになる。

アルベール・サローと「協同」政策

　しかし、第二帝政期から第三共和政期にかけてフランスの植民地帝国が飛躍的に拡大すると、植民地を本国の単なる延長と考える「同化」政策が不可能であることは、もはや誰の目にも明らかであった。制度的「同化」を本格的に実施すれば、植民地の「フランス市民」の数は本国の人口をはるかに上回ることになるだけでなく、「優等人種」として絶対的な権力を保持することが前提である植民地支配そのものが不可能になるのである。また、アフリカのイスラーム教徒やアジアの仏教徒を文化的に「同化」することなど、いずれにしろ不可能な相談であった。

　植民地のアフリカ人がフランス市民権を獲得するための条件は、完璧なフランス語の読み書き能力に加えて、官吏や軍人としての受勲や議員として任期を務めたことなど、事実上、一般のアフリカ人には不可能なほど厳しいものにされた。一九三七年の時点でも、セネガルの四つの「コミューン」住民以外でフランス市民権をもつアフリカ人の数は、二〇〇〇万近い人口に対してわずか二五〇〇人にすぎない。また教育の普及のための努力も、カトリック宣教団が各地に初級学校を作ろうとしたことを除けば、事実上ほとんど行われなかった。フランス領西アフリカ全体で初級学校に通う生徒の数は、人口一五〇〇万に達していた一九四四年の時点でも七万六〇〇〇人にすぎない。

　同化政策に代わる植民地政策として主張されたのが、「協同《アソシアシオン》」政策であった。第三共和政の中期から主張され始めたこの「協同」政策は、イギリスの間接統治制度と基本的に同じ考え方に立つものであり、この考え方を現実の植民地政策として採用しようとしたのが、一九二三年に『フランス植民地の開発』を出版し、ルガード卿と同様に「開発の責務」を唱えた植民地大臣アルベール・サローであった。彼はこの著作の中で次のように述べている。

「植民地の拡大はかつてのように〈強者の権利〉としてではなく、〈強者が弱者を援助する権利〉として理解されなければならない。植民地化の事業はもはや一方的なものではなく双方の利益と幸福のためのものであり、一つの人種が他の人種から略奪することなどではなく、両者の〈協同〉なのである」

サローの「協同」政策は、かつての仏領インドシナ総督としての経験から考え出されたものであったが、サハラ以南のフランス領アフリカではあまり実効性をもたなかった。本国への資源供給のための「開発」にはある程度力が注がれ、たとえばセネガルの新興イスラーム教団であるムリッド教団を通して落花生栽培を拡大するなどの例はあったが、植民地支配の方法としての「協同」政策は、現在のブルキナファソのモシ王国で伝統的政治機構を形式的に存続させたことなどを除けば、多くは植民地司令官が任命した「首長」を直接統治の末端の道具として用いるだけのものにすぎなかったのである。

直接統治と「原住民局」

サハラ以南のアフリカにおけるフランスの植民地支配の現実を形作っていたのは、アフリカ人側からみれば、結局「同化」政策でも「協同」政策でもなかった。

フランスのアフリカ植民地において実際に適用された植民地政策の根幹は、第二帝政期にフェデルブ（軍人・植民地政治家。一八五四年、セネガル総督となる）がまずアルジェリアにおいて確立し、次いでセネガルに適用した直接統治の制度であった。これは、原則としては、アフリカ人社会の伝統的な制度や民族の境界にとらわれずに行政単位を設け、それを一律、中央集権的に統治するというもので、本国の植民地大臣のみに従属するフランス領西アフリカ総督およびフランス領赤道アフリカ総督が絶対的な権限を保持し、その下にフランス人の各植民地長官、行政区長官などが置かれ、アフリカ人は「従属民」として「原住民局」のもとに統括されていた。実際には、少数のフランス人植民地行政官がすべてを統括することは不可能で、現地の状況に応じた間接的な統治形態もしばしばとられたが、この「原住民局」制度のもとでは、植民地行政官に強制労働への徴用、アフリカ人の恣意的投獄の権限が認められ、アフリカ人は事実上の無権利状態に置かれていた。伝統的首長も結局は徴税の代理人にすぎず、行政官の都合によって「首長」が交代させられることもままあり、アフリカ人の伝統社会は急速に変質していった。

しかし、アフリカ人にとって最も苛酷な植民地支配の現実は、「開発」のために行われた強制労働だった。とりわけ悲惨だったのは、一九二一年から三二年にかけてフランス領赤道アフリカに建設されたコンゴ・オセアン鉄道のための強制労働である。この鉄道建設のために一二万人を超えるアフリカ人が強制労働に駆り出され、実に二万人近くが命を落としたのである。

一九四六年に成立した第四共和政はようやく「原住民局」制度と強制労働を廃止し、アフリカ植民地から本国国民議会に選出される議員数も増加したが、一般のアフリカ人の選挙権は「フランス市民」の選挙権と区別され、さらに一定の「同化の水準」に達していない者には選挙権すら与えられなかった。また、本国の植民地大臣に対してのみ責任を負う連邦総督の権限もそのまま存続した。直接統治の制度が最終的に見直され、各植民地に一定の自治権が与えられるのは、独立直前の一九五六年になってからのことにすぎない。

〈砂野幸稔〉

4――「善意」の帰結〈ベルギー領コンゴ〉

レオポルド二世の野望

ヨーロッパ列強による植民地化をさしあたりアフリカ諸国の現代史の出発点とするなら

現コンゴ民主共和国（旧ザイール）のそれはきわめて特異なものであった。この国の領域は、ベルギー王レオポルド二世（一八三五〜一九〇九年）という一人の人物の意思によって定められたからである。コンゴ自由国と称された植民地期初期のコンゴは、レオポルド二世の私有領としての性格を色濃くもっていた。

レオポルド二世は、歴史的に関係の深い隣国オランダの、ジャワにおける植民地経営に深い関心を抱いていた。コーヒーブームの到来によってジャワから莫大な利益を上げたオランダのように、ベルギーも国力増大のために植民地が必要だと王は信じたのである。植民地は、彼にとって本国の財政を潤すための手段であった。したがって、どこであれ植民地化の可能性がある地域にレオポルド二世は関心を示した。中国、日本、台湾、南太平洋、ボルネオ、フィリピン、ニューギニアなど、彼が植民地化の可能性を検討した事例は枚挙に暇《いとま》がない。こうした地域の領有にことごとく失敗した後、彼はアフリカの最深部に格好の領域を発見した。

西欧全域にも匹敵する広大なコンゴ盆地は、アフリカの中でヨーロッパ人による「発見」が最も遅れた地域である。一八七七年、スタンリーが欧米人として初めてコンゴ川を下るまで、この地域の状況は全く欧米に知られず、したがって列強が影響力を及ぼすこともなかった。アフリカの中央部に帝国主義勢力の巨大な空白地帯が存在したのである。

この空白地帯に自らの影響力を拡大すべく、レオポルド二世はスタンリーを再度この地に派遣し、王の名の下に数多くのアフリカ人首長と貿易独占条約を締結させた。王はもともと、コンゴ川河口部から東アフリカに及ぶ巨大な貿易会社の設立を目指していたが、一八八二年にフランス人探検家ド・ブラザがコンゴ川右岸でフランスの名の下に保護条約を締結し、コンゴ盆地に対するフランスの領土的野心が明白になると、自らも領土獲得に向けて画策するようになる。

もっとも、植民地獲得に向けてのレオポルド二世の行動は、ベルギーにおいてはほとんど支持されていなかった。議会も世論も彼の行動に反対するか、あるいは無関心であった。ベルギーの国力増大のための植民地獲得という彼の大義名分も、国民には独りよがりの野望としか映らなかったのである。国民の支持を得られなかった王は、一連の行動が個人的営為であることをカムフラージュするためにコンゴ国際協会を設立し、コンゴに対する領有権を主張した。そして列強の支持を取り付けるために、この協会の支配領域では一切の関税を課さないと宣言した。これは経済界を喜ばせ、フランスの進出を牽制したがっていたアメリカやイギリスなど、コンゴ国際協会に事実上の主権を認める国が続出した。

一八八四〜八五年に開催されたベルリン会議では、アフリカにおいて植民地を獲得する際に相互の承認を得ること、また植民地経営にあたって領土の実効支配が必要となることが列強諸国間で定められたが、この会議でコンゴ国際協会は「列強」の一つと認められた。こうしてアフリカ最深部の統治を認められたレオポルド二世は、一八八五年八月一日、この領土をコンゴ自由国として「独立」させ、自らその元首の座に就いた。

　コンゴ自由国は奇妙な国家であった。レオポルド二世はベルギーとコンゴ自由国という二つの国家の元首を兼ねることになったが、立憲君主制をとるベルギーとは全く異なり、コンゴ自由国は彼の私有領としての性格をもっていた。彼はコンゴの「所有者」だと宣言し、一八九〇年に公開された遺言状では、コンゴに対する「主権」をベルギーに遺贈すると述べている。王の所有物としての国家とは中世さながらの考え方であるが、コンゴ自由国は、形式的にはベルギー政府が責任や権限をもたない形で、一九〇八年まで統治されることとなった。

「闇の奥」の「赤いゴム」

　ポーランド生まれのイギリス人作家コンラッドの『闇の奥』は、彼自身が一八九〇年頃のコンゴ自由国を船員として訪問した経験に基づいて書かれている。鬱蒼《うつそう》としたジャングル、「文明」と隔絶したアフリカ人、そして現地に住むヨーロッパ人の傲慢……。この作品に流れる暗い狂気は、当時のコンゴ自由国の一側面をよく伝えている。

レオポルド二世が強引につくり上げたコンゴ自由国であったが、領土の実効支配という点ではははなはだ怪しげだった。当初、統治者である白人が居住していたのは、港町マタディと首都レオポルドビル（独立後キンシャサと改称）の間を除けば、コンゴ川沿いにしばしば互いに一〇〇キロ以上も離れて点在する駐在所のみであった。白人にとって、この地はまさに「闇の奥」だったのである。

しかし皮肉なことに、コンゴ自由国で発生した事態は、白人の心に潜む「闇」をさらけ出した。そこで行われた過酷な搾取はスキャンダルとして世界の耳目を集め、レオポルド二世は各国から批判を浴びることになったのである。批判の先陣を切ったのは、リバプールの船会社に勤めるイギリス人のモレルであった。彼は一九〇六年に著した『赤いゴム』において、ゴム収集のために何日も森の中を歩かされ、定められた量を集められなければ激しい拷問を受けるというアフリカ人住民の悲劇を暴露して、コンゴ自由国の圧制を世界に向かって告発した。

コンゴ自由国における暴虐の背景には、レオポルド二世が敷いた開発システムがあった。オランダによるジャワの植民地経営にならって、彼は世界市場での需要が高い輸出産品を探したが、コンゴ盆地の熱帯雨林地域で格好の商品を見つけた。ゴムと象牙である。『闇の奥』では象牙を集めるヨーロッパ人の姿が描かれているが、一八九〇年代半ばから急速に輸出量を拡大したのがゴムである。ゴムは工業国において需要が高く、またコンゴの熱帯雨林地域に自生しているため、採集のために住民を駆り出せば短期間のうちに生産を伸ばすことができた。コンゴ自由国では、アフリカ人住民が現在利用している土地以外はすべて国有地と規定され、国有地の天然資源の利用はすべて国家が独占することとされた。その上で、住民に対する人頭税としてゴムの採集が命じられたのである。

その結果、コンゴ自由国のゴム輸出は急激に拡大した。一八九〇年に一〇〇トン程度でしかなかったゴム輸出量は、一八九六年には一三〇〇トンに、一九〇一年には六〇〇〇トンに拡大して世界総生産量の一〇分の一を占めるに至った。この急速な生産増加はアフリカ人住民に対する圧制に支えられており、それへの批判が二〇世紀初頭にイギリスを中心に噴出したのである。

当時のヨーロッパでは、レオポルド二世は慈善家として知られていた。実際彼は、アフリカ人に暴力を振るわぬよう繰り返し植民地行政官に命じていた。しかしその一方で、彼はゴム生産の拡大も要請し続けた。王は、アフリカ人への暴力の根源に自分が敷いた開発システムが横たわっていることを見ようとしないナイーブな慈善家であった。

コンゴ自由国に対してさしたる関心もなかったベルギー人は、突如湧《わ》き上がったレオポルド二世への批判に対し、当初は反発した。特にボーア戦争によって南アフリカのオランダ系住民を駆逐したイギリスに対しては、「ボーア人の富を奪い、次はコンゴを奪うのか」と警戒し、批判を主導したのがモレルらリバプールの海運会社の関係者だったこともあって、「彼らはコンゴでの取引を拡大するために圧力をかけているのだ」という意見がベルギー国内では一般的だった。

モレルらが声を上げた背景に、経済的動機がなかったとは言えない。しかし、イギリスをはじめとする各国の公式の主張は、ベルギーによるコンゴ自由国の併合であった。各国は、レオポルド二世の私有領という異常な体制を改め、ベルギーがコンゴ自由国を併合した上で責任をもって統治にあたることを要求したのである。ベルギー政府も一九〇四年にコンゴ自由国へ調査団を派遣したが、残虐行為の存在を認めた報告書が翌年出版されるに至り、ついに併合への決意を固めた。国王も議会・政府の意向に従い、一九〇八年、コンゴ自由国はベルギー領コンゴとなった。

「三位一体」的発展

ベルギー領コンゴは「三位一体」的発展を遂げた、と評価されることがある。これはすなわち、行政府・民間大企業・キリスト教伝道団が、それぞれ植民地の政治・経済・文化の側面で強大な影響力をもったことを意味している。

コンゴを併合した後、ベルギーはコンゴ自由国時代の過《あやま》ちを繰り返さぬよう植民地の統治システムを改革した。コンゴ自由国においては、植民地政策はベルギー政府や議会があずかり知らぬまま事実上レオポルド二世の独断で定められ、結果としてアフリカ人に対する常軌を逸した圧制を招いた。ベルギーは、新しい植民地の独断専行を許さぬよう、本国の議会と、やはり本国に設置された植民地評議会において、植民地政策を集中的に立案することとした。このため、ベルギー領コンゴにおいては行政府が強大な権限をもつ一方で、入植者は植民地政策に関与できず、したがって政治力ももち得なかった。

経済構造も大きく変化した。アフリカ人の採集物を国家が輸出する体制に代わって、鉱業および農業部門における民間大企業が経済を牽引するようになった。

鉱業の中心となったのは銅である。一九一〇年に開始された銅の生産は、第一次大戦後急速に拡大し、一九二八年には世界総生産の七パーセントを占めるに至った。ベルギー領コンゴの銅生産を一手に引き受けていたのが、ベルギーの金融資本が中心になって設立したユニオン・ミニエール社である。この大企業がロイヤリティや税金などによって植民地財政に与える影響力は絶大で、一九五〇年代には平均して政府歳入の二七パーセントがユニオン・ミニエール社からの支払いで占められていた。したがって、この企業が立地する東南部のカタンガ州（モブツ政権時代にシャバ州へ名称変更、一九九七年以降再びカタンガ州に）は、中央政府にとって死活的な意味をもち、これが独立以降、コンゴ動乱（後述）の火種となった。

農業部門の代表的な民間企業としては、世界的な多国籍企業ユニリーバ社の子会社、ベルギー領コンゴ搾油会社（ＨＣＢ）がある。ＨＣＢは植民地政府から広大な土地の利用権を獲得し、パームオイル（ヤシ油）を生産・輸出した。ＨＣＢをはじめとする民間資本が発展した結果、ベルギー領コンゴは植民地期末期には、ナイジェリアに次ぐ世界第二位のパームオイル輸出国となった。

このように特に第二次大戦後はヨーロッパ資本が牽引する形で急速に経済成長が進み、ベルギー領コンゴはアフリカ屈指の工業国となった。雇用機会の拡大に対応してレオポルドビル（現在のキンシャサ）など主要都市の人口も急増し、アフリカ人の中にわずかながら中産階級も現れ始めた。その数は微々たるものではあったが、社会的には重要な意味をもった。たとえば、独立運動を実質的に担ったのは彼らであったし、今日リンガラ音楽として世界的に有名な音楽文化を生み出したのも彼らであった。

一方、文化・教育に関してはキリスト教伝道団の影響力が圧倒的であった。ベルギーは、アフリカ人の「文明化」を植民地行政の最重要課題の一つとし、そのために伝道団を最大限利用した。特に教育に関しては伝道団の独壇場であり、一九四六年まで世俗教育は存在しなかった。

伝道団が教育を独占したことによって、ベルギー領コンゴの教育システムは特異な形をとった。初等教育は非常に進んだ。植民地期末期、ベルギー領コンゴの初等教育就学率は一〇パーセントに達していたが、これはアフリカの植民地の中では最高の水準であった。その一方で、高等教育は大幅に遅れた。高等教育への関心は、伝道団にはもちろん、植民地政府にもなかったのである。その結果、ベルギー領コンゴに大学が設立されたのは一九五四年になってからであり、独立時においても全国でわずか一六名しか学位取得者が存在しなかった。

砂上の楼閣

英領や仏領のアフリカ植民地に独立の風が吹き始めた一九五〇年代半ばになっても、ベルギー領コンゴには何の変化も見られなかった。アフリカ人の独立運動も組織的な形では存在しなかったし、植民地政府がアフリカ人に権力を委譲する様子も全くなかった。一九五六年になり、コンゴで発行された雑誌に、将来的に完全な解放を要求するというアフリカ人インテリ層の宣言が掲載されたが、解放はベルギーとの友好を維持しつつ段階的に行うことが望ましいという論調であった。同年、ベルギーの大学教授が「コンゴ解放三〇年計画」を世に問うたものの、時期尚早に過ぎるという反応がほとんどだった。

　こうした状況は、その後わずかの間に劇的に変化する。その分水嶺は、政党が続々と誕生して独立運動が急進化した一九五八年であった。中央部のサンクル地方出身で独立後に初代首相となるルムンバ（515ページ参照）は、一九五六年当時は漸進主義を標榜していたが、五八年一〇月にコンゴ民族運動（MNC）を結成した。また同月、首都レオポルドビルの近郊に居住するコンゴ民族の文化団体であるバコンゴ同盟（ABAKO）が、カサブブを党首として政党化することを決めた。

　この時期に誕生した諸政党は、いずれもコンゴの即時独立を要求した。独立運動の急進化を支えたのは、行政府や民間企業に勤める事務員など都市ホワイトカラー層である。彼らが他のアフリカ諸国の情勢に影響されて独立への要求を強める一方、各政党は彼らの支持を集めようと競って急進化し、ベルギーに対する圧力を高めた。こうしてコンゴの独立運動は過熱していった。

　コンゴ側の要求に対するベルギーの立場は、独立要求が公然化した以上これを基本的に尊重し、コンゴとの友好関係維持に努める、というものであった。独立要求は時代潮流から考えて不可避であり、またいったんその要求が表面化すれば、フランスがアルジェリアにとったような抑圧的態度で臨んでも無駄だというのが、ベルギーの植民地政策立案者の考えであった。確かにベルギーの場合、武力を行使して独立運動を抑圧するという政策では、国民の支持が得られないことは明らかだった。また、植民地においても入植者は政治的に無力であり、独立に対する組織的な抵抗も見られなかった。

そのため、ベルギーはコンゴ側の要求に応じてあっさりと独立を認めた。一九五九年一月には独立の方向性が打ち出され、同年末には植民地相が翌一九六〇年に独立させることを表明したのである。一九六〇年一月にブリュッセルで開催された会議において、同年六月三〇日の独立が定められた。

早期の独立承認は、ベルギー側の「善意」によるものだと言えなくもない。独立に向けた交渉でベルギーがコンゴ側に譲歩を重ねた背景には、交渉をこじらせずにコンゴとの友好的関係を維持したいというベルギー政府の意向が働いていたからである。しかし、早期の独立承認は、同時に準備なき独立でもあった。独立時に学位取得者が一六名しか存在しなかったことに象徴されるエリート層の不在は、行政にも民間企業にも、また軍にも、組織の上層・中間層にヨーロッパ人の仕事を引き継ぐ経験と能力をもったアフリカ人がいなかったことを意味する。さらに、独立後の政体をどうするか（中央集権制か、連邦制か）、具体的にはユニオン・ミニエール社からの財政収入を地域間でどのように分配するのか、といった微妙な問題は、独立交渉の際にコンゴ側で意見統一ができなかったために、すべて独立後に先送りされた。

　独立直後の一九六〇年七月、下級兵士の反乱をきっかけにコンゴ動乱が勃発し、その後約五年にわたって全国各地で内戦状態が断続的に継続した（第一四章3節参照）。この間、コンゴ経済の支柱であるカタンガ州の分離独立宣言、初代首相ルムンバの暗殺、東部全域における反乱など、コンゴは文字通り動乱の時代を迎えることとなる。コンゴの混乱は、準備なき独立の結果というだけでなく、東西冷戦の中で両陣営が中部アフリカの資源国コンゴを重視し、その政治に介入した結果でもあった。例えば、米国は、カタンガ州の分離独立阻止を図ってソ連に接近したルムンバを危険視し、陸軍参謀長のモブツのクーデターを支援した。域外大国の介入は、コンゴをいっそうの混乱に陥らせた。危険に晒《さら》されたヨーロッパ人は大挙して出国し、その後には経験のないアフリカ人が残された。独立時にアフリカ有数の工業国であったこの国の経済の瓦解《がかい》は早かった。アフリカ人抜きの「三位一体的発展」は、実のところ砂上の楼閣でしかなかったのである。

〈武内進一〉

5——遅れた解放〈ポルトガル領南部アフリカ〉

貧しい宗主国

ポルトガルは、アフリカ植民地化の幕を開けた最初の海洋帝国である（第三・四・八・九章参照）とともに、その幕を閉じた最後の植民地帝国でもあった。

ポルトガルの植民地支配を受けて現在独立しているアフリカ諸国は、西アフリカのギニア・ビサウ、その沖合の群島国カボベルデ、ギニア湾の群島国サントーメ・プリンシペ、大陸南西部のアンゴラ、南東部のモザンビークの五ヵ国である（ただし、総面積の九八パーセントはアンゴラとモザンビークが占めている）。ポルトガル人は一四四六年、まずカボベルデ諸島に到来した。一五世紀末になると、彼らはアンゴラとモザンビークの海岸部にまでやって来た。

これらの場所は地理的にポルトガル船の航路上に位置しており、もともと東方貿易に従事する船の寄港地として植民地化された。さらに一六世紀から一九世紀半ばまでは、活発な奴隷貿易の拠点にもなった。

「大航海時代」を切り拓《ひら》いたポルトガルも、一六世紀には長期的な没落への道を歩み始める。ポルトガルの一人あたり名目GDPは、二〇一六年の時点で約一万九八〇〇ドルと、ドイツの半分程度である。ポルトガルは現在でも、ギリシアと並んで西ヨーロッパの最貧国の一つである。また、ポルトガルは西ヨーロッパでは例外的に農村社会の色彩が強く、都市化率は七〇年で二六パーセント、二〇〇〇年でも五三パーセントにすぎなかった（たとえばイギリスは八九パーセント)。この数字は、同時期の赤道ギニアやセネガルの都市化率に近い。

ポルトガルの政治的・経済的な停滞が決定的になったのは、二〇世紀のサラザール独裁時代であった。貧農出身のアントニオ・デ・オリベイラ・サラザールは、権力への階段を昇りつめ、一九三二年にポルトガル首相となり、ドイツやイタリアと同類のファシズム体制を築いていった。ところが、イギリスとの絆が強かったポルトガルはドイツと同盟を結ばなかったため、この地のファシズム体制は責任を問われることなく、第二次世界大戦後も生き延びた。サラザール個人は、六八年の引退まで政権に居座り続けることになる。

ポルトガル・ファシズムの基盤は地主と軍隊、それにカトリック教会であった。サラザール独裁の時代、ポルトガルの農村の貧困はきわめて深刻であり、反体制運動は厳しい取り締まりを受け、秘密警察による密告が制度化されていた。

植民地支配の「後進性」

宗主国ポルトガルの「後進性」のために、その植民地が受けた支配は特に過酷なものになった。ベルリン会議以降、ポルトガルは特許会社を作り、植民地内陸部の開発にあたらせた。植民地ではポルトガル人の商人、農場主、軍人たちが、我がもの顔で振る舞い始めた。

たとえばアンゴラやモザンビークでは、多くのアフリカ人が農村から追い立てられ、鉱山やコロナト（入植者の農場）での強制労働に従事した。一五歳以上のアフリカ人は、乏しい収入の四分の一にも及ぶ人頭税を課された。アフリカ人農民はコーヒー、ココア、綿花、落花生などの農産物を安値で買いたたかれ、高価な割に品質の劣るポルトガル産品を購入せざるをえなかった。ヨーロッパで売れ残った質の悪いポルトガル産ワインも、植民地の重要な輸入品になった。

ポルトガルは、支配の緩衝地帯としての植民地エリートを周到に育てるだけの力をもっていなかった。四世紀にわたって形成されてきたムラート（混血の住民）は、カボベルデで人口の七〇パーセント、サントーメ・プリンシペで七パーセントを占めたが、広大な面積をもつアンゴラでは一パーセント、モザンビークでは〇・五パーセントにすぎなかった。これらのムラート層は、程度の差はあれ、一九世紀までのポルトガル領植民地の運営に重要な力を振るってきた。ところがサラザール独裁時代になると、彼らはポルトガル本国からの入植者によって実権を奪われていく。結局、二〇世紀の植民地体制によって周辺化されたムラートたちは、一九六〇年代になると積極的に独立運動に身を投じていくことになる。

一九一四年以降、アフリカ人の中でも一定の資産を有し、ポルトガル語を流暢《りゅうちょう》に操り、ヨーロッパ風の生活を送り、しかも「犯罪」を犯したことがない者は、ポルトガル市民に準じるアシミラド（同化民）の地位を与えられるようになった。しかし、たとえば一九四〇年のアンゴラにおいてアシミラドに分類されたアフリカ人は、〇・七パーセントにすぎなかった。この数字は五〇年でも同一である。

仏領・英領・ベルギー領の植民地と比べると、ポルトガル領植民地ではアフリカ人を対象とする学校や医療施設は劣悪であった。大部分のアフリカ諸国が独立した六〇年代になっても、アフリカ人の九割以上は読み書きの技能を身につける機会を与えられなかった。

解放を阻む要因

このように、ポルトガルの植民地支配は決して「洗練された」ものではなかった。にもかかわらず、西欧列強の植民地の中で、ポルトガル領植民地の解放は最後まで遅れることになる。その背景として、ここで三つの要因を指摘しておこう。

第一に、ポルトガルは本国でも植民地でも、むき出しの軍事支配を行っていた。植民地戦争の後期には、国家予算の約四割が軍事費に充当された。ファシズム支配下のポルトガル本国では、サラザール体制の批判だけでなく、植民地解放を支持する世論も厳しく抑圧されていた。

第二に、白人支配が続いていた南アフリカや、南部アフリカに強い利害をもつイギリス、鉱物資源に関心をもつアメリカなどが、ポルトガルの植民地支配を支援していた。とりわけ、南アフリカとローデシアには強力なイギリス系白人社会が存在しており、周辺のポルトガル領植民地の独立に敏感になっていた。ポルトガル軍は、対ゲリラ戦争の初期からナパーム弾を使うなど、ベトナム戦争での米軍の戦術を踏襲していた。

第三に、ポルトガルの農村が貧窮化するにつれて、植民地はポルトガルの余剰農民のはけ口と位置づけられ、第二次大戦後にポルトガル人の移民が急増した。もともとアンゴラやモザンビークは囚人の流刑地として活用されていたが、たとえば一九四〇年に四万四〇〇〇人（人口の一・二パーセント）にすぎなかったアンゴラの白人人口は、七〇年には二九万人（同五・一パーセント）へと増加した。入植したポルトガル人の大部分は「粗野」で、アフリカ人の人格や文化を見下していたとされる。当然のことながら、彼らはポルトガル本国の植民地からの撤退を望まない、強力な利益集団を形成していた。

一九五一年になると、ポルトガル領植民地はポルトガルの「海外州」と改称され、本国との結びつきはいっそう強まることになった。ポルトガルの動きは、完全に時代に逆行していたのである。

植民地・本国同時革命

しかし、ポルトガルの露骨な軍事支配は、最終的に植民地主義の首を絞める結果になった。一九六一年のルアンダ（アンゴラの首都）での蜂起を転換点として、アフリカ人自身による組織的な独立運動が始まる。

ギニア・ビサウではアミルカル・カブラルが率いるＰＡＩＧＣ（ギニア・カボベルデ・アフリカ人独立党）、モザンビークではエドゥアルド・モンドラーネが率いるＦＲＥＬＩＭＯ（モザンビーク解放戦線）、アンゴラではアゴスティニョ・ネトーが率いるＭＰＬＡ（アンゴラ解放人民運動）が結成された。ゲリラ戦争が拡大した六〇年代から七〇年代は、ベトナム反戦運動の時期でもあり、解放運動はアフリカ諸国や東側諸国のみならず、西側諸国の反体制運動からも国際的な支援を受けることができた。

最前線のポルトガル人兵士は、自分たちの側に大義がなく、勝利の見込みもないことを一番よく知っていた。兵士の大部分はポルトガルでは貧しい農民の出身だった。ところが、アフリカ人の解放運動は、解放区で農民に識字教育を施し、病院を建設している。このような実践に触れた一般の兵士たちは、ますます士気を喪失していった。目先が利く士官クラスの軍人は、本国政府の優柔不断な態度を公然と批判するようになった。懲罰のために軍に入れられた左翼学生の思想も、軍内に影響力を強めていた。

こうして植民地戦争を経験した軍の内部から、反ファシズム運動が成長していく。一九七四年四月二五日、ついにＭＡＦ（国軍運動）がリスボンで「大尉たちのクーデター」を起こし、ファシズム体制の打倒に成功した。軍と左派勢力の指導下で、新政権は農地改革や基幹産業の国有化を進めるなど、旧体制を一掃してしまった（ポルトガル革命）。

新政権のもとで、ポルトガルの対外政策も百八十度方向転換する。ポルトガル政府は七四年から七五年にかけて、すべてのポルトガル植民地の独立を認めた。こうして、ギニア・ビサウ、カボベルデ、サントーメ・プリンシペ、アンゴラ、モザンビークの独立が決定し、すでに解放区を拡大していた解放戦線が政権を掌握した。

しかし、旧植民地の独立政府の経済運営は、困難をきわめた。戦争による国土の荒廃に加えて、植民地経済の根幹を握っていたポルトガル人入植者が一斉に本国に逃げ帰ったためである。一九六九年二月にはモンドラーネが、七三年一月にはカブラルが、ポルトガル人右翼が差し向けた暗殺者によって殺害されたことも、不吉な前兆となった。

南アフリカの介入

独立後の旧ポルトガル領植民地が歩んだ道は、決して平坦なものではなかった。とりわけ南部アフリカのモザンビークとアンゴラには、独立したアフリカ諸国の中でも特別に過酷な運命が待ち受けていた。

モザンビークに対しては、ローデシアの右派白人勢力がRENAMO（モザンビーク民族抵抗）を組織し、政府転覆活動を開始した。ローデシアが解放されると、南アフリカがRENAMOのパトロンになった。モザンビークの内戦は、もともと「部族抗争」ではなく、白人傭兵による政府転覆活動として始まったのである。白人傭兵に訓練されたRENAMOのアフリカ人ゲリラは、子供を誘拐し、学校や病院を破壊し、教員や看護婦を処刑し、乗合バスを満員の乗客もろとも丸焼きにし、収穫に火をつけてまわるなど、各地で暴虐の限りを尽くした。南アフリカの直接・間接の介入が原因で命を落としたモザンビーク人は、一九八〇年代の一〇年間で一〇〇万人に達した。そして、八六年にはモザンビーク大統領のサモラ・マシェルが、南アの破壊工作で謀殺された。

状況はアンゴラでも同様であった。南アフリカはアンゴラと国境を接するナミビアの植民地支配を続け、ナミビアの軍事基地からアンゴラに直接侵攻を繰り返した。すでにアンゴラ南部では、ジョナス・サビンビ率いるUNITA（アンゴラ全面独立民族同盟）が反政府活動を強め、住民に恐怖支配を行っていた。冷戦下のアメリカは、マルクス・レーニン主義を掲げていたアンゴラとモザンビークの政府を敵視し、南アフリカと一緒になって、右派勢力のＵＮＩＴＡを公然と支援した。ただし、アンゴラ政府軍の側には、キューバが支援に駆けつけた。ポルトガルとスペインは、かつてアンゴラからキューバ向けに大量の奴隷を移送していた。キューバの兵士たちは、「祖先の地」の防衛のために大西洋を渡り、アンゴラの「兄弟姉妹」とともに戦ったのである。

一九八〇年代には、多額の累積債務をかかえて世界銀行・ＩＭＦ（国際通貨基金）に膝を屈するようになったアフリカ諸国も、内部から崩壊し始めた東側諸国も、キューバの献身的な努力を除けば、もはやモザンビークとアンゴラに十分な支援を与えることができなくなっていた。西側諸国の連帯運動も、南ア国内の動きに注意を集中し、南アの周辺諸国のアフリカ人の苦難を軽視する傾向があった。南アフリカの介入によって、孤立したモザンビークは文字どおり「世界一の最貧国」（世界銀行統計による）に突き落とされた。石油とダイヤモンドを産出するアンゴラの状況も、また同様であった。

エチオピアやソマリア、スーダン、ルワンダの悲劇が世界のマスコミの注目を集め、アフリカの「飢餓と貧困」のイメージが定着した八〇年代から九〇年代にかけて、独立後のアフリカ諸国の苦難は、ますますアフリカ人内部の「内輪もめ」や「失政」の結果と捉えられるようになり、西側世界は「善意の傍観者」として振る舞うようになった。ところが、西側世界の前哨部隊を自任していた南ア白人政権の八〇年代の振る舞いは、「傍観者」どころではなかった。南アは欧米諸国の強力な支援を受けて、独立したばかりのアンゴラとモザンビークを、実力で崩壊の崖っぷちにまで追いつめていたのである。

一九九四年、南アフリカにマンデラ政権が成立したことで、ようやくアンゴラとモザンビークにも和平の機会が訪れた。アンゴラでは一九九五年にUNITAの政権参加が決まり、呉越同舟の新体制が発足した。モザンビークでは一九九四年に総選挙が行われ、FRELIMO政権の弱体化に乗じて、RENAMOが野党第一党に躍り出た。両国ともに、和平を仲介したのは国連である。他方、島国カボベルデは独立後に複数政党制が定着したが、大陸部のギニア・ビサウの方はクーデターと内戦が続き、内政は安定していない。

闘いは続く

ここで二一世紀の「後日譚」も書いておこう。冷戦の終了とともに、社会主義の看板を下ろしたモザンビークとアンゴラの与党は、市場経済を率先して導入し、グローバル化時代の国際秩序に適応することを目指している。独立戦争と内戦をくぐり抜けたばかりの両国が、豊富な天然資源を武器として市場経済へと大きく舵を切ったことは、今世紀のアフリカを象徴する出来事だった。

アンゴラは石油輸出を軸に、二〇〇〇年代半ばには二〇パーセントを超える経済成長率を記録した。ナイジェリアと並ぶアフリカ屈指の産油国として、経済構造の多様化が次の課題になっている。モザンビークも、各種の鉱物資源に加えて、二〇一〇年以降に沖合で良好な天然ガス田が次々と発見され、投資ブームに沸いている。

モザンビークは、日本ではプロサバンナ計画によって広く知られることになった。この計画は、ブラジルのセラード地域の「緑の革命」の経験にならって、モザンビーク北部を近代的な農業生産の拠点に変えることを目指すプロジェクトだった。二〇〇九年に公然化したプロサバンナ計画は、日本とポルトガル語圏のブラジル、モザンビークを結ぶ「三角協力」の大規模プロジェクトとして、日本のODAの歴史を変える画期的な事業になるはずだった。

ところが現地の農民たちからすると、プロサバンナはまさに「青天の霹靂《へきれき》」であった。日本やブラジルのNGOが猛反発したこともあり、プロジェクトは迷走し始めた。かつてのモザンビーク内戦の原因のひとつは、社会主義時代の農業集団化に小農の一部が激しく抵抗したことだった。そこに南アフリカの介入が結びついて、まさに兄弟が殺し合う、悲劇的な内戦が長期化したのである。モザンビークの歴史を少しでも知っている者であれば、土地を集約的に利用しようとするプロジェクトが過去の記憶を呼び覚まし、泥沼の対立を招くことは、十分に予想できたはずだ。しかもモザンビーク北部は、FRELIMO

とRENAMOの両勢力が拮抗《きっこう》する内戦再発の危険地帯なのだ。モザンビーク革命から三〇年を経て、ボタンの掛け違いが繰り返されたことになる。

二一世紀初頭のアンゴラとモザンビークでは、経済成長を牽引する与党の権力基盤がいったんは固まった。しかし、それぞれの政権党のMPLAとFRELIMOが安泰だというわけではない。かつての社会主義時代の清貧の思想は失われ、官僚の汚職が深刻化しつつあるとも伝えられている。他方、かつてアフリカの左翼政権を応援した欧米の知識人の多くは、かつての反共主義者と一緒になって独裁政権を批判するようになった。事情はジンバブエなどの国々も同じ。何が「右」で何が「左」なのか、誰もわからなくなったというのが、二一世紀の南部アフリカの政治である。

アフリカの旧ポルトガル植民地の解放運動では、アルタ・コンティヌア（闘いは続く）というスローガンが繰り返し叫ばれていたものだ。これらの国々において、民衆は多くの犠牲を払って独立を手に入れた。しかし近年では、急激な格差の拡大と都市化の進行とともに底辺の憤懣《ふんまん》が蓄積されている。闘いは終わらない。内戦によって貧困の淵に突き落とされた国にとって、経済成長それ自体は悪いことではないだろう。問われているのは「成長の質」である。

〈峯　陽一〉

第一二章　南アフリカの経験

1――オランダ東インド会社の時代

会社という名の国家

東南アジアとの主に香辛料取引で、スペイン人やポルトガル人などの手を通さず、独自のアジア航路の開拓を目指したオランダは、一五九六年、初めて「東インド」の地に到達した。この年、オランダの船隊がジャワ島西部のバンテン王国の港に停泊したのだった。

「東インド」という名称は、大航海時代にアメリカ大陸に到達したヨーロッパ人が、当初その地を「インド」と信じたことに由来している。のちに、そこは「西インド」と称され、本来のインドとその近隣地域は「東インド」と呼ばれたのだった。およそ、現在のインドネシア、フィリピン、マレーシア、シンガポール、ブルネイなども含まれる。

以後、「東インド」に来航するオランダ商船が一気に増え、商社間の競争がますます激しくなった。そこで、一六〇二年、オランダ連邦議会は、対東インド貿易の主導権をめぐって前世紀末から乱立していた多数の貿易商社を統合して、オランダ東インド会社（連合東インド会社）の設立を決めた。

新会社は政府から特許を受け、東インドはもちろん、喜望峰以東、マゼラン海峡以西に及ぶ広大な海域と沿岸部で、諸施設（城砦、住宅など）の建設、警察権・課税・裁判を含む行政・司法上の各種権限、条約の締結、宣戦講和などの外交上の権限を認められた。このほか貨幣鋳造の許可までも付与されており、あたかも一つの主権国家と言えるほどで、資本金は、それより二年前に設立されたイギリス東インド会社の一〇倍以上だった。実際、それは世界最初の株式会社と言えるものだった。株式は一般に公開され、誰もが株主になることができたから、多数のオランダ国民が小株主になって、この会社の繁栄に夢を託した。

一六一九年、会社はジャワ島のバンテン王国の属領であった良港スンダ・カラパ（現ジャカルタ）を獲得し、そこをバタビアと改称して東インドにおける貿易と植民地経営の根拠地にしたてた。ちなみにオランダ東インド会社の組織は、前身の九つの会社の取締役七二名（のちに六〇名）をそのまま引き継いだが、その上に一七人会と呼ばれる重役会が置かれていた。オランダ側のこうした勢いを受けて、以後イギリスはインドネシア進出よりも、インド亜大陸に関心を転じた。

ヤン・ファン・リーベック

さて会社は、設立から五〇年近くも経過した頃、東インド航路の補給基地建設の必要から、ある人物を抜擢して、アフリカ南端ケープの地で指揮を執らせることを決めた。その人物がヤン・ファン・リーベック（一六一九～七七年）であった。彼の名はヨーロッパ人による南部アフリカ支配と入植の歴史を象徴するものとして、おそらくのちのセシル・ローズに次いで有名となり、長く人々の記憶に残ることになった。

ヤン・ファン・リーベック、30歳頃。（1619～1677）

ファン・リーベックは一六一九年にクレンボルフに生まれた外科医で、父親は船主・船長だった。東インド会社に雇われ、船医の助手を務めた後、バタビアなどでの陸上勤務に従ったが、会社のケープ支部開設にとても熱心だったといわれる。一六四八年、ファン・リーベックはバタビアからの帰路、たまたま前年にテーブル湾で座礁したオランダ船の乗組員の救助活動に従事したことがあった。この偶然の経験から、彼はケープの土地勘を得ており、そこが水、薪、新鮮野菜、肉などの補給基地となりうることを見抜いていた。

一六五一年一二月一九日、新婚まもないファン・リーベックは、妻や姪など四人の女性を含む約八〇名を引き連れて、テセル（テッセル）の港を出帆した。旗艦ドロメダリス号（約二〇〇トン。「ラクダ」の意。船体にラクダの絵が彫られていた）を親船とする三隻の船団がケープに到着したのは、翌年四月六日のことであった。航海はまず平穏であったが、途中で二名の死者が出たという。

自由市民の誕生と奴隷の輸入

彼らは社宅を建て、水路を掘り、農園を拓き、防衛のための城砦を築いた。城砦の建設は、現地住民の攻撃に備えるというよりも、対抗するヨーロッパ諸国への牽制の意味が強かった。

当初、アムステルダムの重役会も、バタビアのインド参議会も、遠く離れたケープの地にオランダ人の入植を推進し、なんらかの産業を興そうなどとは夢にも考えていなかった。ファン・リーベックの時代に、ケープへ寄港する社船はせいぜい年間二五隻ほど、ほかにイギリス、フランスの船が若干であり、乗組員の総数は五〇〇人を超えなかった。当然、会社の採算はとれなかった。

ところが、一六五七年頃からこの事態に変化の兆しが見られるようになった。同年、会社はファン・リーベックの熱意に動かされて、九名の社員を解雇し、自由市民（フリー・バーガー）とした。彼らは、テーブル湾から約一〇キロ南方に位置するケープ半島のロンデボッシュに二〇エーカーの土地をもらい、会社に現地住民との牛の自由な取引を認めさせた。彼らは免税特権をも得たが、その代わりに、会社を通してのみ、決められた値段で穀物や肉を売るという制限を受け入れた。会社にとっては、従業員を使うよりも、このほうが安上がりだと考えられた。

もう一つの重要な出来事は、同じ一六五七年に、ダホメーから十数名、ポルトガル領アンゴラから一七〇名の奴隷が輸入されたことである。奴隷の売買には、おそらくポルトガル商人が介在していたことであろう。その後も会社はマラッカ（旧ポルトガル領）、マダガスカル、スリランカ（オランダ領セイロン。一六五八年まではポルトガル領）、モザンビーク、ゴールドコースト（現ガーナ）などから奴隷を輸入し続け、社員や自由市民に割り当てた。

奴隷制社会となったケープでは、安価な労働力によって農作物の生産量が増え、やがて会社経営は黒字に転じた。しかし、年月の経過とともに白人と奴隷の混血が増えるなど、

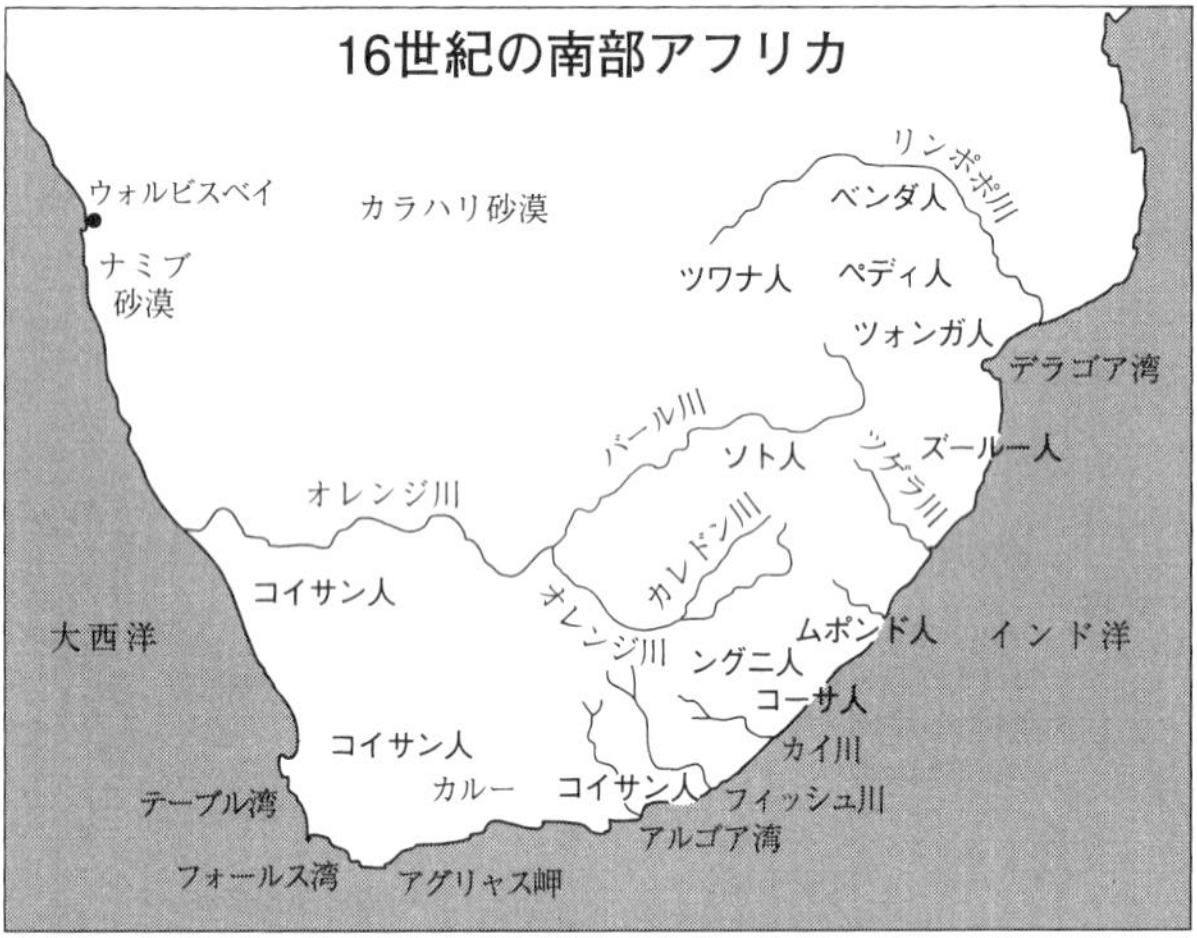

（Thompson, 2000による）

新たな問題も生じてきた。

異人種間の結婚については、ファン・リーベック自身が当初は白人と現地住民との結婚を奨励していた。たとえばファン・メールホフ（van Meerhof）なる人物は、コイコイ人（ホッテントットの蔑称で知られる）の娘を初めて妻（Eva van Meerhof を名乗った）にした白人として、その名を歴史に残した。こうした接触が深まるにつれて、グリカ、コラナなどと呼ばれる、白人とコイコイ人やサン人（ブッシュマンの蔑称で知られる）との混血集団が誕生した。一七〇七年、会社は白人男性と現地女性との結婚を禁止したが、言語的、宗教的、民族的に多様な現地住民はもちろん、アフリカ、アジア各地出身の奴隷を抱え込んだケープ社会は、次第に複雑な人種問題の芽を育てていくことになった。

なお、ファン・リーベックは一六六二年にケープを辞し、家族とともにバタビアへ転任した。バタビア着任後、まもなくマラッカに転じ、その地で主任を務め、再びバタビアに戻り、インド参議会の書記長となった。彼は一六七七年にバタビアで死んだが、会社は社葬として生前の苦労に報いた。

ケープ社会の発展

ファン・リーベックがケープを去った頃、ケープの白人人口はわずかに一二〇名ほどだった。それから一〇年後の一六七二年、ケープ「長官」の地位は「総督」に昇格したが、歴代の長官や総督の第一の関心事は、移民の奨励と入植地の拡大だった。

ケープの人口増加に決定的な影響を与えたのは、ヨーロッパの出来事だった。よく知られているように、フランスがナント勅令を廃止して、プロテスタントへの保護政策を捨てた一六八五年以降、新教徒の一派であるユグノーが大量にオランダへ流れ込んだ。彼らはオランダで信仰の自由を得たが、経済的には困窮をきわめていた。その結果、一六八八年から翌年にかけて、若い女性を含む約二〇〇名のユグノーがケープへの移住を決意した。移住の条件は、ケープまでの船賃は無料、土地・資本・農具などは会社から貸与されるが、最低五年間の定住義務を負うというものであった。

その頃までに、白人入植地はケープ半島だけに限られず、のちにステレンボッシュ（一六七九年に総督になったシモン・ファン・デル・ステルの名にちなむ）の名で知られる山岳地帯の南の峡谷がすでに譲渡され始めていた。一六八三年末頃、その地域にはすでに約三〇家族が住み着いており、ケープタウンの全住民の数ヵ月分のパンを供給するのに十分な小麦を生産していたという。また同年、同地には小学校が建設され、さらに三年後には美しい教会も建てられた。今、ステレンボッシュは、見事なブドウ畑の広がるケープ・ワインの特産地として世界に知られている。

ケープの風景

一八世紀初め、ケープには約七〇〇〇人の会社従業員のほか、約一六〇〇〇人の入植民がおり、さらに約一一〇〇人の奴隷と地元の牧畜民がいたという。ファン・リーベックのケープ上陸後五〇年目にあたる一七〇二年、ケープを訪れたあるデンマーク人は当時の町の様子を次のように描写している。

「町は城の西方、マスケット銃の射程内にあって、海からテーブル・マウンテン（台形状の固い地盤の山。海抜一〇八六メートル）までつづいている。後方はライオン・ヒル（「ライオンズ・ヘッド」とも。海抜六六九メートル）の最外縁部のスロープにまで届いている。会社が入植地としてここを選んで以来、町の家並みの数はすばらしく増加した。どれもが石造りである。それらの家は、外側から塗ってある雪のように白い石灰のために、遠くから見るととても美しく、その多くがオランダ風にこざっぱりとして、まぶしいほどだ。いまでは、オランダ風に建てられた自慢の教会があり、かなり大きな塔がある。日曜日ごとに、そこで神の言葉が説かれている」（レナード・トンプソン『南アフリカの歴史』）

会社の記録によると、一八世紀末の一七九三年には一万三八三〇人の自由市民（男性四〇三一人、女性二七三〇人、子供七〇六八人）がいたという。また、同年には一万四七四七人の奴隷（男性九〇四六人、女性三五九〇人、子供二一一一人）もいた。奴隷の数のほうが自由市民の数よりも多く、自由市民の半数が奴隷を所有していた。ちなみにファン・デル・ステル総督は、一七〇六年当時一六九人の奴隷を所有していたと言われる。

自由市民の数が増え、奴隷の数が増えるにつれて、住民の間で分業体制が進み、商工業、農業、牧畜業などの区別が顕著となり、社会の階層化も進んだ。

一八〇三年、ケープ半島から約一三〇キロ北に位置する農牧地に屋敷を構えていた入植農民の生活の模様を、あるドイツ人が次のように描写している。

「彼は一種の家父長制家族をつくっていた。農場の家畜は馬八〇頭、角のある牛六九〇頭、羊二四七〇頭、そしてありとあらゆる種類の飼鳥類が無数にいるといえば、ある程度までこのお屋敷のことが想像できるだろう。主人、召使い、ホッテントット、そして奴隷を含めたこの家の構成員は一〇五人である。〔中略〕今年、彼の農園に播《ま》かれたとうもろこしの量は、あらゆる品種を含めて六一ブッシェル（穀物などの計量単位。一ブッシェルは約三六リットル＝八英ガロン）にのぼった。〔中略〕アフリカの農場が、ほとんど一つの国家のミニチュアだといってよいことがわかるだろう。〔中略〕土地と家畜が生み出すものが家族全員の食いぶちとなるが、余剰は一見想像されるほど多くはない」（トンプソン前掲書）

オランダの没落

ファン・リーベックらがケープに入植した一六五二年、オランダはイギリスとの間で第一次英蘭戦争（一六五二〜五四年）を起こした。オランダで「イギリス戦争」と呼ばれるこの戦争は、北海での貿易、海運、漁業、植民地をめぐるイギリス・オランダ両国の利害の対立から生じたものである。すなわち、クロムウェル政権が前年に布告した航海法によってイギリスが優位に立って以来、両国の間で緊張が高まっていたものが、ついにドーバー沖での両国艦隊の衝突を誘ったのであった。この時に勝敗は決まらなかったが、オランダ側の被害は大きかった。

次いで第二次英蘭戦争（一六六五～六七年）では、オランダ艦隊はテームズ川の河口に迫るなど巻き返しに成功した。この成功によって、ニューアムステルダム（現ニューヨーク）はイギリスに割譲され、その代わりに航海法はオランダに有利なものに変更された。そして蘭仏戦争（一六七二～七八年）の直前、イギリスは第三次英蘭戦争（一六七二～七四年）を起こしたが、この時は英仏連合艦隊がオランダ本土上陸を目指した。オランダはこれを退散させたものの、戦後その海上権力は急速に衰えた。

その後、第四次英蘭戦争（一七八〇～八四年）でオランダは惨敗し、これに続く経済的混乱から、約二〇〇年の命脈を保ったオランダ共和国（ネーデルラント連邦共和国）は崩壊した。崩壊後は、オランダの統一国家としてバタビア共和国（一七九五～一八〇六年）が成立した。バタビアの名称は、ライン川北方に住んだ民族名に由来している。なお、一八〇六年、フランス皇帝ナポレオンが弟のルイをオランダ国王に任命した。その結果、バタビア共和国はオランダ王国となり、一八一〇年にオランダ王国はフランスに併合された。

オランダ本国の没落の後を追って、二万人に及ぶ社員を抱えたオランダ東インド会社は経営不振に陥り、一七九四年に破産を宣言、一七九八年にはついに解散に追い込まれた。ナポレオン戦争中にあったイギリスはこの機を逃さず、ケープがフランスの手に落ちることを懸念して、一七九五年にケープを占領、二七〇〇名の軍隊を駐屯させた（第一次ケープ占領）。一八〇二年、フランスとの和睦を図る条約（アミアンの和約）によって、ケープは一時的にバタビア共和国に戻されたが、その四年後に英仏戦争が再発し、イギリスは再びケープを占領した（第二次ケープ占領）。

2——イギリス領ケープ植民地の誕生

パス法廃止と奴隷解放

イギリス領ケープ植民地が正式に宣言されたのは、第一次大戦勃発のちょうど一〇〇年前にあたる一八一四年のことだった。以後、土地・法律・教育制度の改革、各種政治組織の再編制、通貨の整理など、全般にオランダの諸制度が改められ、イギリス式の諸政策・制度が実施に移された。

一八二〇年には、イギリスから約五〇〇〇人の移民が送り込まれた。「一八二〇年の入植民」として知られるこの大量移民を送り出すことで、イギリス政府は国内の経済問題を外へそらせると同時に、東部フロンティア地方でのオランダ系入植民のそれ以上の拡大を食い止めて、アフリカ人との衝突を避けようとの狙いがあった。一八二八年には公用語として英語が採用され、従来のケープ・オランダ語（のちのアフリカーンス語）の地位を低いものにした。

このほかケープ社会に著しい変化を誘発した要因として、コイコイ人に対する虐待の問題や奴隷解放の是非をめぐる議論があった。

宗教的な選民意識を育て、奴隷労働に依存してきた保守的なオランダ系入植民は、比較的リベラルなイギリス政府の諸施策に次第に反発を強め、時代の推移に危機感を深めていった。

一八二八年、総督令第五〇号が発布されたが、これはコイコイ人とカラード（コイコイ人やマレー、マダガスカルからの移入奴隷と白人の混血）を法律上は白人と平等に扱うものであった。これによりパス法（一八〇九年に法制化。しかしそれ以前の一七〇九年以来、ケープの奴隷たちは単独外出に際して、奴隷主から与えられたパス、つまり通行許可証を携帯しなければならず、一八世紀末までに同様の措置がコイコイ人農場労働者にも適用されていた。パス不携帯者は、カラードを含め浮浪者として取り締まりの対象となった）は廃止され、アフリカ人の強制労働も禁止された。その結果、オランダ系入植民社会では労働力の不足が深刻化した。

一八三四年には奴隷解放令が発布され、労働力の不足にさらに追い打ちをかけた。同年以後四年間に、三万九〇二一人の奴隷が自由を獲得したが、貴重な財産であり、生産手段でもあった奴隷を手放したオランダ系入植民の痛手は大きかった。奴隷解放にともなうイギリス政府の補償は満足には行われず、彼らの間には激しい反イギリス感情が広まっていった。

グレート・トレック

グレート・トレック（Great Trek）とは、ケープ植民地を離れて、イギリスによる支配の手の届かない自由の天地を求めて、北へ北へと向かったオランダ系入植民（ボーア人とも言う）の大移動のことである。彼らは一八三〇年代後半から四〇年代初めにかけて、そのつど二〇〇～三〇〇人の一団を組み、幌牛車を連ねてケープを脱出した。その総数は、彼らと行動をともにしたコイコイ人、カラード、奴隷を含めて約一万人前後にのぼったという。

一八三四年、彼らは三つの偵察隊を内陸方面へ送り、本格的なケープ脱出のための準備を始めた。合衆国の西部開拓史にも匹敵するグレート・トレックの時代にその名を残したボーア人の指導者としては、トリハルト、レンスブルク、ポトヒーター、プレトリウス、レティーフなどがよく知られる。

なかでも一八三六年に出発したポトヒーターは、途中でンデベレ人と戦いながら、バール川とオレンジ川の彼方に新天地を見つけたことで知られる。またナタールを目指したレ

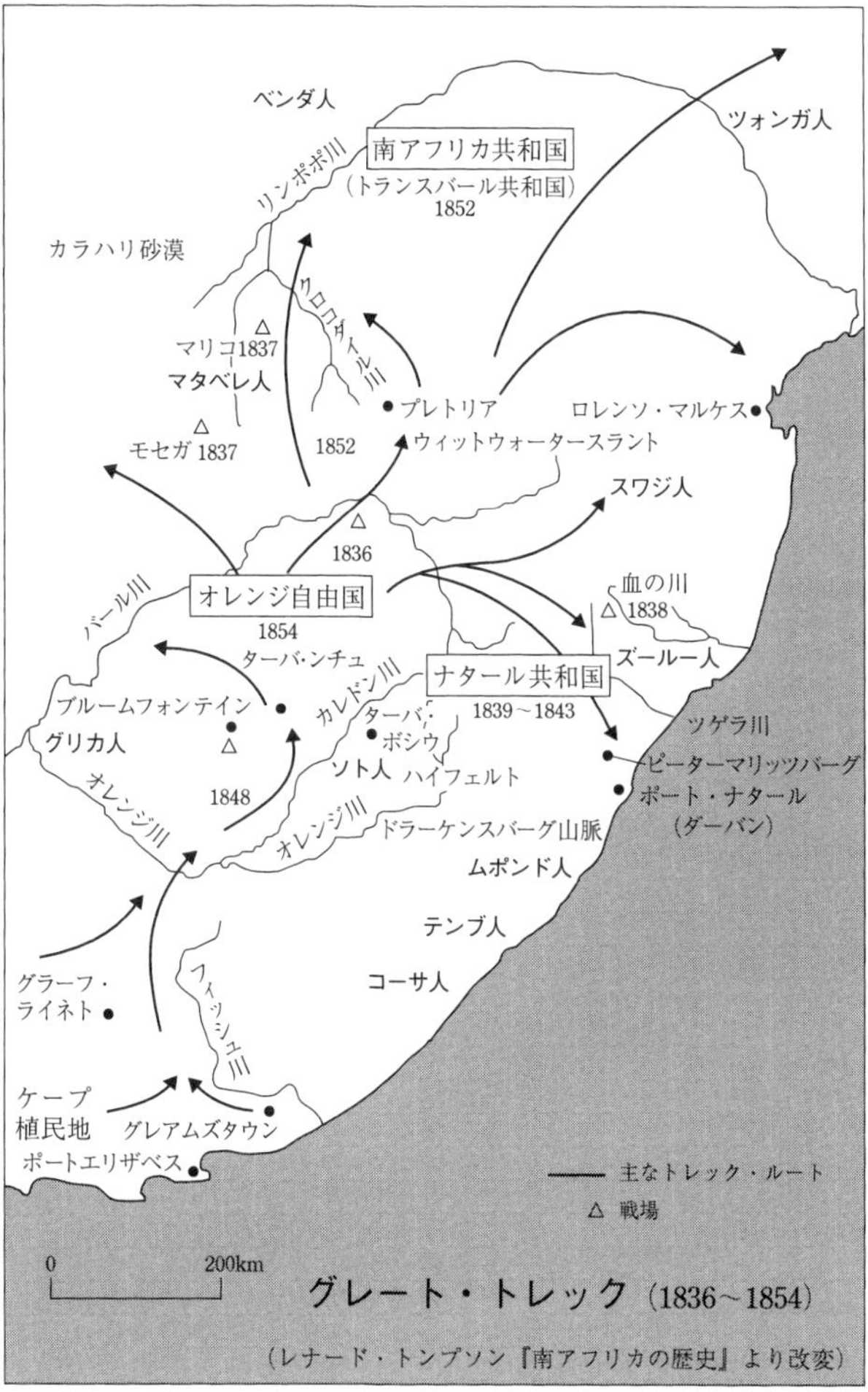

グレート・トレック (1836～1854)
(レナード・トンプソン『南アフリカの歴史』より改変)

ティーフは、ズールー人との戦いに敗れたが、その後に続いたプレトリウスは、有名な「血の川の戦い」(一八三八年)でズールー人を破り、翌年、ナタール共和国を建設した。「トレック・ボーア」として知られる彼らが、アフリカ人との戦闘で、幌牛車を円形に連ねる車陣を敷いて巧みに戦い、犠牲者を最小限に食い止めたことはほとんど奇跡に近かった。

しかし、このようなボーア人の動きに警戒を強めていたイギリスは、建国期の混乱を脱しきれないナタール共和国を攻め、一八四三年にこれを滅ぼした。このため多数のボーア人がナタールを脱出し、オレンジ川の彼方の仲間に合流した。彼らはその後もイギリス勢力と戦い続けながら、一八五二年にトランスバール共和国、一八五四年にオレンジ自由国を建設した。

アフリカ人の離合集散

先にも述べたとおり、アフリカ人との牛取引は、当初は会社の統制下に置かれたが、やがて自由市民のなかから自力で牛や羊を飼う者が現れた。南部アフリカの、ことに内陸地方では、アフリカ人と白人入植民の双方にとって牧畜は最も安全な生活形態であり、農牧を主体とする混合経済は必至であった。そのため、入植民はますます土地と牧草を必要とした。その結果、一八世紀末には約一万の白人農牧民が内陸地方まで進出していたと言われる。

アフリカ人との衝突は、初めはコイコイ人やサン人との間で牛取引をめぐって生じた。その種の争いの例が早くも一六五九年に記録されている。しかし、アフリカ人側は人口も稀薄で技術水準も低く、彼らの抵抗は弱かったから白人の進出は容易だった。

しかし、東部フロンティアの状況はかなり違っていた。バンツー語系のアフリカ人は一七世紀までにリンポポ川の南に達しており、ナタールの人口は過密状態に近かった。一八世紀になると、彼らは南西方向に拡大し、コイコイ人やサン人と衝突し始めた。この過程で、コイコイ人やサン人の一部はバンツー語系集団に吸収されたが、残りの者は、さらに西方のカラハリ砂漠方面へ追い立てられた。バンツー語系アフリカ人は鉄製の武器を使っており、コイコイ人やサン人よりも強く、白人入植民にとっては手強い存在だった。入植民は、コマンドーと呼ばれた市民義勇軍を編制して彼らと戦った。

バンツー語系アフリカ人の南西方向への拡大の中で、一番西寄りに位置していたのはコーサ人で、彼らと白人入植民との緊張関係は、一七九九年の第一次カフィール戦争以後、放牧地と居住地を確保するための継続的な争いとなり、いわゆる百年戦争へと発展した。

同じバンツー語系アフリカ人で、コーサ人と近しい関係にあったズールー人は、一九世紀初めにシャカ（一七八七〜一八二八年）の指導の下で民族的一体感を深め、同世紀後半には強大なズールー帝国を築いた。この時期には、多数の民族がシャカの覇権を認め、その支配を受け容れたが、他方その恐怖政治から逃れようと、多数の民族が蜂の巣をつついたように逃散し、分裂と衝突を繰り返した。諸民族の離合集散のこの時期は、南アフリカ史の上で、ズールー語で「ムフェカーネ」（Mfecane）、あるいはソト語で「ディファカーネ」（Difaqane. ともに「衝突」の意）の時代として知られる。

この時期に、たとえばシャカの支配を逃れたソシャンガネ（一七九〇頃〜一八五八年）は北方にガザ王国を、ムジリカジ（一七九〇頃〜一八六八年）は現ジンバブエ西部にンデベレ王国を建設した。またのちにムフェング、あるいはフィンゴ人の名で知られることになる人々は（本来彼らはツゲラ川の南に住んでいた）、シャカの進攻から逃れてナタールや東ケープへ到着した難民集団であった。彼らの間から、初期のキリスト教改宗者が多数現れたことは注目される。

なお、ズールー人など、バンツー語系アフリカ人の中でもングニ語系として下位分類される諸民族（ほかにコーサ人、スワティ人など）がハイフェルト（南部アフリカ内陸部の高原盆地。海抜一五〇〇〜二一〇〇メートル）へ進出したために、一八二〇年代には、同じくソト語系として下位分類される諸民族（ソト人、ツワナ人など）が混乱に陥り、多数が西や南へ向かって

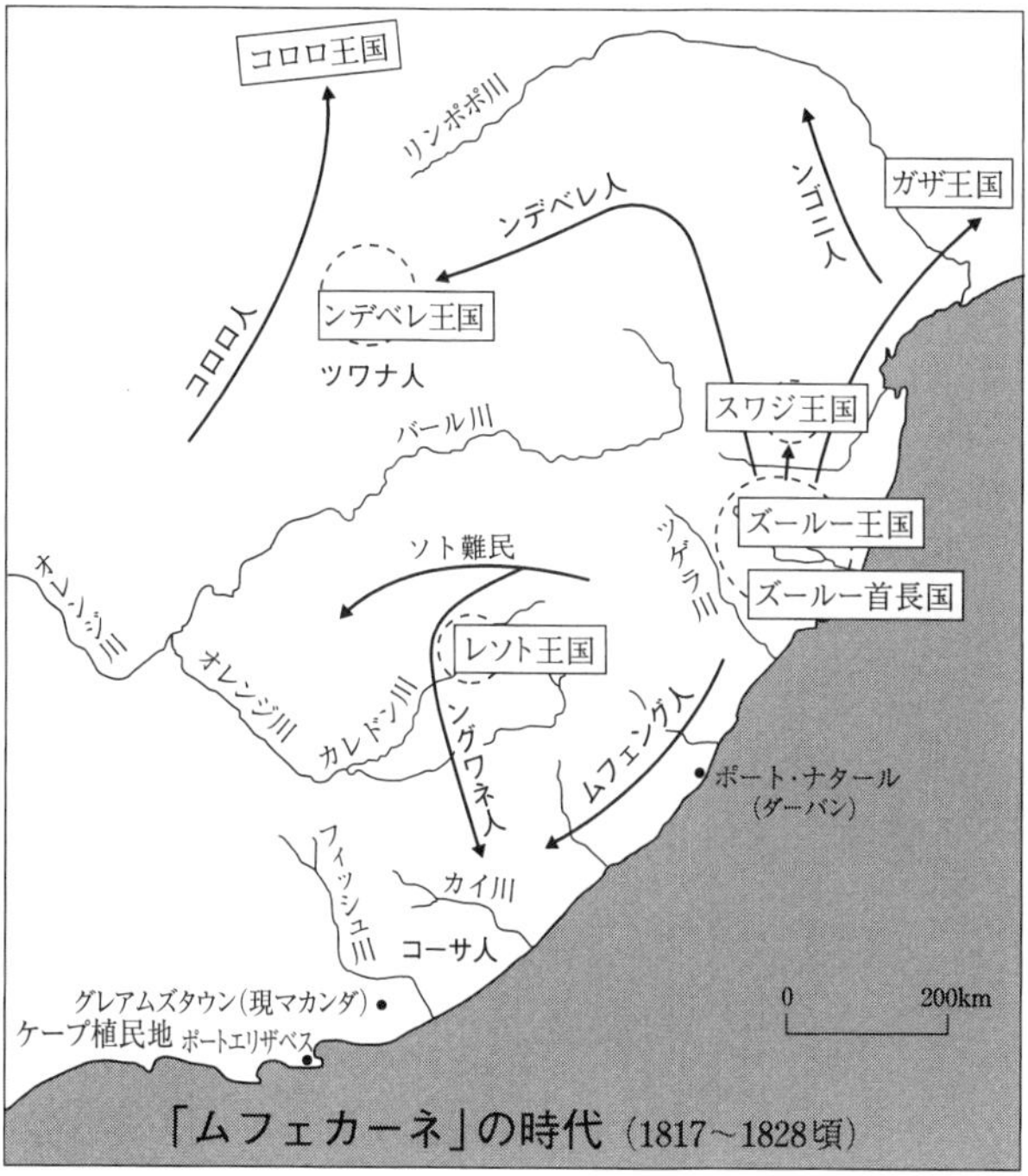

(レナード・トンプソン『南アフリカの歴史』より改変)

逃散した。その中でも、一八二七年以降、レソトのターバ・ボシウ（海抜一八〇〇メートルほどの丘陵地）に拠点を築いたモシェシェ（一七八六頃～一八七〇年）や、ソト人戦士を率いてザンベジ川上流まで北上し、同地方にコロロ王国を築いたセベトワネ（一七九〇頃～一八五一年）の動きなどがよく知られる。

ボーア人のグレート・トレックは、東ケープへの直進を避け、初めに北方へ向かい、オレンジ川を渡り、その後ナタールやハイフェルト方面へ向かったが、そこはムフェカーネに伴う大混乱のために、同地方のアフリカ人諸民族が逃散した直後に残された空白地帯だったのである。

金とダイヤモンドの発見

オレンジ自由国のグリカランド・ウェスト内キンバリーの地（ヨハネスブルク南西約四三〇キロ）で、ダイヤモンド鉱が発見されたのは一八六七年のことだった。オレンジ自由国とトランスバール共和国という二つのボーア人国家の勢力拡大を警戒し、同時にインド洋戦略を重視していたイギリスは、一八七一年にグリカランド・ウェストを、一八七七年にはトランスバール共和国を併合してしまった。しかし、その二年後のイサンドルワナ（現クワズール・ナタール州内の丘陵地）の戦いで、イギリス（総兵力約一万）はズールー軍に敗れ、一

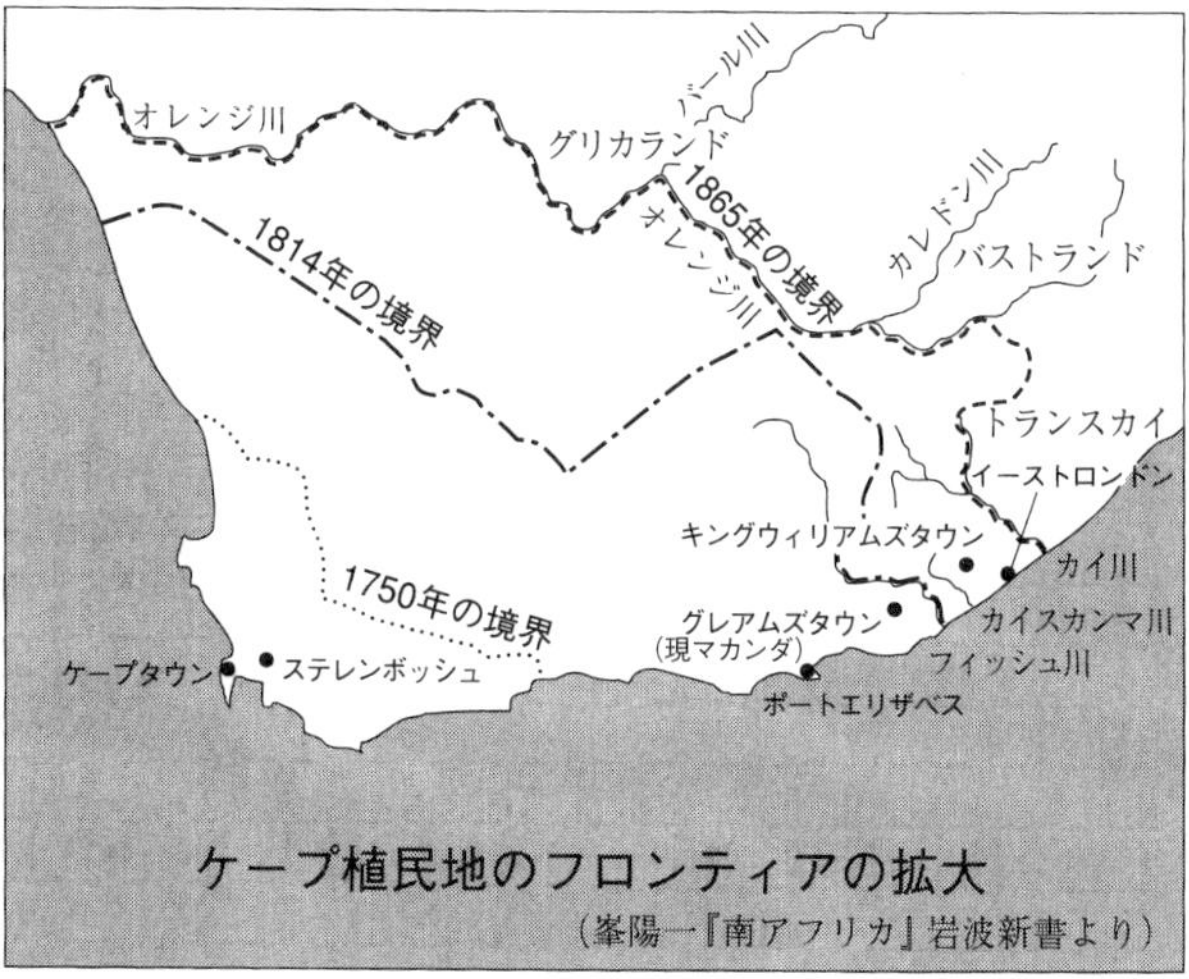

ケープ植民地のフロンティアの拡大
（峯陽一『南アフリカ』岩波新書より）

八八一年のマジュバヒル（現クワズール・ナタール州内の丘陵地）の戦い（第一次ボーア戦争）でもボーア人に敗れるなど、辛酸をなめた。その結果、一八八一年のプレトリア協定によってイギリスはトランスバールの自治を認めざるを得なくなり、その内陸部征服の野望は後退したかに見えた。

一八八六年、今度はトランスバールのウィットウォータースラントで金鉱が発見された。この時も、ボーア人勢力の拡大を恐れたイギリスは、一八九〇年にセシル・ローズの指揮のもとに、パイオニア・コラムとして知られる多数の入植民部隊を南ローデシア（現ジンバブエ）へ送り、南北からトランスバールの包囲作戦を実行した。一八九五年には、ヨハネスブルクのイギリス系住民の保護を口実に、トランスバール政府の転覆を狙って、ローズの友人L・S・ジェームソンが率いる武装集団を同国に送った（ジェームソン侵攻事件）が、これには失敗した。

その後一八九九年から一九〇二年にかけて、当時のケープ総督アルフレッド・ミルナー（在職一八九七〜一九〇一年）は第二次ボーア戦争をしかけて、これら二つのボーア人国家と戦い、これに勝利した。その結果、トランスバールとオレンジ川植民地（自由国）はイギリス王領地となった。次いで一九一〇年には、ケープ、ナタール、トランスバール、オレンジ自由の四州は、南アフリカ連邦を結成することになった。

この結果、リンポポ川の南では、スワジランド（現エスワティニ）とバストランド（現レソト）がイギリス保護領として命脈を保ったものの、実質的に南アフリカ全土でアフリカ人は独立を失い、イギリスの支配が完成することになった。

これを見ても分かるとおり、当時の南部アフリカの状勢は、イギリスを中心とするヨーロッパの覇権国家によるアフリカ植民地化の縮図だった。以後、南部アフリカは、南ローデシアなどを含めて、資本主義近代の重要な一翼に組み込まれて、現代世界に登場することになった。

〈宮本正興〉

3――「アパルトヘイト」との闘い

南アフリカ連邦の時代

一九一〇年に、イギリスの自治領南アフリカ連邦が誕生した。その初代首相を務めたのは、トランスバール州の政治的実権を握っていたルイス・ボタ（ボーア人・オランダ系白人）だった。第一次大戦前後の南アフリカでは、金・ダイヤモンド・石炭産業を中心にますます工業化が進んだ。アフリカ人労働者の中には、モザンビークやローデシアなどの周辺国から来た出稼ぎ民も大勢いた。主に経済と政治の主導権をめぐって、イギリス人とボーア人の対立はいっそう激化し、他方、アフリカ人の地位は着実に悪化の道をたどった。

一九一一年には、最初の差別立法と言われる「鉱山労働法」が施行されたが、これは南アフリカ連邦が農牧中心の国家から鉱業国家へと転換する時期に、白人とアフリカ人との間で職種や賃金の格差を取り決めておくものであった。次いで一九一三年には、「原住民土地法」が施行され、アフリカ人の指定居住地は全土の七・三パーセントと決められた。この法律はアフリカ人の移動を制限すると同時に、鉱山、工場、白人農場などでの労働力の確保を目的としたものだった。アフリカ人側の農業は衰退し、彼らは出稼ぎ労働者にならざるを得なかった。一九二六年には、「産業調停法」が施行され、ストライキ権などアフリカ人労働者の諸権利が奪われるか、著しく制限された。一九二七年には、異人種間の性交渉を禁じる「背徳法」が施行された。

世界的大不況に見舞われた一九三〇年代半ばには、一二五万のアフリカ人労働者がキンバリーやヨハネスブルクなどの大都市で働いていたが、彼らは白人労働者のわずか一二パーセントの賃金に甘んじていた。

人種隔離社会

人種隔離（アパルトヘイト Apartheid）の原型となる考え方は、J・B・M・ヘルツォークを党首とした国民党が政権を握った一九二四年にすでに構想されていた。しかしアパルトヘイトの用語が正式に使われたのは、一九四八年、ダニエル・F・マランを党首とした純正国民党の政権誕生の時だった。

アパルトヘイトとは、一九二五年以来、南アフリカで英語と並んで公用語の地位を獲得してきたアフリカーンス語（元のケープ・オランダ語）で「隔離」を意味している。それは、有色人、特にアフリカ黒人を劣等と決めつける人種差別思考の上に成り立つ考え方であったが、経済的には、白人には高級職種と熟練労働を、白人以外には低賃金職種と非熟練労働をあてがう搾取のメカニズムでもあった。それは、南アフリカ資本主義の発達を支えることになる根本原理でもあった。

一九四八年の総選挙でこのアパルトヘイトをスローガンに掲げ、保守的なオランダ系白人（アフリカーナー）に支持を訴えた国民党が政権を握った。アパルトヘイト政権の誕生である。その結果、「集団地域法」（人種別居住を定めたもの）、「人口登録法」（全住民を白人・カラード・原住民に分類。のちにインド人などのアジア人が分類された。原住民はバンツー、さらに黒人と呼ばれた）、「投票者分離代表法」（非白人の参政権を奪うもの）、「バンツー教育法」（人種別教育を定め、さらにアフリカ人の教育を「部族」単位ごとに分断するもの）、「共産主義弾圧法」、「破壊活動防止法」などが矢継ぎ早に法制化された。

一九五九年には全面的なアパルトヘイト構想が打ち出され（「バンツー自治促進法」）、「部族」単位ごとにアフリカ人に自治を付与しようという分離政策が実施された。これによりアフリカ人地域は一〇に分割され、外交・（国土）防衛・治安などの権限を除いて、各地域に自治を付与しようとの構想（バンツースタン計画）がスタートした。その結果、一九七〇年の「バンツーホームランド市民権法」の成立によって、七〇年代後半から八〇年代初めにかけて、トランスカイ、ボプタツワナ、ベンダ、シスカイの四つのホームランドに「独立」が付与された。しかし、国際社会は、これらのどれ一つも独立国家として認めなかった。

　以下では、ヤン・ファン・リーベックの時代から、ネルソン・マンデラを首班とするアフリカ人政権がスタートするまでの激動の時代を、主に反アパルトヘイトの闘いを軸にして眺めてみよう。

アパルトヘイト国家＝南アフリカ共和国の誕生

　第二次大戦後まもなく、アジアでは植民地支配から解放された多くの国々が独立を達成した。一九六〇年代には、世界中が人種差別撤廃へ向けて大きく動きだした。アメリカではアフリカ系アメリカ人の公民権運動が高揚し、かなりの成果を収めた。アフリカ各地でも民族解放のうねりが、新しい時代を切り拓いた。一九五七年のガーナ独立を皮切りに、一九六〇年代には多くのアフリカ諸国が独立した。南アフリカにおいても、アフリカ人を中心とした人種隔離政策への抗議運動が、こうした世界の動きから大きな力とはずみを得ていたことは確かであろう。人種差別撤廃は地球的規模で新たな道徳規範となりつつあった。

　だが、こうした世界の動きに逆行して、南アフリカ政府は徹底した人種隔離政策を推し進めるための法案を作り、白人の利権を必死で守ろうとした。短期間に三〇〇以上ものアパルトヘイト法案が制定・施行された。先に述べた「人口登録法」や「集団地域法」が実施されたほか、公園、海岸、レストラン、劇場、映画館、駅、トイレなど多くの公共施設も人種別に隔離された。皮膚の色、爪の甘皮、目の色、染色体、髪の毛の縮れ方などによって「人種」が決められ、異人種間の性的接触を背徳法という法律で禁じた。アフリカ人と白人はサーバントとマスターの関係に押し込められ、まったく異なる世界での生活を強いられるようになったのである。

一九六一年、こうした法律を国家基盤に据えて、南アフリカ共和国が誕生した。それは、イギリス連邦からの離脱を意味し、国内的にはアフリカ人を「部族」別の一〇のホームランドに隔離し、白人少数者が排他的にアフリカ人多数を巧妙に支配することを宣言するものだった。

不服従運動と反逆裁判

アパルトヘイトによる、犠牲と悲劇がたくさん生まれた。集団地域法により、アフリカ人は長年住み慣れた土地から追放され、家族が離散する例が無数にあった。カラードの詩人デニス・ブルータスは、路上で負傷したとき駆けつけた救急車が白人専用車であったために、カラード専用の救急車が来るまで、血を流したまましばらく放置された。工場法では、新しい工場を作るたびにオーナーは人種別のトイレを設置するように求められ、工場内に人種別・性別のトイレをいくつも作らなければならなくなった。人種の分類基準はきわめて曖昧で、同じ両親から生まれた兄弟姉妹が異なる人種に分類されたり、家族が引き裂かれたり、恋人の運命を悲劇に変えたりした。オランダ系白人の著名な作家ブレイテン・ブレイテンバッハは、ベトナム人の妻と一緒に暮らせないために、祖国を離れざるをえなかった。

アフリカ人の側はこうした馬鹿げた法律にわざと違反して、抗議を繰り返した。夜間外出禁止令やパス法などを無視して、白人の街を無言で行進し、進んで逮捕されることも厭《いと》わなかった。こうした非暴力抵抗は、不服従闘争として知られ、マハトマ・ガンジーが南アフリカで組織した人種差別への抗議から始まり、その後インド独立の闘い、さらには一九六〇年代のアメリカ黒人の公民権闘争でも用いられた戦略だった。

人々は不服従の挑戦に起ち上がり、アフリカ人としての人種の誇り、自立精神、自己主張を基盤にした闘いの哲学を発展させた。アフリカ民族会議（ANC、前身は一九一二年に結成。アパルトヘイト反対闘争の中心的組織）は、支配層白人の意識が変わるのを待つのではなく、積極的な闘争を通じてアフリカ人の権利を獲得する運動へと方針を転換させていた。不服従闘争はスト、ボイコット、在宅ストなどの戦法をとりながら、やがて民族解放と政治的独立を目標に掲げるようになった。ANCが運動の主導権を握り、ネルソン・マンデラらは、厳しい監視と弾圧を受けながらも、広汎な大衆を組織し、リベラルな白人グループからも支持を得るようになっていた。

一九五五年六月二五日と二六日の二日間にわたって、全人種が参加する史上初の全国人民会議が、ヨハネスブルク郊外のクリップタウンで開かれ、全人種が平等に参加できる民主的な国家の理念を明記した「自由の憲章」が採択された。そこには、「南アフリカは黒人、白人を問わず、そこに住むすべての人々のものであり、いかなる政府もそれが全人民の意志に基づかない限り、何の権限も主張できない。〔中略〕すべての人民の意志に基づいた民主的な国家のみが、皮膚の色や人種、性あるいは信仰による差別なく、その生得の権利を保障することができる」と明記されていた。インド人会議、カラード人民会議、民主会議、共産党、南アフリカ労働組合などがここに結集し、最も広汎な抗議行動を展開できた時代だった。

翌年、この人民会議に参加していた一五六人の指導者が逮捕され、国家転覆罪で裁判にかけられた。これは反逆裁判として知られ、アルバート・ルツーリ、ネルソン・マンデラ、オリバー・タンボ、ウォルター・シスルらが含まれたが、検察側に明白な立証がなく全員が釈放された。まがりなりにも、司法と行政権力が別個に機能していた最後の時期であった。

その後、政府の弾圧が強化されるにつれ、アフリカ人若年層の間で従来の不服従闘争への不満が高まっていく。一九五八年、ロバート・ソブクウェはANCと袂《たもと》を分かち、パン・アフリカニスト会議（PAC）を結成し、「アフリカ人による、アフリカ人のための、アフリカ人の政府」をスローガンに掲げた。

シャープビルの虐殺

一九六〇年三月二一日、PACの呼びかけで、全国各地でパス法（アフリカ人に身分証明書の常時携帯を義務付けるもの）に抗議する集会がもたれた。誰もがパスを持たずに警察署まで行進し、「逮捕せよ!」と要求した。この時、ヨハネスブルク郊外のシャープビルでは、抗議に起ち上がった六九人のアフリカ人が警察の一斉射撃に倒れ、一八九人が傷を負った。シャープビルの虐殺は世界中を震撼《しんかん》させ、人種差別が制度化された南アフリカの実態を認識させることになった。これを機に国連は、「アパルトヘイトは人類最大の犯罪である」と決議したのだった。

一九六一年三月三一日、政府は新しい憲法を作り、四月八日、ANCとPACの活動を非合法化した。こうした状況の中で行われた同年五月三一日の南アフリカ共和国建国の祝賀式では、白人も含めて多くの人々のボイコットがあり、政府が配った記念杯とメダルの受け取りを拒否する者が続出した。ANCのアルバート・ルツーリは辺境の地に追放され、PACのロバート・ソブクウェはロベン島に拘禁された。それからの長い年月、活動家の多くは地下活動と亡命の道を歩むことになる。

国民党政権は強権を振るい続け、世界の動きから孤立していくことも厭わなかった。一九五九年のバンツー自治促進法により、アフリカ人を「部族単位」に分類して辺境の地（南アフリカ総面積の一三パーセントの土地。バンツースタン）に閉じ込めた。都市や鉱山地域では、必要な労働力をバンツースタンから引き寄せ、労働者を「民族」（ただしアパルトヘイト体制下においてはアフリカ人を野蛮・未開視するための用語として「部族」が使用された）別に住まわせ、徹底した人種隔離政策を推し進めた。都市部においては、たとえばヨハネスブルク市内のアフリカ人居住地域ソファイアタウンを取り壊し、およそ六万人の住民をソウェト（ヨハネスブルク南西部のアフリカ人居住地域《タウンシップ》）に移住させた。ここでは白人地域とアフリカ人地域を完全に隔離するために、五〇〇ヤードの無人の緩衝地が設けられたのである。農村地から都市への移動だけでなく、都市内での移動もパス携帯の義務化にともない、いっそう厳しく管理されるようになった。

ネルソン・マンデラの獄中生活

この頃にはANCは非暴力抵抗運動では勝ち目がないと見て、武装闘争を避けることはできないと判断した。一九六一年六月、マンデラらは政府との全面対決に向けて、ANC内部組織の再編制に取り組み、武装闘争部隊「ウムコント・ウェ・シズウェ」(「民族の槍」の意)を結成した。一二月一六日、最初の行動として、破壊工作やサボタージュ作戦を実施し、ヨハネスブルクやポートエリザベスなどの発電所や政府建物を襲撃した。地下に潜ったマンデラは巧みに変装して警察の眼をくらまし、各地の集会に姿を見せるなど、神出鬼没の活躍をした。

武装闘争への戦術の転換はANCだけではなかった。PACも「ポコ」(「我々単独で」の意)という組織を作り、海外で軍事訓練を受けた。さらに、ネビル・アレクサンダーらの「非ヨーロッパ人統一運動」も破壊活動を計画しはじめた。

一九六二年、マンデラは「東および中央アフリカのためのパン・アフリカ自由《フリーダム》運動」の総会に出席するために、パスポートを持たずにアジスアベバ(エチオピア)に向かった。このとき初めてマンデラは、独立の熱気にむせ返るアフリカ諸国を肌で感じ、それまで経験したことのない安堵感を覚え、解放されたアフリカへの帰属意識を強めたという。のちにマンデラに苛酷な獄中生活を耐えさせたのは、このときに実感した祖国解放への揺るぎない確信だったという。

帰国後、マンデラを待ち受けていたのは逮捕と投獄だった。ストライキの扇動と、パスポートの不携帯で出国したことを理由に、彼は懲役五年の判決を受け、ロベン島の強制収容所に収監された。

この間、ANCの幹部はヨハネスブルク郊外のリボニアにある一軒家を活動の拠点にしていた。一九六三年七月一一日、ここに集まったウォルター・シスル、ゴバン・ムベキ、アーメド・カトラダ、ライオネル・バーンスタイン、デニス・ゴールドバーグらは、警官隊の襲撃にあい、逮捕された。すでに投獄されていたマンデラとともに、彼らは破壊工作を行い、国家転覆を図ったとして、リボニア裁判として知られる法廷で終身刑の判決を受けた。この時、マンデラは被告第一号として、長い陳述の後にこう結んだのだった。

若い頃のマンデラ（1959年）。「パス法」に反対して、自分のパス帳を焼却している。

「生涯を通じて、私は自分の人生をアフリ

カ人民衆の闘いに捧げてきました。私は白人による支配と闘い、黒人による支配とも闘ってきました。すべての人々が調和のなかに平等の機会を持ってともに生きる、民主的で自由な社会という理想を、私はこころに抱き続けてきました。私は、その理想のために生き、その実現を見たいと願っています。しかし、裁判長、もし必要とあれば、その理想のために、私は死ぬことも覚悟しています」

彼ら全員が、ケープタウンの沖に浮かぶロベン島での長い投獄生活を余儀なくされた。粗末な食事が与えられ、石灰石の切り出し、昆布の採集などの重労働に従事させられた。読書もできず、非人間的な扱いであった。しかし、次々と投獄されてくる反アパルトヘイトの活動家たちは、やがて獄中生活を改善させる闘いを成功させ、家族との面会や文通の自由を勝ち取った。八〇年代の半ばからはラジオやテレビの視聴を許され、新聞・雑誌を読むこともできるようになった。新しく活動家が投獄されるたびに、新しい情報が伝えられ、監獄はたがいが学び合う場となった。

黒人意識運動とソウェトの闘い

ＡＮＣやＰＡＣなどの活動禁止によってもたらされた政治的空白は、一部のアフリカ人の間に闘いをあきらめ、アパルトヘイトを甘受せざるを得ないとの無力感を生み出していた。親たちの世代が未来に対して絶望し、闘う意欲を失っているのを見て、ますます暴力的な行動に出る若者たちも増えてきた。

しかし一九六〇年代の後半、スティーブ・ビコ（一九四六～七七年）を中心に、若い大学生が指導する黒人意識運動が擡頭し、アフリカ人の若者の意識に革命を起こした。彼らは、黒人であるがゆえの人種的劣等性を強調され、自らその劣等性を受け入れていたアフリカ人に、黒人であることに誇りをもとうと呼びかけたのであった。それまでＡＮＣの運動の中心を担ってきた白人リベラル派の考えは、白人が作った社会体制内での改良を進めようとするもので、人種差別を根本的に解決するものではないと考えられた。それに対してこの運動は、アフリカ人を自らの民族意識に目覚めさせ、アフリカ人としての誇りを回復させた点で大きく評価され、それまでの闘いの流れを変えたと言える。

一九七六年、政府はアフリカ人中等教育の教授用言語として、英語と並んで、アフリカーンス語（オランダ系白人の母語）を大幅に導入しようとした。しかし黒人意識運動の影響を受けた中高校生たちは、支配者の言語であるアフリカーンス語による教育に反対して、抗議行動に起ち上がった。その結果、とりわけソウェトの学生たちの多くは軍隊と警察の無差別発砲を受け、命を奪われたり、負傷したりした。国家権力による弾圧がいっそう強まり、運動の指導者は国外亡命か投獄を余儀なくされた。

一九七七年九月、捕えられたビコは拷問を受け、惨殺された。警察はハンガーストライキによる自然死だと発表したが、彼の死因に疑問と抗議の声が上がった。南アフリカは多数の国々から国交断絶や経済制裁を受け、国際社会からますます孤立していった。

高揚する闘い

一九八〇年代に入って、六〇〇以上もの労働組合や草の根の組織が団結して統一民主戦線（UDF）が結成され、広汎な大衆行動が組織された。かつての黒人意識運動の指導者の多くがこれに加わった。

一九八四年八月、政府は新憲法を制定し、カラードとインド人に選挙権を与え、人種別三院制議会をスタートさせ、大統領制を導入した。しかし、人口の圧倒的多数を占めるアフリカ人の参政権を認めることはなかった。八六年にはパス法が廃止されたが、すでにアフリカ人はホームランドの「市民」として扱われ、南アフリカでは「外国人」と見なされていた。農村地域から都市に働きに出る場合は、パスに代わって特別な許可証が要求されるなど、移動や居住の自由は依然として著しく制限されていた。

こうした現実にアフリカ人の怒りは頂点に達し、ストライキや在宅スト、登校拒否、バスボイコットなどで抵抗した。ピーター・W・ボタ政権は非常事態を宣言、警察官に令状なしで逮捕・拘禁・尋問を行う権限を与えた。しかも、こうした事態の報道はいっさい禁止された。

国際世論はアパルトヘイトへの批判を強め、イギリスやアメリカからの大規模な投資を撤退させ、経済制裁を加えた。その結果、南アフリカ経済は急激に落ち込み、国内の抵抗はいっそう強まった。一九八七年には一一四八件のストライキがあり、中でも「全国鉱山労働者組合」のストライキには約五〇万人が参加し、三週間ものあいだ操業が停止され、全国の経済を麻痺させた。

一方、政府は、体制側に立つホームランドの黒人指導者を巧妙に懐柔し、アパルトヘイトに対する抵抗運動に分断を持ち込んだ。ズールー民族至上主義を掲げるガッチャ・ブテレジなどは、その一翼を担ったのだった。

この時代、アパルトヘイトに反対する運動において教会が果たした役割は大きい。一九八四年にノーベル平和賞を受賞し、アフリカ人で初めて聖公会の大司教に選ばれたデズモンド・ツツは、「アパルトヘイトは、アフリカーナーが神の使命と特権（自分たちこそが神に選ばれたという選民思想）を歪曲して作ったものだ」と公然と政府の政策を批判した。集会が禁じられている中で、教会は人々の集う場として、情報交換の場として、重要な役割を担った。ツツ司教、アラン・ブーサック牧師、フランク・チカネ牧師などは聖書の解釈を民族解放の理論（解放の神学）にまで高めて、多くの人々を引きつけた。

この状況下で、ピーター・W・ボタ大統領はツツ司教に対して、「あなたは神のために仕えているのか、ANCや南アフリカ共産党のために闘っているのか」という質問をしたことがあった。ツツ司教はこう答えている。

「私の神学上の立場は聖書と教会から引き出されたものです。聖書と教会はマルクス主義やANCよりもはるか何世紀も前に存在していました。聖書の教えは、一人ひとりに限りない価値を与えるもので、あれこれと勝手に選ばれた生物学的な性質のものではありません。人は神のイメージに似せてつくられたのです。政府の政策であるアパルトヘイトは、特定の人々に特権と政治権力を与えており、生物学的にも不当です」

政府との交渉――アパルトヘイト廃絶に向けて

この頃には世界中から、マンデラ釈放を闘いの最高のシンボルとして反アパルトヘイト運動が盛り上がっていた。国内の経済的・社会的・政治的混乱や厳しい状況をはねのけ、人々は闘い続けた。実業界は悪化する一方の経済状況を前にして、一九八五年ごろから国外で活動していたANCの指導者らと対話を始めた。ボタ大統領も一九八五年には、リボニア裁判の被告たちに条件つきの釈放を提案した。さらに一九八九年になると、ケープタウンの大統領官邸にマンデラを招いて会見さえした。マンデラこそが打開策の最大の鍵を握る人物と見られたのである。この時、マンデラは政府とＡＮＣが交渉に向けて話し合いの場をもつように提言したのだった。

一九八九年、病気で倒れたボタ大統領の後任として、フレデリック・デクラークが大統領に就任した。以来、事態は急転した。一九九〇年二月一一日、マンデラは無条件で釈放された。さらに、アパルトヘイトの根幹法の廃止、ＡＮＣやＰＡＣなどの政治団体の合法化、政治犯の釈放、亡命者の無条件受け入れ、非常事態宣言の解除、国内治安法の廃止、暴力の即時停止などが約束された。

マンデラ政権誕生

一九九一年一二月、政府は一九の政党とともに民主南アフリカ会議（ＣＯＤＥＳＡ）を開き、新憲法制定のための討議を開始した。長い交渉と議論の末、一九九四年四月、南アフリカ史上初めて、全人種が参加する制憲議会選挙が実施された。早朝から投票所の前には長い列ができ、多くのアフリカ人が何時間も辛抱強く整然として投票を待った。混乱を引き起こし、選挙を台無しにするのを恐れ、誰もが沸き上がる興奮を必死で抑えていた。

世界中が注目する中、ＡＮＣが圧倒的勝利を収めてマンデラが大統領に選ばれ、新生南アフリカがスタートした。四〇〇議席のうち、ANCが二五二議席（得票率六二・七パーセント）、国民党が八二議席（同二〇・四パーセント）、インカタ自由党が四三議席（同一〇・五パーセント）、フリーダム・フロントが九議席、民主党が七議席、パン・アフリカニスト会議が五議席、アフリカ教会民主党が二議席を占めた。四〇〇議席のうち女性議員は一〇六人で、世界で七番目に女性議員の多い国になった。

こうした数の変化には、必ず質的変化が伴う。一九九五年一一月には地方選挙が実施され、全人種協調社会建設に向けて歩みを進めた。そして一九九六年一二月には、新憲法が制定された。アパルトヘイトが作り上げた巨大な負の遺産に直面し、それを変えていく作業の困難さには多くのとまどいや混乱があるものの、人々はこれまでの闘いによって鍛えられた人材と叡知によって新しい社会建設に向かって歩み出したのだった。

新社会建設への課題

こうして制度上は差別も隔離もなくなり、アファーマティブ・アクション（差別是正のための措置）によりさまざまなセクターで多人種協調路線が採用された。だが実際には、三四〇年以上にもわたって作り上げられてきた人種不平等社会は容易に崩れそうにない。依然として居住区は人種別である。教育を受ける機会を奪われ、仕事もない多数のアフリカ人は、法律上白人地区に住めると言われても、それは現実的ではない。

新政権は、最も不利益を被ってきたアフリカ人の生活を向上させることを最優先課題に掲げ、RDP（復興開発計画）政策を発表した。アフリカ人タウンシップの再建と復興、診療所設置、北トランスバールやクワズール・ナタール地域の水道・公衆衛生設備の完備、アフリカ人への土地の返還および代替地の貸与、基礎的な成人識字教育と学校施設の導入、住宅建設、などが課題となった。これらの計画からもわかるように、マンデラ政権はそれまで無視されてきたアフリカ人の生活基盤作りに、意欲的に取り組む姿勢を見せた。

実際、一九九五年一月から教育制度が大きく変わった。一四の人種別教育局が全国一つの教育局に統合され、九つの州にそれぞれ教育局が設置され、初等教育九年間が無償・義務教育となった。当時に見られた一八〇〇万人の通学していない学童を受け入れるためには、全国で七万六〇〇〇の教室が必要となった。これを実施する国家の財源を確保し、さらに長期展望に立って、無償の義務教育、教師の質の向上、教育資財の向上を図ることなどが求められた。

一方で、カリキュラムの全国統一に向けて、教科書内容の改編も急がれた。南アフリカの歴史は、ヤン・ファン・リーベックがケープタウンに上陸した一六五二年から始まる白人進出の歴史ではなく、それよりはるか以前のアフリカ人の歴史から語られることになる。新憲法に一一の公用語を選択した結果、どの言語を使って教育するかも大きな問題となった。人種差別を正当化するような以前の宗教教育よりも、実質的な農芸教育に力が注がれただろうし、文学教育でも、それまで支配的だったイギリス文学よりもアフリカの口承文芸やアフリカ人作家の作品に力点が置かれた。だが、いったい誰がどのように新しいカリキュラムのもとで教育を行うのか。アフリカ人の側に立って、アフリカ人自身の伝統と抱負を中心に据えて早急に教育のあり方を見直し、その政策を決定するには、優れた人材が必要だが、それまでの長い期間、教育を犠牲にして政治闘争に明け暮れるほかなかったアフリカ人社会の犠牲は大きい。

さらにアフリカ人から見れば、それまでの長い闘争のなかで白人の側から受けてきた「歴史的不正義」の是正と解決はもっとも重要で困難な課題であった。その解決を通して、アパルトヘイト体制下で憎むべき「敵」であった白人を、次には同じ「南アフリカ人」の「仲間」に変えていくことが求められたのである。マンデラたちは、アパルトヘイトと白人少数派支配を終結させるにあたって、暴力と復讐の連鎖を断ち切り、多数派の代表に国家権力を民主的にしかも平和的に移行していくために、全人種による国民統合（異なった人種民族が違いを尊重しながら一つになる「虹の国」構想）の道を選択した。その過程でアパルトヘイト期に起きた人種間暴力の解決と和解は避けて通れないものであった。

そのために設立されたのが、真実和解委員会であった。これまで支配的であった解決策としては、アパルトヘイト期に起きた拷問や暴行・殺害の「加害者」を特定して裁判にかけたうえで罪を償わせるという方法がある。しかし真実和解委員会はそれとはまったく異なる考え方に立つ解決法を提案した。それは、「復讐」を求め、「加害者に懲罰を与える」のではなく、真実を公衆の前で明らかにしたうえで、被害者が加害者に「赦しを与え」、和解していく、という方法であった。この画期的な方法こそが、人種間の和解と虹の国建設を国是とする新社会の基盤作りに不可欠だと判断されたのである。実際、二万件近い被害の証言が寄せられ、その多くで加害者は被害者からの「赦し」を得ることができた。

〈楠瀬佳子〉

第Ⅴ部

抵抗と独立

ナンディ戦士

ネハンダとカグビ。裁判の
直前。

第一三章　アフリカ人の主体性と抵抗

1――抵抗の選択肢

アフリカ人の選択

圧倒的な武力と物量、それに他者を支配しようとする強烈なヨーロッパの精神によって、アフリカはねじ伏せられた。二〇世紀初頭までに、アフリカ大陸はヨーロッパ列強の手によって、またたくまに分割されてしまったのである。この征服を正当化するために、マージェリー・パーハムなどイギリスのアフリカ史家は、植民地支配によってアフリカは無政府状態と相互殺戮から救われたと言い立てた。それればかりか、鉄道、道路、電気、食料、都市生活、民主主義といった「恩恵」を与えられたアフリカ人は、植民地支配を歓迎したとまで主張した。しかしこれは大きな誤解である。

確かに、アフリカ人支配者層の選択肢は限られていた。ヨーロッパ列強に自らの主権と独立を差し出し彼らの協力者となるか、主権を守って彼らと一戦交えるかという選択しかなかった。パーハムらの歴史観に従うなら、前者はものわかりのよい進歩派であり、後者は血に飢えた頑迷派ということになる。あるいは独立直後に登場したアフリカ民族主義の歴史観に従えば、前者は裏切り者か日和見《ひよりみ》主義者、後者は抵抗の英雄となる。しかし今日では、こうした二分法はあまりにも単純だという見方が有力になっている。ヨーロッパに対する態度の違いにもかかわらず、アフリカ人支配者の大多数は、自らの主権と独立を擁護しようと試みる点では共通していたからである。この見方に立てば、抵抗、同盟、協力といった選択は、アフリカ人の側の主権擁護のための戦術・戦略にすぎないということになる。

この仮説は容易に証明できる。一人のアフリカ人支配者が、ずっと変わることなくヨーロッパ列強の抵抗者であり続けたり協力者であり続けたりすることは稀《まれ》だったからだ。彼らはときに激しく抵抗し、ときに容易に屈従した。こうした対応の柔軟性の中に、圧倒的な力の差がある侵入者に対するアフリカ人の複雑で巧妙な主体性を見出すことができる。

モシ（ブルキナファソ）のウェボゴ王、カイヨル（セネガル）のラト・ディオール王、ギクユ（キクユのこと。ケニア）のワイヤキ首長ら初期の協力者の「変節」は、この主体性をよく物語っている。たとえばディオール王は、一八六四年にフランスによってカイヨルから追放された。しかし一八七一年には普仏戦争に敗北したフランスと和平を結び、再び王位に復帰する。一八八一年、ダカール—サンルイ間に落花生輸出のための鉄道建設が始まると、それに猛然と反対し、臣民に落花生の栽培を禁止して対抗した。翌年、フランス軍のアフリカ人部隊が懲罰のためカイヨルに侵入すると、王はすぐに逃亡したが、一八八五年にはフランスと妥協しカイヨルに戻った。だがまもなくセネガル総督は王の称号を廃止し、ディオール王を再度カイヨルから追放してしまう。彼は最後の戦いをフランスに挑み、一八八六年、奇襲戦の最中に戦死を遂げた。

　アフリカ社会は、このようにヨーロッパによる植民地支配に対して、協力と抵抗を戦略的に選択しながら多様な対応を示してきた。南部アフリカ社会は、その多様性が最もよく現れている地域の一つである。

　一九世紀後半のイギリス人とボーア人の勢力の拡張は、南部アフリカ社会を大きく揺るがしていた。こうした情勢に直面して、アフリカ社会の対応は三つに分かれた。一つは、ヨーロッパ勢力との武力衝突を選択する対決路線型の社会だ。ズールー（リンポポ川以南）、ンデベレ（ザンベジ・リンポポ川のあいだ）、ベンバ（ザンビア）などの豊かで強力な国家をいだく社会がこれにあたる。第二は、ボーア人やズールー人の圧力に対抗するためにイギリスの保護領・監督領となることを求めたロジ、ツワナ、スワティ（スワジ）、ソトなどの保護領型社会である。第三の同盟路線を選択したグループは、小規模な首長国や統一した政治権力をもたない諸社会であり、彼らはその時々で忠誠を誓う相手を替え、強力な支配勢力に接近していった。南アフリカのコイサン、コーサ、北ローデシア（現ザンビア）のルング、ニヤサランド（現マラウイ）のチェワ、トンガなどは、第一、第二のグループの襲撃から主権を守るために、最強のイギリスと個別に同盟を結びキリスト教を受け容れることによって、時代の荒波の中で生き延びようとした。

アフリカ人は圧倒的なヨーロッパの力を前に、それぞれ創意工夫をこらした選択を続けることによって、その巨大で暴力的な圧力を吸収しようとしたのである。

見直される初期抵抗

ヨーロッパの植民地支配に対するアフリカ人の抵抗の歴史は、大きく三つの時期に区分できる。第一は、ヨーロッパがアフリカを征服・占領する一八八〇年から一九一〇年までの抵抗で、ここでは初期抵抗と呼ぶことにする。第二の抵抗の時期は、植民地支配の体制が確立し搾取が制度化された一九三五年までの時代である。この時代の特徴は、伝統的様式と近代組織原理が入り交じって、独特の抵抗形態をつくりあげていることである。そして一九三五年から六〇年までの第三期では、(西欧的)ナショナリズムが抵抗のメイン・イデオロギーとなって、独立に向かって人々を動員していく時代である。

この章では、とくに第一期と第二期の抵抗を中心に追跡することにしたい。まずは第一期の初期抵抗である。第Ⅳ部で触れたように、ヨーロッパが本腰を入れてアフリカ争奪に乗り出した一八八〇年代以降、ヨーロッパの優位は圧倒的であった。アフリカ人はヨーロッパの侵入に対して、多くの場合、まずは戦いを挑んだ。しかし機関銃と槍との戦いの結末は誰の目にも明らかだった。ヨーロッパとアフリカが最初に衝突したこの時期、おびただしいアフリカ人の血が流された。それは、理性のかけらもない絶望的な抵抗と見なされ、アフリカの後進性の象徴になった。勝つはずもない、将来への展望もない、前時代的で無謀な戦いを挑む者は理性の欠如した野蛮人、というわけだ。

たとえば南西アフリカのヘレロ人(ナミビア)は、ドイツ人入植者の圧力に耐えかね、一九〇四年に蜂起した。彼らはドイツ人一〇〇人を殺害し、重装備のドイツ軍に立ち向かった。その結果、ドイツ軍はヘレロ人口の七割を虐殺したと言われる。捕虜収容所に入れられた数だけでも、一万四〇〇〇人にのぼった。ヘレロ人は地上から抹殺されかかったのである。ヨーロッパ人の目には、こうした「その場限りの抵抗」は、絶望的なものに映った。だがヨーロッパ人にとって、不気味で無謀な抵抗といえば、一八五四年に南アフリカで起こったコーサ人の牛殺し事件だろう。

コーサ人は一八世紀末から、ケープ植民地を拡大しようとするボーア人と衝突するようになった。ケイスカンマ川からカイ川までの彼らの居住地は、一八五四年に着任したケープ総督ヘンリー・ジョージ・グレイによって再び脅威にさらされた。総督はそこへ白人入植を進めたからである。絶望したコーサの民衆に対して、女性の予言者ノンガウセはこう告げた。「すべての牛を殺し穀物の蓄えを焼き尽くせば、一八五七年二月に太陽が西から昇り、死者が蘇《よみがえ》り白人たちを海に追い落とすだろう」。その結果、牛殺しは全土に広まった。しかし、予言は実現されず多くのコーサ人が餓死してしまった。

このような現象を、ヨーロッパ人は「非理性的で絶望的」なアフリカ社会の未開の証明と捉えた。それは人種主義を批判するリベラルな歴史家からさえも否定された。初期抵抗は、解放と独立へと向かうエネルギーとは断絶したものだと断定された。ヨーロッパの産業革命当時、旧い職人階層が機械打ち壊しのラッダイト運動を起こしたように、旧い社会の反動的な反応だというのである。彼らにとってアフリカ人の真の抵抗の歴史は、ナショナリズムと独立を求める組織的で合理的な運動とともに開始されるものであった。

左右の歴史家から否定されたアフリカの初期抵抗を再評価しようとしたのは、イギリスの歴史学者テレンス・レンジャーたちである。彼らは、粉砕された初期抵抗は決して以後の歴史の流れと断絶した存在ではなく、一九二〇年以降のナショナリズムの母胎となったことを強調した。かつてのヒーローは歌や踊りの中で語り続けられ、ナショナリズムの新たな神話の中で再生していったというのである。確かに西ケニアにおける口頭伝承を調査してみると、初期抵抗のリーダーたちが日常の中で語り継がれていることがわかる。そうした意味からすれば、「絶望的で断絶的」という決めつけを排して、アフリカ社会の初期抵抗の分析と評価を進める時期にきている。

アフリカ的抵抗の水脈

初期抵抗の敗北のあと、一九二〇年代は新たな抵抗の始まりを告げた。この時代、アフリカの植民地はすべて世界経済のネットワークに組み入れられ、統治制度もほぼ完成されていた。この磐石《ばんじゃく》な体制に対して、アフリカ人は多様な抵抗を組織していった。この第二期をリードする二つの抵抗の流れがある。一つは、近代的で組織的な抵抗の誕生である。その原動力は、労働組合、農民組合、政党、民族結社、青年団体などの自発的結社だ。独立と国民国家形成へと向かうこのナショナリズムの流れについては、次章で詳しく述べる。

ここで触れておきたいもう一つの抵抗は、伝統的あるいは非ヨーロッパ的色彩を帯びた抵抗形態である。伝統的儀礼や呪術、アフリカ化したキリスト教、王権などを媒介にして生まれたこの抵抗は、見かけは復古的な様相を示しているものの、組織や武器は近代化されていることが多い。こうした疑似伝統を、前述のレンジャーは「創られた伝統」と呼んだ。秘密の誓いの儀礼を土地解放闘争に結びつけた、ケニアのマウマウ戦争や、南・東・中央アフリカに出現した千年王国の到来を説く黒人メシア運動などは、この抵抗の一例である。たとえば、一九二〇年代から三〇年代にかけて南アフリカのトランスカイ地方で勢力を振るったエリントン運動では、人々はこう信じた。「アメリカの黒人が飛行機に乗って我々を解放するためにやって来る。解放後は税は全廃し、すべての人に衣服が配られる」と。

この種の抵抗は、ナショナリズム系列の第一の流れとは対照的に、社会・宗教運動の姿をとることが多い。イスラム教やキリスト教のイデオロギーを反映すると同時に、土着のイデオロギーを強く志向したのである。それは現実の生活を取り巻く不満や不自由からの解放を求める運動でもあった。植民地支配は、土着の文化を否定し、土着の社会を徐々に歪めてきた。こうした状況の中で、土着文化のイデオロギーと実践は、支配と抑圧に対する抵抗の手段となった。彼らは「創られた伝統」に、あるべき未来への願望を込めたのである。

以下の節では、非ヨーロッパ的要素による抵抗実践の事例を考察していくことにしたい。それは呪術や儀礼を駆使した伝統の反乱であり、ヨーロッパの対抗イデオロギーとしてのイスラームの反抗であり、一九世紀に入って近代化を遂げた土着の王制の抵抗である。こうした非ヨーロッパ的抵抗の系譜は従来、重視されてこなかったが、今日のアフリカ政治世界においても脈々と流れる反抗の地下水脈に通じている。最後にとりあげるマウマウ戦争は、これらの抵抗が、ヨーロッパからもたらされたナショナリズムの思想と混淆《こんこう》して引き起こされたものである。

2——伝統の反乱

ナンディの抵抗戦——ケニア

まずは東アフリカのナンディ社会に目を向けよう。ケニアを支配しようとしたイギリスが最も征服するのに手こずったのが、ケニアの中央部を南北に走る大地溝帯（グレート・リフトバレー）に住む牧畜民ナンディである。彼らは、一九世紀末に侵入したイギリスのキャラバンを襲撃し、ウガンダ鉄道の建設を妨害した。その結果、幾度もスーダン人傭兵部隊を使ったイギリスの「懲罰作戦」の対象となり、集落を焼かれ家畜を奪われながらも一九〇五年までナンディ人は屈伏しなかった。その秘密は、ナンディ社会の構造にあった。

ナンディ社会は、ポロリエットと呼ばれる地域集団から成っている。それぞれのポロリエットでは、戦士階梯にあたる年齢組（年齢に基づいた集団）の男がまとまって共同生活をしている。彼らが地域の防衛にあたっているのである。この戦士たちの軍団は、伝統的な指導者によって統率されており、彼はオルコイヨットと呼ばれていた。いわばナンディは、最高の指揮者と戦闘力をもち、機動力に富んだ常備軍を有していたのである。通常、このシステムは広い領域を牛を遊牧しながら、他集団からの掠奪に備えるためのものであった。彼らはイギリス軍がマキシム砲を持ってきても、遊撃戦と夜襲を武器に互角の戦いを続けた。イギリスは一九〇五年、交渉と偽って軍団の指導者たちをおびき出し皆殺しにすることで、ようやくナンディランドを占領することに成功した。

ナンディ人の事例は、伝統的な社会構造が、近代的兵器で武装した侵略者に対して効果的な抵抗をもたらすことがあることを示している。有力な抵抗は、大規模な国家の偉大な王が行うとは限らないのである。むしろヨーロッパ列強に打撃を与えたのは、王や国家をもたない無頭制の小社会の方だった。彼らは機動性に富み、小規模なゲリラ戦を得意としていた。なによりもヨーロッパ人にとって困ったのは、交渉すべき相手が見つからなかったことだ。統一的な政治権力の不在は、社会全体としての降伏を不可能にしたし、平定後の協力勢力の不在は、彼らに常時駐屯の出費を強いた。一人が降伏しても、それはその他の集団が降伏したことにはならなかったからだ。したがってたとえばナイジェリアのベヌエ河谷に住むティブ、イボといった国家なき社会の占領と統治は、イギリスにとって他地域に比べて圧倒的に高くついてしまった。

霊媒師の反乱――チムレンガ(ジンバブエ)とマジマジ(タンザニア)

植民地政府がその政治権力に脅威を与えるものとして、神経質なほど取締りに力を入れたのは、政治化した呪術師・霊媒師の活動だった。なぜならこうした民衆に直結した信念とそれに基づく実践こそが、大衆を動員する反乱を招きやすいことを彼らは熟知していたからだ。彼らの懸念には根拠があった。アフリカ全土において、呪術師は民衆の災難に明快な説明を与え、その原因を除去する方法を教示していたからである。そしてたいていの場合、不幸の原因は白人の存在だった。

一八九〇年代の南部アフリカは、植民地支配の体制が急ピッチで築き上げられていた時代であった。小屋税徴収と強制労働が開始され、後のリザーブ・システム(アフリカ人の居住地を強制的に指定することで、行動の自由を制限するもの)につながる土地の収奪が進んだ。南アフリカ会社のもとで白人の入植が集中的に行われた南ローデシアでは、現地の二大民族ショナとンデベレの農民が、この状況に危機意識を募らせていた。彼らの不安と怒りが沸点に達した一八九六年、チムレンガと呼ばれる武装抵抗が開始された。ショナ人のマショナランド、ンデベレ人のマタベレランドにチムレンガはまたたくまに広がった。マタベレランドだけで最初の一週間に一三〇人の白人が殺害された。慌てた南アフリカ会社は、ただちにマタベレランド救援隊を組織し現地に派遣した。アフリカ人は槍や弓矢を武器にしてゲリラ戦を続けた。

チムレンガで中心的役割を果たしたのは、スピキロと呼ばれる伝統的予言者たちであった。スピキロは、税、強制労働、牛疫、旱魃《かんばつ》などはすべて白人のせいであり、白人をこの国から追い出すという神託の実現を人々に求めた。彼らは神（ムワリ）が白人の銃弾を無害な水に変えてくれると告げ、死を恐れず戦えと呼びかけた。マショナランドのカグビとネハンダ、マタベレランドのムクワティといったスピキロは、互いに連絡をとり合い抵抗を続けた。中央集権化された政治・軍事機構をもたないショナ人たち（第四章3節参照）は、スピキロの神託にそって果敢に戦った。南アフリカ会社のセシル・ローズはこの勢いを恐れた。そこでンデベレ人の首長たちに入植者用の土地を贈与するなどの懐柔策に出た。それが成功すると、イギリス軍はマショナランドに全軍を差し向けた。結局、チムレンガは、ショナ人のスピキロ二人が死刑に処せられた一八九七年には沈静化し、一九〇三年には最終的に制圧された。ヨーロッパ人の死者は四五〇人、アフリカ人の犠牲者は八〇〇〇人を超えた。

その制圧から二年後の一九〇五年七月、今度はタンザニア南部で大がかりな民衆反乱が起きた。一九〇七年六月にその反乱が鎮圧されたとき、アフリカ人は一〇万〜二五万人という膨大な数の犠牲者を出していた。これに対する白人の犠牲者はわずか五人であった。このマジマジと呼ばれる反乱においても、霊媒師の果たした役割は大きかった。ドイツが導入した棉の強制栽培と年二八日の棉畑の強制労働が、この大反乱の直接の原因である。マトゥンビ人の霊媒師キンジキティレは人々にドイツ人に対する反乱を呼びかけた。彼は「死んだ祖先が蘇って味方をしてくれる。この薬用の水（マジ）を飲めば銃弾にあたっても死ぬことはない」と告げた。反乱は一九〇五年八月、キンジキティレが絞首刑となってからも続き、タンガニーカの三分の一を覆った。しかし横の連絡を欠き、ドイツ軍の近代兵器の前に敗れ去っていった。

こうした霊媒師の反乱は、植民地支配が歪めた社会に対する民衆の世直し願望を背景にした点で、きわめて今日的な現象であった。

反逆する司祭——キンバング（ベルギー領コンゴ）

植民地支配の浸透に最も貢献したのは、キリスト教の伝道教会である。それはまるで、アフリカ社会の隅々まではりめぐらされたヨーロッパ支配の毛細血管のようだ。アフリカ人はそこで、白人の優位と勤勉に政府のために働くことを教え込まれた。

しかし伝道が一段落すると、白人の教会から分かれて独立を試みるアフリカ人司祭が生まれてくる。黒人教会の誕生である。こうした黒人教会は、旧約聖書を引用しながら一夫多妻や女子割礼を公認し、民衆の共感を得た。さらに植民地状況の中では、人種的不平等や抑圧的政治体制に対する反抗運動の組織者となっていった。第一次大戦をはさんで、雨後の竹の子のように各地で黒人教会が出現した。リベリア、コートジボワールからケニア、タンザニアそして南アフリカに至る広範囲の地域で、同じような予言と反白人主義を訴えるアフリカ人のキリスト教会が、活発な活動を開始したのである。

黒人教会には大きく二つのタイプがある。エチオピア型とシオニスト型だ。前者は、布教のための整然とした組織と教育部門が特徴で、司祭は伝統的な指導者と一致する。ゆるやかな進歩を志向するこの教会は、安定的で現状維持的ですらある。これに対してシオニスト教会は、不安定で分離志向を示す。そのため多くの組織を作り、激しく運動する。性格は予言者的で、反抗性も強い。多くの場合、伝統的儀礼や精霊憑依《ひょうい》と融合した独自の教義をもつ。抵抗運動でとりあげるのは、もちろん後者の方である。

無数に誕生した独立教会の中で、最大のものの一つがシモン・キンバングのキンバング教会である。彼はベルギー領コンゴの中部にあるンカンバ村で、一八八九年に生まれた。当初バプテスト教会で学んだが、一九二一年三月一八日、神の恩寵《おんちょう》を受け教会を開いた。キンバングは、予言者であり神の使徒であり神の子であるとして、三位一体を表すグンザ（コンゴ語で「同時にすべてのもの」）と称した。それから逮捕される九月一四日までのわずか半年余りが、彼が「黒いメシア」として人々の前に姿を現した期間のすべてだった。彼は死刑を宣告され、後にカタンガに流され、そこで一九五一年に獄死した。にもかかわらず彼の教会の影響力は増し続けた。

キンバング教会の特徴は伝統の革新であり、生活の自律的近代化であった。彼は偶像を大々的に破壊し、人々を恐れさせていた妖術師を放逐した。その一方で政治的なメッセージを次々と発した。「黒人は黒人のキリストの導きによってのみ救われる」「コンゴをコンゴ人の手に」と叫ぶキンバング教会は、紛れもなくベルギー官憲にとって危険分子であった。当時、ベルギー領コンゴではアフリカ人の生活はいっそう困窮の度合を増していた。一九一七年から二四年のあいだに徴税額は四倍になり、綿花栽培の強制労働に動員される農民も劇的に増えた。さらに、鉱山労働者を確保するために国は私的ブローカーに徴用を委託したので、悪質な徴用請負人が農村を荒らし回った。「綿花栽培をするな、税金を納

める な」 と人々に説くキンバング教会は、 民衆の不満の代弁者であり、 抗議と反乱の組織者となったのである。

キンバングの逮捕後、 運動は地下に潜《もぐ》って続けられた。 その影響下に多くの独立教会が誕生した。 中でもネオ・キンバンギズムまたはカーキ教の名で知られるシモン・ムパディの教会は、 一九三〇年代から四〇年代にかけてコンゴ川下流の低地コンゴで隆盛を誇った。 本体のキンバング教会の方は、 キンバングの末子ディアンジアンダの指導によって、 独立コンゴ (後のザイール=現コンゴ民主共和国) 最大の教会に発展することになる。 キンバング教会は、 モブツ・セセ・セコからローラン・カビラ、 ジョゼフ・カビラ大統領の時代を経て、 現在のコンゴ民主共和国においても数百万の信徒を抱える大教団として存続している。

こうした「伝統の反乱」 は、 二〇世紀初頭のアフリカ社会がヨーロッパによる圧倒的な暴力の行使を伴う支配の欲望に対して行った、 巧妙で効果的な抵抗の思想であり実践であった。 これとほぼ同じような現象は、 二一世紀初頭のアフリカ社会における呪術やオカルトの再活性化という形で確認できる。 圧倒的に強大なグローバル市場経済の浸透とそれに付随したネオリベラルな社会への変容は、 アフリカ社会内部に、 一方で豊かさを享受する中間層を生み出すと同時に、 他方では生活基盤を喪失し社会の最底辺に押しやられる大量の不安定層を作り出している。こうした危機のなかで、現代アフリカ社会において呪術妖術やオカルト現象といった伝統的な実践が巨大な力への抵抗の拠り所として再登場しているのである。

〈松田素二〉

3――イスラーム神権国家の戦い

フルベの聖戦

一八世紀から一九世紀の西アフリカ内陸世界を席巻したのは、イスラーム化した遊牧民フルベが引き起こした聖戦であった。そのきっかけになったのは、第七章3節にも記したように、直接にはサハラ交易の矛盾である。しかしその背後には、ヨーロッパの植民地主義の影があった。

とくにフルベの聖戦の震源地となったのは、ヨーロッパ人が最も来航しやすかった西アフリカ西端のセネガンビア地方であることに注目しなければならない。その中でもとくにセネガル川流域というのは、古来タクルールと呼ばれイスラーム文明の一大拠点となった地域であるうえに、アフリカでは珍しく大西洋から内陸奥深くへと航行可能な河川を抱えていた。その上流には金産地まであった。フランスはそのセネガル川河口の島に、一六五九年サンルイを建設すると、セネガル川沿いに次々と交易拠点を獲得、建設していった。これはサハラ交易とこれに従事するムスリム住民にとって恐るべき危機となった。サハラを越えてモロッコへと向かうべき交易品が、セネガル川、大西洋へと流れてしまうからである。また、セネガル川をさかのぼるフランスその他のヨーロッパ船との奴隷交易も盛んになった。

こうした状況下、一六七二年、モーリタニアの聖職者ナシール・アル・ディーンによる聖戦がセネガル川右岸を中心に起きている。これには、セネガル川左岸流域のフータ・トーロ地方に形成されつつあった、トーロベと呼ばれる黒人系の専門聖職者集団も多く参加した。トーロベは、フルベの聖戦において指導的な役割を果たす聖職者集団である。この聖戦は失敗するが、その残党と思想が各地に散らばる。

その結果、一六九八年にはセネガル川上流部のフータ・ボンドゥで、マリク・シィによる小規模のイスラーム神権国家建設が行われた。次いでフルベの本格的な聖戦が、フータ・ジャロン（一七二六年）、フータ・トーロ（一七七六年）で始まる。そして、一八〇四年には中央スーダンで、ソコト帝国の建設に至るウスマン・ダン・フォディオの聖戦が始まる。ウスマンもフータ・トーロ地方から移動してきたトーロベの家系である。

エルハジ・ウマールによるトゥクロール帝国建設

しかし、フルベの聖戦がヨーロッパ植民地主義への抵抗という形をはっきりとるのは、ティジャーニア派の思想をバックに一八五四年に始まった。エルハジ・ウマールの聖戦である。

エルハジ・ウマールは、一八世紀末にセネガル川流域のフータ・トーロ地方に生まれた。フータ・トーロ地方にはすでに一七七六年、フルベの聖戦によってアルマーミ（イマーム）を王として戴くイスラーム神権国家が打ち立てられていた。しかしアルマーミの権力は弱く、アルマーミは二〜三年で次々と交替させられるありさまだった。それゆえフータ・トーロ政府は、一七八五年にフランスとの条約を結んで以来、フランスの支配力増大に抵抗できる状態にはなかった。こうした状況下、セネガル川流域には、ティジャーニア派のイスラームが急速度で広がっていた。

西アフリカ西部地方はこれまで、カーディリア派のイスラームに強く影響を受けていた。カーディリア派イスラームの中心になったのは、アラブによるアフリカ征服の立役者ウクバ（212ページ参照）の子孫であることを誇る、クンタと呼ばれるモール人の聖職者集団であった。クンタはしばしば「聖職部族」とも呼ばれるように、その宗教的権威が父から子へと伝えられるという閉鎖的な階級構造と秘儀的性格をもった教団であった。時の政治状況に対しても保守的となる傾向があった。

これに対してティジャーニア派は、一八世紀後半のアルジェリアに生まれたアル・ティジャーニーによってモロッコの古都フェズで組織された新興教団であり、開放的な組織と単純明快で戦闘的な教義によって、モロッコ南部のサハラ、さらにはセネガル川流域にも急速度で広がっていった。

このティジャーニア派に入信したエルハジ・ウマールは、メッカ巡礼を試みる。そして五年間（一八二七〜三二年）にわたって中東に滞在し、アル・ティジャーニーの直弟子からカリフの称号と聖戦の命を得て帰る。エルハジ・ウマールのまわりには、すでに帰国の途次から多くの弟子が集まった。エルハジ・ウマールは金産地のブレ（ブーレ）に近い、ニジェール川上流左岸の支流タンキソ川沿いに八重の城壁をめぐらした城砦ディンガレイを建設すると、一八五四年、聖戦に動き出す。しかしこれは、セネガル川上流のメディヌに城砦を築いていたフランス軍との衝突となり敗れる（一八五七年）。

以後、エルハジ・ウマールは矛先を内陸（現在のマリ）へと向け、バンバラ王国の都セグを陥れると（一八六一年）、ニジェール川内陸デルタを支配していたフルベ・イスラーム国家のマーシナ帝国をも滅亡させ（一八六二年）、トンブクツも征服する。こうしてニジェール川・セネガル川上流域からトンブクツに至る、かつてのマリ帝国の版図にも匹敵するトゥクロール帝国が誕生した。

しかしトゥクロール帝国は、エルハジ・ウマールのカリスマ的な宗教権威のもとに集まってきた民族も社会階層も異にする少数集団を核にして急膨張した国家であり、フランスとの戦いに負けた後はニジェール川流域へと一種の侵略軍となってなだれ込んできた。そのためトゥクロール帝国形成は激しい征服戦争となり、経済基盤のないトゥクロール軍は、略奪的な経済政策にも頼らざるをえなかった。そのうえ一八六四年、エルハジ・ウマールが謎の死を遂げる。一度征服されたバンバラなども抵抗を再開し、エルハジ・ウマールの長子アフマドが後継者になったものの、広大な領土は何人かの有力者のあいだで分割された状態になった。幸いなことは、この時代、フランスがプロシア問題を抱えるようになり、さらに普仏戦争における敗戦（一八七一年）で、しばらくは国外戦略が不能な状態に陥ったことである。

しかし、フランスは一八七六年頃から再び、普仏戦争で失ったアルザス・ロレーヌを取り戻そうとするかのように、アフリカ植民地化を本格化した。一八八三年にはニジェール川に面したバマコにまで軍を進め、一八九〇年にはアフマドのいる帝都セグを陥れる。アフマドは各地を逃げまわり、ついには、東方ハウサ地方へと脱出し一八九七年に死去した。その間、フランスはエルハジ・ウマールのもう一人の息子アギブをトゥクロール帝国の王に据え、傀儡《かいらい》政権をつくるが、アギブは傀儡を嫌って一九〇三年王位を返上、トゥクロール帝国は終わりを遂げる。しかし多数のトゥクロールの残党が現在のマリに残ったのみならず、中央スーダン、さらにはナイル川方面へと逃げた残党も多い。

サモリの聖戦

エルハジ・ウマールの聖戦に少し遅れた一八六一年頃から、同じギニア山地の東南部、ニジェール川の支流ミロ川上流のコンヤ地方で、サモリ・トゥーレ（一八三〇〜一九〇〇年）の国家建設が始まった。サモリ自身はのちアルマーミを称するようになるが、サモリの征服活動は聖戦として始まったものでなく、サモリのイスラーム知識も浅かった。サモリはマリンケ人出身のジュラと称される商人階級の出で、アラビア語は読めなかった。

ジュラ商人（159ページ参照）は西アフリカのイスラーム化に大きな役割を果たしたイスラーム商人集団であるが、サモリが育ったコンヤ地方は大西洋岸の森林に近い地域で、非イスラーム教徒が多数派を占め、商交易は不活発な地域であった。しかし一九世紀、この地域はイギリスのアフリカ植民地化の根拠地となったシエラレオネに近いことから、急速に商交易が活発化する。その中で、散発的なイスラーム国家建設の試みも始まり、サモリはこれに参加したり離脱したりする中で、自らの軍事力を蓄えていった。

サモリは鉄砲や奴隷の交易に従事したことから、早くから鉄砲隊を組織し、鍛冶屋を組織して鉄砲も作らせた。その軍事力で急速に支配権を広げていった。こうしてサモリは一八八一年には、ニジェール川上流右岸地域に支配圏を確立した。サモリ五〇歳である。そして同時にサモリはイスラームを学び始め、一八八四年イマーム（モスクの指導者）を称する。しかしこれは、これまでサモリを支えていた異教徒親族の多くの反発を買った。

しかも一八八二年にはフランスがニジェール川上流に現れ、一八八三年にはバマコに軍事要塞を築く。これはトゥクロール帝国にとっても危機であったが、サモリにとっても大きな危機で、サモリはシエラレオネを支配していたイギリスとフランスとの外交交渉を繰り返す中で危機脱出を図るが、一八九〇年セグを占領してニジェール川流域支配を固めたフランスと衝突することになる（一八九一〜九二年）。

勝ち目がないことを悟ったサモリは、トゥクロール帝国のアフマドと同じように逃走作戦をとり、ニジェール川上流部を去り、村々を焼き払いながら東方の現コートジボワール北部とガーナの北部地帯へと本拠を移す。しかしこれはイギリス軍の反応を呼び起こした。サモリはイギリス軍とフランス軍の挟撃にあい、一八九八年降伏。サモリはガボンに流され、一九〇〇年、同地で死んだ。

スーダンのマフディー国家

トゥクロール帝国やサモリがフランスとの激しい戦いに入り始めた頃の一八八一年、アフリカ大陸東北のスーダンでも、イスラーム神権国家建設がマフディー運動として始まろうとしていた。スーダンはエジプトのムハンマド・アリー朝の属領の地位にあったが、ムハンマド・アリー朝はオスマン・トルコとヨーロッパ列強の潜在的支配下にあり、一八八二年、これを不満とするオラービー革命がエジプトで起きる。しかしオラービー革命はイギリス軍介入の口実となり、エジプトはイギリス植民地となる。

そんなオラービー革命が勃発する前年に、スーダンの民衆の不満を吸収するかたちで、ムハンマド・アフマド・イブン・アブダッラー（在位一八八四〜八五年）がマフディー（救世主、導かれた者）を称して立ち上がり、聖戦を引き起こす。牧畜民フルベの聖戦の指導者たちは聖職者であり、あくまでもイスラーム信徒の立場にたっていたが、マフディーは自らを救世主としていわば神的な立場にたつものであり、それだけ、スーダンの危機的状況を反映した聖戦となった。

スーダンのイスラームも伝統的にはカーディィリア派のスーフィズム教団に導かれて発展していったが、ムハンマド・アフマドが属したのはサンマーニヤという、やはり一八世紀後半に様々の教団の統合を目指して形成された新興教団であった。マフディーたちは、様々の色の継ぎがあたった長衣（ジュッパ）を着て戦ったが、それは、本来貧しくあるべきだというスーフィーの思想のシンボルであるとともに、様々な教団をマフディーのもとに統一して外国勢力と戦おうという思想の表れでもあった。

マフディー軍は急成長し、スーダン全土に勢力を広げてゆく。同時に、イギリスの本格的な攻勢に備えて、スーダン東部のヌバ山地に拠点を移す。これは預言者ムハンマドのヒジュラ（移住）になぞらえられた。そしてこの要害から出撃し、ハルツームでイギリス軍と戦い、敵将チャールズ・ゴードンを死に至らしめる勝利を得た（一八八五年）。

マフディー国家はかくして成立するが、マフディーは同じ年に亡くなる。しかし、マフディー国家は後継者ハリーファ・アブダッラーヒの指揮のもと拡大を続け、イギリス支配下のエジプトにまで攻め入る。こうした事態を重く見たイギリスは一八九六年、キッチナー将軍指揮下にスーダン侵攻を本格化する。そして数々の激しい戦闘の後に、一八九九年一一月、マフディー国家は壊滅する。

チャドのラバー国家

スーダンのマフディー国家が壊滅した頃、アフリカ大陸最中央部のチャド盆地では、ラバー（ラビーフ）の激しい最後の戦いが続いていた。

ラバーの国家も、イスラーム神権国家と呼ぶのは難しい。ラバーはスーダン西部のダルフール総督ズベイル・パシャの片腕の元奴隷とも奴隷商人とも言われるが、マフディーの登場直前の一八七九年、ダルフールで反乱が起こる。ズベイル・パシャはカイロに召喚されるが、ラバーは主要部隊を引き連れてチャドに向けて逃走し、征服活動を始めた。ラバーはマフディー軍に加わるよう要請されたらしいが、拒否。しかし名目的にはマフディズムを受け容れ、その兵士たちもマフディストと同じ継ぎのあたった長衣を着て戦った。

ラバー軍の進撃はめざましかった。一八九三年には中央スーダンの盟主ボルヌ帝国を征服し、チャド湖西南部、現在のナイジェリア領内のクカを首都とするラバー帝国を建国した。ラバー軍がかくも迅速に領土を拡大し得たのは、優れた軍事力による。それは、三〇〇〇の鉄砲隊に、四四門の大砲も備えた、当時のアフリカでは信じられないほどの近代的な軍隊であったからだ。

しかし当時、チャド湖に向けてはフランス軍が南のコンゴ、北のアルジェリア、西のセネガルという三方から必死の植民地拡大を続けていた。アフリカ大陸中央部に位置するチャドの征服は、フランスにとって到達するのさえ困難をきわめた。フランス軍は壊滅の危機にさらされながら、ラバー軍と衝突した。何度かの激しい戦いの後、ラバー軍は一九〇〇年四月、ラバーの死とともに壊滅した。しかし、フランスとラバーの戦いはチャドを廃墟に化し、その後のフランスの植民地統治は困難をきわめることになる。

二つの抵抗

西アフリカの植民地分割は、一九〇三年のイギリスによるソコト帝国首都ソコトの攻略をもって終わる。興味深いのは、ソコト帝国に限らず、フルベの聖戦によって成立したイスラーム神権国家の多くは、ヨーロッパ植民地軍とほとんど争わず降伏していることである。その結果、ソコト帝国はその下位国家群とともに現在まで存続し、フータ・ジャロンのフルベ・イスラーム国家はギニアの独立まで存続した。これには、フルベ・イスラーム国家はほとんど火器を有さなかったがゆえに、植民地侵略軍との軍事力の差があまりに大きかったことと、指導者がイスラーム知識豊かな賢者であったが故にこれを一早く悟ることができたことが関係しているだろう。火器を有したトゥクロール帝国もフランス軍と正面から対峙する愚は犯さなかった。

ヨーロッパ軍との激しい戦いに入ったのは、サモリ、マフディー、ラバーのように奴隷交易を通じて得た火器を中心とする近代的軍事力を備えた国家であり、かつ、サモリ、ラバーのようにイスラーム知識が必ずしも豊かでない指導者を戴く国家であった。それは英雄的というよりは自暴自棄の破滅的な戦いであったように見える。しかし、その戦いぶり

イスラーム神権国家の分類

	フルベ・イスラーム国家	トゥクロール帝国	サモリ帝国	マフディー帝国	ラバー帝国
時期	18世紀～19世紀前半	19世紀後半	19世紀後半	19世紀後半	19世紀後半
指導者	聖職者	聖職者	戦士型商人	救世主	戦士型商人
火器	ほとんどなし	あり	豊富	豊富	豊富
対ヨーロッパ戦	ほとんどなし	少々	激戦	激戦	激戦
植民地時代	多くが存続	存続を拒否	滅亡	滅亡	滅亡

は住民の記憶には印象深く強く残っている。

イスラーム神権国家のヨーロッパの植民地侵略との戦いを整理すると、上の表のようになる。

イスラーム神権国家とヨーロッパ植民地勢力とのこうした対応関係の違いは、植民地化後の反植民地闘争にも大きな影響を及ぼしている。

フルベ・イスラーム国家の多くは、植民地化後も間接統治を受けながら存続する。それは一見、ヨーロッパ植民地主義の傀儡に帰してしまったように見えるが、必ずしもそうではない。フルベ・イスラーム国家研究者としての筆者が驚かされたのは、フルベ出身の歴史家や社会学研究家の多さであった。フルベ・イスラーム国家は西アフリカの内陸部各地に成立したが、そのほとんどの国家についてスポークスマンとでも言うべき研究家が育っているのであった。フータ・トーロ研究のウマール・バーやワンヌ、フータ・ジャロン研究のジャッロやイブラヒム・ソー、ソコト帝国支配下のアダマワ首長国研究のエルドリッジ・モハマッドゥなどであるが、代表はなんといっても、先年物故した歴史家兼小説家のアンパテ・バーであろう。アンパテ・バーは高等教育はほとんど受けていないのであるが、フランス人生物学者ダジェの協力のもとに、口頭伝承資料を集めて『マーシナのフルベ帝国』を著したのを手始めに、数々のフルベ文化研究を行い、さらにいくつもの小説も書き、フランス語圏西アフリカの代表的イスラーム系知識人となった。こうしたフルベ出身者のフルベ・イスラーム国家研究を見てみると、その多くは声高《こわだか》に反植民地主義を唱えるというものでなく、口頭伝承などの歴史資料を地道に収集することによって、アフリカの歴史的事実を積み上げてゆく、という姿勢に驚くべき共通点がある。

反植民地闘争というものには、筆者が見るに、おそらく二つの次元がある。一つは、政治・軍事的な次元での闘争で、植民地化に軍事的に抵抗したり、実際に独立を勝ち取ってゆくという闘争である。もう一つは、一種のイデオロギー闘争である。

植民地化というのは、植民地化する側にとっては必ずしも悪ではないという見方がある。植民地化は未開社会を「文明化」したり、暴虐な君主によって支配された政治体制を「民主化」したというのである。その過程で、ヨーロッパ植民地主義に抵抗したアフリカの伝統国家は、封建国家と呼ばれるのはまだしも、奴隷制国家、征服国家などと規定されて、いわばイデオロギー的な断罪を受けてきたのである。もちろん、実際にアフリカの伝統国家が奴隷制国家や征服国家なら、その植民地化はアフリカの「文明化」であり「民主化」であり、それはアフリカの民衆にとって歓迎すべき圧制からの解放となる。この植民地主義の論理を否定することは、それほど簡単ではない。

最近でこそ、日本でも江戸ブームが巻き起こっているが、それでも、西欧文明によって封建的な日本社会が終わり明治の「文明開化」の時代に入った、という我々の意識はなかなか揺るがないだろう。同じようにアフリカでも、植民地化以前のアフリカ社会が文明社会であったとは単純には言えない。しかしこのことが言えなければ、植民地主義の根本的批判になり得ないのである。フルベ出身のアフリカ社会や歴史の研究者たちは、内に強烈な情熱を秘めながらも、慎重に言葉を選びながら、植民地主義のイデオロギーによって歪められたアフリカの歴史と社会の事実の復元を地道に試みているのである。

他方、サモリの後裔たちはやはり、その父祖のモデルに従って、イデオロギー的あるいは思想的な闘争とは異なった政治的・軍事的な反植民地主義闘争を行ったことを指摘しておきたい。一九六〇年におけるアフリカの一斉独立時期に、サモリの子孫を称するセク・トゥーレを戴いたギニアは、フランス共同体からの離脱を強引に決め、フランスの新植民地主義と対立し続けることになるからである（第一四章3節参照）。

また、マフディーの子孫たちの国スーダンも、イスラーム共和国となり、今ではイスラーム原理主義の本拠となっている点なども、過去の歴史に照らし合わせて象徴的である。

そして、強力な火器を有した奴隷商人出身のラバーの征服活動と、補給もままならないアフリカ大陸のど真ん中にまで侵攻したフランス軍との凄惨な戦いの末に成立したチャドに至っては、独立後、国家として落ち着いて国造りをするまもなく、内乱を繰り返して今日に至っている。〈嶋田義仁〉

4——王国の抵抗〈アシャンティとマダガスカル〉

ゴールドコーストとアシャンティの台頭

穏やかな天候と自然の良港に恵まれたゴールドコースト沿岸部には、ヨーロッパ各国の商業的関心が集中した。そこには一八世紀初めまでに、イギリス、オランダ、デンマーク、スウェーデン、ブランデンブルク（現ドイツ北東部を領地とした辺境伯領。のちに、プロイセン王国の中核となる）などの約三〇の城砦（商館）が建てられた。金や奴隷の取引をめぐって、沿岸のヨーロッパ人と内陸のアフリカ人諸民族との間の仲介的な活動に従事したのは、沿岸近くに住むアカン系ファンテ諸国の王侯や商人たちであった。

ファンテ諸国の後背部には森林が広がり、同じアカン系の諸民族が住んでいたが、そこは産金地としても早くから知られていた。この地方はジュラと呼ばれるマンデ系商人の活動を通じて、ジェンネやトンブクツなど西部スーダンの諸都市と結ばれ、さらに彼方のサハラ越え交易ともつながっていた。

北の砂漠と南の海上とも容易につながる商業ネットワークの存在は、必然的にこの地域に中央集権体制を促進させ、同地方には一七世紀の間にアクワム、デンキーラなどの国家が成立した。いずれも同地方で最大のアカン系の民族である。やがて同世紀末までにデンキーラは、仲介商人を介することなく沿岸西部へのルートを開拓した。一方、沿岸東部の後背地に王国を建てていたアクワム人が、デンマーク人の城砦があったアクラを征服し、沿岸地方のヨーロッパ人と直接の取引を始めた。

一七世紀末まで、森林地方は弱小国家群に分裂していたが、沿岸部の支配をめぐるデンキーラ人とアクワム人の争いの間を縫って新たに勢力を拡大したのが、それまでデンキーラに税を納め、奴隷(捕虜)や金を提供してきたアカン系最大の民族であるアシャンティ人であった。彼らは、海岸地方のヨーロッパ商人との直接取引の覇権を求めて、南方のファンテ諸国と対立関係にあった。

仲介商人を通じて沿岸のヨーロッパ商人から銃などを輸入していたアシャンティ人は、一六七〇年代に連合王国の結成に成功した。これは、周辺諸国に対する共同防衛を目的とするものだった。一八世紀初めに彼らはデンキーラ人やドマア人を破り、同世紀半ばにはアキム、ゴンジャ、ダゴンバなどの隣接諸国をも従属下に置いた。

先のデンキーラ人との戦いで得た戦利品の中に一枚の紙片があったが、それはデンキーラ人が独占使用してきたエルミナ城（２８０ページ参照）の借用契約状であった。この結果、アクラから約一二〇キロ内陸に位置したクマシを首都とするアシャンティの権力は沿岸部まで達し、現代ガーナのほぼ全域を領土とする強大なアシャンティ連合王国（帝国ともいわれる）が築かれた。彼らは、一八世紀末までに西方の森林地帯の大半を支配下に収め、一九世紀に入ると海岸地方をも征服し、ファンテ諸国を牽制しながら、ヨーロッパ人との取引（主に、奴隷・金と銃の交換）の独占をはかったのである。その勢威は、一九世紀末にイギリスに征服されるまで、はるか遠くヨーロッパ各国にまで達した。

黄金の床几

アシャンティ連合王国の最初の王は、オセイ・ツツ（在位一六九五〜一七一二年）という名前の人物だった。彼は軍隊を近代的に再編制し、新たな法律を定めるなど国家の体制を固めた。そして特筆すべき点は、友人の僧オコムフォ・アノキエと協議して、王権の象徴として「黄金の床几《しょうぎ》」（ゴールデン・スツール。木製であるが黄金の装飾がある）を創り出したことである。

この床几は、クマシの人民大集会の場で、稲妻が走り、雷鳴が轟《とどろ》く中、王の膝元へ天から下ったものとされた。それは王と人民の権力と健康、勇気と幸福を象徴するもので、王はそこに宿る祖霊の力を体現していると考えられた。一つの床几が国家統一のイデオロギーの拠り所となったのである。この床几に座る者は、アサンテヘネ（アシャンティ連合王国の王）と呼ばれたが、実際には腰かけるものではなく、王自身よりも神聖視され、常に玉座よりも高く安置された。この国家統一のイデオロギー神話の前では、何人《なんぴと》も昔の別々の系譜伝承を語ることは許されなかったという。

イギリスの保護領に

単一の建国神話の創出に成功したあと、第二代アサンテヘネ（在位一七二〇～五〇年）の時代に隣接諸国を破竹の勢いで破り、第三代のアサンテヘネ（在位一七五〇～六四年）は行政と官僚制度の整備に努めた。第七代アサンテヘネとなったオセイ・ボンス（在位一八〇〇～二三年）は、いっそう統治行政を進める一方、イギリスと友好関係を結び、海岸からクマシに至る商業ルートを支配下に収めた。オセイ・ボンスがファンテ諸国の攻撃に成功したのは一八〇六年のことである。しかし勝利は長続きせず、以後、アシャンティとファンテ諸国の間でオランダ、イギリスにかわる代理戦争めいた攻防が何度か繰り返されたほか、イギリス－アシャンティ戦争と言われる攻防が三度も戦われた（一八二四、一八二六、一八六三年）。

イギリスは、アシャンティが金と奴隷の取引を独占することを懸念し、同時にアシャンティと友好関係を結んでいるオランダの攻勢を恐れていた。一八六七年、イギリスとオランダの間に協定が交わされ、オランダはファンテ領の一部を獲得する代わりに、エルミナ付近の城砦すべてをイギリスが譲り受けることが決まった。その中にはアシャンティが主権を主張していたエルミナも含まれた。結局、アシャンティとイギリスの関係が悪化する中、一八七四年、イギリスはプレンペー一世治世下のクマシに攻め入り、同年二月に「フォメナ協定」を結んで、アシャンティにエルミナ城を放棄させ、砂金五万オンスの賠償を求めた。

一八八〇年代には、国内に内乱が続き弱体化した。一九〇〇年、イギリスはアシャンティの保護領化を宣言し、翌年、プレンペー一世とその一族はセイシェル島に追放された。

戦場の皇太后——ヤア・アサンテワア

ファンテ連合の衰退、アシャンティの落日、オランダの撤退の結果、二〇世紀初頭にはゴールドコーストにおけるイギリスの単独支配が完成した。しかし、アシャンティの陥落直前に、首都クマシを舞台に敢然と対イギリス抵抗戦争を率いたある人物――しかも女性――がいたことを忘れることはできない。それは、アシャンティ連合を構成した王国の一つ、エドウェソ（クマシの東方一六キロ）の皇太后ヤア・アサンテワアである。

アシャンティの王族の中で、女性の地位は意外に高かった。新しいアサンテヘネを選ぶのは、皇太后の権限であった。顧問官の助言を得ながら、彼女が自分の娘の息子たち、あるいは娘の娘の息子たちから選ぶのである。王が死んだり、退位して王位が空白になると、皇太后が統治権を握った。兵士を率いて戦場に出かけることもあったと言われ、実際ヤア・アサンテワア自身が戦いの衣装をまとい、ライフルを携帯した写真が残っている。

エドウェソ王国では一八八四年、王が天然痘で死ぬという出来事が生じた。そこで、亡くなった王の弟プレンペー一世の王位継承をめぐって混乱が生じた。結局、一八八八年にプレンペー一世が即位したとき、イギリスは混乱に乗じてクマシに総督代理を送り込んだ。そして、プレンペー一世が逮捕されセイシェル島に追放されたとき、追放された王族の中にヤア・アサンテワアの孫（つまりエドウェソ王国の王）も含まれていた。当時は、捕縛した王（族）を遠隔地に流刑し、そのうえで土地を没収し、戦利品を漁《あさ》ることがイギリスのやり方だった。

ヤア・アサンテワア。ライフルを携帯し、カメラの前でポーズをとっている。(Sweetman, 1984)

一九〇〇年三月、ゴールドコースト総督フレデリック・ホジソンがクマシを訪問したが、彼は同月二八日に開かれた式典で、遠征軍の出費がアシャンティ側から賄《まかな》われていないことに不満を述べたあと、「黄金の床几」の在処《ありか》を尋ね、自分がそれに腰かけるべき人物であると主張した。

集会は奇妙な沈黙に包まれて解散したという。アシャンティ人の誰もが、この神聖冒瀆の前に、秘密の決意をもって帰路についたのだった。長老・王族たちのなかで、誰よりも心を痛め、恥辱を払う決意を固めたのは、他でもない女性のヤア・アサンテワア自身だった。その夜、秘密集会に集まった首長たちの多くが対策を練ったが、白人との戦いを躊躇する者が多かった。やがて彼女が立ち上がって、こう宣言した。「我らの祖国が勇猛を奮った時代、銃を構えて抵抗もせず、我らの王が連れ去られるのを黙認するような者はいなかった。我らを前に、あの総督のような物言いが許される白人は一人もいなかった。アシャンティ人の勇気はどこへ行っちまったのか。お前たち男が起ち上がらないなら、私たち女が起ち上がろうぞ」。母系制のアカン系社会では、政治的・社会的・法的・軍事的に、男女間の社会参加をめぐって、平等の権利、責任の平等分担の仕組みが成立していた。当時の英国植民地軍では考えられないことだが、女性の手にも戦闘の決定権が握られていたのである。のちにヤア・アサンテワア戦争（別名：「黄金の床几」戦争）と名づけられた対英戦争が勃発したのは、それから三日後のことだった。

ホジソンはすぐに和睦を申し入れた。しかしアシャンティ側はプレンペー一世の引き渡しを要求し、話し合いは物別れに終わった。四月二五日、アシャンティ軍はクマシの城砦を包囲し、以後二ヵ月にわたってイギリス勢力を城砦に閉じ込め、武器弾薬はもちろん、食料の供給路を断った。六月半ばには城砦の中で、一日に三〇人が死亡したと言われる。六月二三日、イギリス側は一五三名の要員を残して逃亡作戦を決行した。四万から五万を数えたアシャンティ軍は、これを黙認したという。

その後、イギリスは一四〇〇人の軍勢を送り、七月一五日に城砦を奪還し、クマシ一帯のアシャンティ軍の陣営を一掃した。八月二九日、三五〇人の兵士がヤア・アサンテワアの捕縛に向かったが、皇太后はイギリス製の銃を装備した三〇〇〇人の近衛兵に守られており、捕縛は覚束《おぼつか》なかった。

プレンペー二世（中央）。右手に「黄金の床几」（ゴールデン・スツール）が見える。1930年代に撮影。（Sweetman, 1984）

それから約一ヵ月後の九月三〇日、イギリスは二〇〇〇人の兵士を送り込んで、森の中の隠れ家で皇太后を捕縛した。この時、彼女はイギリス人将校の顔めがけてつばを吐きかけたという。若干の者に処刑が執行されたが、ヤア・アサンテワア自身はセイシェル島へ流され、同地で先に流刑に処せられていた孫と再会できた。彼女は一九二一年一〇月一七日、同地で死んだ。その三年後には、プレンペー一世らと何人かの王族が祖国への帰還を許された。その後、プレンペー一世は、彼女の遺体をガーナに引き取り、丁重に祖国の土に埋葬したという。

一九〇二年、アシャンティ王国はイギリスの保護領となり、中部ギニアで約二〇〇年にわたって最強を誇った同帝国は滅んだ。しかし、彼らが示した果敢な抵抗と鉄の結束を、後世までイギリスは警戒し続けなければならなかった。

一九三五年、プレンペー一世の息子のプレンペー二世がアサンテヘネとして即位した。これは、植民地支配下においても、イギリスがアシャンティの権力を特別視せざるをえなかった証拠であろう。アシャンティ連合王国は「連邦」にまでは発展しなかったが、にもかかわらず、それはアフリカ・ナショナリズムの重要な一翼であった。英国の支配を断とうとのヤア・アサンテワアの夢は、一九五七年三月に実現した。この時、アシャンティ保護領は、ガーナの一部として独立を果たしたのである。「万歳、我らがヤア・アサンテワア、銃と剣を持ちて、祖国を戦いに導いた勇者」と、アシャンティの歌が今も彼女の功績を讃《たた》えている。

マダガスカルのメリナ王国

マダガスカルにおける植民地支配への抵抗としては、一八九〇年代のメリナ王国の対フランス抵抗がよく知られる。

世界第四の大きな島であるマダガスカルには、アジア系、アフリカ系、アラブ系に三大別できる人々が住んでいる。もともと東南アジア起源のメリナ人は、総人口の約三〇パーセントを占めている。彼らは一〇世紀ごろにアフリカ大陸東岸を経由してこの島に移住したと言われ、ウシを飼うほか、米作も行っている（237ページ参照）。一五〜一六世紀ごろから、各地に王国が形成され始めたが、中央高地に住むメリナ人は、一六世紀末にアンタナナリブを首都とする中央集権的なアンドリアナ王国（のちのメリナ王国）を建てた。

一九世紀の初めごろ、イギリスは、すでに全島の三分の二を支配下に入れていたメリナ王国と条約を結び、当時の王ラダマ一世を「マダガスカル王」に仕立てた。この王自身が一八二二年には、島全体の主権が自分のものであることを宣言した。

これに対して、フランスが異議を唱えた。一八世紀から交易拠点を築き、ルイ一四世時代（在位一六四三〜一七一五年）にこの島の併合を宣言していたフランスは、レユニオン島などと併せて「フランス領アジア」の構想を育てていたからである。しかし、フランスは一八六二年にマダガスカル王（当時はラダマ二世）を承認し、領土要求は放棄したかに思われた。ところが翌年、ラダマ二世の謀殺が起きると、フランスはこの機をとらえて、列強の地位への返り咲きを狙って、植民地膨張政策に転じたのである。この背景要因としては、マダガスカルの東方八〇〇キロに位置し、一六四〇年代からフランスが領土権を主張していたレユニオン島でのクレオール人口の増加から、マダガスカルへの移住計画が構想されていたことや、マダガスカル内の市場と豊かな資源をめぐる国際競争があった。

パリの国民議会でマダガスカル併合が叫ばれ、特にレユニオン島選出の議員たちの周辺では政府による軍事行動を期待する声が高まりつつあった。かくして一八八二年、フランス艦隊が島に向けて砲撃を開始した（第一次フランス・メリナ戦争）。三年後に和睦が成立し、フランスはマダガスカルの外交関係のすべてを代表する権限と併せて、フランス国籍を有する者の九九年間の借地権を得るなど、いくつかの利権を獲得したが、当時の女王ラナバルナ一世が全島の君主であることを認めていた。

この和睦条約では「保護領」という用語はいっさい使われていなかったが、フランスはこれによって保護領を獲得したものと考えていた。マダガスカル側は、条約の適用範囲を制限する「付帯条項」を常に引き合いに出し、保護領化はあり得ないと主張した。ここには、フランス語とマダガスカル語の条約原文間の齟齬《そご》、解釈の違いが見られたが、こうした曖昧さ、ある場合には「まやかし」は、アフリカの他の地域でも珍しいことではなかった。結局、条約の解釈をめぐって双方の間で果てしなく議論が続き、いわゆる「幻の保護領」時代が一〇年間も続いた。この間、英仏両国は一八九〇年に協定を結び、イギリスがフランスのマダガスカル保護領化を承認する代わりに、フランスはイギリスによるザンジバル保護領化を承認していた。

戦後の賠償問題などで財源が逼迫《ひっぱく》した王国政府は、鉱山や森林の開発利権を譲渡する一方、国内的には課税、強制労働を強化した。この状況下で、国内の治安が乱れ、島民の不安がますます高まった。一八九四年、王国の危機に乗じて、フランスは正式の保護領計画を提示したが、宰相ライニライアリブニはこの提案を拒否した。フランスはただちに開戦を決め、翌年にはライニライアリブニを島外へ追放し、事実上、王国を解体してしまった。

反キリスト教からナショナリズムへ

メリナ王国を解体に導いた内部的要因として、こうした外圧のほかにも、宗教的側面も無視できない。

マダガスカルでは一八二〇年ごろからキリスト教伝道が始まっており、一八六八年にはメリナ王国の宰相がキリスト教（新教）に改宗していた。また、一八六九年には女王ラナバルナ二世が改宗し、新教が国教として定められた。しかし、数千人単位で改宗が行われるなど、キリスト教の凄まじいまでの普及は、従来の祖先崇拝に基づく伝統的価値や規範を衰退させ、古来の位階制を崩壊させてしまった。また、キリスト教徒エリートや、帝国主義の脅威の前で社会的成功を手にした新興商人・金貸し業者の台頭によって、従来の社会機構や政治機構の弱体化を誘発した。それが王国の抵抗力を弱め、軍隊の士気にも影響した。それどころか、植民地勢力側に寝返る者が、指導者層の中からさえ現れたのである。

このことは、一八九五年九月のアンタナナリブの陥落以後に、新たな抵抗がそれまでの寡頭政治の下で抑圧されてきた地方首長、伝統的司祭、被征服民族、あるいはアンタナナ

1896年から1935年にかけてのマダガスカルにおける抵抗運動、反乱、民族運動（『ユネスコ・アフリカの歴史』第七巻上、1988）

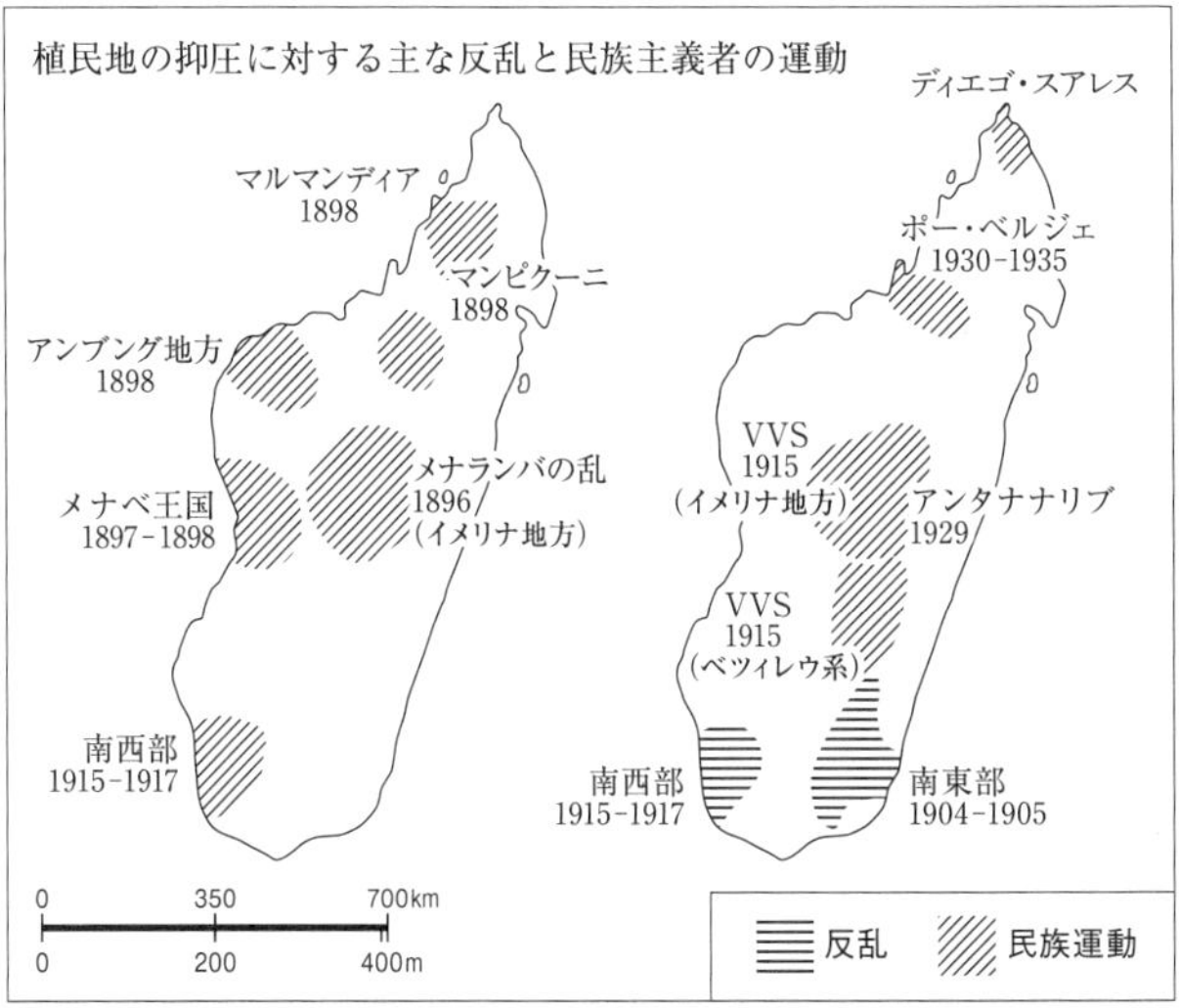

リブの王権から独立していたその他の諸王国から生まれたことからも納得できる。一八九六年のメナランバの乱として知られる中央高地での武装抵抗はその一例であり、植民地支配に反対するとともに、キリスト教・西欧文化を拒否し、伝統への復帰を主張した。

　メナランバの乱は、メリナ人を中心とするものではあったが、メリナ王国への忠君愛国というより、対フランスの民衆レベルの結束であり、キリスト教徒の多い都市住民の価値よりも、祖先の遺産を守ろうとする農村地域の人々の決起でもあった。彼らは、キリスト教信仰、学校、軍役、強制労働の廃止を要求、フランス人の退去を迫ったばかりか、敗戦の責任を負うべき政権の主要人物をも襲撃した。それは、文字通り、フランスに対する民衆レベルの抵抗であった。この結果、土着の信仰や古い儀礼が、一時的にせよ復活した。反乱に立ち上がった人々は、遠くから目につかないように赤土で自分の服を染めていたことから「メナランバ」(「赤い肩掛け」の意)と呼ばれた。こうした反乱は、マダガスカルの他の地方でも起きたが、内部的統一の乱れ、闘争理念の曖昧性、たがいの間での連携を欠くなど弱点を克服できなかった。ただし、この乱の鎮静後にも、あるメリナ人の有力者が民族主義の理想を掲げて論陣をはり、「日本と日本人」と題する論説で伝統と近代の融合に成功した明治維新期の日本にモデルを求めていたことは注目される。

その後、一九一三年七月には、植民地支配に反対し、フランス人排斥を目的にした都市の医学生を中心とする秘密結社「鉄と石の如く固い結束」(Vy Vato Sakelika＝VVS)の誕生、サディアバへの乱(一九一五～一七年)と呼ばれる農民による武装蜂起などが起きたが、ときには排外主義とも言えるようなこれらの運動の広がる支持基盤の中から新しい国民意識が形成された。VVSは、一九一六年に非合法化され、新聞等の発行も禁止された。しかし、こうした過酷な弾圧が、逆に民族意識を煽り、民族・宗教などの違いを乗り越えたマダガスカル人としての権利意識に目覚めさせることになった。これらの遺産から、やがて第二次大戦後のマダガスカル民主刷新運動といった高次なナショナリズムが生み出された。一九四七年から翌年にかけて起きた対仏反乱では、約八万の犠牲者を出したが、一九五八年にはフランス共同体内の自治領としてマルガシュ共和国が成立し、一九六〇年に完全独立を達成した。その後、一九七五年に、国名をマダガスカル民主共和国に改称、さらに一九九二年にマダガスカル共和国に改称して、現在に至っている。

5――マウマウ戦争の構図

デダン・キマジという人物

文豪ヘミングウェイは、一九三三年から翌年にかけて、初めて東アフリカを狩猟旅行(サファリ)した。この時の記録が狩猟ノート『アフリカの緑の丘』(一九三五年)であり、名作の誉れ高い『キリマンジャロの雪』(一九三六年)である。第二回目の旅行は、一九五三年から翌年にかけてで、この時はウガンダのマーチンソン滝付近で飛行機が不時着したが、危うく脱出に成功した。ところが肝心の救援機が墜落し、一命をとりとめたものの重傷を負ってしまった。まったく運の強いヘミングウェイがノーベル文学賞を受賞したのは、同年(一九五四年)の一〇月のことだった。

そのヘミングウェイがナイロビで常宿としたのが、一九〇二年創業の高級ホテル、ニュー・スタンリー（現ザ・スタンリー。著名なアフリカ探検家の名にちなむ）である。付近は、ナイロビでも最も賑わい、観光客と車がひっきりなしに往来している。左手には目抜き通りケニヤッタ・アベニューが走り、やや前方でモイ・アベニューとT字形につながっている。ケニヤッタは初代大統領（一九七八年死去）、モイはケニヤッタの後継となった第二代大統領の名前である。通りの名称が人の名にちなんでいるのは、アフリカの都市によくあることである。ケニヤッタ・アベニューと交差し、ホテルの正面を走っているのはキマジ・ストリートである。しかし、この名前を知っているような観光客や外国人は稀であろう。

キマジこと、デダン・キマジという人物は一九五七年二月にナイロビで絞首刑となり、三七年の短い生涯を閉じた。歴史研究にifは禁物だと言われるが、この人物が独立の日（一九六三年一二月一二日）まで生き抜いておれば、ケニアの現代史はよほど違った歩みをしていたかもしれない。彼はヘミングウェイが二回目のサファリを楽しんでいたころ、山中に籠ったゲリラ部隊のリーダーとして、植民地政府軍を相手に必死の闘いを展開していた。その闘いは勝利しなかったが、ケニア独立の日を早めることには成功したのである。

初期の抵抗

一八九五年の東アフリカ保護領の宣言（一九〇五年には首都が海岸部のモンバサから内陸高地のナイロビへ移った）以後、イギリスは世に「イギリス帝国主義の楔《くさび》」として知られるものを、東アフリカ内陸めがけて打ち込んだ。それがモンバサからビクトリア湖岸を経由し、ウガンダのカンパラと結ぶ鉄道であった。それ以降、アフリカ人から搾り取る税制度が強化され、王地条例が公布され、白人入植促進策がとられたことは、先述した通りである（第一一章1節）。一九〇六年には、東部高地の約四五〇万エーカーが白人専用高地（ホワイト・ハイランド）に指定された。一九二〇年には、アフリカ人の移動を制限しその労働力を確保するために、キパンデ制度（身分証明書の一種）も導入された。

土地接収、課税、強制労働、コーヒーなどの換金作物の栽培禁止、アフリカ人傀儡首長の擁立など、植民地下での抑圧的な諸政策に対する初期抵抗は、すでに一九世紀末から見られた。二〇世紀に入ると、海岸地方では、ギリアマ人女性メ・カティリリに率いられた主に強制労働に反対する武装抵抗があった。この前後には、白人入植民の安全維持と称して、内陸諸民族に対して繰り返し討伐遠征隊が送り込まれた。一例として、鉄道建設にあくまで反対するナンディ人への一九〇五年の討伐では、植民地政府軍は三〇〇〇人以上の勢力で、ナンディ人の首長コイタレルを含む一一一七名を殺害、一万六二一〇頭の牛、三万六二〇〇頭の山羊・羊を没収している。初期抵抗の多くは、局地的・一揆的性格以上のものではなかったが、それでもケニア民族主義の走りであった。

白人入植民が地歩を固めた一九一〇年ごろには、ケニア西部で最初の独立教会が設立された。その後、各地に生まれた独立教会は、ミッション団体が経営するキリスト教会とは教義や信仰形態を異にし、アフリカ土着の宗教との混淆を示す場合が多かった。しかも、宗教運動の体裁をとりながら、人頭税・小屋税の支払い拒否、強制労働反対、白人追放をスローガンとして掲げるものすらあった。ルオ人ジョン・オワロの独立教会・独立学校運動（ミッション教育に反対するもの）はその一例で、彼の教会「ノミア・ルオ・ミッション」（「私に託されたルオ伝道」の意）は一九一〇年代にケニア西部で一万を超える信者を獲得した。

一九二〇年代の抵抗

植民地政府財務局の電話交換手をしていたハリー・ヅクが指導した東アフリカ協会は、一九二一年に結成された政治結社であった。小屋税・人頭税の引き下げ、土地の返還、キパンデ制度の撤回などを掲げて植民地省とかけあったほか、ナイロビやケニア西部で大衆集会を開いた。

ヅクは一九二二年三月に逮捕され、八年間の拘禁に処せられたが、彼の功績を讃えて、今、ナイロビ大学とノーフォークホテルの間を国立博物館の方へ向けて走る道路にその名前がつけられている。

　この時期の運動は、もっぱらアフリカ人の自力更生、福祉の向上、さまざまな差別待遇の是正を求めるもので、政治的独立を訴えるというよりは、植民地体制内での改良・改善を求めるものだった。それでも一九二三年にはイギリス政府は「デボンシャー白書」(正式名「ケニアのインド人」)を出して、「ケニアは、第一にアフリカ人の領土であり、アフリカ人の利益を最優先とする」との約束を交わすことになった。

　なお、一九二九年には、女子割礼(クリトリス切除)の禁止が決まった。女子割礼は、反キリスト教活動であり、同時に反政府活動であると考えられた。しかし、多くのギクユ(キクユ)人にとっては、その禁止は既成の社会秩序を崩壊させ、ギクユ人のヨーロッパ人化を促進し、ギクユの歴史を壊そうとするものと映った。

一九三〇〜四〇年代の抵抗

　一九三〇年代の世界的な大不況はケニアにも深刻な影響を与えた。この時期には、中央州のギクユ人地域でも独立学校運動が盛んになった。独立学校運動は、ミッション教育と袂《たもと》を分かつものであったが、西洋教育の役立つ点(英語教育など)を残しながら、ギクユの言語や文化価値を積極的に取り入れるなど、伝統を継承し、民族主義を育てるのに役立った。独立学校は、学童の家庭の共同出資で運営されるもので、一九三六年までに、中央州で四四校が設立され、植民地政府経営の学校は一つだけであった。この当時、アフリカ人の子弟の一パーセントが政府の学校に通い、二三パーセントがミッション・スクールで、残りが独立学校で学ぶか、まったく教育を受けていなかった。

いっぽう、ナイロビやモンバサの都市労働者の間では労働運動が活発化した。一九三六年には東アフリカ労働組合総同盟が結成され、八時間労働や労働立法を要求した。一九三九年には、モンバサの港湾労働者が大規模なゼネストを打った。一九四〇年代にも各地でストが多発したが、なかでも一九四七年、モンバサで一万五〇〇〇～二万人規模のゼネストが打たれ、この期間中にアフリカ人労働者連合が結成され、全国の労働者の団結を呼びかけた。この時の騒擾《そうじょう》が全国に飛び火して、約一〇ヵ月にわたって、植民地政府は、ナイロビを含めて、多くの地域でコントロール能力を失った。一九四九年には、東アフリカ労働組合会議が結成されている。

いっぽう、一九四四年にケニア・アフリカ人同盟（KAU）という政治結社がつくられ、立法審議会に一名のアフリカ人指名議席が認められた。また同年には、かつてギクユ中央協会（東アフリカ協会の後身）の書記長を務めたジョモ・ケニヤッタが長年滞在していたイギリスから帰国、翌年にはKAUの委員長に就任した。一九四五年から翌年にかけて、第二次大戦に従軍した約一〇万のケニア人兵士が復員してきた。うち、三分の一が中東、インド、ビルマ戦線を経験し、インドの独立運動やアメリカ黒人の主張に目覚めていた。彼らは、いわゆる「変革の風」を背に受けていたのである。復員兵士の有志が、「四〇年の男子組」(Aanake 40)というグループを秘密裏に結成したのはこのころだった。彼らは、下級官吏や公務員、底辺労働者や売春婦を通じて政府筋からの秘密情報を集め、武器の横流しルートを確保し始めた。これがのちの「マウマウ」の先駆けとなった。「四〇年の男子組」とは、一九四〇年に割礼を受けた世代の意である。

彼らは、もはや合法的な改革のペースの遅さに満足しきれなくなっていた。一九四七年にはインドが独立を果たしたが、こうした国際情勢も戦後ケニア社会においてナショナリズムを高揚させていく要因となった。

一九五〇年代と土地自由軍の闘い

一九五〇年代に入るころから、ますます多数の労働者や復員兵がKAUに結集し、KAU内部でも主に労働組合あがりの急進派が、改革、自力向上路線を説く穏健派(ケニヤッタなど)を圧倒し始めた。一刻も早い政治的独立を求め、そのためには武装闘争も辞さないという急進派が勢力を伸ばしつつあったのである。また白人農場主やアフリカ人首長に対するテロが散発し、KAUの急進派や白人農場に雇われたアフリカ人労働者の間に秘密の宣誓儀礼が行われているとの噂も広まっていた。

初めて「マウマウ」が発覚したとされるのは、一九五〇年五月のことだった。この時、ナイロビ西方ナイバシャの地で、一七人のアフリカ人が告発された。彼らはたがいの結束を固める「誓約」を交わしているとされた。

このような不穏な空気がたちこめていた一九五二年六月、第二次大戦の復員兵スタンリー・マゼンゲの指導の下で、約三〇〇人が対白人の戦闘訓練のためにニャンダルア山中に籠った。そして同年一〇月七日、植民地政府側に忠実なあるアフリカ人首長がナイロビ郊外で白昼暗殺されるという事件が起きた。これを機に同月二〇日、中央州全土に非常事態が宣言され、ただちにケニヤッタを含むKAUの幹部一八三名が逮捕された。これがアフリカ人による白人追放・白人皆殺し運動などと喧伝されてきた、世に言う「マウマウ」団の反乱の発端である。ここでは「マウマウ」(Mau Mau)という、白人が一方的に、おそらく意味不明のまま使用してきた用語を避け、解放勢力側の用語を使って、「ケニア土地自由軍」(Kenya Land and Freedom Army)の闘いとして考察しておこう。

土地自由軍のメンバーは、ギクユ貧農を中心に、一般の都市労働者や労働組合員を含んでいた。ギクユ人が中心を占めていたが、それは白人専用高地の指定を受けた地域の大部

マウマウ戦争の地域

Barnet & Njama, 1966を参考に作図。(キニャティ、1991)

分が、ギクユ農民の土地であったからである。「土地の奪還と白人の追放」をスローガンとし、伝統的な宣誓のもとに結束した土地自由軍は、各地の白人農場、警察署、政府軍要地、アフリカ人首長の屋敷などを襲った。戦局が深まると、彼らはケニア山やニャンダルア山にたて籠り、巧みなゲリラ戦に転じた。

その一例が、一九五三年三月に起きた。この時、「マウマウ」はわずか七五名の勢力でナイバシャ（ナイロビ北西、グレート・リフトバレーに位置する）の警察署を襲い、五〇丁の銃、トラック一台分の弾薬を奪い、囚人を解放した。これは最も成功した例で、現在に至るまで、愛国歌謡としてうたい継がれている。

歓《よろこ》べ、歌え
ナイバシャの闘いを忘れるな
何千の言葉も足りない
この歓びを伝えるのには
何千の歌も足りない
我がマウマウ軍を讃えるのには
ただ、歓び、飛び跳ねるだけ

くり返し叫ぶだけ

植民地政府は、アフリカ人新聞・団体の統制、印刷物の許可制、弁務官によるアフリカ人逮捕の自由、ギクユ独立学校の閉鎖などの処置を講じた。この中には、非常事態の宣言以前から実施されたものもあった。一九五三年四月には総兵力一万以上の鎮圧部隊が送り込まれ、「ナイロビなど都市部の土地自由軍支持者の根絶」から「ゲリラと農民の分断」、そして「ゲリラの山林内封じ込めと殲滅《せんめつ》」という三段階作戦が実施された。

一九五四年四月にはナイロビで大捜索が実施され、二万七〇〇〇名のアフリカ人が逮捕された。また、ゲリラと農民の連絡を断つために、各地に強制収容所村（まわりを防壁で囲い、村民をその内部に収容するもの。高い監視塔があり、自警団がパトロールしていた）が建設された。そこには、ギクユ農民を中心に実に一〇七万人が収容されたという。なお一説に、土地自由軍の勢力は最盛時に約二〇万、地元農民の九五パーセントが食料や隠れ家を提供して、ゲリラ闘争を支援したという。

闘争の内部で頭角を現したのが、土地自由軍が設立した国防評議会を指導したデダン・キマジであった。彼は独立学校教師や白人農場の労働者など職を転々とし、最終的にKAU支部の書記となり、非常事態宣言とともにニャンダルア山中にたて籠った。

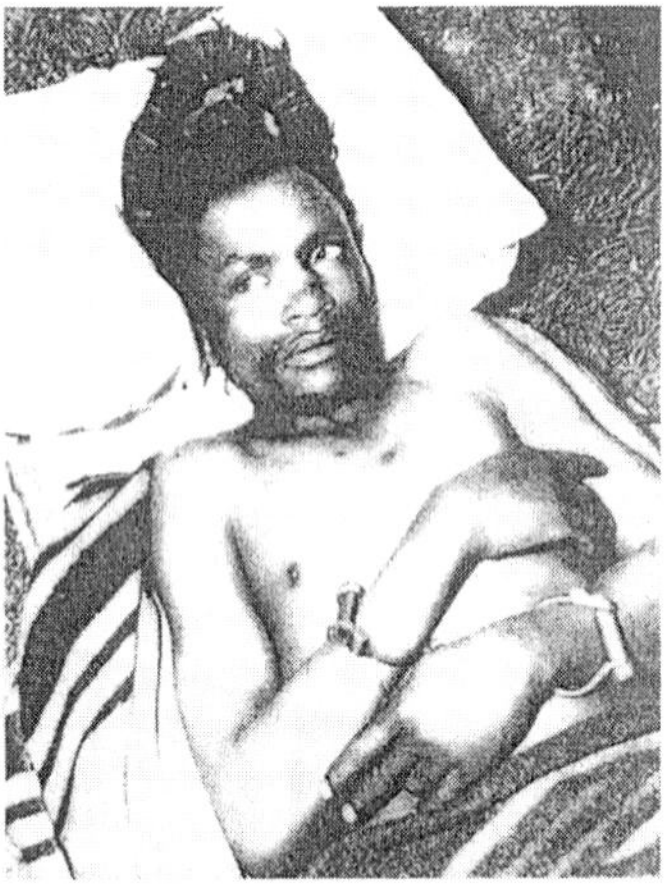

ケニア土地自由軍（マウマウ）の最高指導者デダン・キマジ。1956年10月21日の逮捕直後、担架に乗せられている。
(Barnet & Njama, 1966)

キマジは一九五六年一〇月二一日未明、村里で食料を集めて引き返すところをアフリカ人パトロールに見つかり、三度目の発砲を大腿部に受けた。それより四日前に、送り込まれたニセ部隊の罠にかかって、二七時間にわたる単独逃亡で疲労困憊《こんぱい》、三日間も眠りこけたあと、飢えと寒さで蘇生したのだった。彼はゲリラ封じ込めのための、山林と村里を切り離す深い塹壕《ざんごう》から這い上がったばかりであった。キマジを捕えた九人のアフリカ人警官は、懸賞金約五〇万円を山分けした。逮捕の後、一〇万枚のビラがリフトバレー一帯に投下され、一時間ごとにキマジ逮捕の特別放送があったという。

土地自由軍の鎮圧のために、イギリスは合計五万の軍隊と警官を送り、植民地政府予算の四ヵ年分を費やした。土地自由軍側の死者は一万一五〇三名、負傷者一〇五三名、捕虜一五五〇名、逮捕二万六六二五名、降伏二七一四名、イギリス側は死者二〇四四名（白人九五名、アジア人二九名、アフリカ人一九二〇名）、負傷者四六〇四名だった。

反乱勢力の一部はキマジ逮捕後も活動を続け、非常事態は一九六〇年一月一二日まで解かれなかった。一九六一年、ケニヤッタが釈放され、六三年の総選挙で彼が率いる政党が勝利した。同年一二月一二日、ケニアはイギリス連邦内の自治国として独立、翌年、共和制をとった。

封印された歴史

ケニア土地自由軍の闘いは、独立ケニア誕生の産みの苦しみであった。しかしその当時この闘いは、狂信的なアフリカ人「テロリスト」の白人皆殺し運動、権力欲にとりつかれたアフリカ人政治扇動家の野心に起因するもの、近代文明に適応できないアフリカ人の心理的緊張と挫折感から生じたもの、はてはモスクワ側の戦略であるなどと説明された。

独立以後、元土地自由軍兵士の回顧録や自伝、その他のノンフィクションが数多く出版され、さらに歴史研究の進展によって、土地自由軍の闘いの真相が次第に明らかにされつつある。しかし、これの評価をめぐって、アフリカ歴史学界内部、ことにケニアの歴史学界内部に鋭い対立が存在している。

よく知られているように、初代大統領ケニヤッタは、植民地政府からは「マウマウ」を指導した共産主義者として睨まれ、イギリス政府によって一九五二年一〇月に逮捕、一九六一年八月まで幽閉された人物であった、しかし、ケニア独立に際して、「マウマウ」の役割を無視し、独立記念の演説でも、「マウマウ」の闘いや強制収容所に繋がれた何十万の戦士の犠牲には一切触れなかった。

こうした背景から、「アフリカ人が自治などといった高尚な理念を知っているはずがない」「マウマウは、未開人の病理現象だ」などといった白人側からの説明のほかに、ケニア人歴史学者の間からさえ「ギクユだけの部族単位の運動だ」「独立に繋がるようなケニア全体のナショナリズムではない」などといった見解が相次ぎ、特に独立直後まで有力であったし、今もこの考え方は一部に残っている。こうした考え方は、とりわけ六〇年代の権力移行時に、植民地政府にとって都合がよかっただろう。しかし、その後、ケニアの内外で、しだいに見方が変わってきたようである。「マウマウ」の用語よりも「土地自由軍」の用語が積極的に使われ始めたことに象徴されるように、この闘いは、二〇世紀ナショナリズムを特徴づける民族解放・反英独立闘争であったとして積極的に評価する立場が有力になってきた。たしかに、「大衆の自然発生的な怒り」をただ「誓約」だけで結び付けようとするなど、政治意識化の不足、無計画な動員、不透明な解放プログラムと革命の理論など、弱点ないしは限界とされる問題も指摘されてきた。しかし、「宣誓」という伝統的方法で鉄の結束をはかりながらも、国防評議会の編成などに見られるように、近代的な組織原理とイデオロギーを併せ持っていたことも確かである。

その一つの証拠として、キマジはこの戦争の政治的・軍事的活動はケニアの将来のために記録され、保存されるべきであると考え、毎日の出来事、あらゆる通信文や書類、すべての会議の議事録などを記録・保存させていた。これらの記録は戦場に設けられた古文書館に大切に保存され続けたが、一九五五年のある日、イギリス軍はこの古文書館を襲撃し、すべての記録を没収してしまった。その後、植民地当局はこれらの記録（スワヒリ語やギクユ語で書かれていた）を翻訳・整理し、一巻三〇ページで一四巻にまとめ、それらに「キマジ・ペーパーズ」というタイトルをつけた。この貴重な歴史文書は、ケニア独立時にイギリスとケニアの両政府の間で交わされた密約のために、独立以後むこう五〇年間、つまり二〇一三年までは公開されないことになった。

土地自由軍の闘いは植民地期ケニアにおける民族運動の総決算であったが、同時にアフリカ人内部での「持てる者」と「持たざる者」、「ロイヤリスト」（植民地政府側）と「ナショナリスト」との間の熾烈な闘いでもあった。この戦争の期間中には、何百にものぼる抵抗歌謡が自然発生的に作られた。それらには「独立」「ケニア人の団結」「人民戦争」「人民の団結・連帯」「敵方に味方したプチブル」などの新語がスワヒリ語やギクユ語でしきりに現れている。そのうちの二つを以下に紹介しておこう。

敵方に味方するお前たちは
白人の奴隷にすぎぬ
私たちが勝利すれば
お前たちは裏切りをきっと悔いるだろう

私たちは歓喜することだろう
すべての黒人が集い
皆が団結して
一つのパン・アフリカ国を建設するときに

一九五〇年代、外部世界から「テロリスト」のレッテルを貼られた「マウマウ」＝「土地自由軍」は、現在では祖国ケニアの独立のために闘った愛国者となった。本節の冒頭で触れているが、首都ナイロビの目抜き通りの一つ（キマジ・ストリート）には右手に銃、左手に剣を握ったキマジの全身像が建てられている。歴史認識は、百八十度の転換を迫られたのである。

〈宮本正興〉

第一四章　パン・アフリカニズムとナショナリズム

1――パン・アフリカ主義の誕生

近代的抵抗の系譜

　植民地支配体制に対して、民衆の側の不満を日常の中から組織したのが、前章で述べた非ヨーロッパ型の抵抗の特色である。これに対して、アフリカ人エリートの中から、ヨーロッパの思想を借用しながらヨーロッパを批判する抵抗が生まれてきた。彼らが依拠したのが、パン・アフリカニズムでありナショナリズムの思想であった。

　こうしたヨーロッパ型の抵抗が、伝統型の抵抗と大きく異なっていたところがある。それは、彼らがこれからのアフリカが歩むべき青写真をもっていたことだ。破壊と反乱だけではなく、生産と建設の理想をもっていたのである。アフリカ人のアフリカの建設という黒人意識と、ケニア人のケニア、ガーナ人のガーナという「国民」意識がドッキングして、アフリカの国づくりの指針となった。これら二つの意識をもとにして、新しい「国民」国家の独立と、アフリカを統一する「アフリカ合衆国」が構想された。

こうした運動は、都市のエリートやインテリを中心に、第二次世界大戦後、急速に支持者を増やしていった。彼らはヨーロッパの旧宗主国の政治家と同じ思考回路を共有していたので、比較的穏便に両者の権力移行は実現されることになった。しかし、このヨーロッパ型思考と制度の穏健な引き継ぎこそは、アフリカの将来に隠された刺《とげ》でもあった。

黒人ディアスポラと黒人意識の息吹

最初の黒人意識のうねりを生み出したのは、アメリカ大陸のアフリカ系人たちだった。奴隷貿易が人種地図を塗り変えたアメリカ大陸では、ヨーロッパの白人が観念的にアフリカ人を蔑視するのとは根本的に意味の違う、露骨な人種主義社会が生み出された。白人の絶対的優越性と黒人の本質的劣等性が社会の支配的価値意識となっているだけでなく、人種の違いが社会的な地位と富に反映され、黒人自身が自らの劣等性を信じ込まされる社会である。奴隷制の廃止後、カリブ、アメリカで生まれたのは、こうした劣等性神話を打ち破ろうとする動きであった。当初は白人社会に同化することで白人と対等な存在として受け容れられようとする努力から始まったが、二〇世紀に入ると、アフリカ系人としての誇りと連帯を強調する黒人意識が現れてくる。

フランス語圏では、黒人意識は知識人による文化運動として生まれた。

第一次世界大戦後、ハイチのジャン・プライス・マルスは「原住民評論」でアフリカを母胎とする黒人文化への誇りを説き、マルチニック出身のナルダル姉妹はパリで「黒人世界評論」を発刊して黒人文化の復権を図っていた。そうした流れを引き継ぎ、黒人存在の誇りと尊厳を高らかに謳《うた》い上げたのが三〇年代に始まるネグリチュード運動である。「ネグリチュード（黒人性）」という言葉はマルチニック出身のエメ・セゼールの造語だが、それはともに黒人留学生としてパリに滞在していた彼と後のセネガル大統領L・S・サンゴールとの出会いから生まれたものだった。アフリカ大陸の黒人とカリブ海の奴隷の子孫が、出身地の枠を取り払い、「黒人」としての共通の運命を引き受けることを選んだとき、白人人種主義の作り出した黒人の劣等性神話を打ち砕く新しい意識のありかたが生まれたのである。

ネグリチュード運動は文化的パン・アフリカニズムとしての性格をもち、一九四七年にパリに設立された出版社「プレザンス・アフリケーヌ（アフリカここにあり）」社の活動は、黒人文化の復権だけでなく、植民地独立の運動にも少なからぬ貢献をした。

他方、英語圏で生まれた黒人意識を代表するのは、ジャマイカ出身のマーカス・ガーベイの運動である。ジャマイカで万国黒人改善協会（ＵＮＩＡ）を設立したガーベイは、一九一七年、渡米してＵＮＩＡニューヨーク支部を設立し、機関誌「ニグロ・ワールド」を通じて黒人大衆に強烈な黒人意識を鼓吹した。ＵＮＩＡはまたたく間に会員二〇〇万の大組織に成長し、二〇年、ニューヨークで開催されたＵＮＩＡ国際大会で、ガーベイは「黒人政府のもとにおける自由アフリカ」の建設を、当時まだ植民地体制の改善要求にとどまっていたデュボイスらパン・アフリカ会議の組織者に先がけて主張した。有名な「アフリカ帰還運動」はここから始まったのである。その後、移民計画の挫折やガーベイ自身の投獄のために、一九二〇年代半ばにはガーベイは急速に影響力を失ったが、彼の政治的主張は後のアフリカ人ナショナリズムと非常に近いものだった。実際、ガーベイの強烈な黒人意識は、デュボイスらの批判にもかかわらず、ンクルマら後のアフリカ人パン・アフリカニストには大きな影響を与えているのである。

デュボイスとパン・アフリカ会議

こうした黒人意識は、すでにアメリカ大陸の黒人ディアスポラとアフリカ大陸の黒人知識人の間の連携を生み出していたが、それを組織的な動きへと発展させていったのがパン・アフリカニズムの運動だった。

英領トリニダード（現トリニダードトバゴ）出身の弁護士シルベスタ・ウィリアムズが一九〇〇年にロンドンで開催したパン・アフリカ会議《コンフェランス》が、その最初の動きだった。この会議では、植民地支配そのものについては現状の枠内での改善を求めるのみであったが、北アメリカ、カリブ、アフリカの黒人知識人が初めて一堂に会し、西欧の人種主義と南部アフリカへのイギリスの新たな侵略に対して抗議の声を上げたのである。この会議は継続的な運動を生み出すには至らなかったが、その後のパン・アフリカニズム運動の出発点としての意義は大きい。

ウィリアムズが成し得なかったパン・アフリカニズム運動の組織化を最初に成し遂げたのが、「パン・アフリカニズムの父」と呼ばれるW・E・B・デュボイスだった。

アメリカ黒人として初めてハーバード大学から博士号を得、一九〇三年、その著書『黒人のたましい』で「二〇世紀の問題はカラーラインの問題である」と喝破したデュボイスは、一九一九年、合衆国の白人自由主義者を中心に結成された黒人差別撤廃運動組織「全米黒人地位向上協会（NAACP）」から派遣されてパリに赴き、ベルサイユ会議でアフリカ人とアフリカ系人の権利を擁護しようとした。この目的が果たせなかったため、デュボイスは急遽、アフリカ人として最初のフランス政府閣僚となっていたブレーズ・ジャーニュを通してフランス首相クレマンソーの支持を得て、第一回のパン・アフリカ会議《コングレス》を開催したのである。

急ごしらえであったこともあり、イギリス領西アフリカと南アフリカからは参加者はなく、またクレマンソーの意を受けたジャーニュの要請もあってフランスの植民地支配を「評価」するなど問題も多かったが、この第一回パン・アフリカ会議では北アメリカ、カリブ、アフリカから参加した五七名の代表によって、アフリカ人保護のための国際法の整備、土地・資源の信託、外国資本による搾取の規制、奴隷労働の禁止、公費による教育の普及、段階的な自治の推進を求める決議が採択され、本格的パン・アフリカニズム運動の嚆矢《こうし》となった。

デュボイスはさらに第二回（一九二一年、ロンドン、ブリュッセル、パリで順次開催）、第三回（二三年、ロンドン、リスボン）、第四回（二七年、ニューヨーク）と、相次いでパン・アフリカ会議を開催し、アフリカ系人とアフリカ人による統一戦線を形作ろうとした。この運動は、植民地アフリカについては基本的に国際連盟の信託統治の考え方の枠を出ず、植民地におけるアフリカ人ナショナリズムについての認識に欠けるところもあったが、白人人種主義に対して黒人の価値と権利を主張する国際主義運動として、後のパン・アフリカニズム運動の発展の基礎を作り上げたのである。

第五回パン・アフリカ会議と植民地解放の目標

世界恐慌の影響でNAACPの資金援助が途絶えたため、第四回会議以降、デュボイスの主導するパン・アフリカ会議は事実上活動を停止したが、イタリアのエチオピア侵攻を契機に、一九三五年、パン・アフリカニズム運動は在英のカリブ、アフリカの黒人知識人によって再生される。

アフリカの自由の最後の砦と見なされていたエチオピアを支援するために「国際アフリカ人アビシニア友の会」をロンドンで設立したのは、カリブ出身のC・L・R・ジェームズとピーター・ミリアードで、ケニアのジョモ・ケニヤッタが名誉書記長だった。第二次世界大戦後のパン・アフリカニズムの指導者の一人となるトリニダードのジョージ・パドモア、ナイジェリアで労働運動を組織していたシエラレオネのウォレス・ジョンソン、ガイアナのトマス・グリフィス（むしろ後に自ら名乗ったラス・マコンネンというエチオピア名で知られる）らも間もなく参加した。この組織は三七年、「国際アフリカ人サービス・ビューロー（IASB）」に引き継がれるが、IASBの機関誌「インターナショナル・アフリカン・オピニオン」は幅広い影響力をもち、パン・アフリカニズム思想の普及に大きな役割を果たした。IASBにはナイジェリア・ナショナリズムの指導者アジキエも、書記局メンバーとして参加していた。

一九四四年にマンチェスターで設立された「パン・アフリカ連盟（ＰＡＦ）」はＩＡＳＢが発展したもので、ここにはゴールドコーストのクワメ・ンクルマも参加していた。パン・アフリカニズム運動の主導権はアフリカ人ナショナリストの手に移り始めていた。

それが明らかになったのが、四五年にマンチェスターで開かれた第五回パン・アフリカ会議だった。パドモア、ンクルマが中心となって組織したこの会議では、初めてアフリカ人代表が多数を占め、主導権がアフリカ人ナショナリストの手に移っただけでなく、アフリカの政党や労働組合運動の代表も参加し、パン・アフリカニズムは植民地アフリカのナショナリズムと結合した運動となったのである。

この会議で採択された宣言では、独占資本による支配を非難するとともに、初めて植民地アフリカの独立要求が打ち出され、植民地解放のためには最後の手段として武力を行使する可能性さえをも認めている。自治要求の枠を出なかった過去四回のパン・アフリカ会議とは大きく性格を異にしたこのマンチェスター会議は、以後、独立に向けてのアフリカ・ナショナリズムの進展に大きな影響を与えることとなった。ンクルマやケニヤッタなどの代表は会議後間もなくアフリカに戻り、それぞれの地域において独立を目指すナショナリズム運動を率いていくことになるのである。

2――ナショナリズムの芽生え

両大戦間期のアフリカ人ナショナリズム

第一次世界大戦後になると、植民地アフリカにおいてもアフリカ人ナショナリズムの胎動が始まっていた。第二次世界大戦後のアフリカ人ナショナリズムの母胎となる、西欧教育を受けた新興エリート層による政治運動が組織され始めていたのである。

彼らが生み出したナショナリズムは、西欧で国民国家《ネイション・ステイト》を生み出したナショナリズムとも、アフリカ人初期抵抗とも大きく異なったものであった。それはガーベイ主義、パン・アフリカニズムとも共通する、白人支配者に対するアフリカ人としての「人種的」ナショナリズムであり、また、西欧近代から学んだ近代主義もその特徴であった。

大きな契機は第一次世界大戦だった。植民地のアフリカ人はヨーロッパ戦線やアフリカのドイツ領植民地に対する侵攻作戦に兵士や人夫として駆り出され、戦争遂行のために大きな負担を負わされた。しかし、多くの場合、その犠牲に対する見返りはほとんどなく、むしろ戦中戦後の混乱のなかでアフリカ人の自由と権利を抑圧する支配体制の強化がしばしば見られた。アフリカ人の不満が増大するのは当然の流れであった。また、西欧型の教育を受けた層の増加と都市化の進行がすでに始まっており、それは植民地体制の人種差別を直接経験する層の増大をも意味した。彼らは西欧の民主主義が約束する諸権利が当然自分たちにも与えられるべきだと考えたのである。第一次世界大戦後、パリ講和会議で民族自決の原則が掲げられると、その適用から除外されていたアフリカの植民地にも同じ原則の適用を求めるアフリカ人エリートたちによるナショナリズムの動きがはじまった。

アフリカ人ナショナリズムの組織化は、特にイギリス領植民地において顕著であった。西アフリカでは、一九二〇年にゴールドコーストのケイスリー・ヘイフォードを中心として「英領西アフリカ国民会議」が組織され、人種差別の撤廃、アフリカ人の政治参加、行政組織のアフリカ人化、教育の拡大などの要求をイギリスに対して行った。二二年にはハーバート・マコーレーが中心となってナイジェリア最初の政党「ナイジェリア国民民主党」が結成され、また、ウォレス・ジョンソンが組織した「西アフリカ青年同盟」やナイジェリアの「ナイジェリア青年運動」などの青年組織も次々と結成された。

南アフリカでは、一九一二年に結成された「南アフリカ原住民民族会議」が、二三年「アフリカ民族会議（ANC）」と名称を変え、人種差別法に対する大衆運動を展開しつつ、旧来の民族の枠を越えたアフリカ人ナショナリズムの組織化を進めていた。東アフリカでも、一九二一年にケニアのハリー・ヅクが抑圧的な制度の撤廃や土地の返還を求めて

「東アフリカ協会」を結成し、ヅクの逮捕後は二四年に「ギクユ中央協会」が結成されるなど、各種の青年運動、民族組織が生まれていた。

仏領アフリカにおいても、アフリカ人ナショナリズムが存在しなかったわけではない。しかしフランス領では、フランス本国において少数の知識人がフランス共産党などと連携して組織した運動が中心であった。ベトナムのホー・チ・ミンが中心となって、一九二一年に結成され、セネガルのラミーヌ・サンゴールらアフリカ人コミュニストも参加した「植民地同盟（UIC）」、二四年に結成された「黒人種防衛世界連盟（LUDRN）」、二六年の「黒人種防衛委員会（CDRN）」（後に「黒人種防衛連盟〔LDRN〕」）などは、それぞれ「賤民《パリア》」（UIC）、「大陸《レ・コンテイナン》」（LUDRN）、「黒人種《ラ・ラス・ネーグル》」（CDRN）などの機関誌を発行して活発に活動したが、アフリカ現地との関係はまだ希薄であった。

第二次世界大戦の影響

新興エリート層によるナショナリズムを飛躍的に発展させたのは、アフリカと植民地宗主国の双方を根底から揺さぶった第二次世界大戦の激動だった。

第一次大戦ですでに明らかになり始めていた英仏などヨーロッパの植民地帝国の衰退は、この大戦で誰の目にも明らかなものとなった。ベルギーはナチス・ドイツに蹂躙され、フランスは開戦後まもなくナチスに降伏した。かろうじて抗戦を継続したイギリスもアジアにおいてはマレー半島をまたたく間に日本軍に奪われ、アフリカ人は絶対的な力をもっていたはずの植民地支配者のもろさを目《ま》の当たりにしたのである。

また、国土をナチス・ドイツに占領されたベルギーにとっては植民地コンゴが、本国で成立したビシー対独協力政権を拒否するドゴールの自由フランス軍にとっては仏領コンゴが、ナチス・ドイツへの抵抗の拠点であった。イギリスも、日本軍に占領されたイギリス領マレー・オランダ領インドネシアの錫《すず》・ゴム・ヤシ油などの資源を補うためにイギリス領西アフリカに依存し、どの植民地宗主国にとってもアフリカ植民地が戦争継続の生命線となった。

さらに第一次大戦と同様、多数のアフリカ人が連合軍の兵士として動員された。彼らはアフリカの外で世界の見聞を広め、アフリカの現実をより広い視野から見ることができるようになっただけでなく、それまで絶対的支配者として畏怖していた白人が実は同じただの人間にすぎないことを知った。復員した彼らは、一九四八年のゴールドコーストにおけるナショナリズムの急速な高まりに典型的に見られるように、戦後のアフリカ各地の政治的発展の中で主要な役割を果たすことになる。

ファシズムに対する自由のための戦いを標榜する連合国は、自由と尊厳を求めるアフリカ人の期待を無視することはもはやできなかった。一九四一年にイギリス首相チャーチルとアメリカ大統領ルーズベルトが発表した大西洋憲章は、国際連盟が掲げながら事実上死文となっていた「民族自決」の権利を大戦後世界の基本原理として再び掲げ、四四年、仏領コンゴのブラザビルで戦後の植民地政策を検討するために開かれたブラザビル会議では、フランスはアフリカ人の政治参加の拡大や労働基本権などのアフリカ人の権利の拡大を約束した。実はチャーチルにはアフリカに民族自決の原則を適用する気はなく、ドゴールにとっても完全な自治や独立などは問題外だったが、植民地支配者のこうした「譲歩」は、アフリカ人の戦後の解放への期待を大きく膨らませていった。

アジア・アフリカの植民地をめぐる国際的政治状況も一変した。大戦中はアジア・アフリカの植民地独立運動への支援を控えていたソ連は、戦争終結とともに独立運動への支援の姿勢を明確にし、他方、大戦後資本主義陣営の指導者としての地位を確立したアメリカは、アジア・アフリカに対する英仏などの独占的支配体制を切り崩すとともに、植民地がソ連の支配圏に入ることを防止するために、英仏などに植民地の解放を迫るようになった。また、新たに結成された国際連合も、民族自決の権利を再び掲げていた。

労働運動から反植民地闘争へ

住民の大多数が農民や牧畜民であるアフリカにおいては、賃金労働者は西欧化したエリートと同様ごく少数にすぎなかったが、植民地体制に対するアフリカ人の政治意識を高め、闘いを前進させる上で労働組合運動が果たした役割は大きかった。単なる経済要求から出発した場合でも、結局は問題の根元としての植民地体制そのものに立ち向かわなければならなかったからである。

第二次大戦以前にも、南アフリカでクレメンツ・カダリーが結成した「工業商業労働組合（ICU）」やシエラレオネにおける鉄道労働者のストライキ、ゴールドコーストにおける鉱山労働者の闘いなど、アフリカ人労働者の組織化の例は見られるが、本格的な労働組合運動が広汎に展開されるようになるのは第二次大戦後のことである。

すでに大戦中から、連合軍の後方基地としての食料・鉱産物生産の増大による経済活動の活発化によって都市化が進行し、都市労働者の増加が見られていたが、大戦後、英仏などの植民地宗主国がアフリカ植民地の経済開発のための投資を増大させたことで、アフリカ人労働者の数は急速に増加した。

当初アフリカ人労働者の組合活動を厳しく制限していた植民地宗主国も一九三〇年代から徐々に規制を緩和し、大戦後になると各地で多くの労働組合が結成された。こうした労働組合の多くは、本国の労働組合組織（イギリスの「労働組合会議〔TUC〕」、フランスの「労働総同盟〔CGT〕」など）の指導下に組織され、提携関係を保っていたが、単なる傘下組織ではなく、アフリカ人ナショナリズムの担い手として、しばしば植民地の政治状況の発展の中で主要な役割を果たした。

たとえばフランスの委任統治領であったカメルーンでは、一九四四年末に海岸部のドゥアラを中心に結成された「カメルーン労働組合連合（USCC）」が、結成当初から当局の激しい弾圧・妨害を受けながら急速にヤウンデなど内陸部の諸都市に組織を広げ、四八年にはUSCCの指導者ルーベン・ウム・ニョベを議長とする急進的な民族主義政党「カメルーン人民同盟（UPC）」が結成されている。

ケニアでも、四四年に民族の違いを越えて結成された「ケニア・アフリカ人同盟（KAU）」の主導権を握り、五一年以降「マウマウ戦争」として知られる「ケニア土地自由軍」の武装蜂起（第一三章5節参照）につながる急進路線を進めていったのは、政府非公認の「東アフリカ労働組合評議会」の労働組合活動家たちだった。

また、四七年一〇月から翌年三月まで五ヵ月にわたって闘われ、五二年の労働法制定に結びついたセネガルの鉄道労働者ストライキは、セネガルの作家センベーヌ・ウスマンが小説『神の森の木々』で感動的な筆致で描き出したように、植民地支配者の人種差別に対する民衆の怒りを代弁するものとして広汎な支持を集めたのである。

アフリカ人政党による独立運動

しかし、独立への歩みを推し進める上で決定的な役割を果たしたのは、いうまでもなく、大戦後つぎつぎに結成されたアフリカ人政党であった。こうした政党は大戦後の植民地の状況に対する大衆の不満を吸収し、アフリカ人大衆の怒りと要求の代弁者として急成長を遂げていった。一九四四年には、アジキエが中心となって「ナイジェリア・カメルーン国民会議（NCNC）」が組織され、先述したようにケニアでも同年、「ケニア・アフリカ人同盟（KAU）」が組織されている。

イギリス、フランスはアフリカ人ナショナリズムの高まりを前にして、アフリカ人に一定の政治参加を許すことで、アフリカ人の権利要求を植民地体制の枠内に押さえ込むことを試みた。しかし、制限つきとはいえ政治参加の道が開けたことはさらにアフリカ人の政治活動を活発化させ、それは間もなく、植民地体制そのものを揺るがすものとなっていく。最も劇的な展開を見せたのが、イギリスが「模範的植民地」と見なしていたゴールドコーストの場合だった。

ゴールドコーストでは一九四六年、バーンズ総督による憲法改正で立法審議会へのアフリカ人の代表権が拡大されたが、自治にはほど遠いこの憲法改正に不満をもつ新興エリート層は、四七年、Ｊ・Ｂ・ダンカーを中心に「統一ゴールドコースト会議（ＵＧＣＣ）」を結成した。ロンドンで活動していたンクルマが請われて帰国し、書記長に就任することになった。

　翌四八年に決定的転機が訪れた。一月、大戦後の物価高と生活苦に抗議するヨーロッパ商品不買運動が始まり、二月、復員兵によるデモが組織された。このデモに警官隊が発砲し、死者が出たことを契機に、植民地政府やヨーロッパ企業に対するアフリカ人大衆の不満が暴動という形をとって噴出したのである。

「模範的植民地」での急激なナショナリズムの高まりに驚いたイギリスは、四九年、さらなる憲法改正の方針を発表した。ンクルマを除くＵＧＣＣ指導者はこれに協力したが、ＵＧＣＣ指導部の微温的な姿勢と対立を深めていたンクルマは「即時自治《セルフガバメント・ナウ》」を掲げる「会議人民党（ＣＰＰ）」を結成し、ストライキ、ボイコットなどあらゆる非暴力不服従の活動による「積極行動《ポジティブ・アクション》」を推進していった。五〇年一月、ＣＰＰはゼネストを組織し、大衆はこれを支持して街頭デモを行った。植民地政府は全土に非常事態を宣言し、ンクルマらＣＰＰ指導部を逮捕したが、民衆のＣＰＰに対する支持は圧倒的なものとなっていた。

五一年の総選挙でCPPは圧勝し、イギリスは獄中にあったンクルマらCPP指導者を釈放することを余儀なくされ、ンクルマを政府事務首席（翌年、首相に名称変更）に任命した。以後ンクルマは、二度の総選挙でのCPPへの圧倒的支持を背景に平和的交渉を続け、一九五七年、ゴールドコーストはサハラ以南のアフリカで最初に独立を獲得することになるのである。

他方フランス領では、四六年に成立した第四共和政憲法が、それまでセネガルだけに与えられていた本国議会への代表権を、制限付きながら全植民地に拡大した。四五年の制憲議会選挙で選出されたアフリカ人議員は、四六年一〇月、現在のマリのバマコでコートジボワールのウフェ・ボワニを議長として、「植民地の軛《くびき》からのアフリカ諸国の解放」を目標とする「アフリカ人民主連合（RDA）」を結成した。RDAは本国議会ではフランス共産党と連携したが、四七年に政府から共産党が排除されたあと政府のRDAに対する弾圧が強化されたため、五〇年、共産党と袂を分かち、本国政府に協力することを選択した。「カメルーン人民同盟（UPC）」やセネガル、ニジェールのRDA支部はこの右旋回を批判してRDAを脱退したが、大部分はこの方針変更を受け容れ、以後独立に至るまで、基本的には本国政府に協力しながら各植民地で中心的な役割を果たしていくことになる。

RDAに参加しなかったセネガルのサンゴールらは、本国議会の院内グループとして

「海外無所属派（ＩＯＭ）」を結成し、議会内での活動を通じて自治権の拡大を目指した。

3――独立とアフリカ合衆国の夢

ンクルマと「アフリカ合衆国」の理想

一九五七年三月、ゴールドコーストは、パン・アフリカニズムの理想を高く掲げるンクルマを指導者として、サハラ以南のアフリカで最初の独立国となった。国名は西アフリカの古代アフリカ帝国の名をとってガーナと命名された。

その独立式典でンクルマは、歓呼する民衆を前に次のように演説した。

「今日新しいアフリカが生まれた。それは、自らの闘いを引き受け、黒人は自らの問題を自身で解決することができるということを世界に示す新しいアフリカだ。我々は再び闘いに身を捧げる。アフリカ諸国解放の闘いだ。我々の独立はアフリカ大陸の完全解放に結びつかなければ無意味なのだ」

この言葉のとおり、ンクルマは独立の直後から、アフリカ諸国の独立とパン・アフリカニズムの理想の実現のために強力な指導力を発揮していった。五八年四月には、ガーナのほかエジプト、エチオピア、リベリア、リビア、モロッコ、スーダン、チュニジアが参加して、アクラで第一回「アフリカ独立諸国会議」が開催され、解放闘争の支援、政治的独立の優先、国連における共同戦線、冷戦のもとでの非同盟路線が決議された。五九年には第二回がモンロビアで、六〇年には第三回がアジスアベバで開かれ、それが六三年のアフリカ統一機構結成の基礎となった。

さらに五八年一二月には、ンクルマはアフリカ全域から二五〇名の代表を集め「全アフリカ人民会議」を主催した。反植民地主義とアフリカの統一を掲げるこの会議は、四五年の第五回パン・アフリカ会議の参加者がほぼ英語圏のみに限られていたのに対して、アラビア語圏、フランス語圏、ポルトガル語圏の政治指導者、労働組合活動家も数多く参加し、初めて本当の意味でのパン・アフリカ的な出会いの場となった。ベルギー領コンゴのパトリス・ルムンバ(後述)も、この会議で大きな刺激を受けた一人であった。ンクルマは次のように訴えたのである。

「二〇世紀はアフリカの世紀であり、これからの一〇年はアフリカの独立の一〇年である。前進しよう。今すぐ独立へと。そして明日にはアフリカ合衆国へと」

独立とバルカン化

実際、独立への動きはもはや押しとどめがたい奔流となっていた。第二次世界大戦後のアジア諸国の独立、とりわけ一九五四年のディエンビエンフーにおけるフランス軍の敗北は、アフリカの独立運動に大きな影響を与え、五五年に開かれたバンドン会議はアフリカ人ナショナリストたちを大いに力づけた。北アフリカでは五一年にリビアが、五六年にチュニジア、モロッコが独立し、同じ年、南北の対立を抱えたままながらもイギリス領スーダンも独立していた。また五二年にはナセルらのエジプト革命によってエジプトが独立共和国となり、五四年にはアルジェリア民族解放戦線による解放戦争が始まっていた。

サハラ以南のアフリカでガーナに次いで独立を達成したのは、フランス領ギニアだった。

フランスは一九五六年、高まるアフリカ人の独立要求を制度改革によって懐柔するためにドフェール基本法を制定し、各植民地の自治権限を大幅に拡大するが、五八年、アルジェリア解放戦争によって引き起こされたアルジェリア危機によって第四共和政は崩壊し、再び登場したドゴールが提案した第五共和政憲法では、内政については完全な自治権を認めるが、防衛・外交・通貨など重要事項はフランスが掌握する「フランス共同体」構想が打ち出された。いわばフランスの従属国として自治権を与えるという提案だが、それは同時に、直轄統治のもとで「フランス領西アフリカ」「フランス領赤道アフリカ」という二つの大きな行政単位のもとに置かれていたアフリカ植民地を、人口も資源も少ない小国に分割してしまうというものであった。将来の独立国を弱体化し、フランスへの従属を不可避にするこの「バルカン化」を危惧する声は多かったが、結局、五八年の国民投票では、ギニアを除くすべての植民地はこれを受け容れた。

ギニアでは、セク・トゥーレが「我々は隷従の中の豊かさよりも、自由の中の貧困を選ぶ」と宣言し、国民投票では九五パーセントが「ノン」を投じた。一九五八年一〇月、ギニアは対仏抵抗の英雄サモリ・トゥーレの曾孫と言われるセク・トゥーレを大統領として独立した（第一三章3節参照）。フランスはギニアの「ノン」に対していっさいの援助を打ち切っただけでなく、すべての官吏を直ちに引き揚げ、既存の行政機構を機能停止させるという激しい報復措置をとったが、ギニアの独立は他の植民地の独立への動きをさらに加速させ、「アフリカの年」と言われる一九六〇年、サハラ以南のフランス領植民地はすべて独立を達成した。

フランス領植民地がほぼ一斉に独立を果たしたのに対して、イギリス領植民地では地域によって独立の時期も形態も大きく異なった。

一九六一年に独立したタンガニーカ（六三年に独立したザンジバルとの合邦で、六四年、タンザニア連合共和国となった）の場合のように、比較的安定した政治的統一を保ち得た場合もあったが、平和的に独立を達成した国々でも、五六年に独立したスーダンや、六〇年に独立したナイジェリアの場合（第一五章4節参照）のように、イギリスの間接統治が生み出した地域や民族の対立が後の内戦の原因となった場合が少なからず見られた。また、多数の白人入植者を抱えたケニア、南ローデシア、南アフリカでは、白人入植者の政治勢力がアフリカ人ナショナリズムの前に立ちはだかり、アフリカ人は解放までに巨大な犠牲を強いられることになった。

コンゴ動乱

イギリス領、フランス領ともにさまざまな難問を抱えたままの独立であったが、独立自体が一つの巨大な悲劇となったのはベルギー領コンゴ（旧ザイール＝現コンゴ民主共和国）の場合だった。

ベルギー領コンゴでは独立直前までアフリカ人の政治参加を認めず、独立への条件整備は全くと言っていいほどなされていなかったが、一九五八年、隣国フランス領コンゴの自治政府宣言のあと急激にアフリカ人の独立要求が高まり、五九年にレオポルドビル（現キンシャサ）で暴動が起こると、六〇年一月、ベルギー政府は事実上、事態を投げ出す形で、わずか五ヵ月の準備期間で独立を与えることを決定した（第一一章4節参照）。

同年六月三〇日、ジョゼフ・カサブブを大統領とし、パトリス・ルムンバを首相としてコンゴは独立したが、全地域を統合した中央集権を主張するルムンバと、バコンゴ（コンゴ南西部に居住する主要民族の一つ）に基盤をもち地方分権的な連邦制を主張するカサブブの間の不一致は払拭されておらず、カタンガ州のモイーズ・チョンベも連邦制を主張していた。

独立直後に、アフリカ人の昇進を拒むベルギー人司令官に対する軍隊の反乱が起こる。ベルギーの軍事介入が事態の混乱に拍車をかけ、さらに七月一一日、チョンベがカタンガ州の分離独立を宣言した。世界有数の銅・コバルトなどの鉱物資源をもつカタンガ州の利権を確保しようとする、ベルギーと国際資本の策謀が背景にあった。ルムンバは国連軍の派遣を要請するが、国連軍は鉱山会社とカタンガ政権を保護するという態度をとり、九月、国連とアメリカの後押しを受けたモブツ大佐のクーデターでルムンバは逮捕され、その四ヵ月後チョンベのもとに送られて殺害された。ベルギーと国際社会は、アフリカで最も傑出した指導者の一人を見殺しにしただけでなく、その後の長期にわたる混乱の種をコンゴに残したのである。

アフリカ統一機構の結成

コンゴ動乱はコンゴ人にとって大きな悲劇であっただけでなく、独立諸国間にすでに生じ始めていた立場の違いを際立たせ、ンクルマらパン・アフリカニストたちのアフリカ統一の夢の前に横たわる大きな障害を明るみに出す事件でもあった。

一九六〇年一〇月、コートジボワールのウフェ・ボワニは、コンゴ問題、アルジェリア問題などについての国連での共同歩調を旧フランス領諸国に呼びかけ、コンゴ問題については彼らがあまりに急進的と見なすルムンバではなく、カサブブを支持することを決め、アルジェリア問題についてはフランスとの対立を避けることに合意した。ギニア、マリ、マダガスカルはこの会議に参加しなかった。同年一二月、この会議への参加国にマダガスカルが加わって「アフリカ・マダガスカル同盟（UAM）」がブラザビルで結成された。植民地の独立後も独占的な影響力と利権を保持したいフランスの意向と、フランスとの緊密な結びつきを保持することで権力基盤の安定を図りたい各国の指導者の意向が一致する形でつくられた機構であった。

さらに一九六一年五月、リベリアのモンロビアでUAM諸国にナイジェリアなど英語圏諸国も加えた二〇ヵ国が集まり、内政不干渉と各国主権の尊重、特定の個人や国のリーダーシップの拒否、政治的統合ではなく共同行動を、という原則を確認した。ンクルマらの主張を批判するこれら諸国は、モンロビア・グループと呼ばれた。

他方、ンクルマらパン・アフリカニストたちの努力も続けられていた。一九六一年一月、ガーナ、ギニア、マリ、アラブ連合（五八年にナセルのアラブ統一の理想に基づいてエジプトとシリアが結成した連合共和国。一九六一年にシリアが脱退したが、エジプトは七一年までこの名を国名とした）がモロッコのカサブランカに集まり、コンゴ問題についてルムンバ（ルムンバの殺害が明らかになってからはルムンバ派のギゼンガ）への支持を明確にするとともに、「全アフリカにおける自由の勝利、アフリカの統一、非同盟、植民地主義とあらゆる形態の新植民地主義の解体」を謳う「カサブランカ憲章」を採択した。いわゆるカサブランカ・グループである。

つまり、「アフリカの年」の翌年には、「穏健派」と「急進派」の二つの陣営の対立が生まれていたのである。しかし、一九六二年にアルジェリアが独立し、国連軍のカタンガ制圧によってコンゴ動乱が一応の決着を見ると、両陣営間の緊張の緩和が両者の接近を可能にした。エチオピア皇帝ハイレ・セラシエ一世の努力によって妥協が模索され、六三年五月、ついに「アフリカ統一機構（OAU）」が結成されることとなった。アジスアベバに集まった三一の独立国は、主権の平等、内政不干渉、主権と領土の尊重、紛争の平和的解決、暗殺・破壊活動の非容認、非独立地域の完全解放、非同盟路線の堅持を謳うOAU憲章を採択した。

ンクルマの主張した政治的統一は排除されたが、さまざまな制約や限界を抱えながらも、かつて理想として掲げられたパン・アフリカニズムが現実の政治機構として実を結んだことの意義は大きかった。実際、一九六三年のモロッコ―アルジェリア国境紛争、六四年のソマリアとエチオピア・ケニア間の領土問題など、とくに結成当初のOAUは紛争仲裁に力を発揮し、またポルトガルや南部アフリカの白人少数派政権に対する解放闘争の支援のためにも、とくに国連の場での共同行動を通じて少なからぬ役割を果たしたのである。

〈砂野幸稔〉

第一五章　独立の光と影

1――自立経済への道

本章の1節と2節では、多くのアフリカ諸国が独立を達成した一九六〇年代と、次第に経済状態が悪化していった一九七〇年代を主な対象時期として、経済開発について述べる。そして、第一六章2節では経済の立て直しを図った一九八〇年代と一九九〇年代について紹介し、さらに第一七章2節では経済成長がめざましくなってきた二〇〇〇年代以降についてふれる。

植民地経済の桎梏《しっこく》

一九六〇年代に多くのアフリカ諸国が独立を達成して、植民地支配から脱した。各国の政治指導者のみならず国民の多くは、独立後に経済も飛躍的に発展すると大きな期待を抱いていた。しかしながら、政治的独立は必ずしも経済的自立をともなうわけではない。一九七〇年代にはアフリカ諸国で経済開発が期待どおりに進んでいないことが次第に明らかになり、そして一九八〇年代には経済危機の時代を迎えた。なぜアフリカ諸国で経済開発が進まなかったのかを考える場合には、独立後の各国の経済動向を検討する前にまず、経済開発の起点である独立時のアフリカ諸国の経済構造を見ておく必要があろう。

アフリカ諸国が独立時に経済開発の初期条件として付与されていたのは、植民地期からの遺制として継承した経済構造、すなわち植民地経済である。アフリカの植民地経済は、鉱山・プランテーション経済型と小農輸出経済型の二種類に大別できる。

鉱山・プランテーション経済型とは、植民地期に宗主国出身者を中心とするヨーロッパ人が到来して、鉱山や農場を経営して生産活動にまでヨーロッパ人が参入した植民地経済である。たとえば、ザンビア（旧イギリス領北ローデシア）やコンゴ民主共和国（旧ザイール。かつてのベルギー領コンゴ）では銅鉱山が、南アフリカ共和国（旧イギリス領南アフリカ連邦）では金・ダイヤモンド鉱山が採掘され、ヨーロッパ人企業のもとに多数のアフリカ人が周辺の植民地からも労働者として駆り出された。また、ケニア（旧イギリス領）やジンバブエ（旧イギリス領南ローデシア）では、輸出用の農作物を栽培する大規模な農場をヨーロッパ人入植者が経営した。彼らの農場用に土地を剝奪された現地のアフリカ人は、居留地（reserve）に押し込められ、そこで細々と自給用の農業を行うとともに、現金収入を求めてヨーロッパ人大農場で農業労働者として働くようにもなった。鉱山・プランテーション経済型では、アフリカ人はヨーロッパ人が生産活動を行うための労働力、それも単純肉体労働を担うような未熟練労働力として位置づけられていた。

一方、小農輸出経済型とは、小規模な農地で農業を営んでいた現地のアフリカ人が輸出用の換金作物を生産し、ヨーロッパ人は流通部門を掌握した植民地経済である。たとえば、セネガル（旧フランス領西アフリカの一部）の落花生生産、ガーナ（旧イギリス領ゴールドコースト）のカカオ生産、ウガンダ（旧イギリス領）の綿花・コーヒー生産は典型的な事例であろう。アフリカ人はそれまで自給用の食料作物生産を行ってきた農耕地の一部で、輸出用換金作物を栽培するようになった。小農輸出経済型の植民地経済下にあるアフリカ人は自らの居住地で現金収入を生み出すことが可能であったが、生産者価格が低く設定されていたために経済的な余剰は彼らの手元にはほとんど残らず、鉱山・プランテーション経済型の植民地経済下にあったアフリカ人よりも経済状態が良かったというわけではない。

ヨーロッパ人が生産まで踏み込んでいるのか、あるいは流通で留まっているのかという違いはあれ、いずれの型の植民地経済も、イギリスやフランスといった宗主国が自国の経済に必要な原材料を調達し、また廉価な工業製品を輸出しうる市場を確保するための搾取の経済構造である。独立後の経済開発に対する弊害として、以下のような問題点を指摘できる。

第一に、アフリカからの農産物・鉱産物輸出による経済余剰は、現地のアフリカに留まらず宗主国等に流出するような体制となっていた。その結果、アフリカ諸国の政府は独立後の経済開発の財源確保に窮することになった。経済開発の財源を確保するためには、植民地時代に開発された少数の輸出産品の輸出を増大して外貨を獲得せねばならず、植民地期の経済構造から脱却するために植民地経済に依存するという矛盾を抱えていた。

第二に、多くのアフリカ諸国の基幹産業は農業であるにもかかわらず、食料自給が困難であった。食料作物の開発・研究が植民地期になおざりにされてきたためであるが、コーヒー、紅茶、カカオ、綿花、ヤシ油、サイザル麻、カシューナッツ等の輸出用換金作物の生産が、食料作物生産を土地・労働力の面で圧迫していた場合もあった。本来自国で自給可能なはずの食料を輸入すれば、その分、他産業の開発に振り向けるべき外貨が減少することになる。

第三に、国内の鉄道・道路・通信網等のインフラストラクチャーが、農産物・鉱産物の輸出に便利なように整備されており、国内各所を網羅的に結合するようには配備されていなかった。独立後の政府が政治的統合を図る上で連絡が困難な地域が存在し、また経済的にも地域間に格差が生じていた。上記の食料自給が困難であった一因として、交通体系の不備が国内食料流通を阻害したことも付け加えておきたい。

第四に、宗主国等から綿布や鉄製の農機具などの廉価な工業製品が輸入されたために、アフリカ在来の手工業が壊滅的な打撃を受けて、職人層が激減していた。一方、植民地期にヨーロッパ人が持ち込んだ「近代」的な経済活動においてアフリカ人は未熟練労働力として位置づけられており、ヨーロッパ人が担っていた製造業部門の技術者、企業の経営管理者、行政部門の官僚層の職種・地位を独立後に肩代わりしていくうえで、専門的な教育を受け経験を積んだアフリカ人熟練労働者が決定的に不足していた。

このような植民地経済を、アフリカ諸国は独立時に引き継いだのである。植民地経済は自然に消滅するわけではなく、そこから脱却した自立的な経済構造の確立を目指してアフリカ諸国は経済開発に取り組んだ。

経済開発路線の選択

独立後のアフリカの各国政府は、いずれも植民地経済からの脱却を目指しているとはいえ、その経済開発路線には差異が存在する。二つの基本的な考え方に分けられよう。第一は、経済開発の成果というパイの不平等な分配をまず是正しようとする平等主義的な開発路線であり、第二はパイをまず大きくすることに精力を注ごうとする成長指向の開発路線である。前者の開発路線を採用したのは、いわゆる「社会主義」諸国であった。社会主義といっても、マルクス・レーニン主義を採用した国もあれば、アフリカ独自のアフリカ社会主義を標榜した国もある。後者の開発路線は、親欧米的な、いわゆる資本主義あるいは自由主義を選択したアフリカ諸国が採用した路線であった。

ただし、アフリカ諸国政府は、精緻な経済理論に基づいて独立以来首尾一貫した経済開発政策をとり続けてきたわけではなく、かなり紆余曲折を経ている。

その一因は、アフリカ各国でのたび重なる政変が、開発政策の継続性を阻害してきたことにある。表（528・529ページ）に、北アフリカ諸国も含む五三ヵ国・地域の独立以来、一九八七年までの政治変動を示した（二〇一八年の時点では、二〇一一年に南スーダンが独立したのでアフリカの国連加盟国は五四ヵ国、アフリカ連合加盟国は、それに西サハラが加わり五五ヵ国）。ベナンやナイジェリアは、政変多発の典型的な事例であろう。政変によって成立した政権は前政権の政策を否定することが多いため、経済開発も大幅に方向転換されることになる。そして、同表からは読み取れないが、ナイジェリアの一九六〇年代末のビアフラ戦争（本章4節参照）や、エリトリア独立運動（第一〇章3節参照）は、国内を内戦状態とし、経済開発政策の実施すら困難とした。また、一九八六年までにこのような政変を経験していないケニア、タンザニア、ザンビアでも問題なしとせず、一貫した経済政策を強力に推進するための体制として維持されていたはずの一党制が、むしろ経済開発を頓挫させる汚職の温床に変質しつつあったともみられた。そのため、一九九〇年代に多くの国で、政治体制を変革し民主化を進めるべく、一党制を廃して複数政党制を導入するよう、援助国・国際機関から要望された。

上記のような国内事情以上に開発政策の転換に影響力をもったのは、おそらくは経済開発に関わる国際的な潮流であった。大雑把に時期区分すれば、多くのアフリカ諸国が独立を達成した一九六〇年代には、成長を重視した経済開発戦略が主流であった。それに対して一九七〇年代には、ベーシック・ヒューマン・ニーズ（BHN、人間の基本的諸要件）をスローガンとして、基本的な生活条件の充足を最優先した平等主義的な開発戦略が台頭してくる。しかしながら、生産活動の伸び悩みを背景として、一九八〇年代以降には生産性を重視して経済構造全体の転換を図ろうとする構造調整政策が主張されるようになる（第六章2節参照）。アフリカ諸国の多くは経済開発の財源をいまだに外部からの支援に依存しており、当該国の表明している経済開発路線の如何《いかん》にかかわらず、国際社会に受け容れてもらいやすい経済計画を策定しようとするため、開発をめぐる国際的な潮流が大きな影響力をもちうるのである。

なお外部からの支援については、概して社会主義諸国からの経済的な開発援助は少なく、国際機関や自由主義諸国の援助が多かった。旧宗主国については、フランスは旧植民地であった仏語圏西アフリカ諸国に対する援助の比重が高く、一方、旧イギリス領諸国ではイギリスからの援助はさほど多くなく、米国、日本、北欧諸国、ドイツ、オランダ等からの援助がかなりの比重を占めている。複数の援助国・国際機関に援助が分散しておれば、被援助側であるアフリカ諸国は主体的に自らの開発路線に沿った援助案件を取捨選択できそうではあるが、現実には援助側が主導権を握った援助が脈絡なく導入された。

工業化の試み

アフリカ諸国の多くは、農産物・鉱産物等の一次産品を輸出し、工作機械や消費財等の工業製品を輸入に依存している。農産物は工業製品と比べて、長期的に見て国際価格が相対的に不利になり、貿易の条件（交易条件）が悪化していく。すなわち、農産物の国際価格の上昇率は工業製品のそれと比べて緩慢であり、より多量の農産物を輸出しないかぎり工業製品の輸入量を維持しえなくなっていく。また、鉱産物も国際価格が乱高下し、国家の経済開発のために安定的な財源を提供することは困難である。そのため、アフリカ諸国は

アフリカ諸国の政治変動（国名は1987年当時のもの）

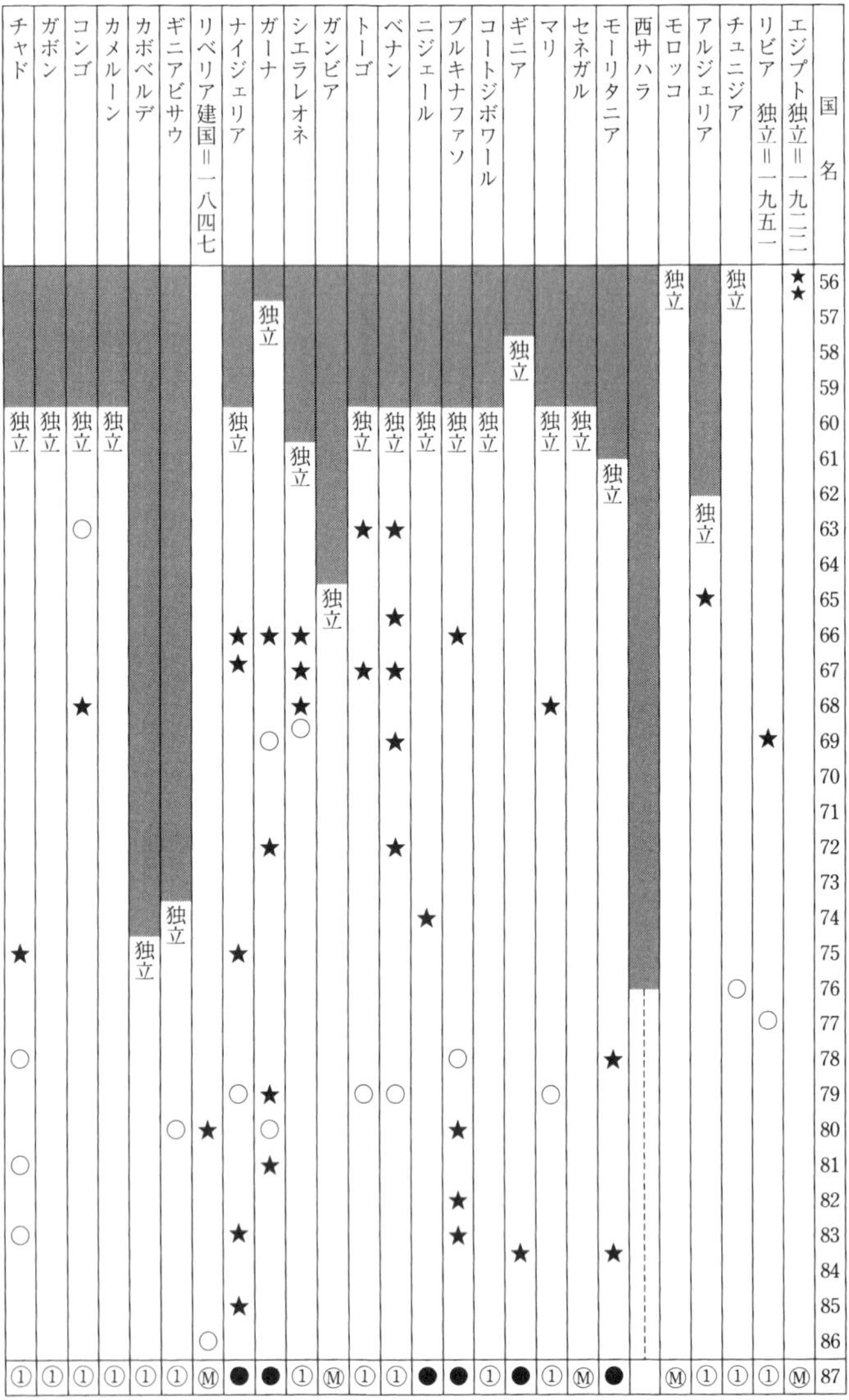

①一党文民制　Ⓜ多党文民制　●軍事政権　★軍事クーデター　○文民クーデター

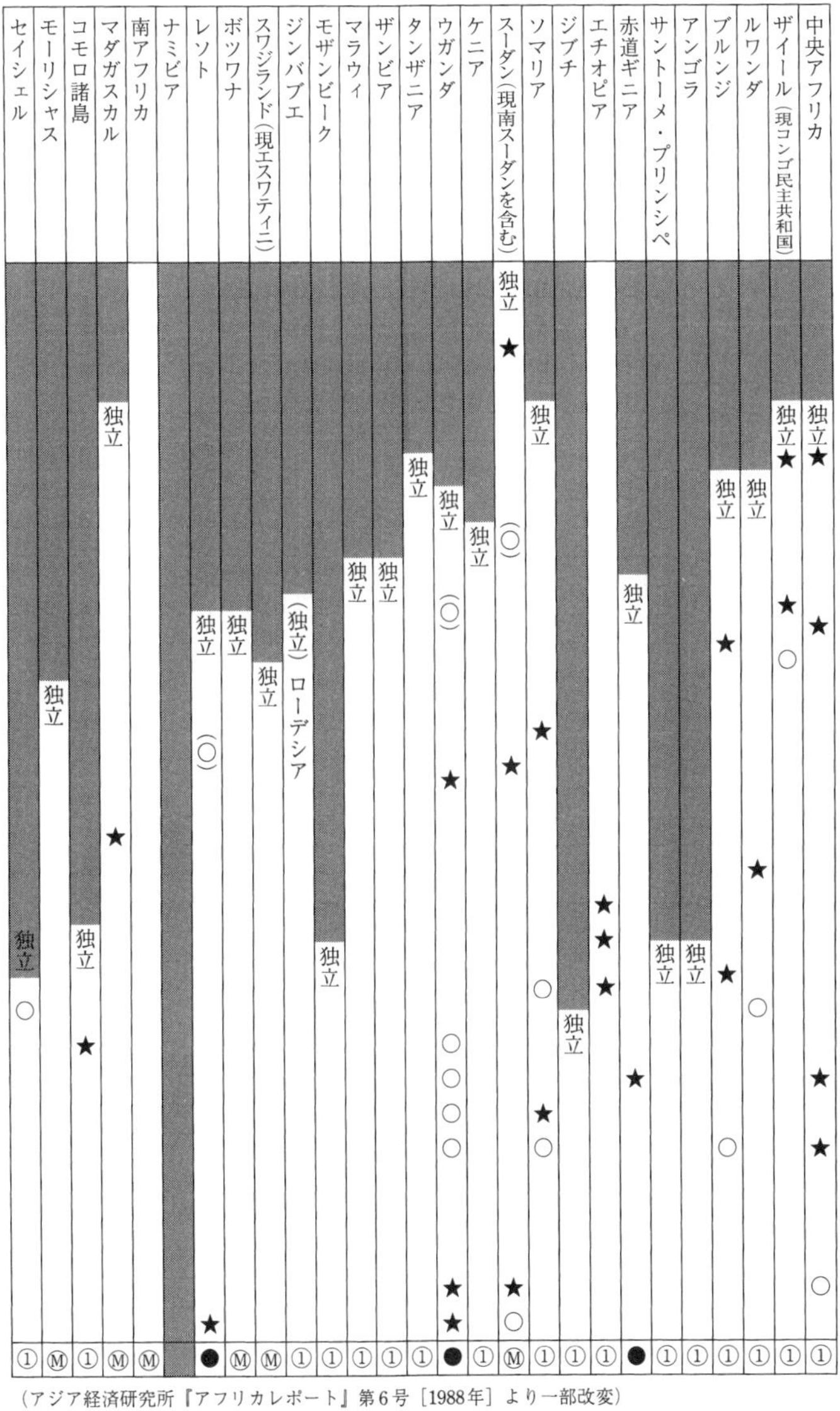

（アジア経済研究所『アフリカレポート』第6号［1988年］より一部改変）

経済開発にあたって、開発路線の如何にかかわらず工業化を目指してきた。まずは輸入に頼っている工業製品の国内自給を目指す輸入代替工業化を行い、さらに国際競争力を有する製品を輸出する輸出指向工業化を行おうとした。

しかしながら、このような工業化に成功した国は少ない。ジンバブエと南アフリカを「成功例」として挙げうるが、これは例外的な事例である。南ローデシア（現ジンバブエ）の場合は、一九六五年、白人政権による一方的独立宣言のあとに国際的な経済制裁を受けたため、国内工業を振興せざるをえなかった。また南アフリカの場合も、アパルトヘイトに対する国際的な経済制裁への対抗策として国内工業化が進展したのである。皮肉なことに、両国ともに国際社会から弾劾され孤立した時期に、生き残り策として工業化が進展した。しかし「孤立」といっても、両国はレアメタルを産するために完全に国際経済から締め出されることはなく、またヨーロッパ系住民が国内産業の主導権を握っていたがゆえに欧米企業との関係も密接であった。こうした欧米や日本の人種差別国家に対する宥和的な姿勢が、両国の工業化を支えたのである。

両国以外では、西アフリカのコートジボワールと東アフリカのケニアがかなり成功していると見なせる。両国とも親欧米政策を採用したために、外国資本が流入して工業化を促進し、周辺諸国への輸出も行いうる能力ももつようになった。しかし両国の工業化は、外国企業が牛耳り民族資本の成長が乏しく、植民地経済の延長であるという批判もともなっている。

さて、それ以外の多くの国で工業化が成功しなかった理由としてはまず、工業化を行おうとすれば輸入が増大するというジレンマがある。さしあたっては国内市場向けの消費財生産を目指したために、原材料や工作機械の輸入の増大に見合う外貨の獲得が見込めず、工業化を進めるほどに外貨不足が促進されて、原材料や工作機械の輸入代金を支払えなくなってしまった。最新の生産技術を導入しようとしたことも、工業化のための費用を高くすることになったし、また外国から輸入した工作機械を自国内で修理することが困難であり、交換部品も輸入に頼ることになった。

次いで、水道・電力の安定的な供給、年中通行可能な道路網の整備といった工業生産のための基礎的な生産基盤が十分に満たされておらず、そのために生産費が割高についてしまった。さらに、人口規模の小さな国が多いために、工業製品を消費する国内市場が狭く、大量生産による生産単価の低廉化を達成できなかった。その結果、自国工業製品は国際競争力をもちえず、輸出できないのはもちろんのこと、国産品よりも優れた外国製品が低価格で輸入され、国内工業の成長が阻害されたのである。米ドル等の国際的に通用する通貨に対して自国通貨の交換レートを過大に設定していたために、輸出品価格は割高になり輸入品価格は割安となって、安易な輸入が促進されたことも否めない。

製造業が製品単価を低くできない一因として、先進国が工業化の初期に行ったような労働力の過度の搾取を行いにくい労働環境が存在していたことも指摘しておきたい。明治期の日本について細井和喜蔵が『女工哀史』で叙述したような労働力の過酷な搾取は、労働組合組織が強く、国際労働機関（ＩＬＯ）などの国際機関も機能している中では行えず、独立後のアフリカ諸国では割高な人件費が製品価格に反映されることになった。過酷な搾取を行うことを提唱するつもりは毛頭ないが、国内工業生産の制約条件としては無視しえない要因であろう。

このような工業化の制約を解決する一方策は、一国ごとに工業化を図るのではなく、複数の国で分担して共同で工業化を図ることである。しかし、東アフリカ共同体（ＥＡＣ）、西アフリカ諸国経済共同体（ＥＣＯＷＡＳ）、東・南部アフリカ共同市場（ＣＯＭＥＳＡ）、南部アフリカ開発共同体（ＳＡＤＣ）、西アフリカ経済共同体（ＣＥＡＯ）、中部アフリカ関税・経済同盟（ＵＤＥＡＣ）等によって、アフリカ内諸地域で種々の分野での経済協力がすでに試みられてきたが、いずれも十分には機能していない。集団での工業化についての見通しも、貿易での相互依存比率が低く、どこの国に工場を設置するのか、また輸出入代金をどのように決済するのかなどの問題は容易に合意できず、成案が得られなかった。

もう一つの方策は、国外ではなく、国内に可能性を探ることである。各国政府がこれまでインフォーマルな経済活動であるとして無視・軽視するか、場合によっては規制してきた零細・小規模工業を、振興の対象としえただろう（第一六章2・3節参照）。ただし、輸入原材料への依存率が低く労働集約的な生産を行っている零細・小規模工業に対して、その実態を政府は把握できておらず、有効な振興策を打ち出すことは容易ではなかった。

2――アフリカ社会主義の実験

タンザニアのウジャマー社会主義

アフリカ社会主義は植民地末期にアフリカの民族運動を支えた思想であったが、それを独立後の経済開発の基本理念にもした国として、東アフリカのタンザニアが知られている。アフリカ社会主義に基づいたタンザニアの農村開発がどのように展開し挫折していったのかを、ここでは見ていきたい。なお、タンザニアは、一九六一年にイギリス信託統治領から独立したタンガニーカ（アフリカ大陸内にある現在の本土部分）と一九六三年にイギリス保護領から独立したザンジバル（インド洋上にある島嶼部分）が一九六四年に合邦した後の国名であるが、以下では煩雑を避けるため、一九六一年以降の国名をすべてタンザニアと記すことにする。

タンザニアの初代大統領であるニエレレ（一九二二〜九九年）は、セネガルのサンゴール（一九〇六〜二〇〇一年）らと並ぶアフリカ社会主義の提唱者の一人である。ニエレレが提唱しタンザニアで実践したアフリカ社会主義は、東アフリカの共通言語であるスワヒリ語で「家族的な連帯感」を意味するウジャマー（ujamaa）を冠して、一般にウジャマー社会主義と称されている。

タンザニアが独立した一九六一年の翌年に、ニエレレは「ウジャマー――アフリカ社会主義の基礎」と題する論文を発表して、彼のウジャマー社会主義の基本的な考え方を披露した。ニエレレは、アフリカは社会主義も民主主義も欧米諸国に教えてもらう必要はなく、すでにアフリカの伝統に根づいていると主張する。すなわち、植民地期にはびこってきた資本主義の芽を摘み取ってアフリカの伝統を復活することにより、理想的な社会主義国家建設が可能であるとする。アフリカの伝統を尊重し農村を基盤とした平等主義的な国家の建設を目標に掲げ、植民地支配下であたかも劣等民族のように見られてきたアフリカ人の尊厳を取り戻そうとしたニエレレは、国民の圧倒的多数を占める農民に対して、その後もわかりやすい言葉で語りかけ続けた。

ただし、ウジャマー社会主義は、すぐに農村開発の実践に移されたわけではなかった。

タンザニアの独立当初の農業開発の目玉は、世界銀行調査団の提言に沿った変革アプローチであった。このアプローチでは、改良品種・化学肥料・農薬・農業機械を投入して一挙に近代的農業生産を実現するモデル村を創設し、周辺農村が次第にモデル村の近代農法を模倣していくことを想定していた。モデル村の設置には多額の資金が必要であり、タンザニア政府は外国援助に依存してこの政策を進めようとした。

ところが、外国援助は政府が当初予想していたほどには提供されなかった。第一の理由は、ザンジバルと合邦した折に、当時は二ヵ国に分断されていたドイツのうち東ドイツを承認したため、西ドイツからの援助が停止されたことである。第二に、イギリス領南ローデシア（現ジンバブエ）が白人少数政権のもとで一方的にイギリスからの独立を宣言したのに対して、イギリス政府が強硬な対応策を採らなかったことに抗議して、タンザニアがイギリスと国交断絶し、イギリスからの援助が停止したためである。

外国援助の停止以上に大きな問題は、モデル村に入植した受益農民が農産物販売で弁済しうる金額を、農業近代化に要する費用がはるかに上回っていたことであった。周辺農村への波及効果ももちろんなく、外国援助の問題がなくとも、変革アプローチは早晩見直されざるをえなかった。

この失敗を踏まえて、タンザニア政府は、自己財源による地道な農村開発へと方針転換を図ることになった。

アルーシャ宣言とウジャマー村政策

ニエレレ大統領は、一九六七年一～二月に北部のアルーシャ市で開催されていた、当時のタンザニア本土唯一の政党であったTANU（タンガニーカ・アフリカ人民族同盟）の全国執行委員会において、社会主義化を表明するアルーシャ宣言を行った。この演説直後に、製造業、流通業、金融業部門の主要企業が国有化されたが、この社会主義政策の根幹は農村における社会主義化であった。

同年九月にニエレレ大統領は、「社会主義と農村開発」と題する論文を発表し、三段階で農村を社会主義化する、すなわちウジャマー村を建設することを農民に奨励した。第一段階で、家屋が村内に広く分散している散村形態の居住方式を改め、一ヵ所に家屋を集めた集村化を行う。第二段階で、各世帯は個別の農地をもち続けながら、協同で作業を行う共同農場を開設する。第三段階で、農作業のほとんどを共同農場で行うようにする、というものであった。ニエレレは、アフリカ農村社会の相互扶助の伝統を遵守して、富農と貧農に階層分化することを排した平等主義的な農村の開発を行うことを提唱したのである。そこでは、ウジャマー村の理想に農民が共鳴し、彼らが自発的に三段階でのウジャマー村建設を行っていくものと想定されていた。

しかしながら、タンザニア農民の多くは、従来の居住形態や農業生産様式を変更する必要を感じておらず、一九六〇年代末までにウジャマー村建設は遅々として進んでいなかった。政府は早くも一九六九年に、それまでの農民の自発的意思によるウジャマー村建設を、政府の説得による建設へと方針転換していった。ウジャマー村建設支援を経済開発政策の最優先課題として、ウジャマー村となった村落に学校、水道、診療所等の施設を優先的に建設し、トラクター等の農業機器の提供も優先された。

しかし、このような「アメ」によっても、ウジャマー村建設は政府が期待したほどには進展しなかった。その結果、ついに強制的なウジャマー村建設が一九七一年より始まることになる。とくに、一九七三年末のＴＡＮＵ全国執行委員会で一九七六年までに農村住民を集村に居住させるようにすることが決議されて以来、強制的なウジャマー村化は全国規模で展開されることになった。軍隊が家屋を焼き払うといった強硬手段も用いて、集村化予定地に農村住民を強制移住させたのである。それによって、数字の上では第一段階のウジャマー村が一挙に増大することになった。

この時期、タンザニア経済は危機に足を踏み入れようとしていた。強制移住によって農作業を平年並みに行うことが困難であったうえに、一九七二年以来の旱魃による凶作で食料事情が逼迫したのである。一九七三年は第一次石油ショックの年でもあり、非産油国のタンザニアは原油購入のために外貨支出が急増しただけでなく、国際価格が高騰していた食料も輸入せねばならず、多額の外貨を要することになった。これ以降一九八〇年代末まで、タンザニアは恒常的に食料輸入を必要とするようになっていった。

村落政策への方針転換

タンザニア政府は一九七五年に「村落およびウジャマー村法」を発布し、一九七三年以来強制的に集村化を進めてきた「村落」を政府が登録し、村民による自治のための村落政府を設立するよう指導した。村落政府は生産・流通活動の自主的な計画作成を行うだけでなく、治安・教育についても責任を負うようになった。

農業生産については、協同で作業し労働に応じて収穫物を得る共同農場ではなく、ブロック農場が推進された。ブロック農場とは、各世帯の区画に細分された大規模な農場であり、耕起等の作業は協同で行うが、収穫物は各世帯が自らの区画から得るものである。また、農産物の流通についても、独立以前から存在してきた協同組合組織に代わって村落政府が担い手となった。このような村落は、農業生産等の共同化が進んだ段階でウジャマー村と認定されることになっていたが、実際には、これ以降にウジャマー村に上昇転化した村落は皆無に近かった。

一九七五年法をもって、タンザニアは狭義のウジャマー村政策から村落政策に方針転換を行ったことになる。そして、一見すると地方分権化が推進されたように見えるが、実態としては村落を末端行政組織として組み込んだ中央集権化が進行していたのである。

こうした政策転換によって、タンザニア農業が活性化されたわけではなかった。たとえば、一九七六年にはブラジルの霜害によって他のコーヒー生産国はコーヒー・ブームを迎え、隣国ケニアでは小農が所得を増大しえたが、タンザニアは輸出量を増大することができなかった。その原因は、食料輸入急増の対応策として政府が食料作物生産に力を入れていたために輸出作物生産が沈滞化していたことと、協同組合組織に代わって農産物流通を担っていた村落が十分に機能を果たしえなかったこと等々、生産・流通両面にわたっている。

農村社会主義の頓挫

一九七〇年代後半はタンザニア国内で経済が停滞しつつあったが、それに加えてタンザニア経済全体に関わる対外的な阻害要因が発生した。

第一は、一九七七年の東アフリカ共同体の崩壊である。旧イギリス領東アフリカであるタンザニア、ケニア、ウガンダは共同で鉄道、郵便、船舶、航空などの組織を運営していた。しかしながら、経済状態の悪化により東アフリカ航空会社の分担金をタンザニア、ウガンダが負担できなかったことから、ケニアが一九七七年に一方的に東アフリカ航空会社の解体を宣言し、それに端を発して東アフリカ共同体が崩壊して、タンザニアはケニアとの国境封鎖に踏み切った。その結果、ケニアからの工業製品の輸入は止まり、周辺国でケニアに代わって工業製品を提供できる国は乏しかったために、タンザニアは輸送費のかかった割高の輸入品を海外から購入せざるをえなくなった。

第二は、対ウガンダ戦争である。ビクトリア湖西部でウガンダとタンザニアは国境を接している。タンザニア領内を流れるカゲラ川までがウガンダ領であるとして、イディ・アミン政権下のウガンダ軍が一九七八年に領域を侵犯した。タンザニアは国際社会に訴えたが、結局自力で排除することとなった。それだけでなく、アミン政権に不満を抱いていたウガンダの反アミン勢力を支援して、タンザニア軍はウガンダの首都カンパラまで侵攻したのである。この対ウガンダ戦争の戦費は少なく見積もっても五億米ドルといわれ、これはタンザニアの一年分の輸出総額に匹敵する金額であった。

さらに、一九七九年の第二次石油ショック、一九七九〜八〇年の旱魃がタンザニアを襲った。上記の東アフリカ共同体の崩壊と対ウガンダ戦争による戦時景気は、国内製造業を活性化させうるようにも思えるが、輸入に依存していた原材料や交換部品を購入する外貨不足から、操業率はかえって低下したのである。そして、第二次石油ショックが製造業部門の操業率の低下を促進した。消費財輸入も困難となっており、一九八〇年代初期には大都市部のホテルでも石鹼やトイレットペーパーすら不足していた。一方、農業生産についても、消費財工業製品が農村部で不足しており、また農業投入財の購入も困難になっていたことから、農民は生産意欲を減退させていたと言われ、輸出作物生産は伸び悩み、また食料作物の市場向け生産は減少さえしている。一九七〇年代末の旱魃も相まって、一九八三年には政府の管掌する食料流通機構では首座都市（人口規模が一番大きい都市）ダルエスサラーム（法律上の首都はダルエスサラームからドドマに移転）に十分な食料を供給できず、配給制を実施する事態にまで至った。

このような全般的な経済危機に直面して、タンザニア政府は農村開発の方針転換を余儀なくされた。一九八二年に農業政策見直しのための作業委員会が設置され、その答申に基づいて、一九八三年に新たな農業政策が発表された。ウジャマー村政策は実質的に放棄され、各世帯の個別の耕地での生産が奨励されるようになった。すなわち、生産共同化による農村社会主義化は、完全に頓挫することになった。この後、タンザニアは一九八六年から、世界銀行とＩＭＦ（国際通貨基金）の支援する構造調整政策によって、経済全般の立て直しを図っていくことになる。構造調整政策導入後にタンザニア経済はもち直したことも事実であるが、タンザニアは自前の国家建設の理想を押しつぶされてしまったのである。

〈池野　旬〉

コラム② その後のタンザニア：独自の社会主義路線を放棄して三〇年余

タンザニアは、一九八六年に独自の社会主義路線を放棄し、世界銀行や国際通貨基金の提唱する構造調整政策を導入して、経済自由化路線を歩むことになった。そして、一九九二年には一党制から複数政党制への切り替えも行った。その後も、地方分権化や貧困削減戦略の実施といった国際社会の求める開発方針を受け入れる模範的な途上国となっている。二〇〇〇年代半ばからは年率七パーセント前後の経済成長率を実現しており、政治・経済・行政改革は成功裡に推移しているように見える。タンザニア本土（インド洋上の島嶼部を除く）を対象とした家計調査によれば、基本的な生活条件を充足できない貧困層は一九九一／九二年度には全人口の三九パーセントであったが、二〇〇〇／〇一年度には三六パーセントとなり、二〇〇七年には三四・四パーセント、二〇一一／一二年度には二八・二パーセントとなった。経済成長率と比べて速度は遅く、またいまだに国民の四分の一以上が生活に困難を感じているが、わずかずつ貧困層の比率は減少しつつある。
特記すべきは、一九九二年に複数政党制を導入したあとも、一九九五年から五年おきに実施されてきた総選挙（連合共和国大統領選挙、国会議員選挙）において、革命党が常に勝利し、政権を担い続けていることである。ニエレレ大統領の指導下で独自の社会主義路線を推進した政党、ＴＡＮＵ（タンガニーカ・アフリカ人民族同盟）を引き継ぐ政党として一九七七年に新たに結成された革命党が、経済自由化後も国政を掌握している。革命党への信任には、清貧であったといわれるニエレレへの衰えない人気が作用しているのであろう。失敗した社会主義路線の提唱者であったにもかかわらず、ニエレレは建国の父として国民に慕われ、一九九九年の死亡時には国中が大きな悲しみに包まれた。ニエレレ個人に対する好意的な評価とは裏腹に、革命党政権が経済自由化への転換を無難に乗り切り現状に至っているのは、社会主義路線下でも政党幹部層や官僚層が利権を手に入れ、企業家としての経営感覚を身につけ蓄財しうるような機会が存在していたためであると、タンザニアの政治経済に詳しいロフチー（M. F. Lofchie）博士は、その著書 *The Political Economy of Tanzania* (University of Pennsylvania Press, 2014) で皮肉な分析を行っている。

〈池野　旬〉

3――ネイション・ビルディングの虚構

「楽観的近代化論のすすめ」

アフリカ大陸には二五〇〇以上とも言われる民族集団が存在する。国連加盟国の数は五四（西サハラと呼ばれているサハラ・アラブ民主共和国も加えれば五五）であるから（二〇一八年四月現在）、ほとんどのアフリカ諸国が国内に複数の民族を抱えている。また、西欧列強が各民族の居住地を全く考慮せずに引いた国境線を植民地時代からそのまま受け継いだため、一つの民族が二ヵ国以上に引き裂かれている例も珍しくはない。アフリカ諸国が独立したときに直面した問題の一つに、このような状態に置かれていた国内の諸民族をどのようにまとめあげて国づくりを行うかという問題があった。

理論的には二つの方向があった。国内の諸民族を同質化していく方向と国内の諸民族が共存する方策を模索する方向である。当時のアフリカ指導者の多くは前者を選んだ。当時の学問の主流であった楽観的近代化論に従ったのである。

一九四〇年代後半に始まる楽観的な近代化論では、人間共同体は「伝統的トライブ（部族）」から「近代的ネイション」に発展していくとされており、アフリカの民族は「トライブ」の段階と見なされた。そして、近代化・欧米化が進めばアフリカの「トライブ」は解体・消滅し、ネイションという一つの同質的な共同体ができあがると考えられた。さらに、指導者も国民もこぞって「トライブ」からネイションへとアフリカ社会が移行していくように努力すべきとされた。このような考え方が、ネイション・ビルディングというアフリカ大陸を覆ったイデオロギーの基礎にあるのである。

ネイションという単語は日本語では「国民」あるいは「民族」と訳されることが多いが、実はどちらも的確な訳とは言い難い。ここではそれを、国家をもつことができる「想像上の政治的共同体」(B・アンダーソン)と捉え、ネイションと片仮名表記のままにしておく。

アフリカ大陸を覆うイデオロギー

アフリカ諸国が独立を迎えたとき、多くの指導者がネイション・ビルディングの必要性を国民に説いた。しばしば引用されるのは、「植民地主義者が全大陸を分割して創ったぶざまな加工品から、真のネイションを創り出す」というカウンダ(ザンビア初代大統領)の言葉である。国内の各地域および「トライブ」は利己的な考えを捨て、新しい国家全体の利益を重視しなければならない。しごくもっともな主張である。そして、地域や民族の利己的な行為は「トライバリズム（部族主義）」と呼ばれ、国家の統一を阻害するものとして国内外から非難された。

このように、世界中から支持を受けたネイション・ビルディング思想ではあるが、楽観的な近代化論者がアフリカ社会の現実を把握していなかったことと、ネイション・ビルディングを唱えた指導者たちの矛盾した行動により、その後、想定外の結果を生み出す元となった。

近代化論者は、「トライブ」が短期間に消滅可能なものと考えた。トライブという「伝統」がネイションという「近代」にとって代わられるという考え方の背景には、トライブが太古の昔から連綿と続いてきた集団であり近代とは無縁であるというアフリカ観があった。しかし、事実はそうではない。「トライブ」と呼ばれてきた集団が、実は植民地政府が小集団を集めて作り上げたものであったり、植民地化によって他集団との競争が起こり、「トライブ」としてのアイデンティティが芽生え集団がまとまったりしたなど、「トライブ」が近代化の産物であったことが明らかになっている。

そして、たとえ人口一〇〇〇万人を有していてもアフリカの集団は「トライブ」と呼ばれ、人口数十万人であってもヨーロッパの集団は「ネイション」と呼ばれることには、白人優越主義が見え隠れしている。この用法は、アフリカは「部族」抗争、ヨーロッパは

「民族」紛争と使い分けてきた日本のマスコミ報道にも深く浸透していた。

ネイション・ビルディングの実態

このように近代化論では、アフリカの「トライブ」は、ネイション形成過程で消え去る運命にあるとされてきた。そのため、アフリカの民族集団の分権化要求は、国家の統一を阻害する「トライバリズム」としてマイナスの価値しか与えられてこなかった。しかし事実は、この「トライブ」と呼ばれてきた集団自身が、前述の通り西欧列強によって作り上げられた「近代化」の産物なのである。オランダの社会学者であるファン・デン・ベルグはこの複雑な事実を次のようにまとめている。

「アフリカニスト達の著述は、完璧な用語上の混乱に陥っている。なぜなら、アフリカで『トライバリズム』と呼ばれたものは実際にはナショナリズムにほかならず、ナショナリズムと呼ばれたものは現実にはそのような実体を全く有していなかったからである。独立以前は、『ナショナリズム』は単に反植民地主義を意味したにすぎない。独立以後は、全般的に、それは、人工的に線引きされた植民地領土を継承した国家中央政府が行う官僚支配を意味する。この現象を述べるには『ナショナリズム』よりも『ステイティズム』の方がより適切だろう。これらの政府はみな国内の純粋な『ナショナリズム』を押しつぶそうとするのだから。こうしたナショナリストの運動を、政府は都合よく『トライバリズム』と呼び捨てるのだ」

ファン・デン・ベルグが指摘しているように、「トライバリズムを排し、ネイションを創ろう」と叫んだ指導者たちが実際にとった行動は、相矛盾する二つの現象をともなっていた。一方で、同質性と中央集権主義を強調（「唯一不可分のネイション」）しながら、他方で民族主義（彼らが非難したトライバリズムそのもの）を強化したのである。まず、指導者たちは、多民族国家という現実を否定し、民族アイデンティティをネイション形成に対する脅威と見なし、これを消し去ろうとした。たとえば旧ザイール（現コンゴ民主共和国）では、民族アイデンティティを公然と議論することは禁じられたし、一九六七年にはエスニシティを組織的に表現するものとして民族団体も非合法とされた。

他にもこのような例は多いが、このような政策の結果として生じたものは、国内の諸民族を混ぜ合わせ一つのネイションを生み出すメルティング・ポット（「民族」のるつぼ）ではなく、支配民族と被支配民族の形成という第二の現象であった。ここで相矛盾する現象というのは、ネイション形成を訴え個々の民族性を否定し弱化させる政策をとっていた指導者たちが、他方では、自らの権力基盤を維持し少しでも多くの権益を得るために、自己の出身民族・地域に属する民衆の排他的アイデンティティに訴えかけ、その結果、支配側・被支配側両方の民族意識が煽《あお》り立てられたことにより、ネイションの形成を阻害してきたことである。

「ネイション・ビルディング」はさらに、ネイションを創り上げるという名目の下に、政府に反対するものの排除を可能にする論法になった。その典型が「自決権」の問題である。

ネイション・ビルディングのイデオロギーの下では、上位の集団であるネイションには「自決権」が認められ、下位の集団であるトライブには認められないということが当然のこととなってしまう。実際、多くの国の中央政府が特定の民族もしくは地域出身者によって動かされており、政権の独裁色が強まっていくほど、支配者の自民族依存が高まっていく。排斥された被支配民族は、他民族が支配する国家には忠誠心がもてず、「支配される恐怖」に怯《おび》える。支配者は、被支配民族の反政府活動を悪しき「トライバリズム」と呼び、ネイション・ビルディングを阻害するものとして、弾圧を強めていくのである。

国際的に「トライバリズム」と呼ばれた反政府活動の一つに、ナイジェリアにおけるビアフラ共和国の独立宣言がある。当時も、そして現在でも、東部州を支配していたイボ人が石油の利権を独り占めしようとしている悪しき「トライバリズム」の表れであるとして、一般的にはビアフラ側に冷たい目が注がれてきた。ビアフラ側の主張には本当に正当性のかけらもなかったのであろうか。次節では、このビアフラ戦争を通してネイション・ビルディングの問題について考えていきたい。

4――ビアフラ戦争の悲劇

ナイジェリアという国

ナイジェリアはアフリカでも有数の人口・資源・経済・文化大国である。ナイジェリアには大小合わせて三〇〇を超える民族が居住しているが、ナイジェリアの社会、特に政治を分析する際には、北部、南西部、南東部の三地域をそれぞれ支配し民族(地域)政党の核となった、ハウサ人(北部)、ヨルバ人(南西部)、イボ人(南東部)の三大民族(合わせると人口の六割を超える)の役割が重要になる。

さて、ナイジェリアの民族的特性として最も注目すべきことは、北部と南部(南部はさらに南西部と南東部に分かれる)の相違である。南西部を代表する政治家であったO・アオロオはかつてナイジェリアの地域差を次のように表現した。「南西部と南東部のナイジェリアの違いは、アイルランドとドイツくらいの違いがある。さらに北部ときたら、中国との違いほどもある」。地域間の差異をさらに広げたのが植民地化であれば、これらの異なった地域を一つの国家になるように運命づけたのも植民地化であった。

ナイジェリアは、二度の民政を経験している。まず、一九六〇年一〇月一日に英連邦内の独立を達成。バレワ（北部を代表する指導者）が連邦首相、アジキエ（南東部を代表する指導者）が総督に就任した。六三年にはナイジェリア連邦共和国に移行した（アジキエは総督から大統領になる）。しかし、この第一共和制は混乱の末、一九六六年に起きた二度のクーデターによって崩壊することになる。二度目の民政化は一九七九年一〇月。一九六六年以降一三年以上続いた軍政に別れを告げ、第二共和制が成立した（シャガリ大統領＝北部出身）。しかし、これもわずか四年で崩壊。以後、九九年の民政移管まで軍政が続いていた（八四～八五年ブハリ政権、八五～九三年ババンギダ政権。九三年六月の大統領選挙――南西部出身のイスラーム教徒であるアビオラが六割近くを得票。公式結果は未発表――無効宣言により国内は大混乱となり、ババンギダは直轄の部下である民間出身のショネカンを暫定後継者に指名。しかし一一月、アバチャ将軍のクーデターにより再び軍事政権に。六月選挙の正当性を訴えていたアビオラは九四年、国家反逆罪容疑で逮捕された。九八年六月にアバチャが急死し、後継のアブバカルが釈放に同意したアビオラも七月に急死。アブバカル軍事政権の下で総選挙が行われ、九九年から第四共和制が始まった。政権はオバサンジョ、ヤラドゥア、ジョナサンと続き、二〇一五年からブハリが大統領である）。

独立前夜——北部支配の確立

第一共和制の混乱は、制度上、北部支配が確立していたことに起因している。植民地時代、リットルトン憲法（一九五四年制定）までは、北部と南部の議席配分は同数であった。これを大きく変えたのが、一九五七年五月二三日から六月二六日までロンドンで開催された憲法会議の決定である。この会議で初めて下院の議席配分で北部の割当が南部を上回った。この議員数の割当は、それぞれの州の有権者数比で決まったものであるが、選挙権を有さない女性が北部州の有権者数の中に含まれていたという水増しの事実も指摘されている。

一方、連邦での北部支配を緩和するために、憲法会議は上院の設置を決定した。上院では各州（北部州、西部州、東部州）平等に一二人の割当があった。しかし、結果的に見れば、上院の設置は北部支配を抑えるだけの効果をもたなかった。上院のもつ「拒否権」が六ヵ月間立法を遅らせるだけの権限にすぎなかったからである。

この憲法会議で、北部に下院議席定数の半数を超える割当を行ったことが、独立後の数々の危機、そしてビアフラ戦争を引き起こしたことの最大の原因であろう。

第一共和制の失敗

第一共和制は混乱をきわめていた。当初は北部州、西部州、東部州の三州から出発した（一九六三年、西部州から中西部州が分かれる）が、まず、危機は西部州から始まった。西部州を代表する政党（行動党）が、与党と連立を組むか（アキントラ西部州首相派）、野党のままでいるか（アオロオ行動党総裁派）で分裂した。アオロオ派はアキントラ西部州首相の解任を求め、西部州議会は大混乱となり、連邦政府は西部州を非常事態宣言下に置いた。その上でアオロオが反逆罪のかどで投獄されたのである。西部州（＝ヨルバ人）の顔であったアオロオの投獄は、西部州全体を暴力の渦に巻き込んだ。そして、また、野党の党首の投獄は、議会制民主主義の破綻を意味していた。

センサス論争も熾烈をきわめた。一九六二年五月実施の人口センサスは、その正確性をめぐって論議を呼んだため発表されず、後に無効とされる。一九六三年一一月に再びセンサスが実施されたが、六二年の調査では南部の人口が北部を上回ると予想されていたのに対し、北部約三〇〇〇万人、南部約二六〇〇万人と発表された。この結果、翌年に予定されていた連邦選挙において、北部の議員割当数がまたもや南部を上回ることとなった。センサスの結果を支持するかどうかで各地域・民族の対立が激化し、連邦制の崩壊へと向かっていったのである。

一九六四年の連邦選挙では、暴力、脅迫、汚職が横行した。翌六五年に新たに実施された西部州での選挙では、民衆に不人気であったアキントラが暴力、強制、買収によって権力の座に居すわったため、流血の惨事を招いた。このような政治の混乱の中で、第一次クーデターが起こったのである。

内戦に至る道

一九六六年一月一四～一五日の夜、ンゼオグ少佐に率いられた青年将校がクーデターを起こした。彼らの目的は、第一共和制下の腐敗、「トライバリズム」、そして混乱を終焉させることであった。しかし、首謀者の七人中六人がイボ人であり北部の要人（連邦首相、北部州首相を含む）らを殺害したこのクーデターは、イボ人が政権を握るために起こしたと捉えられた。クーデター首謀者は逮捕され、軍の最高司令官であったイロンシ少将が軍事政権のトップに立ったが、イロンシ自身イボ人であり、また、彼のブレーンもイボ人であった。そして、彼らはナイジェリアには連邦ではなく中央集権的な政府が必要だと考えた。ここから悲劇が始まった。

イボ人に対するジェノサイド（集団殺戮《さつりく》）は三度行われた。一度目は、一九六六年五月二九日。「統一ナイジェリア」の組織化を目指したイロンシ軍事政権が、布告第三四号により、連邦制の停止、および公務員制度の中央集権化＝統一政府の形成を命じたことに端を発した。連邦制の停止とは、各州の自治を否定することであり、相対的に後進地である北部に深い不安の念を抱かせた。また、高級官僚の人事・登用を中央政府で統一的に行うということは、北部の官吏や学生にとって非常に不利となった。北部では西欧式の教育が遅れていたため、南部ではとうてい合格しそうもない成績でも、北部ではそれまで登用されていたからである。この布告が出るまでは、北部の官吏や学生たちも縁故主義に反対の立場からイロンシ政権に同調していたが、南部と同様に実力主義が適用されるということで彼らが不利益を被ることが明らかになったため、強い反発が起こった。こうして、布告から五日後の二九日、布告第三四号反対の学生デモが引金となり、北部で南東部出身者（主にイボ人）が多数虐殺され、財産が略奪されるという事件が発生した。

二度目は、同年七月二九日、北部軍による第二次クーデターの際に、北部で勤務していた南東部出身将校が四三名、下級軍人が一七〇名殺害された事件である。自己の政策を理解してもらおうと、全国を巡回視察中であったイロンシ将軍もまた惨殺された。このクーデターは、イボ人への報復と北部の分離独立を意図したものであり、北部と首都ラゴス（当時。現在の首都はアブジャ）を含む南西部では、駐屯軍が北部出身将校の下に置かれ、南東部出身者を殺戮した。ゴウォン中佐を最高軍事評議会議長とする第二次軍政成立後、東部州軍政長官であったオジュク中佐は声明を出し、「これらの残酷な血なまぐさい暴挙の後で、同じ国民の一員として、心から一緒に生きていけるのかどうか」という問いを投げかけている。

三度目は、同年九月二八〜二九日。北部州の諸都市において、女性・子供を含む六〇〇〇〜八〇〇〇人（数万人という説もある）のイボ人が殺傷された。カノ国際空港で南東部行きの飛行機に乗ろうとしていたイボ人たちは、武装した北部の兵士や官吏に取り囲まれ殺害された。汽車もまた待ち伏せされ、略奪や殺戮が行われた。難民と化して東部州に流入したイボ人の総数は、一〇〇万人以上にのぼると言われている。この九月の大殺戮の後、東部州は分離独立の方向に向かいだした。

ビアフラ戦争の二つの顔――トライバリズムかナショナリズムか

一九六七年五月二七日、ゴウォン政権は一二州制の導入を宣言。北部州は六州に、東部州は三州に分割された。この三日後の五月三〇日、オジュクは旧東部州をビアフラ共和国として独立宣言し、七月六日、内戦が始まった。ビアフラ軍は激しく抵抗したが、イギリスとソ連からの強力な支援を受けた連邦政府側が結局、次々とビアフラの諸都市を陥落させ、一九七〇年一月一二日、ビアフラは無条件降伏した（オジュクはコートジボワールに亡命。八二年にシャガリ大統領による恩赦で帰国し政治活動を始めたが、八三年一二月のクーデターで拘置され、翌年一〇月に釈放された。その後政界で活躍し、二〇一一年死去）。この二年半の死者は、餓死・戦死あわせて二〇〇万人を数えるという。

ビアフラ戦争の当事者は双方とも、正当な理由のために戦っていると信じていた。ビアフラ戦争が始まる以前に、北部州ではイボ人の大量虐殺が続いていた。そして生き残った多くのイボ人たちは難民となって故郷である東部州に流れ込んでいった。ビアフラ共和国側は、連邦政府がイボ人の安全を保障しないのであるからイボ人は連邦から離脱する権利を有すると考えた。また、一二州制導入によって旧東部州が三州に分割されたことは、北部がイボ人の力（港湾と産油地へのアクセス）を削《そ》ぐ目的で行ったと受け取られた。石油さえあればビアフラ共和国は少なくとも財政面では成り立ちうる。石油の利権争いがあったことは否めないが、当時、東部州は連邦の歳入に四〇パーセントの寄与をしていたにもかかわらず交付金は一〇パーセントにすぎなかった。連邦政府は実質的に北部によって支配されていたのである。他方、このようなビアフラ側の主張を受け容れることは、連邦政府にとって、石油を産出する旧東部州というドル箱を失い、アフリカの大国としての地位から滑り落ちることを意味した。ビアフラ共和国の連邦からの離脱は断じて許すことはできなかったのである。

連邦政府を支配する北部も、分離独立を主張したビアフラ共和国も、地域性・民族性を拠り所にしていたという点では変わりはない。ビアフラ独立を阻止した当の北部自身、一九六六年の臨時憲法会議までは一貫して、南部に対して北部の独自性を主張し、事あるごとに連邦からの「離脱」をちらつかせてきた。北部の一貫した主張は、「我々に支配権を与えよ。さもなくば離脱する」という姿勢であった。それでも、世界の大勢は連邦政府の側についた。イボ人が自分たちをネイションと主張しビアフラ共和国をナショナリズムの表れとしたにもかかわらず、連邦政府も国際世論も、連邦政府に反抗したイボ人をトライブと見なし自決権を否定し、彼らの主張をトライバリズムと非難したのであった。

連邦政府を支持した国々もビアフラ共和国を支持した国々も、それぞれの国益のために行動した。しかし、ビアフラ共和国を世界が支持しなかった背景には、ネイション・ビルディング思想の影響があったのではないだろうか。このイデオロギーは現在でもアフリカで力をもち続けている。

では、アフリカにはネイション・ビルディングが本当に必要なのだろうか。確かに、安定した発展を維持するために国民に一体感をもたせることは必要であるが、独立後数十年で自然な形でのメルティング・ポットを期待するのは無理な話である。奴隷貿易で奴隷狩りをし富を得た集団に対して先祖を連行された集団が持つ怨念、植民地時代の分割統治政策が作り出した民族間の不信を抱えながら、中央政権が支配民族の所有物となってしまっている国々で、実際にネイション・ビルディングの名の下に行われてきたことは、「支配されている」側の人々だけに民族アイデンティティを放棄させようとするものであった。支配民族にとって「ネイション」とは「我々」であり、被支配民族にとっては「他者」となる。「他者」が牛耳る政府には忠誠は誓えないが、政府に対抗しようとすれば、「トライバリズム」のレッテルを貼られて弾圧される。これがアフリカのネイション・ビルディングの実態なのである。

最後に、ビアフラ戦争後のナイジェリアの努力を短く紹介しよう。一九七五年、クーデターにより元首となったムハマッド将軍は、憲法草案委員会の開会演説で「『勝者が全てを獲得する（winner-take-all）』システムに基づく残酷な政治的競争を除去する」必要性、「コンセンサスの政治を促進する」こと、「地方分権」を進めることを提唱した。第二共和制憲法では、大統領候補者が「連邦の三分の二以上の州で、二五パーセント以上の得票率」を確保しなければならないと定められた。特定の地域（民族）から支持されるのではなく、全国的に支持を得た大統領を登場させるためであった。さらには、民族政党や宗教政党も禁止された。現在の第四共和制憲法も同様のルールを引き継ぎ、政党側も、大統領候補がキリスト教徒なら、副大統領候補はイスラーム教徒にするなど、地域的・宗教的バランスをとるようにしている。

制度があっても、紛争は続く。二〇〇〇年のシャリーア紛争、二〇〇一年のジョス暴動、二〇〇二年のミス・ワールド暴動、石油を産出するニジェール・デルタ地帯で二〇〇四年から激化する武装闘争、北東部を中心としたボコ・ハラムによるテロ活動など、ナイジェリアの紛争は枚挙に暇がない。しかし、民族や宗教の違いがこれらの紛争を引き起こしているのではない。富や権力をめぐるエリート間の争い、(州)政府の汚職と腐敗、人びとの生活の困窮といった、アフリカ以外の国々でもみられる原因がここにもある。アフリカの政治は決して特殊ではない。

〈戸田真紀子〉

第Ⅵ部

現代史を生きる

急激に進む近代化――中国の援助で完成したナイロビの新駅（ショキマウ駅）（krc.co.ke/nairobi-commuter-rails）

人種・民族・政党を超えた新しい市民運動――南アフリカ・ダーバンのアバラリ・バセムジョンドロ運動

現代のアフリカ国家（2018年8月現在）

（　）の数字は独立年、2桁は1900年代

第一六章　苦悩と絶望：二〇世紀末のアフリカ

二〇世紀末は、世界的に見るとユーフォリアの時代（幸福感に浸れた時代）である。ベルリンの壁が崩れ、冷戦が終結して、世界は核戦争の恐怖から自由になった。しかし、アフリカに眼を転じると、二〇世紀末は苦悩の時代であった。すでに、冷戦終結以前から、アフリカでは「ネイション・ビルディング」の熱気は消え去っていた。一九八〇年代以降、アフリカ社会は、民族紛争や飢餓、汚職、失業や治安悪化、人口爆発やエイズ禍といった苦悩のオンパレード状態になったと言ってよいだろう。この章では、一九八〇年代から九〇年代にかけて、アフリカが直面している苦悩の背景を見ていくことにしよう。まずは政治状況である。

1――民主化の時代

一党制から多党制へ

一九八〇年代末以降、アフリカ大陸は大きな民主化のうねりに巻き込まれた。わずか数年の間に多くの国がドミノ的に政治的民主化へと動きだし、政治地図は激変した。

一九八九～九五年末までのサハラ以南アフリカ（以下、アフリカと略する）四八ヵ国の政治変動を示した表（次ページ）を見て欲しい。この間の激動が一目瞭然である。

一九八九年以前に憲法において多党制を認めていた国は、アフリカ四八ヵ国のうち、ガンビア、リベリア、セネガル、スーダン、ボツワナ、ジンバブエ、そしてアパルトヘイト体制下の南アフリカという七ヵ国に過ぎなかった。ところが、南アフリカにおけるアパルトヘイト体制の崩壊をはじめとしてこの状況は一変し、一九九五年末の段階ではエリトリアとウガンダが事実上の一党制を採用するだけとなった。リベリアのような内戦状態の国やナイジェリアのように軍が実権を握っていた国もあるが、多くの国が一党制から多党制へと移行し、一九九五年末に多党制を憲法で保障する文民国家は三八ヵ国にのぼった。

アフリカにおける民主化の動き（一九八九〜九五年）

○＝多党制への移行を可能とする憲法改正案採択　△＝国民会議（開始時）
L＝多党制に基づく国会議員選挙実施　P＝多党制に基づく大統領選挙実施
×＝クーデター等軍事的制圧による政権交代

国名	一九八九年以前の政体	'89	'90	'91	'92	'93	'94	'95	政体
ベナン	一党制		△ ○	L P					多党制
ブルキナファソ	軍政			○ P	L				多党制
カボベルデ	一党制		○	L P				L	多党制
コートジボワール	一党制(1)		P L					P L	多党制
ガーナ	軍政				○ P L				多党制
ガンビア	多党制								軍政
ギニア	軍政		○			P		L	多党制
ギニアビサウ	一党制		△	○			P L		多党制
リベリア	多党制		内	戦					内戦状態(2)
マリ	一党制			×	○ L P				多党制
モーリタニア	軍政			○	P L				多党制
ニジェール	一党制(3)				○	L P			多党制
ナイジェリア	軍政	○			L	P(4)			軍政
セネガル	多党制					P L			多党制

シエラレオネ	一党制			○	×				軍政(内戦状態)(5)
トーゴ	一党制			△	○	P	L		多党制
ブルンジ	軍政		(○)		○	P L(×)			多党制(6)
カメルーン	一党制(7)		○		L P				多党制
中央アフリカ	一党制				○	P L			多党制
コンゴ	一党制			△	○ L P	L			多党制
ガボン	一党制		△ ○ L			P			多党制
赤道ギニア	一党制			○		L			多党制
ルワンダ	一党制		内戦	○			×		多党制(8)
サントーメ・プリンシペ	一党制		○	L P				(×)(9)	多党制
チャド	軍政		×		○	△			軍政
ザイール(現コンゴ民主共和国)	一党制			△			(○)(10)		多党制(11)
コモロ	一党制	×	P(12)		○ L	L		(×)(13)	多党制
ジブチ	一党制				○ L	P		(14)	多党制
エリトリア	エチオピア一州					独立			一党制(15)
エチオピア	一党制			× △			○	L P	多党制
ケニア	一党制			○	L P				多党制
セイシェル	一党制					○ P L			多党制

ソマリア	一党制		(○)	× - - -	- - -	- - -	- - -	- - -	内戦状態(16)
スーダン(現南スーダンを含む)	多党制	×							軍政(17)
タンザニア	一党制				○			LP	多党制
ウガンダ	軍政							(○)(18)	一党制
アンゴラ	一党制	- - -	内戦 - - -	○	PL	内戦 - - -	- - -		多党制
ボツワナ	多党制	LP					L		多党制
レソト	王制(19)		×	×		(○)L(20)	×(21)		多党制(22)
マダガスカル	一党制(23)		(○)(24)		○	PL			多党制
マラウィ	一党制					(○)(25)	○LP		多党制
モーリシャス	多党制			L				L	多党制
モザンビーク	一党制	- - - 内	戦 - - - ○	- - -	- - -		LP		多党制
ナミビア	南アフリカの植民地	L	○独立				LP		多党制
南アフリカ	多党制					(26)(○)	L		多党制(27)
スワジランド(現エスワティニ)	王制								王制(28)
ザンビア	一党制		○	LP					多党制
ジンバブエ	多党制(29)		LP					L	多党制

(1)コートジボワール憲法は多党制を認める内容だったが一九九〇年までPDCI（コートジボワール民主党）による事実上の一党制が敷かれた。
(2)二〇〇三年に第二次内戦終結。二〇〇五年に選挙を経て民政移管。
(3)軍事政権が民政復帰し、一九八九年九月に一党体制に基づく新憲法を制定、一二月には大統領選挙を行った。
(4)軍は大統領選挙の結果を無効と判断。民政移管を中止。
(5)一九九八年に民政復帰。二〇〇二年に内戦終結。
(6)一九九三年に軍が蜂起してンダダエ大統領を殺害したことを契機に内戦に突入。二〇〇〇年に主要政党間で和平合意。二〇〇三年に最大武装勢力が和平協定に参加。
(7)憲法上は一党制の規定はないが、事実上の一党制が敷かれていた。
(8)一九九四年武力制圧により政権が交替したが、新政権は独自の憲法を制定せず、一九九一年憲法を根拠とした。二〇〇三年に選挙を実施し、新憲法を制定して正式に民政復帰。
(9)一九九五年八月一五日クーデターが勃発したが、六日後軍は大統領に権力を返還した。
(10)複数政党の活動を認めた移行期憲法（一五ヵ月）が制定された。
(11)内戦を経て政権が交代し、一九九七年五月、国名がコンゴ民主共和国と変わった。二〇〇二年末に第二次内戦の和平合意成立。
(12)傭兵ボブ・デナールによるクーデター。デナールはクーデター後国外退去を受け入れたために、その後多党制による大統領選挙を実施。
(13)再びデナールによるクーデター。フランス軍が介入してクーデター勢力を駆逐した。その後、二〇〇一年に主要な島の間で分権化を強める憲法採択。
(14)一九九四年一二月に政府と反政府勢力間で停戦協定が結ばれるが、その後も散発的な戦闘が継続。その後、二〇〇一年に反政府勢力指導者が帰国して和平協定締結。
(15)独立を主導したエリトリア人民解放戦線（EPLF）（後に民主・正義人民戦線＝PFDJと改称）は一九九四年二月の党大会で多党制への将来的移行を確認したが、二〇一七年末時点で野党の活動は事実上認められていない。
(16)内戦によりバーレ大統領は一九九一年に失脚。二〇一五年末時点で、北部はソマリランド、中部はプントランドが実効支配し、南部においても政権の実効支配領域は限定されたものでしかない。
(17)一九九六年以降多党制を導入。二〇〇五年、南部武装

勢力と包括的和平協定を締結。二〇一一年、レファレンダムにより、南部が分離独立。
(18)一九九五年一〇月新憲法採択。五年間は事実上の一党制を維持し、その後レファレンダムによって多党制への移行を検討することとした。二〇〇〇年のレファレンダムでは一党制の継続が選択されたが、二〇〇五年のレファレンダムで多党制導入が決定された。
(19)形式上、全ての行政・立法権は、軍事評議会の助言を受けて執政する王に集中していた。
(20)多党制に基づく一九六六年憲法の枠組みを継承することで立憲議会が合意。
(21)国王レツィェ三世が政府を解任。しかし内外の圧力を受けて一ヵ月後には以前の政体に復帰することで合意。
(22)その後、レツィェ三世は辞任し、一九九五年一月には一九九〇年クーデターで追放されたモシェシェ二世が国王に復帰。立憲君主制の下で多党制を採用。
(23)前衛党である「マダガスカル革命前衛(AREMA)」を中心とする複数の政党が連合して「マダガスカル社会主義革命防衛国民戦線(FNDR)」を形成。戦線に加入していない政党は選挙への参加が認められなかったため、一党制と見なす。
(24)この憲法改正によりFNDRに関係なく立候補が可能となる。一九九二年八月には「マダガスカル社会主義」に関する文言を削除した新たな憲法がレファレンダムで成立。
(25)多党制導入の是非をめぐるレファレンダムの結果、導入が決定。二週間後には野党が認められる。
(26)多党間交渉テーブルの結果、暫定憲法制定。
(27)一九九四年四月の選挙後五年間は、挙国一致の性格が強い暫定政権。一九九七年に新憲法が発効した後、国民党が政権を離脱。
(28)議会は存在するが、議員の指名に際して王の影響力がきわめて強いティンクドラ制度が一九七八年以来採用されている。
(29)憲法上は多党制が可能だが、一九八七年にZANU―PFがZAPUを吸収合併した時点で、ZANU―PF以外の政党に属する議員はきわめてわずかになった。

肥大する国家

こうした政治的な激変は、アフリカ諸国が直面した構造的危機への対応として理解するべきである。アフリカの構造的危機とは、なによりもまず国家の危機であった。冷戦期のアフリカでは、多くの国家が独裁政権を制度的に支える道具と堕し、また国家主導型の経済開発も破綻して、国民や国際社会の支持を失っていた。

アフリカでは独立時には多党制を採用する国が多かったが、一九六〇年代後半から七〇年代前半にかけて次々に一党制へと移行した。ここで特徴的なのは、政権が西側寄りか東側寄りかにかかわらず、すなわち右派か左派かというイデオロギーの違いにかかわらず、多くの国で一党制が採用されたことである。確かに、コンゴ人民共和国（一九七〇〜九〇年。その後、マルクス・レーニン主義放棄に伴いコンゴ共和国に国名変更）のようなマルクス・レーニン主義による一党制国家や、タンザニアのように独自のアフリカ社会主義を掲げた一党制国家も存在したが、ウフェ・ボワニ政権下のコートジボワールやモブツ政権下のコンゴ民主共和国（旧ザイール）のように一貫して親西側路線を取りながら一党制を採用した国も多かった。

一党制を採用する理由としてしばしば説明されたのが、「部族対立」の克服であった。すなわち、たいていのアフリカ諸国のように国内に多数のエスニック集団を抱える国で多党制を採用すれば、エスニック集団に基盤を置く「部族政党」の乱立を招き、「部族対立」を促して国民統合を妨げるというのである。こうした理由づけは、ビアフラ戦争やコンゴ動乱の記憶が生々しい当時にあっては、一定のリアリティをもっていた。

一党制の導入という政治制度の変化と並行して、経済部門に対する国家の介入が強められた。計画経済化が進められ、国家資本が多くの部門に投入された。民間企業の国有化が実施され、それはモブツ政権下におけるコンゴ民主共和国の銅産業など巨大なヨーロッパ企業にまで及んだ。タンザニアやザンビアのトウモロコシ流通など、従来は民間資本が担っていた農産物流通部門が国営化されたケースも多い。さらには、経済力をもつ外国人（インド人）の追放に踏み切るウガンダのような国も現れた。

経済への国家介入が強められた原因は何だろうか。まず指摘できるのは、アフリカの伝統的社会には地主や資本家層が存在せず、独立時にはヨーロッパ人をはじめとする外国人がアフリカ諸国の経済を掌握していたことである。したがって、政治的独立を達成したアフリカ諸国が経済的にも自立しようとすれば、経済開発の担い手はさしあたり国家以外に存在しなかった。さらに、一九六〇年代後半から急激に盛り上がった経済ナショナリズムの世界的潮流はアフリカにも及び、そうした雰囲気の中でヨーロッパ企業の国営化や外国人の追放が行われたのである。しかしながら、政治的には一党制、経済的には国家介入の強化というアフリカ諸国の体制は、オイルショック以降、次々に破綻してゆくことになる。一党制は独裁政権を維持・正当化する道具に変質し、深刻な人権侵害を生んだ。モイ政権のケニア、モブツ政権の旧ザイールなど、人権侵害のために諸外国から批判を浴びた国は多い。また、国家による経済介入政策はほとんどが失敗に帰した。国営企業の経営は行き詰まり、政府の規制を逃れたヤミ経済が膨張した。一九八〇年代に至ると、ほとんどのアフリカの国が膨大な対外債務を抱えて深刻な経済危機に呻吟《しんぎん》することとなった。

「打出の小槌」をめぐる争い

こうしたアフリカの危機を象徴し、またそれを加速させたのが、頻発する武力紛争と自然災害である。

図（次ページ）に示すように、独立以降アフリカ諸国では数多くの武力紛争が勃発した。多発する紛争は、アフリカにおける国家建設、国民統合の難しさを如実に表している。多くの内戦は国家権力をめぐる闘争によって引き起こされたものであるが、この背景には国家機構の掌握が膨大な利権の源泉になるという事実がある。公務員の雇用、予算の配分、外国援助の受け入れ等々、国家機構から得られる利権は計り知れない。とりわけ地場民間資本の発展が遅れたアフリカにあっては、国家権力は魅力的であった。それはまさに「打

アフリカにおける1990年代までの主要な武力紛争

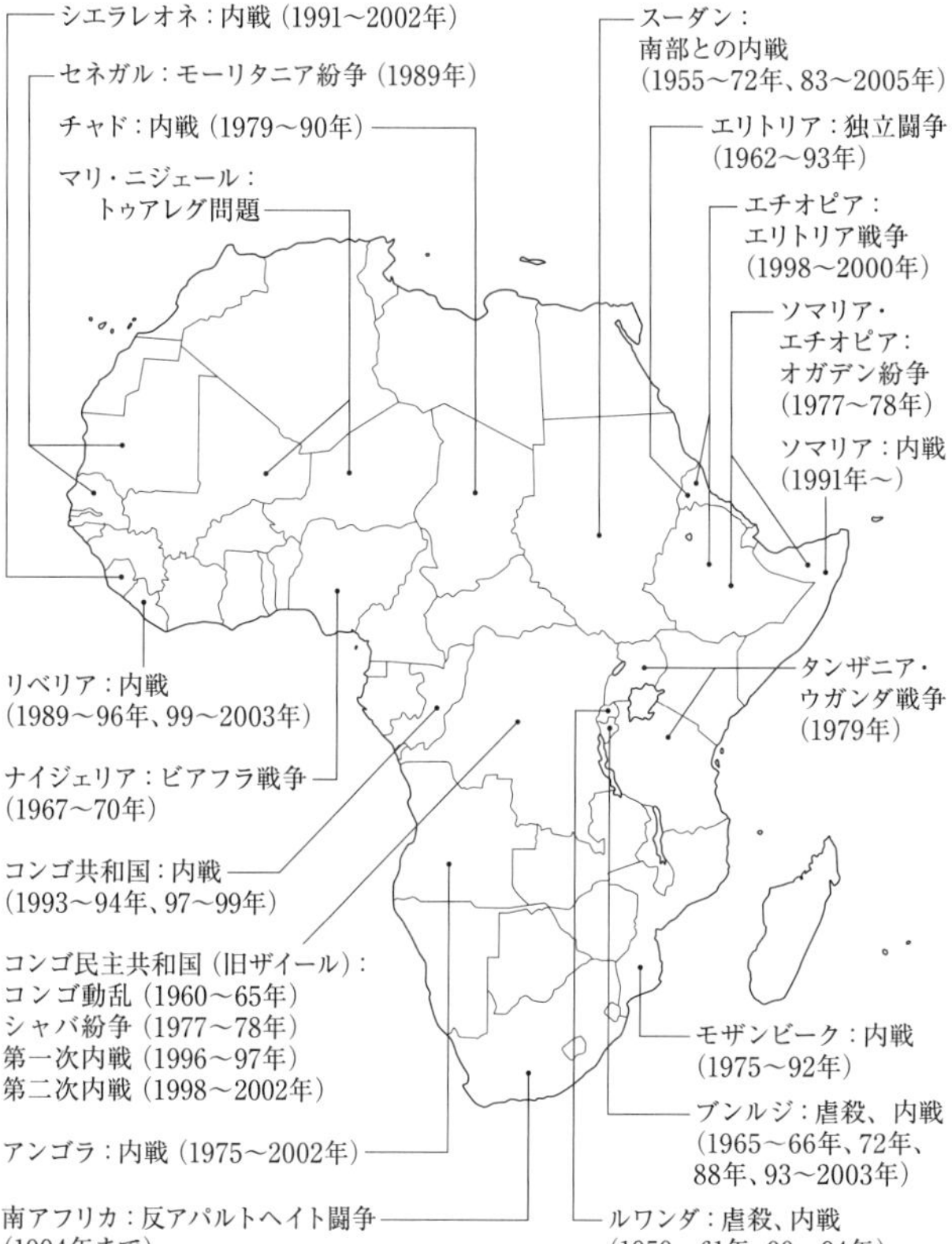

2000年代以降の主要な武力紛争

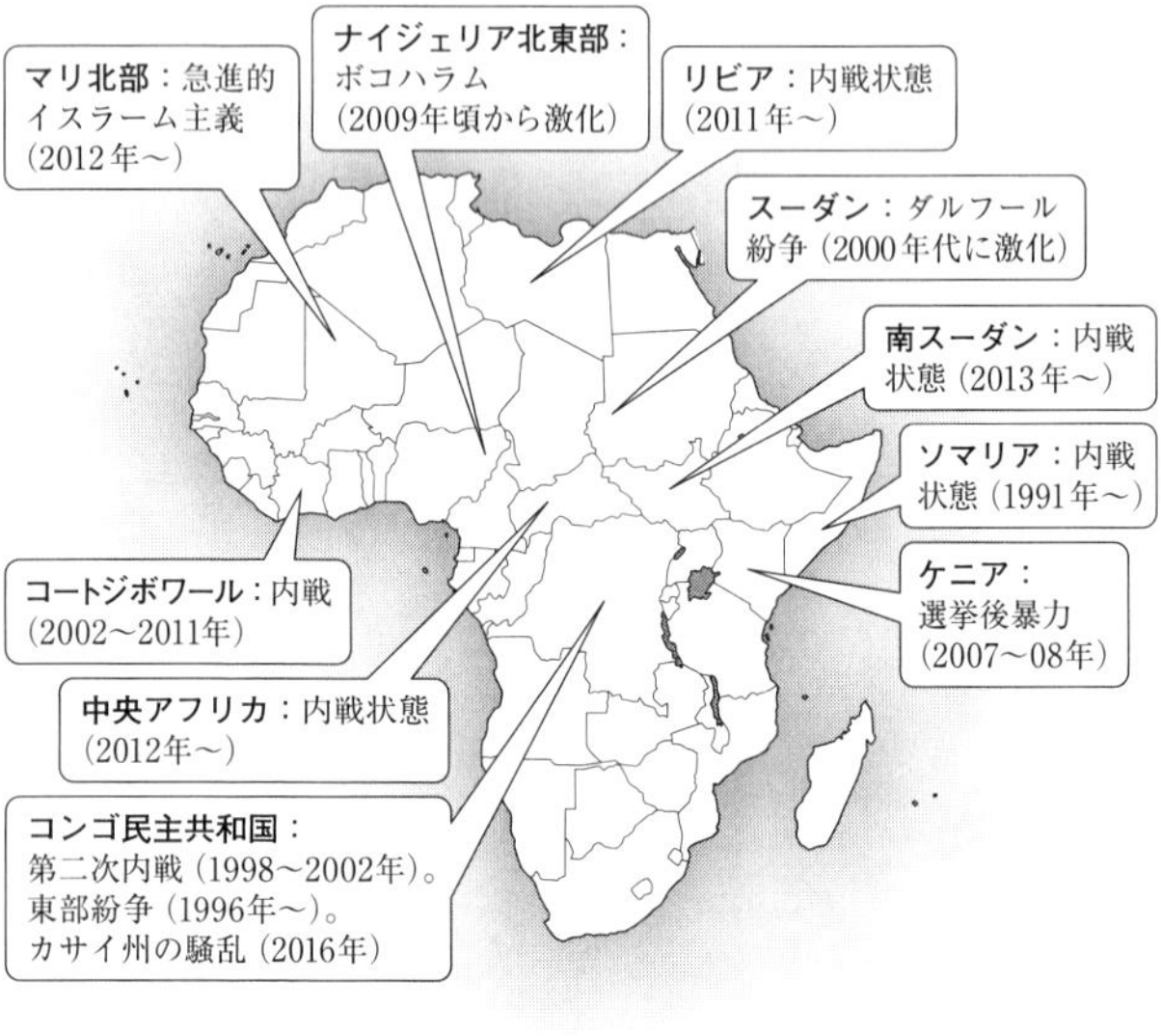
マリ北部：急進的
イスラーム主義
（2012年～）
ナイジェリア北東部：
ボコハラム
（2009年頃から激化）
リビア：内戦状態
（2011年～）
スーダン：ダルフール
紛争（2000年代に激化）
南スーダン：内戦
状態（2013年～）
ソマリア：内戦
状態（1991年～）
ケニア：
選挙後暴力
（2007～08年）
コートジボワール：内戦
（2002～2011年）
中央アフリカ：内戦状態
（2012年～）
コンゴ民主共和国：
第二次内戦（1998～2002年）。
東部紛争（1996年～）。
カサイ州の騒乱（2016年）

出の小槌《こづち》」だったのである。

国家権力をめぐる争いのために集団が組織される場合、国内の諸エスニック集団を基盤として動員が行われることが多い。この典型が「部族政党」であり、結果として「部族対立」の様相を呈したエスニシティを基軸とする暴力的衝突が起こる。

冷戦時代には、しばしば域外勢力がアフリカ国内の対立する集団にテコ入れすることで紛争を激化させた。ベルギー資本がカタンガ州の分離独立を支援したコンゴ動乱（第一四章3節参照）や、ソ連・キューバが支援する政府軍とアメリカ・南アフリカが支援する反政府ゲリラが長期にわたって内戦を続けたアンゴラの事例（第一一章5節参照）はその典型といえよう。

冷戦終結後も、アフリカの紛争は止まないばかりか、ルワンダやソマリアなどで深刻な紛争が頻発した。この原因として重要な点のひとつは、紛争当事者が簡単に武装できることである。アフリカ大陸には大量の武器が流通しており、紛争当事者が機関銃や地雷、迫撃砲などを取得することはさして困難ではない。特に地雷や手榴弾の価格は安く、入手も簡単である。一九九四年に大虐殺が始まる直前のルワンダでは、市場で野菜と並んで武器が売られており、日本円にして三〇〇円ほどの価格で手榴弾が買えたという。対立する集団がそれぞれ簡単に武装できるために紛争が勃発しやすく、いったん紛争が勃発すればその終結（武装解除）が非常に困難になっている。

この時期、内戦とともに自然災害もアフリカ諸国に大きなダメージを与えた。特に深刻なのは旱魃である。一九七〇年代初めに西アフリカのサヘル地域からスーダン、エチオピア、ソマリアにかけて発生した旱魃、また同じ地域を中心としてさらに広い範囲に打撃を与えた八〇年代半ばの旱魃は、その悲惨な状況がマスメディアによって世界に伝えられ、多大な関心を集めた。エチオピアにおいては前者の際に約二〇万人、後者の際には実に約一〇〇万人が飢餓や病気などによって死亡したといわれている。八〇年代半ばの大旱魃は日本でも大きく取り上げられ、外務省が毛布を送る運動を組織するなど一連の「アフリカ飢餓キャンペーン」が進められた。二〇〇〇年代に入るとアフリカの自然災害は、気候変動との関連で、グローバルガバナンスの重要課題と認識されるようになる。

難民と紛争の悪循環

内戦にせよ旱魃にせよ、最も深刻な被害を被るのは、行政サービスから遠い地域の住民である。居住地域が戦場となってしまった人々、あるいは天水農業（灌漑を行わず、降雨のみによる農業）に依存しているために旱魃の被害を直接的に被る人々は、難民となって故郷を離れることになる。このため、二〇世紀末のアフリカでは、難民が急増した。国連難民高等弁務官事務所によれば、一九九〇年代の前半、アフリカには五〇〇万人以上の難民が存在した。

難民の存在は政情を不安定化させ、それがまた新たな難民を生むという悪循環を引き起こす。ルワンダ、ブルンジ、コンゴ民主共和国東部など、アフリカ大湖地域の事例はその典型である。一九九〇年にルワンダに攻め込み、九四年に政権を奪ったルワンダ愛国戦線の中枢は、独立前後の虐殺を避けてウガンダに逃れたツチ難民の第二世代によって組織されていた。九四年の混乱によって、今度は前政権に近いフツを中心に二〇〇万人以上が隣国のコンゴ民主共和国やタンザニアに難民として逃れた。大量の難民の存在はコンゴ民主共和国東部の緊張を高め、九六年には再びこの地域で武力紛争が勃発した。このように難民流出と紛争勃発とは、双方向の因果関係をもつのである。

冷戦終結の影響

独裁政権の抑圧、経済の停滞、そして内戦や旱魃……。脆弱化したアフリカ諸国に対して、冷戦の終結は大きなインパクトを与え、その体制を揺るがせた。冷戦終結がアフリカに与えた影響について、いくつかの側面から考察してみよう。

まずこれによって、世界的な政治的民主化の潮流が形成された。ソ連・東欧で発生した体制変革のドミノ現象は、何よりもまず一党独裁の否定と政治的自由化の推進であった。民主化を志向するこうした思想潮流は、一党独裁と経済危機という閉塞状況にあったアフリカの民衆を刺激し、民主化要求運動を盛り上がらせた。同時に、先進国においても独裁政権下の人権抑圧に世論の非難が集中し、政府は対アフリカ外交でそのような世論の意向を無視できなくなった。冷戦の終結は、一党独裁という統治体制の正統性を喪失させ、先進国の政府はそのように正統性を失った政権を支援することに対して国民を説得できなくなってきたのである。

もちろん、こうした論理はいわば建て前である。同じ時期、国内の人権抑圧をしばしば批判された一党独裁の中国に対して、先進国側は援助停止を梃子《てこ》に体制変革を迫ったりしなかった。しかし、様々な要因で脆弱化したアフリカにおいては、建て前の論理が貫徹しやすい条件が整っていた。

長期にわたる経済危機のなか、民間資本の逃避によって、アフリカ諸国は外国援助への依存をいっそう深めた。この状況はアフリカ各国の先進国に対する交渉力を著しく低下させ、先進国側がちらつかせる「援助停止」のカードはアフリカ諸国に対して顕著な効力を持った。この点で象徴的なのはケニアの事例である。民主化運動を弾圧するモイ政権の姿勢を問題として援助国会議が次期援助額の提示を延期した直後の一九九一年一二月、ケニア政府は突如として多党制への移行を発表した。これは先進国側に向けた明白なサインであった。モイ政権は援助停止と政治的民主化とを秤《はかり》にかけ、政治的民主化を選択したのである。ケニアではその翌年、競争的な普通選挙による大統領選挙と国会議員選挙が実施された。

政治的民主化の進行は、八〇年代後半に本格化した構造調整政策と相まってアフリカにおける国家の構造を劇的に転換させた。政治的な一党体制と経済的な国家介入によって肥大化したアフリカの国家は、政治的民主化と経済的自由化の流れの中で、その役割を大幅に縮小させたのである。

多難な民主主義

一九九〇年代のアフリカ大陸における民主化のドミノ現象は、国内における不満の鬱積とともに――あるいはそれ以上に――国外からの圧力が要因として重要であった。外国援助をつなぎ止めるために民主化に踏み切った独裁政権も多く、制度的に一党制から多党制への移行が進んだとしても、それは必ずしもアフリカ諸国に山積する問題の解決に直接結びつくものではなかった。

不幸にして民主化への軟着陸に失敗し、収拾のつかない混乱に陥った国も多かった。ブルンジでは一九九三年六月、前大統領が進めた民主化政策を受けて選挙が実施され、独立以来初めて、多数派であるフツ出身のンダダエ大統領が選出された。しかしンダダエは就任後わずか四ヵ月にしてツチが主導する軍部によって暗殺され、それをきっかけにブルンジは内戦状態に陥った。タンザニアのニエレレや南アのマンデラの仲介によって二〇〇〇年に和平協定が結ばれるまで、隣国ルワンダほどの規模ではないにせよ、ブルンジ各地でフツ・ツチ間の殺戮が続いた。

コンゴ共和国でも、制度的民主化を完了した直後の一九九二年末から、政党間対立をきっかけとして首都ブラザビルで衝突が繰り返され、多数の死傷者を出した。各政党は特定の地域やエスニック集団を支持基盤としていたため、衝突の経験は人々の意識のうちに「部族対立」の神話を構築した。二〇〇〇年代に入って、情勢は若干落ち着いたものの、特に首都近郊プール州の状況は依然不安定である。

一九九〇年代のアフリカは、冷戦終結に伴う民主化の奔流によって大きな影響を受けた。一党制から複数政党制への移行は劇的なものであり、その後もこの傾向に変化は見られない。二〇〇〇年代には、一党制を公式に掲げる国はアフリカではほぼ消滅した。冷戦終結以降、アフリカでは政治的自由化が大きく進展したと言ってよい。しかし、同じ時期に深刻な武力紛争が頻発したことも事実である。経済危機の下で、急速な政治的自由化を進めた結果、政治的混乱を深めた国も少なくなかった。この時期のアフリカは、独立以来蓄積された矛盾の表出に直面し、またグローバルな政治経済の変動にも影響されて、大きな転換点にあった。別の言い方をすれば、さまざまな問題に苦悩しつつ、模索を試みていた時代だったのかも知れない。

〈武内進一〉

2——「低開発」と構造調整政策

第一五章の1節と2節では一九六〇年代と一九七〇年代について説明したが、この節では、独立後に次第に傾いてきた経済の立て直しを図った一九八〇年代と一九九〇年代について紹介していく。さらに第一七章2節では経済成長がめざましくなってきた二〇〇〇年代以降について説明する。

アフリカの「低開発」とは

世界銀行が毎年発表している「世界開発報告」一九九五年版によれば、一九九三年の一人当たり国民総生産額（GNP）で見て「低所得経済」に分類される四五ヵ国に、サハラ以南のアフリカ諸国が二七ヵ国も含まれている。同年の「高所得経済」の中でも一人当たりGNPが最も高かったスイスの三万五七六〇米ドル、二番目に高かった日本の三万一四九〇米ドルと比べて、最貧国中の最貧国モザンビークやタンザニアの九〇米ドルはあまりにも低すぎる。同報告書で注記されているように、「一人当たりGNPそれ自体は、福祉または開発の成功を意味するものでも、それらを測定するものでもない」が、それにしても多くのアフリカ諸国が経済的に貧しいという印象は免れない。

国レベルの低開発を考えるにあたって、ひとまず個々の家庭の経済的な貧しさに置き換えて説明してみよう。貧困には、二種類の基準が存在する。毎日の生計費に事欠くような状態が、絶対的な貧困である。それに対して、隣家と比べてみて貧しいというのは、相対的な貧困である。なんとか毎日を暮らせるようになって絶対的貧困を脱しても、隣家と比べて貧しい状態が続いていれば、相対的貧困から脱してはいないということになろう。逆に、隣家も貧しくなって両家ともに同程度に生計費に事欠くようになれば、相対的貧困は解消したが絶対的貧困からは免れていないと言えよう。この基準は、国レベルの低開発にもあてはまる。国民が衣食住に事欠くような状態は、絶対的な低開発である。一九九〇年代以降に国際的な関心が高まり、「一日一ドル」や「一日二ドル」という標語で有名になった貧困削減への取り組みは、すぐれて絶対的貧困を対象としたものであり、国レベルの絶対的な低開発への取り組みである。それに対して、相対的貧困や相対的低開発は、経済的不平等や経済格差を問題として意識している。近年は、相対的貧困という概念を、国際比較の指標としてではなく、国内の経済格差を測る尺度として用いることが多い。経済協力開発機構（OECD）は、一国内で等価可処分所得（世帯の構成員数で数値を調整した可処分所得額）の中央値の半分の金額未満しか所得のない人口を相対的貧困層とみなしている。それに対して、本節の以下では国際的な経済格差を意識して、他国と比べて経済成長の速度が遅く、相対的に開発が遅れている「相対的な低開発」を問題としたい。

さて、アフリカ諸国が独立以来取り組んできた開発政策は、絶対的な低開発状態を脱し、経済水準で他国に追いついて相対的な低開発も解消することを目指したものであった。しかしながら、アフリカ諸国では一九八〇年代以降に一人当たりの食料生産量が低落していると言われていることが事実であれば、アフリカ諸国は絶対的な低開発から脱するどころか、状況が深刻化しつつあると見なせる（ただし、食料生産の統計資料は信頼性が乏しく、実際に一人当たり食料生産が長期的に減少しているのかどうかについては、一概には判断できないということを付け加えておきたい）。このように絶対的貧困の尺度で見てアフリカ諸国は状況が悪化している可能性があるだけでなく、北の工業国のみならず成長著しいアジア諸国と比べて開発が遅れており、相対的な低開発状態も解消していなかった。

絶対的ならびに相対的な低開発がどのような原因で発生するのかについては、これまで様々な見解が示されてきた。

　それらのうちの一方の極にある見解は、欧米諸国や日本はアフリカ諸国の将来の姿を示しており、アフリカ諸国も適切な開発政策を実施できれば経済的に飛躍可能であり、いずれは欧米諸国に追いつくことも夢ではないという説である。そして、アフリカ諸国が伸び悩んでいる主因を、開発政策の失敗などアフリカ諸国の内部要因に求めようとする。歴史的に形成されてきた国際関係を軽視した単純な発展段階説とも言えるが、アジア諸国の急成長を例証として示されれば、荒唐無稽な説であると一概に否定はできない。

　この対極にある見解は、工業化が進んだ諸国の開発はアフリカ諸国をはじめとする工業化の遅れた地域を踏み台にして成り立っており、一方で開発が進めば進むほど他方で低開発が深刻化していくとして、低開発は構造的なものであると見る説である。低開発論や従属論と呼ばれる考え方であり、相対的低開発の議論をより推し進めたものとも言えよう。この見方に立てば、アフリカ諸国は絶対的な低開発から脱することができたとしても、相対的な低開発を解消するどころか、ますます格差が広がってくることになる。そして、先進諸国が自己中心的に形成している国際的な経済秩序を改めないかぎり、アフリカ諸国など低開発地域の開発の可能性は乏しいということになる。これは、国連貿易開発会議（UNCTAD）などで途上国が長年主張してきた見解である。このような見方に立てば、上述したように「相対的貧困」という概念が国内の経済格差を測る尺度として近年は利用され、国際的な比較の指標がないことに、政治的な意図を読み取ることも可能であろう。

「バーグ報告」と「ラゴス行動計画」

アフリカ諸国の経済は、一九七〇年代半ば頃から悪化してきた。農産物や鉱産物を中心とした輸出が伸び悩む一方で、工業製品や食料の輸入が増大して貿易赤字が拡大し、国際収支が極端に悪化した。それと同時に、政府の歳入額が歳出額を下回り、財政赤字が累積した。さらに、一九七〇年代の対外的な借入金が返還期に達しており、国家財政のかなりの部分が借款返済に振り向けられて、開発のために使用できなくなった。貿易赤字と財政赤字はアフリカ諸国のみの問題ではなく、たとえば米国も同様の問題を抱えている。しかしアフリカ諸国の場合、自力で経済危機を脱出することができそうにないことから、世界銀行と国際通貨基金（ＩＭＦ）の支援のもとに経済構造全般の転換を図ることを目指した構造調整政策が導入されることになった。

アフリカ諸国の構造調整政策の基本文書となったのは、世界銀行が一九八一年に発表した報告書、いわゆる「バーグ報告」である。「バーグ報告」では、アフリカの経済危機の主因を、端的に言えば独立後の経済政策の失敗に求めている。これに対して、経済危機に陥っていたアフリカ諸国側の意見は、アフリカ統一機構（ＯＡＵ。二〇〇二年に結成されたアフリカ連合の前身）がナイジェリアの首都ラゴス（当時。現在はアブジャ）でとりまとめた「ラゴス行動計画――一九八〇～二〇〇〇」に集約された。「ラゴス行動計画」では、一次産品の国際価格の低落などの国際経済環境の悪化がアフリカの経済危機の主因であると見なしている。「バーグ報告」と「ラゴス行動計画」は、すでに紹介した低開発をめぐる対立する見解を背景として、アフリカ諸国のその後の経済開発の方向を提言した文書と言えよう。

結局のところ、資金を提供する世銀の見解のほうに軍配が上がることになった。一九八〇年代初期あるいは半ばから、多くのアフリカ諸国は、経済構造を大幅に変更する構造調整計画を策定し、それに基づいて国家開発を実践していく経済政策（以下では、このような経済政策を構造調整政策と呼ぶ）を開始するようになった。構造調整政策では、アフリカ諸国の国際収支の改善、政府財政赤字の解消、さらにインフレの沈静化が取り組むべき課題とされ、まず短期的政策として経済安定化政策を実施した後に、経済全般に対する中長期的な政策として狭義の構造調整政策を実施し、さらに経済部門別の構造調整政策を実施していくことになった。

構造調整政策は、世銀ならびにＩＭＦの基本構想のもとに展開されたが、形式的にはあくまでも各国政府が自主的に構造調整計画を作成して、世銀・IMFが支援するということである。構造調整政策を実施しなければ、世銀・IMFはもちろんのこと、先進諸国も二国間援助を手控えるという事態に陥るため、アフリカ諸国の多くは構造調整政策を拒否できなかった。

構造調整政策の実施に当たって、世銀は構造調整融資として資金を貸し付けたが、その場合に厳しい融資条件（conditionality）を付与している。融資約束額は何期かに分けて貸し付けられ、融資条件が満たされていない場合には、その時点以降の融資の実行が停止されるのである。融資条件で求められたのは、平価切り下げ、貿易自由化、農産物流通の自由化、公企業の民営化、公務員数の削減等、市場諸力を活用した経済自由化を促す経済政策の実施である。平価を切り下げて輸出を奨励し、他方で貿易自由化によって消費財の品不足を解消しようとする。また、課税対象の拡大を図って政府歳入増大を図るとともに、農産物流通を自由化したり公企業を民営化して政府の補助金支出を縮減し、また公務員数を削減して政府歳出を抑えることで、政府財政の改善を図ろうとした。

構造調整政策の限界

構造調整政策は、輸出を促進して国際収支を改善し、政府機能を縮小して財政赤字を解消しようとする経済政策である。ここで問題となるのは、政府の財政赤字の解消は、一般大衆の生活の改善とは必ずしも合致せず、むしろ悪化をきたす危険性をはらんでいることであろう。

たとえば、受益者負担の原則にのっとって、小学校教育に対する保護者の教育費負担が増大し、診療所での医療費についても患者の自己負担額が増大すれば、政府の負担は軽減されることになるが、当該サービスを受ける国民の負担は増大する。このような負担増に応じられるだけの所得の向上がなければ、受益者負担の増大は就学率を押し下げ、医療機関の利用率を低減させることになる。その結果、短期的にも長期的にも開発を担う人材養成が阻害されることになる。構造調整政策の負の影響はとくに社会的・経済的弱者に大きいことが指摘されるに及んで、一九九〇年代の構造調整政策では社会的側面に配慮されるようになった。ただし、構造調整政策の基本は経済成長重視であり、弱者切り捨ての側面は否めない。そして、一九九〇年代半ばから、国際的な開発思想として貧困削減が再び脚光を浴びるようになる。

一般大衆の生活が改善されない原因を、農民を例にとって見てみよう。通常は低めに設定されている農産物の公定価格が撤廃され、民間商人が市場で自由に価格を設定するようになれば、農民の受け取る生産者価格は高くなることが多い。しかし同時に、政府補助金で低く設定されていた農業投入財の公定価格が撤廃されれば、生産コストは以前よりかかるようになる。結局のところ、生産コストのほうが生産者価格以上に高騰して、農民の実質的な収入は目減りすることも多かった。これでは農民が生産に対する意欲を増大するとは考えられず、農業生産は伸びないことになる。

国レベルで見ても、輸出用農産物の増産が外貨獲得額の増大に結びつくとは限らない。アフリカ諸国では従来の輸出品目以外の産品の輸出促進も行ったが、輸出品目の多様化への取り組みは遅れており、手っ取り早く外貨を獲得するためには既存の品目が輸出の中心にならざるをえなかった。多くのアフリカ諸国でコーヒー、紅茶、カカオなど同種の輸出用農産物を生産していることが多いために、各国で輸出作物を増産し輸出量を増大すれば、国際価格が低落して結局のところ獲得できる外貨は増えないということも起こってくる。当然、それらの作物を栽培する農民の受け取る生産者価格も増えないことになる。

また、製造業部門についても経済自由化が所期の成果を収めているとは言いがたい。経営状態の悪い公企業への政府補助金を削減するために民営化が促進されたが、受け皿となれるような民間資本家あるいは経営者が育っておらず、公共部門の民間産業への代替は必ずしもスムーズには進行しない。たとえば東アフリカ諸国の場合、アジア人と総称されるインド・パキスタン系の住民が植民地期より商業部門を中心に経済的に有力であって、公企業を民営化すれば資金力のあるアジア人が取得する可能性が高く、国民の中でアフリカ系住民とアジア人との間にエスニックな問題を発生させる危険性がある。さらに、場合によっては、外資系企業が参入して経済的な支配の危機にさらされることにもなった。

このように、産業別に見て構造調整政策の成果が必ずしもかんばしくない中で、構造調整という名称にもかかわらず、構造調整政策は各国経済を開発の軌道に復帰させるためのせいぜい中期の経済政策であり、長期的な開発のためには別途に開発政策が必要であると議論され始めた。うがった見方をすれば、構造調整政策を一〇年以上も続けてきたにもかかわらず、アフリカでは経済回復の兆しが乏しく、援助側・政府・国民三者いずれもが構造調整政策に倦《う》むようになったのである。

インフォーマル部門への期待

構造調整政策に代わる開発方針として、二〇〇〇年代以降には貧困削減がクローズアップされるようになっている。二〇〇〇年九月の国連ミレニアム・サミットで採択された「ミレニアム開発目標」は、その象徴といえよう。一見すると、構造調整政策に決別して貧困削減政策に移行したようにも見えるが、構造調整政策期にも、貧困削減政策につながるような種々の試行錯誤が繰り返されていた。

たとえば、構造調整政策によって国家の役割が縮小される中で、誰が経済の担い手として期待されるのかはまったく不透明であった。このような状況で、これまで政府から無視あるいは軽視されることが多く、場合によっては規制・排除の対象ともされてきたインフォーマル部門に関心が集まった。

インフォーマル部門とは、端的に言えば都市部を中心とする種々の雑業とその担い手のことである。同部門の中には非合法な活動も含まれており、そのような活動は奨励の対象になりえないが、各国政府が振興の対象として注目したのは、成長の可能性の高い小規模・零細製造業である。大規模製造業と比べて小規模・零細製造業は、輸入原材料ではなく国内に存在する資源を用い、国内で修理可能な簡単な工作機械を使用して、機械化を進めて省力化するのではなく労働力を大量に動員し、輸出向けよりは都市住民や農民といった一般庶民の日常的な消費品生産を行っているためである。ただし、インフォーマル部門は、これまで政府が干渉しなかったがゆえに活力を維持してきたのであり、慎重な検討なしに政府が干渉することは、たとえそれが奨励政策であっても、インフォーマル部門を阻害しかねないとも危惧される。このような製造業部門を政策によってどのように支援しうるのかは、いまだ各国政府の検討課題となっている。

構造調整政策はあくまでも「上からの改革」であり、しかもそのような改革を実施する

「上」の主体であるべき政府の機能を次第に縮小しようとするものである。すなわち、「上」から改革を迫りながら、改革が始まれば梯子《はしご》をはずしてしまうようなものである。その後に期待されているのは、国民による「下からの変革」であろう。今その担い手として、上記のインフォーマル部門も期待されている。彼らの行動様式は、経済学者が構造調整で想定していたような「市場」とは必ずしも一致しないかもしれない。しかし、それがアフリカの現実であり、開発理論にのっとった政府の経済開発に代わってどのような経済構造が内部から成立してくるのかを見守っていく必要があろう。アフリカ諸国が独立以来求めてきた自立経済の確立は、外部への依存を排した各国の内発的発展によらねばならず、独立後三〇年余の模索を経て、自立経済の主体となるのは各国政府ではなく、各国の一般大衆であることが明らかになった。二〇〇〇年以降の貧困削減政策も、国家開発政策であるからにはあくまで「上からの改革」であり、果たして「下からの変革」を誘発できるかどうかという真価が問われている。

〈池野旬〉

3——近代化の矛盾

苦悩のオンパレード

アフリカ諸国が独立を勝ち取った一九六〇年代、アフリカは未来の大陸だった。だが一九七〇年代に入ると徐々に光と影が交錯し始め、八〇年代、再び行く手は闇に閉ざされたかのようだ。アフリカは苦悩の時代に突入したのである。

まず飢餓がきた。アフリカは年率三パーセント近い驚異的な人口増加率を示すようになった。これは、一人当たりの食料生産の伸びをマイナス一・一パーセントにまで落ち込ませた要因の一つである。植民地経済によってコーヒーや落花生などの商品作物の作付を強制された結果、主食の穀類の生産が二の次とされたこともこの傾向に拍車をかけた。さらに追い打ちをかけたのが、七〇年代末からのたび重なる旱魃であった。こうして慢性的飢餓の構造ができあがった。八〇年代半ばには三〇〇〇万人が深刻な飢餓に直面することになったのである。

内戦と内乱もこの時代、いっそう激しさを増した。六〇年代の「ワン・ネイション（一つの国民）」の夢が色あせた後、植民地支配が増幅させた民族対立は暴力的で破滅的な様相を帯びてきた。国連の強引な武力介入を招いた後も収拾がつかないソマリア、西アフリカ諸国の平和維持軍出兵によっても内戦が続いたリベリア、一九九二年の「複数政党制」導入をきっかけに三〇万人を超える難民を出したケニアのリフトバレー州の民族浄化紛争（先住の牧畜系カレンジン人やマサイ人が、移住してきたギクユ〔キクユ〕人、ルオ人農民の村を焼き払い追い出そうとした）など、一九九〇年代のアフリカは、出口の見えない紛争が沸騰する絶望の大陸だった。その最大の悲劇が、ルワンダとブルンジの大虐殺だった。一九九四年のツチ人主体のルワンダ愛国戦線の首都進攻と政権奪取以来、犠牲者の数は数十万人、当時のザイール（現コンゴ民主共和国）東部やタンザニア北西部に逃れた難民の数は二〇〇万人にものぼる。ルワンダの隣国、ブルンジにおいても一九九六年にはツチ人軍部がフツ人大統領をクーデターで倒し、大量の殺戮が生起した。

アフリカ社会を襲う貧困と失業も出口の見えないトンネルの中にあった。一九九〇年に国連が認定した世界の最貧国のうち、約六割にあたる二九ヵ国がサハラ以南のアフリカで占められていた。一人当たりの国民所得も日本と比べると桁違いの低さである。それ以前も低かったが、それとは質が違う。一九六〇年代は、自給生活が可能な農村が健在だったため、所得の低さは飢えや貧困とは直接結びつかなかった。しかし一九九〇年代は、土壌の流出と地味低下、土地の私有化と細分化、農産物価格の低迷などによって農村は極度に疲弊している。こうした農村の自給世界の崩壊は、食いつめた農村人口を大量に都市へと押し出すが、都市には彼らを受け入れる住宅も雇用機会も圧倒的に不足している。そこで半失業状態の膨大な出稼ぎ民層は、路上生活者や犯罪予備軍を生み出しながら、都市社会の最底辺に追いやられ、困難で不安定な暮らしを続けていかねばならなかったのである。

もう一つ、八〇年代以降のアフリカを苦しめてきたのがＨＩＶ／エイズ禍であった。とりわけ一九八六年後半以降、エイズウィルス（ＨＩＶ）はまたたくまにアフリカの村と町を席巻してしまった。なかでもビクトリア湖周辺や旧ザイール（現コンゴ民主共和国）などは、感染者の数が著しく多くなっている。都市部だけとると、一九九〇年代初期においてウガンダでは二四・一パーセント、ルワンダ二〇・一パーセント、ザンビア一七・二パーセントという著しく高い感染率を示している。最も打撃を受けているウガンダでは、全人口の一四パーセントが感染していると推計されていた。そのままの勢いで感染が進むと、二〇一〇年には国民の数が三七〇〇万人から二〇〇〇万人に減少する可能性があるとされ、社会は存続の危機に立たされていたのである。しかし国際機関とウガンダ政府が協調して感染リスクの啓蒙やコンドームの配布、さらには抗レトロウィルス剤（ＡＲＶ）の比較的安価な提供などもあって、二〇〇二年にはＨＩＶ感染者は五パーセントにまで劇的に低下した。だが二〇一〇年代になると再びＨＩＶ感染者は増加し、二〇一二年の感染率は六・七パーセントにまで上昇している。

アフリカで猛威を振るっているエイズは、欧米に多い同性愛者や麻薬中毒者を中心とするタイプではない。異性間性交渉と母子感染によるタイプであるため、コミュニティ全体に広く深く浸透してしまう。一九八七年の時点で、アフリカ全体のＨＩＶ感染者は二五〇万人を超えていた。カナダの東西センターが予測する、一五歳から五〇歳までのアフリカ人成人の死亡率は、最悪の場合、一九九一年から二〇〇〇年までのあいだには二四・八パーセントにまで達すると想定された。それに従うと死者の数は、一六一六万人という途方もない数になる。これは社会全体にとって危機的な状況であることは言うまでもない。さらに、欧米中心の治療・研究体制の中では、アフリカの患者・感染者は置き去りにされているという問題もある。つまりアフリカ人のＨＩＶ感染者やエイズ患者は高価な治療薬を試すことなどできないからである。

一九九〇年代には「アフリカ社会の消滅」さえ危惧されたＨＩＶ／エイズの蔓延だったが、その後現実にはその危険性は薄らいできている。しかしながら二〇一〇年代にはいりＨＩＶの新規感染者数は減少の傾向はあるものの、サハラ以南のアフリカ全体の感染者の割合は、依然として突出して高い。すなわち二〇人に一人の成人がＨＩＶに感染しており、それは世界全体の約七割を占めている。ただ大きく変わったのは、エイズによる死者数の劇的な減少である。今世紀になってからの一〇年をとっても、サハラ以南アフリカのエイズによる死者は三二パーセントと劇的に減っている。その原因は、抗レトロウィルス剤の発見と普及である。さらに二一世紀にはいると、AZTなどの抗レトロウィルス剤のジェネリック医薬品がインドやタイなどの製薬会社で生産され、アフリカに輸出することが可能になったことも大きい。これはオリジナル医薬品を開発した巨大多国籍製薬会社が南アフリカで争っていた特許権訴訟を取り下げたことや、WTO（世界貿易機関）による強制特許実施（特許権者の事前承諾なしに特許技術の使用が可能）発動の承認などが背景にある。

近代化のつけ

一九八〇年代のアフリカは苦悩の時代だった。この時代のアフリカを最もよく象徴する映像は、痩せて骨と皮だけとなった子供の姿であった。日本でも七〇年代末からの数次にわたる飢餓救援キャンペーンによって、アフリカといえば飢えた可哀相な子供のイメージが作られてきた。確かにたび重なる旱魃のために、アフリカ全体で三〇〇〇万人が飢え、一〇〇〇万人が家を失い難民となったといわれる。ソマリア、エチオピア、スーダンからチャド、ニジェール、マリ、ブルキナファソといった国々を含む「アフリカの角《つの》」からサヘルにかけての広大な一帯と、モザンビーク、ジンバブエ、アンゴラなどの南部アフリカ地域では、とくに大きな被害が続出した。

しかし、この飢餓は純然たる天災ではなかった。歴史上経験したこともない未曾有の旱魃が、突如として彼らに襲いかかったわけではなかったのである。これらの地域では、数世紀にわたって旱魃は繰り返し起きてきた。確かに深刻な降雨不足ではあったが、それはサヘルの気象からすれば「通常」の変動範囲にすぎなかった。たとえばサヘルの旱魃が始まった時期(一九八三~八四年)、この地域の綿花の収穫量は、六〇年代初頭に比べて減っているどころか逆に約七倍の生産量を誇っている。ということは単に、雨が降らないから穀類ができず飢餓が始まったというふうには考えられないのである。旱魃は飢餓の引金ではあっても、原因ではなかった。

旱魃の直撃を受けたのは牧畜民であった。乾燥地域に暮らす彼らに対して、政府や海外援助機関は、井戸を掘り定住化をすすめるプロジェクトを推進した。アメリカの援助で行われたニジェール、ノルウェーや国連の援助を受けた北ケニアの牧畜民プロジェクトは、彼らの生活を近代化するはずであった。しかし現実には飢餓が彼らを直撃した。井戸のまわりの定住地に集められた牧畜民は、家畜数をこれまでより減らすことはなかった。そのため過放牧状態になり、周辺の草原を丸裸にしてしまい、結果として自らの首を絞めることになった。

農耕民も同じ経験をしている。彼らの伝統的な焼畑農法は、政府や援助機関から近代的ではないとして否定された。代わりに化学肥料とハイブリッド種の導入による商品作物の生産が奨励された。だがこうした試みが、土壌の侵食を招いてしまった。アフリカでは雨が降ると土中の養分は短期間で放出される。そのため根っこの部分に化学肥料を定着させることができない。地力の回復には時間をかけて腐植土と養分の補充を待つしかない。それに最も適した農法が焼畑だったのである。にもかかわらず、毎年土地を酷使したため、豪雨が腐植土を洗い流し、風が吹き飛ばし、太陽が乾燥させた結果、土地は耕作不能になってしまった。

こうした近代化の援助策は、「遅れた」アフリカ社会を進歩させるための切り札であった。アフリカの政府は北側の援助機関とタイアップして、近代化路線を突き進んだ。その結果が、この時代に出現した手詰まり状態だった。いわば、一九八〇年代後半から九〇年代にかけてアフリカ社会は、独立以降の近代化路線のつけを支払わされていたのである。

伝統の逆襲

遅れた伝統社会を脱して西欧的な市民社会へ、という進歩の信念が、一九六〇年代以降の近代化路線を支えてきた。ところが近代化路線はある点では完全に破綻してしまった。

「部族から国民へ脱皮」するどころか、現実にはそれと正反対の現象が出現してしまった。イギリスの人類学者ダリル・フォードは、かつて自信をもって「都市住民のあいだにある部族のメンバーシップへの執着は、先の見えた短命の現象にすぎない」と予言したが、この予言はものの見事にはずれることになった。都市においても民族的アイデンティティは衰退するどころか、例外なくより強固に再生成されていったからである。そのことは、アフリカ各地で激化する民族対立が証明している。

近代化路線の行き詰まりの果てに現れたのは、伝統の復活であり伝統回帰の欲求であった。西欧的進歩の代わりに、アフリカ的伝統が脚光を浴び始めた。西欧的発展のシンボルであった都市社会においても、伝統の氾濫現象がおきた。第一次世界大戦前後、中部から東南部アフリカにかけて発生した黒人メシア運動に似た独立教会が、一九八〇年代から九〇年代にかけて再び信者を拡大したのである。日曜日に都市の空き地を訪れてみると、原色の制服と旗、激しいダンスとエクスタシーに特徴づけられる彼らの集会を目にすることができた。都市生活の困窮度が限界に近づくにつれて、伝統的色彩を帯びた宗教運動や互助組織が再活性化していった。

この時代、庶民の生活世界だけでなく、より大きな政治構造にも伝統回帰の様子がうかがえる。一九九三年ウガンダでは、相次いで伝統的な王が復活を遂げた。独立前、ウガンダ南部にはガンダ王国をはじめトロ、アンコーレ、ニョロなどの王国があった（第六章3節参照）。しかし一九六六年、北部出身のオボテ首相は、ガンダ王であり新生ウガンダの国家元首であったムテサ二世を追放して、政権を奪い取った。オボテはアフリカ社会主義を標榜して、あらゆる伝統首長制を廃止して財産を没収したのだった。それから二七年、ゲリラ戦のすえ政権の座についた国民抵抗軍（NRA）のムセベニ大統領は、多数派ガンダ人の支持をとりつけるために、かつての王（カバカ）の復活を認めた。

一九九三年八月、イギリスでの長期亡命生活のためガンダ語を流暢には喋れないムテサ二世の息子が、第三六代カバカに即位し、ムテビ二世を名乗った。戴冠式には興奮したガンダ人二〇万人が集まり、ガンダ民族主義の一大デモンストレーションの場となった。カバカはガンダ人の文化的伝統の継承と統合のシンボルであって政治的存在ではないと規定されたものの、伝統的な王の内閣であるルキコも組織された。ガンダにつづいてニョロ、トロ、アンコーレなどでも伝統的な王制と宮廷システムが次々に復活していった。さらにはもともと王制を持たず小首長が割拠していたアチョリ社会においてさえも国全体の民族意識の復興という流れのなかで新たに首長制が発明され、アチョリ文化と統合の象徴として、またウガンダのエスノ・ポリティクス（それぞれの民族意識に基づく政治）におけるエージェントとしての最高首長（王）が誕生した。

ムセベニ大統領を頂点とする近代国民国家としてのウガンダと、たとえばムテビ二世をトップに置くガンダなど諸地域の伝統王制は、形の上では政治権力と文化権力というように棲み分けをしているが、両者の境界はあいまいであり、そのつどそのつどの現実の力関係によって左右されることになる。こうした接合は、ウガンダだけでなく西アフリカのガーナなどでも起きている。もともと伝統的王の存在が社会的に深く根差していた西アフリカ社会だが、一九九〇年代のガーナでは、憲法によって王・首長制度の保障を明記している。また南部アフリカのナミビアでも、伝統的首長の権限を法によって承認する動きが生まれている。このように、近代国家の中で新たに復活した伝統的王制は、さまざまな危機に襲われたアフリカの一九九〇年代の反応をよく象徴しているのである。

都市社会の変貌

一九八〇年から九〇年代を特徴づけるもう一つの社会変化が、都市で進行している。アフリカは独立後、爆発的な都市人口の膨張を続けてきた。その膨張率は、東アフリカでは年七パーセントを優に超える。これは、一〇年で人口が倍増する驚異的な増加率である。西アフリカでも、ラゴス(ナイジェリア)の人口爆発などは危機的だ。一九五〇年には三〇万人以下だったラゴスの人口は、二〇世紀末には八七〇万人、二〇一五年には推定一七〇〇万人にまで劇的に急増した。住宅、雇用、食料といった生活・生存のための基本的受け容れ能力を考えると、この数字は絶望的なものだ。ラゴスほどではないにしても、ナイロビ（ケニア）も同様のコースを歩んでいる。二〇世紀初頭にはわずか一万人の住民しかいなかったこの町は、今日、東アフリカ随一の大都会となっているが、その人口は一九九〇年代末には一五〇万人を超え、二〇一八年には四〇〇万人に達したとされる。ナイロビに流入した人口の半数以上は、水道や電気のない「スラム」地区に居住し、その半数近くが潜在的な失業者といわれている。

このような都市の人口爆発を引き起こしたのは、農村部から流れ込んできた大量の出稼ぎ民の存在である。今日のアフリカ都市は、伝統都市であれ植民地起源の都市であれ、基本的には出稼ぎ民都市化しているのである。それは一九八〇年代に都市で生まれた人口の割合を見れば、一目瞭然だろう。とくに一五歳以上の成人をとると、ナイロビではわずか五パーセント、キンシャサ（コンゴ民主共和国）でも七パーセントというきわめて低い比率になる。それ以外はほとんどが国内の他地域から流入してきた出稼ぎ民なのである。

さらにこの時代の男女の性比（女を一〇〇とする）を見ると、圧倒的な男性超過の傾向を共有している。たとえばハラレ（ジンバブエ）一五一、ナイロビでは一三八といった具合だ。こうした人口構成の歪みは、植民地時代に白人政府がアフリカ人男性を労働力として半強制的に徴用し、出稼ぎ労働者としたことに由来している。したがって出稼ぎのスタイルは画一的であった。すなわち、妻子を村に残して畑の管理を委ね、都市に短期間単身で出てくるという形式である。現金を獲得するためだけに出稼ぎに出るこのタイプを「ターゲット・ワーカー」型出稼ぎと呼ぶ。彼らにとって、出稼ぎ先の都市の生活は、あくまでも一時的で仮のものであり、本来の生活は農村での畑と家畜とともにある暮らしであった。

ところが一九九〇年代になると、この植民地時代に誕生した「ターゲット・ワーカー」型出稼ぎが大きく変化してきた。一九二〇年代から連綿と続いてきた、古典的な出稼ぎスタイルの耐用年数が過ぎたようなのだ。まず都市での仕事探しを断念して、田舎にUターンする若者が急増してきた。青年男子は都市に出稼ぎに行くもの、というライフスタイルが揺らいできた。逆に単身女性の出稼ぎも増えた。都市における同郷・同業の女性ネットワークの形成が見られるようになったのである。

都市の居住パターンも、これまで圧倒的主流派だった単身男性型から、家族同居型へとシフトした。それにともない、同じ民族集団に属する単身男性出稼ぎ民が創り上げてきた都市コロニー（都市の中の特定民族集住地区）は崩壊した。民族集団ごとに形成する巨大で排他的な都市コロニーは、一九五〇年代以来、アフリカ的都市の最大の特徴であった。民族集団のまとまりに代わって、より微細で私的な生活共同集団の重要性が高まっていった。プライバタイゼーション（私化）の進行である。

だが最も変化したのは、故郷への帰還願望をもたない出稼ぎ民が生まれ、都市民化しつつあることだ。西アフリカではイスラームの影響もあり、一足先にこうした都市民は出現している。彼らは異民族と互いに通婚を繰り返しながら、新たなクレオール（異種混淆）文化を形成している。東アフリカにおいてもたとえばナイロビの長屋では、異民族間の通婚は一般的になりつつあるし、ナイロビで生まれ育った路上職人も多数出現してくるようになった。このように、アフリカの大都市で生まれ農村部に故郷を持たない人々の都市への定着化傾向は、これからのアフリカ都市の性格を大きく変える要因となっている。

アフリカ都市の互助システム

一九八〇年代から九〇年代にかけて二〇世紀末のアフリカは、文字通り、絶望の大陸となった観があった。その原因については二つの立場が対立していた。一つは、アフリカはヨーロッパ的な市民社会を建設するには未熟すぎたというアフリカ責任論であり、もう一つは、植民地主義の傷痕と新植民地主義（形ばかりの独立を与える代わりに、植民地の富を奪いとるための経済構造を温存する支配のやり方）によって、アフリカの絶望は構造的に再生産されるようになっているというヨーロッパ責任論である。しかし考えようによれば両者は、一枚のコインの裏表でもある。なぜなら、見かけは正反対だが、両者ともに絶望的な状況の中で生きるアフリカ人の選択と主体性を見ようとしない点は同根だからだ。

選択と主体性の例は、この時代のアフリカの都市社会を見れば至る所に見出すことができる。農村から新規に都市に流入したアフリカ人は、まず定職にありつくことはない。ということは家を借りることもできないし、その日食べるものにも困ることになる。確かに統計数字上の表《オモテ》の世界では、住宅も雇用も圧倒的に不足しているし、そもそもどうやって大量の「失業者」が生きていけるのか不思議なほどだ。しかし現実に日々の生活を営む世界では、人々は住む所を見つけ、職を創り出し、ある種の社会秩序とサブカルチャーを形成している。そこには、外から「絶望」視された世界とはまったく異次元の、当たり前の生活世界が構築されていたのである。

彼らはまず同郷の親族・知人の長屋に居候をしながら町の暮らしに馴染む。男性なら、日雇いの建設労働者をしながら、見よう見まねで大工や石工などの建築職人になるケースが多い。スパナ一本で路上の車を修理したり、ドライバー一本でラジオの修理屋になることもある。女性なら、市場で多めにインゲン豆を買い、長屋のそばの路上でバラ売りする「仕事」も一般的だ。こうして自分自身の手で職を創るのである。それだけではない。東アフリカでは、仲間が死んだときには、葬儀の世話から遺体を故郷に送る手配をするための互助講が作られてきたし、警察の手入れで逮捕されたときには、保釈の交渉から残された子供の面倒まで見る助け合いのネットワークも驚くほど巧みにつくられていた。また西アフリカでは、商売の元手としてまとまった資金を捻出できるほどの、強力な頼母子講《たのもしこう》が各都市にあり、銀行からお金を借りることが不可能な出稼ぎ民のための自前の信用金庫として機能している。

このように住宅の確保、仕事の世話から金融、福祉、保険に至るまで、出稼ぎ民自身によってインフォーマルな互助制度が創り出された。本来ならば政府が公の資金を使って行うべき社会福祉や生活保障の領域を、彼らは「お上」に依存することなく自分たちの知恵と実践でカバーしていたのである。二〇世紀末のアフリカ社会は、マクロで構造的な環境からみれば、確かに絶望的であった。しかしその「絶望の時代」の中で、アフリカ人はこうしたセルフヘルプ能力をいかんなく発揮して日常の暮らしを営んできた。この暮らしの中で培われた微細な実践の積み重ねこそが、この時代を生き抜き、絶望的な状況を切り開く原動力となっていたのである。一九九〇年代の苦悩するアフリカにおける希望の一端をそこに見いだすことができたのである。

〈松田素二〉

第一七章　二一世紀のアフリカ

1——AUの時代の紛争と和解

　一九九〇年代のアフリカ政治は紛争と民主化という二つの大きなトレンドで覆われた（第一六章1節参照）。その後、この二つのトレンドはどのように展開しただろうか。総じていえば、一九九〇年代後半から二〇一〇年代にかけてのアフリカ政治では、主要な紛争が終結し、民主主義の定着が進む一方、安全保障や民主主義の運営に関わる新たな困難も浮上しており、相反した動きが交錯しているといえる。この交錯する動きを順にみていこう。

紛争の全般的終息傾向

一九九〇年代に発生した主要な紛争の多くは終結し、二一世紀になって新たに起こった紛争もおおむね終息に向かう傾向がみられる。一九九四年に発生した大虐殺で世界を震撼させたルワンダの内戦は、同年中に反政府軍が政権を掌握し、紛争が終結した。ルワンダの南に位置するブルンジでは、一九九三年の民主化を契機に紛争が始まり長期化したが、マンデラ南アフリカ大統領（当時）の仲介が奏功し、アフリカ連合（AU）の平和維持部隊の派遣もあって二〇〇四年に終結した。同じ中部アフリカに位置するザイールで一九九六年に始まった内戦では、反政府勢力が長期独裁政権を打倒して国名がコンゴ民主共和国に改められた。そののち一九九八年から諸派の対立が再燃し、複数の周辺国が軍事介入したことで「アフリカ大戦」の様相を呈したが、二〇〇二年に和平協定が成立し、二〇〇六年以降は定期的に選挙が行われている。

西アフリカに目を転ずると、武装勢力が密輸する「紛争ダイヤ」のエピソードで知られたリベリアでの内戦は、一九九五年に選挙が実施されていったん終結したのち二〇〇〇年に再燃したが、これも二〇〇三年には終息し、現在は比較的安定した状態が維持されている。リベリアの隣に位置するシエラレオネでは、反政府勢力のほか、白人傭兵部隊や地域機構も参戦した複雑な構図で展開されたが、二〇〇二年に選挙が実施され終結した。二一世紀に入ってから発生したコートジボワールでの内戦では、反政府軍が国土の北半分を支配する南北分断状態が長く続き、二〇一〇年の選挙後にも紛争が再燃したが、国連PKOの軍事介入もあり、二〇一一年に選挙結果に基づく政権が発足した。

勃発が一九九〇年代より前に遡る紛争も相次いで終結した。冷戦を背景に一九七五年の独立時から始まった旧ポルトガル領のアンゴラ、モザンビークでの内戦は、一九九〇年代初頭に終結したモザンビークに続き、アンゴラでも二〇〇二年に反政府勢力が瓦解して内戦が終結した。一九八〇年代初めからスーダン南部で始まった解放戦線とスーダン政府の内戦は、数百万人もの死者を生みだす泥沼化した状態が続いたが、二〇〇五年に包括的和平協定が成立して終結し、住民投票を経て二〇一一年には南スーダン共和国の独立が達成された（ただしその後も国家の体制は不安定で、二〇一三年の年末から内戦と停戦を繰り返している。平和維持活動と内戦復興の支援のために日本からも陸上自衛隊施設隊が二〇一七年まで派遣された）。

このように主要な内戦の多くが終結したことにより、アフリカ全体としてみるならば、深刻な紛争が同時期に多発する状況は脱しつつあるといえる。

紛争解決・平和構築における前進

紛争終結に至る過程では、アフリカ域内・域外の主体による紛争解決・平和構築を目指した介入が直接、間接に大きな役割を果たす。二一世紀にかけてのアフリカではこの面においては大きな前進がみられた。

アフリカ諸国のあいだではかねてより「アフリカの問題はアフリカ自身で解決する」との考えが共有されており、この考えは一九六三年に発足した大陸レベルでの地域機構であるアフリカ統一機構（OAU）を支えた理念の一つでもあった。この理念をより現実のものとするために、二〇〇二年にOAUが改組され、新たにAUが発足した。

AUは、アフリカでの平和・安全保障の維持に積極的な役割を果たすべく、様々なしくみを導入した。憲法に則らない手段で権力を握った軍事政権に対して資格停止処分を下して圧力を掛ける手続きや、政府が独力で国内の安全保障を実現できない場合に、加盟国が軍事介入する権利を定めたことなどが代表的なものである。国連の安全保障理事会に相当する意思決定機構として平和・安全保障委員会も常設された。さらに、紛争発生時の速やかな対応を目指すアフリカ待機軍構想も具体化に向けた取り組みが進められている。アフリカ待機軍はまだ正式に稼働可能となっていないが、それに先立ち、AUが組織した平和維持部隊が、ブルンジ、スーダンのダルフール地域、コモロ、ソマリアに派遣され、一定の役割を果たしてきている。

国連は、アフリカでの紛争解決・平和構築に積極的に関与する方針を二一世紀に入っても堅持している。そもそもこの方針は、一九九〇年代初めにブトロス・ガリ国連事務総長（当時）によって提起されたのち、その初期にはソマリアでの野心的な平和強制の試みの失敗や、その反省から消極姿勢に転じたルワンダでは結果的に眼前で展開した大虐殺を傍観することになるなど迷走がみられ、国際的にも批判を浴びた。

このような経験を踏まえ、一九九〇年代後半からは、深刻な紛争地に対して数千人から一万人を超える大規模な国連PKOを比較的長期にわたって派遣し、停戦の維持、和平協定の監視といった伝統的任務に加え、人道保護、武装・動員解除、社会再統合、選挙実施の支援などにわたる多面的な任務に従事する方式が確立された。「第二世代」とも呼ばれるこのタイプの国連PKOはこれまでに、コンゴ民主共和国、シエラレオネ、南部スーダンならびに独立後の南スーダン、リベリア、コートジボワール、マリなどに派遣されている。

アフリカの地域機構と国連が密接に連携して紛争解決・平和構築にあたるのも近年の特徴である。コートジボワール内戦の際には、西アフリカの地域機構である西アフリカ諸国経済共同体（ECOWAS）がいち早く停戦監視部隊を派遣し、そののちこれを母体にして国連PKOが編成された。また、スーダンのダルフール地域ではAUと国連の合同ミッション（UNAMID）が組織され、展開中である（二〇一八年八月現在）。アフリカ諸国は「アフリカの問題はアフリカ自身で解決する」という原則を掲げながらも、国際的な介入を排除しておらず、支援を受け入れながら紛争へ現実的に対応しようとしている姿がここから浮かびあがる。

持続する紛争と新たな挑戦

とはいえ、紛争が完全になくなったわけではない。二〇一三年の政権崩壊後に深刻な混乱が続いた中央アフリカ、政府が民兵なども動員して地域自立の動きを弾圧する動きが続いてきたスーダンのダルフール地域、一九九〇年代以降の二度の内戦で活動した武装勢力が残存してきたコンゴ民主共和国の東部地域、二〇一三年ごろから内部対立が深刻化してきた独立間もない南スーダンでは、国連やAUなどによる大規模な平和維持部隊が派遣されてきたにもかかわらず、不安定な状況が続いた。これらの紛争は、地域に根ざした複雑な宗教間・民族間関係が背景の一つとしてあり、国家が住民からの信頼を踏まえた治安回復に失敗していることが慢性化に拍車をかけた。これらの事例は、部隊派遣だけでは紛争の本質的な解決にはならず、住民間の和解や国家の正当性の確立、統治能力の強化などが必要であることを物語っている。

二一世紀になって顕著に現れた新たな状況として特筆されるのは、イスラーム主義を掲げる武装勢力の活発な活動である。ケニアでは一九九八年に首都ナイロビでアルカイーダにかかわる組織によるアメリカ大使館爆破事件が起こっており、反米姿勢をとるイスラーム主義組織の活動がかねてから知られていた。二一世紀に入るとソマリアに拠点を置くアッシャバーブという組織が、隣接するケニア国内で誘拐事件などを繰り返し起こすようになり、ケニア政府による掃討作戦に対抗するかたちで、ナイロビでのショッピングモール襲撃事件（二〇一三年）などが惹き起こされている。アッシャバーブに対する軍事行動は、ケニア軍を統合したＡＵのソマリア派遣部隊によって進められてきている。

ナイジェリアでは北東部を中心にボコ・ハラムという勢力が二〇一二年ごろから活動を活発化させた。ボコ・ハラムはナイジェリア国内での地域問題も背景にした土着のイスラーム主義組織であり、「イスラーム国」（ＩＳ）への忠誠をも表明した。北部諸都市での自爆攻撃や村落襲撃などを繰り返すボコ・ハラムに対し、ナイジェリア政府による掃討作戦は難航しており、ＡＵの枠組みでアフリカ諸国の多国籍軍が組織されるなどの取り組みがなされている。

マリでは、アルジェリアに起源を持つ「イスラーム・マグレブ諸国のアルカイーダ（ＡＱＩＭ）」という組織が北部のサハラ砂漠地帯にかねてから進出していたが、トゥアレグ民族を中心とする北部の独立派勢力と手を結び、二〇一三年初めにいったんはマリ北部を支配下に収めた。その後マリ政府の要請を受けてフランスが軍事介入し、政府側が北部の実効支配を回復した。国連ＰＫＯが派遣され、平和構築の取り組みが続けられてきているが、イスラーム主義組織の活動は散発的に続いている。

これらのイスラーム主義組織の活動は、各国に紛争抑止の取り組みならびに紛争状態の終結後にこれらの組織をどのように政治に参加させるのかといった問題を提起する。また、これらの組織がグローバルなレベルでのジハード主義を掲げる他地域の組織と一定の関係を有することから、アメリカを中心とする先進国が「対テロ戦争」の名のもとに、アフリカ諸国への軍事支援などの関与を強めている状況がある。イスラーム主義組織をめぐる動向は、今後のアフリカ政治にとって引き続き重要な問題となるだろう。

持続的な民主化の進展と問題点

紛争とならぶもう一つのトレンドだった民主化はどうなっただろうか。一九九〇年代に導入された複数政党制に基づく民主主義体制を多くの国が引き続き維持しており、紛争が終結した国々でも選挙が実施されている。民主化したあとで一党制を復活させた国は今のところ現れていない。いくつかの国では軍事クーデターが発生したが（マリ、ブルキナファソ）、ＡＵをはじめとする地域機構から厳しい外交的な圧力が加えられたことにより、文民政権への移行に向けた動きが比較的速やかに開始されている。一九九〇年代に始まった民主化のトレンドは逆行することなく続いており、さらに、地域機構レベルにおいても民主主義体制の維持を促す方向性が醸成されてきているといえる。

他方で、民主主義体制下での新たな問題も浮上し始めている。民主主義を支える重要な手続きである選挙は、多くの国で定期的に実施されるようになったものの、厳しい政治的緊張を伴うことが今なお少なくない。二〇〇七年末のケニアでの総選挙の際には、野党優勢との事前予測を覆して現職が再選を果たしたことから不正選挙疑惑が浮上し、抗議行動をきっかけに大規模な騒乱へと発展した。二〇一〇年のコートジボワールでの大統領選挙では、現職大統領が敗北を受け入れずに政権の座に居座り、当選者側との内戦へと突入する事態に至った。

民主化後の選挙で当選した統治者が、民主化時に導入した大統領の任期制限規定(任期は二期までとするいわゆる三選禁止規定)を撤廃して強権的な長期政権を確立しようとする動きもいくつかの国で浮上し、政治的緊張を惹き起こしている。ブルキナファソでは二〇一四年に大統領が三選禁止規定の撤廃を試みたことで抗議行動が激化し、軍が抗議行動を支持したため政権が崩壊した。ブルンジでは二〇一五年に抗議行動を押し切って大統領が三選を強行したのち、軍事クーデター未遂が発生した。三選禁止規定の撤廃をめぐる動きはこのほかにもコンゴ共和国、コンゴ民主共和国などで論議を呼んできている。

和解の課題と困難

安定した民主的な社会を築くうえで、紛争から脱却した国々が直面するのが和解の問題である。紛争下で行われた凄惨な人権侵害や破壊行為について真相究明、司法的裁き、補償、謝罪などを行い、新たな国作りの土台となるような共通認識や公的な記憶を確立することがそこでの課題となる。具体的な取り組みは各国それぞれのあり方で追求されている。真相究明と加害者への赦しに主眼を置く真実和解委員会を設置した南アフリカ（本章4節参照）、隣人の虐殺に荷担した膨大な数の人びとをガチャチャと呼ばれる民衆法廷で裁き、上層部の首謀者を国際的に設置された特別法廷で裁く方式を採用したルワンダ、真実和解委員会と国際的な特別法廷の双方を採用したシエラレオネの例などがよく知られている。

和解の取り組みが成果を挙げているかどうかを客観的に評価することは簡単ではない。そもそも何が和解の課題とされるべきかについては、それぞれの国の事情に応じて異なるうえ、国内で意見が分かれる場合も多い。和解の課題が明確だったとしても、有効な政策を編み出せない場合もある。例えば、紛争をとおして生まれた民族間の対立を解消するためには民族差別の廃絶や民族間の宥和が欠かせないが、啓発活動や教育などによって規範を根づかせることができたとしても、トラウマ的体験と結びついた対立感情は容易に消えるものではない。和解は、長い時間をかけて取り組まれなければならない課題なのである。

和解を掲げた取り組みが新たな対立や不満を生みだすという逆説的な事態もいくつかの国で生じている。例えば、コートジボワールでは内戦終結後に成立した新政権が旧政権下で行われた人権侵害の追及を進める一方、自分たちの側への追及はほとんど行わないという、いわゆる「勝者の裁き」と呼ばれる偏りのある対応がとられた。旧政権派の人びとの不満は強く、政治勢力間の対話や広く国民的なレベルでの和解に支障が生じている。

重大な人権侵害（や人道に対する罪）を犯した者は必ず処罰するという理念に基づき、二〇〇二年に国連の枠組みの中で設立された国際刑事裁判所（ＩＣＣ）は、アフリカ諸国で起こった紛争の首謀者らに司法的裁きを下しうる機関として注目された。しかし、ＩＣＣが実際の活動を進めるにつれ、アフリカに与える政治的影響への批判の声が上がるようにもなっている。このような批判は、現職の国家元首への介入（スーダンのバシール大統領とリビアのカダフィへの逮捕状発付、ケニアのケニヤッタ大統領の訴追）、現政権に有利なかたちでの介入（ウガンダの反政府勢力、コートジボワールの旧政権派幹部が捜査対象となったこと）、アフリカへの偏り（ICCがこれまでに本格的な捜査に着手したのはすべてアフリカに関する事案であること）などをめぐって提起されている。まだ捜査中・審理中の事案も多く、ICCとアフリカの関係について確定的な見解を示すのは時期尚早ではあるものの、ICCが所期の理念に沿ってアフリカの和解に資するためには乗り越えるべき課題が山積しているといえるだろう。

〈佐藤章〉

コラム③「早すぎる国家破綻——南スーダン共和国の独立と内戦」

「南部スーダン」と呼ばれていたスーダン共和国の南部地域は、二〇一一年七月九日に、アフリカで五四番目の主権国家「南スーダン共和国」として独立した。これは、同年一月に実施された住民投票で、圧倒的多数が独立を支持したことの結果である。分離独立の是非を問う住民投票の実施は、二〇〇五年一月に調印され、二三年近くにおよんだ第二次スーダン内戦に終止符を打った、包括和平合意（CPA）で規定されていた。分離独立は、第一次スーダン内戦（一九五五〜七二年）における実現しなかった目標であった。こうして南スーダンの人びとは、一九世紀から続いた抑圧と収奪の歴史からようやく解放され、自分たちが主人公である国家を持つことができたのであった。

しかし、独立に託した人びとの夢と希望は、すぐに裏切られることになった。南スーダンという新国家の失敗の直接の原因は、二〇〇五年から六年間続いたCPA期に求めることができる。この時期には、南部スーダン政府と議会が樹立され、戦後復興、平和構築と開発の事業を遂行するはずであった。しかし、南部スーダン政府には石油収入という自己資金があり、国連と国際社会から多額の支援を受けたにもかかわらず、これらの事業はほとんど進展せず、汚職と腐敗が蔓延した。国内的には多数の武装組織による反乱が勃発し、スーダン政府との敵対的な関係も継続した。

独立後の南スーダン政府は、南部スーダン政府がそのまま引き継がれたものであり、こうした負の遺産も継承した。その結果、政権党であるスーダン人民解放運動（SPLM）の指導権争いが、二〇一三年一二月に武力衝突へと発展した。SPLMと国軍であるスーダン人民解放軍（SPLA）は、大統領派と元大統領派に分裂し、内戦状態に突入した。北東アフリカの地域機構である政府間開発機構（IGAD）による調停の結果、二〇一五年八月に調印された和平合意によって、いったん内戦は収まったが、二〇一六年四月には再燃している。その結果、二〇一八年五月の時点で、全人口約一二〇〇万人のうち、二四七万人が難民となり、一七四万人が国内避難民になるという人道的危機が継続している。

内戦再燃後も、IGADの仲介による和平交渉は継続し、二〇一八年六月から七月にかけて、スーダン大統領とウガンダ大統領による積極的な仲介のもとで、いくつかの合意が調印された。最終的な和平合意は、二〇一八年九月に開催されたIGADサミットによって承認された。これに基づいて、大統領派と反大統領派のSPLA、およびその他の武装勢力の統合、合意に調印したすべての政治・軍事勢力が参加した暫定政府の樹立などが、数ヵ月以内に実施される予定である。しかし、二〇一八年九月の時点では、南スーダンで平和と安定が実現するのかどうか、見通しは不透明である。

〈栗本英世〉

2——成長する経済の光と影

二〇世紀末のアフリカ経済——停滞と危機

二一世紀前夜、アフリカ経済は新しい危機に瀕していた。一九九〇年代にも経済停滞は続き、一人当たりの平均所得は、さらに低下した。アフリカ諸国の主要輸出品の国際市場での価格は低迷し、複数政党制移行に伴う政治的混乱やいくつかの国での激しい紛争が、経済活動に打撃を与えた。そうしたアフリカの経済危機の帰結のひとつが、対外債務である。まず一九八〇年代の経済の低迷は、輸入を困難にし、各国政府の財政を逼迫させた。

それを補ったのが、援助の一手段としての貸付である。第一六章で見た構造調整政策は、そうした貸付と引き換えに履行すべき政策条件として、アフリカ諸国の政府に求められたのである。日本、ドイツなどは、世界銀行・国際通貨基金（ＩＭＦ）と協調し、一九八〇年代から九〇年代にかけてアフリカ諸国に貸付を行った（日本の援助手段としての貸付を円借款と呼ぶ）。こうしたことも手伝って、一九八〇年に国民総所得の約二三パーセントだったサハラ以南の諸国の累積債務残高は、一九九四年には約七八パーセントにも膨れ上がった。

一九九〇年代には、こうした公的な借り入れの返済期限が次々と訪れ、アフリカの特に貧困な諸国はその支払い負担に苦しめられることになった。冷戦終結によってアフリカの戦略的価値が低下して欧米諸国の援助への意欲が弱まったことも追い討ちをかけた。財政逼迫のなかで、債務返済を迫られたアフリカ諸国の政府は教育や保健などへの支出を切り詰めざるを得なかった。そのしわ寄せを被ったのは、子どもや病気を抱える人々、女性を主たる所得者とする世帯などのまさに弱者だった。援助＝貸付に伴う返済義務が、人々の生活に負の影響をもたらす皮肉な結果となったのである。

こうした中で返済を求め続ける日本などの貸付国には、特に欧米の市民社会やアフリカの識者から厳しい批判が浴びせられた。それに応ずるかたちで、一九九九年にドイツのケルンで開かれた主要先進国首脳会議では、包括的な債務帳消しの枠組み――「拡大重債務貧困国支援スキーム」が打ち出された。

なお、一九九〇年代に日本は、欧米諸国が援助額を抑制していたこともあって、世界最大の援助供与国となり、アフリカへの支援も量的に拡大した。一九九三年から五年ごとに日本政府は「アフリカ開発会議（TICAD）」をアフリカ諸国や国際機関の首脳を招いて開催するようになった。そこでは、アジアの経験の移転、アフリカの周辺化からの脱却、アフリカとアジアなど他の途上国との南南協力が唱えられた。これらを支えるため、日本政府はアフリカへの援助を質量とも拡充することを表明してきた。

貧困削減——援助の方向性の大きな転換

アフリカにおける貧困や経済危機の深刻化は、援助のあり方に大きな反省を迫ることになった。特に構造調整に対しては、政府の役割を縮小し、市場原理を一方的に導入することで人々の生活を困窮させ、不安定にし、長期の産業発展にも有益でないとの批判の声が早くからアフリカの内外で上がっていた。一九九〇年代の状況を受け、構造調整は肝心の経済成長についても期待されるような成果を挙げられず、債務危機につながったことで、軌道修正を迫られた。世界銀行・IMFも、性急な構造調整政策にアフリカ諸国政府の主体的取り組みが得られなかったことを認め、政府の必要最低限の役割を再評価し、貧困への対処を掲げるようになった。

冷戦後の援助への厳しい視線を受けた援助供与諸国の政府は、アジアなどの成長著しい途上国には多額の民間資金が流れ込むようになり、公的な援助が相対的に重要でなくなっているとし、援助の役割はアフリカなどの貧しい国々の、政府こそが担うべき分野の開発支援にあるとして、援助の再定義を行った。そして、構造調整の反省を受け、援助受け入れ国側のオーナーシップ（主体性）を前提としたパートナーシップを強調するようになった。ここで「政府こそが担うべき分野」とは、具体的には市場による供給が期待できない、基礎的な教育や保健など人間開発を意味している。これは、財政逼迫のしわ寄せのために弱者が負の影響を被ってきた分野をむしろ重視することでもあった。

一九九〇年代末、債務救済と並行して、国際援助コミュニティは大きな方向性の転換を行い、構造調整ではなく、人間開発分野における貧困の削減を高く掲げるようになった。債務救済を認める代わりに、アフリカを中心とする重債務貧困国政府は、経済を健全に運営していくとともに、貧困削減を政策の重点とすることを主旨とする「貧困削減戦略」を策定することを義務付けられた。構造調整時代の反省に基づいて、少なくとも建前として「貧困削減戦略」は途上国側のオーナーシップで作られるべきものとされた。

貧困削減への方向性の転換を象徴するものが、世界各国の首脳が集った二〇〇〇年の国連特別総会において採択され、その後具体化された「ミレニアム開発目標」である。ミレニアム開発目標は、二〇一五年までに達成すべき貧困削減目標を掲げた。具体的には、例えば一九九〇年に比べて一日一米ドル（後に一・二五米ドルに修正）未満で暮らす人々や飢餓に苦しむ人々の比率を半減させる、全ての児童が初等教育を修了できるようにする、五歳未満の子どもの死亡率を三分の一に減らす、妊産婦の死亡率を四分の一に減らすなど、人間開発の面での貧困の削減に重点を置いたものである。低い所得や飢餓に加えて、教育水準や健康水準の低さを貧困と位置付け、その削減を国際社会が共有する目標として掲げたのである。ミレニアム開発目標への取り組みで焦点になったのは、これらの貧困問題で他地域と比べて深刻な状況にあるアフリカであった。二一世紀になって、とりわけ西欧諸国の援助はアフリカの低所得国の基礎的な教育や保健にいっそう集中するようになった。

このように方向性が転換されたものの、構造調整の時代にしかれた財政の均衡、市場原理の重視、経済の対外開放、民間企業の主導などは、国際機関や援助供与諸国の基本路線として揺るがなかった。また、民主化に抵抗し人権を抑圧するアフリカの政府に対しては援助が抑制・停止された。アフリカ側の主体性の尊重が唱えられるようになったが、援助を与える側には、援助対象を選び、援助額を決める自由があり、主体性の尊重はあくまでその援助側の考え方や政策の進め方、価値基準に合う範囲内でのことだった。

二一世紀における経済の激動——光と影の交錯

二一世紀になってアフリカ経済は、全体として成長率を大きく上昇させ、それまでのイメージを塗り替えるように大きく変わり始めた。二一世紀になって以降、一人当たりの所得も反転して上昇した。中には、新たな産油国赤道ギニアのように、一九九〇年代から年率二〇パーセント近い驚異的な経済成長を遂げた国もある。こうした経済成長は、第一に石油・天然ガスを含む鉱産物や商品作物の輸出に牽引されていた。特に石油市場に大きな影響を与えた二〇〇三年のイラク戦争開始以降、資源・商品作物ブームが世界を覆うことになった。このブームは二〇〇七年から翌年にかけての短期間の落ち込みを経て二〇一四年ごろまで続き、アフリカの鉱業や商品作物の生産と輸出の拡大を引き起こした。

資源・商品作物ブームの重要な要因は、中国をはじめとする新興国経済の高度成長である。中国は石油等の資源の輸入を急拡大して工業化を進めるとともに、富裕化してきた国民の消費意欲を満たすために農産物輸入を必要とした。つまり、突然のように始まったアフリカの経済成長は、内部の努力よりもこうした外部要因によるところが大きい。

ただ、この経済成長はかなり大きな影響をアフリカ諸国に与えつつある。外貨収入の増加の恩恵に浴した人々の消費が急激に膨張した。そうした消費需要に応えるように、アフリカ各国の都会に、内外の資本によってスーパーマーケットが開かれ、さらに大都会の郊外には、きらびやかなショッピングモールが開設されるようになった。こうした中産階級的な消費生活は、まず都市フォーマル部門で働く人々に及んできた。他方で、そのかたわらの路上やスラムには、経済的にも人間開発の面でも、深刻な状況にある貧困層がその数を増やしながら存在してきたことも忘れられてはならない。

農村部では、輸出作物の生産拡大の機会を捉えることのできた人々が富裕化していく例も見られた。食料価格の高騰は南アフリカの大規模農家などを中心に、生産拡大と生産性上昇をもたらした。また、輸出業者、一部の大企業やスーパーマーケットは、市場で売ることのできる付加価値の高い作物の生産を、特定の農家に発注する、契約栽培に乗り出しつつある。契約栽培は、野菜、果物、生花などの園芸作物、ビールの原料となる大麦など産業向けの原料となる農産物の生産で広がっている。

さらには、土地を大規模に買い占め、商品作物などの生産や木材などの資源の採取に利用しようとする外国系企業も現れた。アフリカの土地は、そこで暮らす人々が、農耕に限らず、放牧や水・木材など生活資源の採取に利用し、複数の多様な権利の対象となっている場合が多い。ところが、アフリカ諸国の広い範囲で、外国系企業が各国政府との交渉を通じて形式的な土地所有権を手に入れるケースが相次いでおり、そうした企業は、在来の人々の権利を顧みずに土地を囲い込んで、人々の生活を危機に陥れているとの批判が広がっている。こうした事態は「土地の収奪」と呼ばれている。

他方で、農村では自然条件やインフラに恵まれず、輸出作物ブームがもたらす機会をつかめない人々も多数存在している。従来から人口密度が高かった東南部アフリカやナイジェリアの農村などでは、人口増加にともなって増えている若年層が農地の配分を受けられなくなりつつある。彼らの一部は都市に移動し、そのなかで十分な教育を受けられていない人々の多くは、都市インフォーマル部門に生計をつなぐ機会を見出している。アフリカの都市人口は膨張を続け、全人口に占める比率は一九九〇年から二〇一四年の間に約二七パーセントから約三七パーセントに上昇している。

このように、アフリカの外からもたらされた経済成長は、機会を得た者と得られなかった者、都市と農村、フォーマル部門とインフォーマル部門などの間に大きな貧富の格差を生み出した。格差は社会内部にとどまらず、輸出を拡大できた国と、紛争と失政に苦しみ輸出を拡大できない国の間にも生まれた。

ただ、二一世紀の社会経済変動には、貧富の壁を超えた側面もある。ICT（情報通信技術）の浸透によって起こされている様々な変化がその一例であろう。その典型が、二〇世紀後半からの、携帯電話の急激な普及である。携帯電話は固定電話と異なり、普及のコストが格段に安い。携帯電話はＩＣＴが生んだ通信大衆化の有力な手段だと言ってよいだろう。広くアフリカ各国で、貧困層や農村住民、さらには牧畜民にまで、携帯電話が普及しつつある。携帯電話のおかげで、通信サービスは、アフリカで最も急速に成長してきた産業となった。

このように、アフリカは、農村でも都市でも、今、光と影が複雑に交錯する場となっている。

アフリカ開発のイニシアティブ

開発をめぐってアフリカ自体が主導権を発揮していこうという試みは、長い経済停滞のなかでは勢いを欠いていたが、二一世紀に、再び息を吹き返した。「アフリカ開発のための新パートナーシップ（ＮＥＰＡＤ）」はその動きが具体化したものであり、南アフリカやセネガルなどの大統領によって提案されたアフリカ全体の開発ビジョンが統合され、最終的にアフリカ連合（ＡＵ）が発足した際に、その正式な開発ビジョンとされたものである。

ＮＥＰＡＤは援助供与国の主導に甘んじてきた過去の反省に基づき、アフリカ諸国自体のイニシアティブにより、アフリカ諸国が互いに協力して開発を進めようとするものである。農業・食料安全保障、気候変動、地域統合とインフラ、人間開発、経済や企業のガバナンスなどを優先的な開発課題としている。同時にミレニアム開発目標を追求することを表明した。それは、構造調整の場合と異なり、アフリカの首脳たちが、援助側の新しい路線である貧困削減の方向性を自発的に共有することを意味した。

ＮＥＰＡＤは国際社会にも広く認知され、例えば、ＴＩＣＡＤに対応した日本のインフラ援助では、ＮＥＰＡＤに基づく諸国間の地域統合強化を念頭に置いた交通網の構築が重点の一つとなっている。また、ＮＥＰＡＤは政治や経済のガバナンスを改善するために、アフリカ各国が相互に検証し合う方式を取り入れた。それは、民主主義、人権、法の支配、反腐敗、健全な経済運営などの価値を、欧米に主導されるのではなく、アフリカ各国が力を合わせて実現していくことを具体的な手段とともに表明したものと言えよう。ただ、実際にはアフリカ諸国にはそれに反する事態が広がっており、依然として欧米援助国の関与や批判を招いている例も多い。

中国の影響と経済成長支援への回帰

二一世紀アフリカの経済の舞台にかつてないアクターがあらわれた。中国をはじめとする新興国である。既に述べたように、中国など新興国の高度成長は資源・商品作物ブームの一因となり、また中国自体が直接石油などの鉱物資源や農産物をアフリカから輸入するようになり、アフリカの外貨収入の増加に貢献した。他方で、中国から安価な工業製品が大量に流入し、アフリカに拠点を置く中国系の企業や個人も目に見えて増えている。同時に、中国政府は、二〇〇〇年から三年に一回「中国・アフリカ協力フォーラム（FOCAC）」を主催し、TICADと同様にアフリカの多くの首脳を招き、並行してアフリカ諸国の政府に対して巨額の貸付を供与し始めた。こうした中国の「援助」の対象は欧米主導の人間開発を中心とした貧困削減とは一線を画し、主に政府施設、会議場などの人目を引く施設、さらには道路を中心とする経済インフラが中心である。中国の貸付の大半は利子率や返済の条件などであまりアフリカに有利でなく、契約者も中国企業に限定される「ひも付き」の支援である。他方で、内政不干渉を前面に掲げ、政治経済上の条件を求めない中国の支援は、欧米のガバナンス面での関与を嫌う国々の政治家にとって好都合だった。そのために、アフリカ諸国はこぞって、増加する外貨収入による楽観的な見通しも手伝い、中国から多額の借り入れを行いつつある。

中国の支援は、特に二〇〇〇年代、経済活動がようやく盛んになり始めたアフリカ諸国にとって、従来の援助供与国が対応できない資金需要をまかない、その道路建設事業などが地方経済の活性化に一役買っている面もある。ただ、その事業や建設された施設には、安全性などの質の面でまだ課題は多い。日本政府は、TICADの場で「質の高いインフラ」支援を打ち出すなどして、中国への対抗意識をあらわにしている。ただ、日本からアフリカへの輸出は、中国の一〇分の一以下にとどまっている。もともと、日本には、所得の低いアフリカの人々のニーズに合った安価な消費財を製造できるような、産業の優位性がないことが主因であり、自動車など一部の製品を除いて、日本製品はアフリカ市場に十分浸透しているとは言えない。

二一世紀のアフリカの経済成長によって、産業構造はより鉱業や輸出作物生産に依存するようになった。他方で、フォーマルな製造業企業については、構造調整以来の対外経済開放の帰結として、中国などからの安価な輸入品に市場を奪われている場合も多い。製造業は全般的に停滞しており、工業が基幹産業になる前に衰退する「負の脱工業化」が生じていると言ってよいだろう。資源や商品作物への依存と合わせて考えれば、アフリカ経済が植民地型に回帰しつつあるとも言える。

他方で、輸出の拡大と経済成長に意を強くしたアフリカ諸国の政府は、「援助よりも投資を」と対外的に呼びかけるようになった。二〇一〇年代に入ると、貧困削減に重きを置いていた欧米諸国も、民間の資金や企業を巻き込んだアフリカとの経済協力を模索し始めている。二〇〇八年や二〇一三年、二〇一六年のＴＩＣＡＤでも、アフリカの経済成長を加速し、民間の経済協力を促進することが議題となった。日本政府は円借款の増額を主要な手段としてそれを支え、自国の企業のアフリカ進出を支援しようとしている。また、二〇一六年のTICADは初めて前回から三年だけおいて、しかもアフリカ(ケニアの首都ナイロビ)で開かれた。これも、中国との競争を意識して、アフリカ支援・進出への積極性をアピールするための対応だったと考えてよいだろう。

打ち続く貧困を超えて——人々が担う経済へ

このような動きにもかかわらず、アフリカの貧困状況は、依然として深刻である。ミレニアム開発目標の達成度では、アフリカが最も立ち遅れている。低所得人口比率の半減を達成できなかった国は多い。初等教育は無償化によって規模の面で拡大し、乳幼児死亡率など健康の指標も改善してはいるが、いずれも当初の目標には届かなかった。

二〇一五年、ミレニアム開発目標は「持続可能な開発目標」へと引き継がれた。同目標は、貧困削減の重要性を再確認するとともに、持続的、包摂的、そして強靱な社会をつくるため、環境問題や不平等など、より多面的な目標を掲げるようになった。その基盤となるのは、教育や健康の面でのさらなる改善の努力であり、増加した外貨収入もできる限りこれらの分野に振り向けられていかなければならない。

外部からの需要に過度に依存しない強靱な経済の構築のために特に重要なのは、地場資本の役割である。在来のフォーマルな製造業企業の退潮が目立つなか、注目されるのは第一六章でも触れたようにインフォーマル部門であろう。経済成長の上昇のなか、フォーマル部門の消費拡大は、インフォーマル部門の経済を活発化させた。携帯電話のインフォーマルな事業での利用も急速に広がっている。携帯電話は、取引の迅速化・円滑化を進め、ネットワークの広がりをもたらしている。ケニアなど東アフリカでは携帯電話での送金サービスが人々の間で急速に広がり、さらに携帯電話を通じて銀行口座まで開設できるサービスが開始され、インフォーマルな事業者を含む普通の人々の利便性を高めている。

大都市のインフォーマルなモノづくり業者は、家具、金属加工品、自動車修理、皮革製品など同一業種で特定の場所に集まって集団（クラスター）を形成し、特にこれらの輸入品と対抗しやすい分野では、大きな集団を形成して事業を活発化している。消費ブームを受けて、インフォーマル事業者の中には、まだ少数だが、次第に組織性を強めて、政府の登録を経てフォーマル企業へ発展する例や外国への輸出を始めるケースも現れている。

都市インフォーマル部門にまして重要なのは、依然として人口の大半が暮らす農村での経済活動だろう。恐らく鍵となるのは、農民の在来の知恵と力を生かし、彼らの教育水準や持てる資源に適合した技術やアイディアの創出である。それが、急速に拡大するアフリカ内の都市の需要と密接に結び付くことが重要だろう。こうした農業の革新は、食用作物の生産で進められる必要があり、実際に大都市の近郊には野菜などの園芸作物の市場向けの小規模生産の勃興が見られる。

徐々に人口増加率の鈍化の兆しはみられるものの、アフリカでは、将来にわたって世界で最も急速に人口が増えていくだろう。それに見合った社会的機会を創出していくためにも、農業や製造業など各分野において、広範な普通の人々自身が担い手となるような、新しい経済活動のあり方が生み出されていかなければならない。そのために依然として課題となるのは、アフリカの人々自身の能力を開発するためのさまざまな次元での営みである。

〈高橋基樹〉

3——アフリカ史を「ジェンダー視点」で切り取る

ジェンダー平等とアフリカ

二一世紀の目標のひとつはジェンダー平等である。ジェンダー平等を推進しようという国際的な動きは、国連総会における一九六七年の「女性に対する差別撤廃宣言」の採択にさかのぼる。これを受け、一九七二年に「国際女性年」が国連総会で決議された。その目標は、男女平等の推進、経済・社会・文化への女性の参加と国際平和への女性の貢献である。一九七五年の「国際女性年」と「国連女性の一〇年」は、この目標の達成をめざして設定された。一九七九年に採択された「国連女性差別撤廃条約」は、こうした一連の動きの集大成であり、二〇一八年現在、アフリカ五四ヵ国が加盟ないし批准している。そして、二〇〇〇年に国連ミレニアム・サミットで採択された「ミレニアム開発目標」（ＭＤＧｓ）には、目標のひとつとして「ジェンダー平等推進と女性の地位向上」が掲げられた。

こうした動きを受け、アフリカ統一機構（ＯＡＵ）は、二〇〇一年に「アフリカ開発のための新パートナーシップ」（ＮＥＰＡＤ）を採択し、具体的に農民女性や女性企業家への優遇策などを提示した。さらに、二〇〇九年にはＯＡＵの後身であるアフリカ連合（ＡＵ）によって「ジェンダー政策」が打ち出され、二〇一〇年からの一〇年を「アフリカ女性の一〇年」と定めている。

しかし、ＭＤＧｓに関する二〇一五年の国連の達成状況に関する報告は、アフリカに限らずジェンダー間の格差はある程度縮小したが、それでも経済・政治領域での差別は続いていると総括している。

女性を取り巻く環境は、世界各地で驚くほど共通している。家父長制的社会構造や男尊女卑は、日本でもつい七〇年前の現実であった。しかも、法的には解決しても、内面化された価値観は残存し続けている。この内面化された価値観が、ジェンダー平等を阻んでいる元凶だとしたら、ジェンダー平等を達成するには、歴史をさかのぼる必要がある。そこで見えてくる「文化」はそれぞれ固有の特徴を持っており、必ずしも世界共通ではない。その歴史を、アフリカにおけるジェンダー関係の歴史的変化の実態を通して具体的に解明する作業は、未来を展望するために欠かせない。ここでは、社会（文化）人類学者や宣教師が書き残した過去の調査報告や歴史文献などからジェンダー関係に歴史的変化を促した契機を読み取ってみることにする。

姉妹交換婚にひそむ「平等社会」の落とし穴

アフリカの諸民族の間で、ジェンダー関係がもっとも平等であると言われているのが、ピグミーやサンなどの狩猟採集民族である。コンゴ民主共和国東北部の森林に住むエフェ・ピグミーについて、生態人類学者の寺嶋秀明は、狩猟採集社会は一般に平等主義とよばれている行動様式が特徴となっているが、エフェも例外ではない、いわゆる権力者はおらず、すべての共同体の成員が発言権と拒否権を持ち、この平等性は「男女間にも浸透している」、夫婦は基本的に対等と考えられており、公共の場でも男女の発言権は平等であり、家庭のなかでも「家長」といった権威は存在しないと報告している。

さて、このエフェ社会で、寺嶋が唯一男性中心の慣行として挙げているのが「姉妹交換婚」である。姉妹交換婚とは、ある男性が妻を娶《めと》る際、自分の姉妹（イトコもマタイトコも含まれる）のひとりを妻の兄弟のひとりに嫁がせる、という形態である。その際、姉妹が納得することが条件となっている。それでも、嫁いだ女性が逃げたり、若くして死亡したり、はては駆け落ちする、といった想定外の事態が起こりうる。そうした場合でも、交換の義務がなくなったわけではなく、その埋め合わせを将来に先送りすることで問題を解決しているのだという。そうすることによって集団間のバランスが回復されることになる。寺嶋が、エフェ社会の中で、この交換婚で交換されるのが「女性」であり、「男性」ではない点のみがジェンダー的にみれば不平等であるというゆえんである。

このエフェの姉妹交換婚に変化をもたらしてきた要因として、寺嶋は、ベルギー植民地下でのキリスト教ミッションやプランテーションでの労役や蜂蜜販売による現金収入、最近では近隣農耕民との接触による物質文化の普及による婚資婚の展開を指摘している。婚資とは、夫方が妻方に支払う財貨（鍋や鍬、あるいは現金など）であり、婚姻の成立に欠かせない要件である。こうした経済状況の変化によって、交換婚がうまくいかないが婚資は支払えるというエフェの男性にとって、婚資婚が交換婚の代替方法として浮上したのである。婚資が調達できない男性は、近隣の農耕民からそれらを提供してもらうという新しい慣行も展開した。その際、返礼としてエフェに課されたのが、生まれた長女を養女として農耕民に差し出すという義務である。しかし、エフェと農耕民との間には親族のような絆が育まれており、決して人身売買のような意味合いはなく、自然に受け入れられているという。問題は、女性の流れがエフェから農耕民へという一方通行であることだと寺嶋は指摘する。寺嶋はこの展開の行く末については言及していない。しかし、婚姻形態の変容は、ジェンダー秩序を含むエフェの集団原理自体にも影響を及ぼしかねない契機のひとつであることは間違いないだろう。

ところで、ナイジェリアやカメルーンの北部には、同様な姉妹交換婚を行ってきた焼畑農耕を生業とする少数民族が存在し、イギリス人の社会人類学者C・K・ミークによる調査研究記録が残っている。その報告の中でミークは、植民地政府が一九二一年に姉妹交換婚を禁止する以前に多くの少数民族がこの慣行を止めてしまっていたという事実に言及している。その理由として、ミークは、女性が結婚相手を自分で選びたいと考えるようになったからだというある長老の言葉を紹介している。つまり、集団の原理で強制的に交換される形態の結婚からの解放を女性自身が望んだというのである。長老は一貫して、集団にとっての交換婚の安定性を高く評価するが、やがて、それに反対する女性への理解も示し始めたという。女性の主体的な選択が婚姻の慣行を変えた事例として注目できる。

母系から父系への移行――持たざる男性の「自立」

一夫多妻制を実施している社会には、血統や相続の系譜を父系でたどる社会と母系でたどる社会の他に、その両方が併存している社会がある。

結論から言えば、妻方居住の婚姻形態が優先する母系社会では、夫方居住の父系社会より女性に有利なさまざまな慣行が存在する。視点を変えれば、母系社会では、男性がかなりの忍耐と隷従を強いられてきたと言ってよい。ここでの問題は、母系社会が、男性に有利な父系社会へと移行してきたという歴史的経緯である。いったいどのような契機によって、母系社会が父系社会へと移行したのか。いくつかの事例を紹介しよう。

一九三〇年代にイギリス保護領下のシエラレオネの農耕民メンデ社会の一夫多妻の実態を調査したE・H・クロスビーは、論文の冒頭で「メンデ社会は、夫方居住と妻方居住が混在しているが、今では夫方居住が優勢である」と記している。一九三〇年代のメンデ社会は、まさに妻方居住が消滅寸前の状況にあったのだ。この変化は「メンデ社会の経済的な発展の結果、富を蓄えた家族が出現し、婚資による労働奉仕の代替が起こった」ことによって生じている、とクロスビーは記している。労働奉仕とは、男性が女性の家族に支払う婚資のかわりに義父母の畑で行う労働提供のことであり、母系社会に多くみられる慣行である。男性が複数の妻を娶ることにブレーキをかける効果があったこの慣行が婚資によって代替できるようになったということは、母系社会の男性が、財を蓄えれば一夫多妻を実践できるようになることを意味する。

また、母系の慣行が植民地政府の介入によって変化した事例もある。たとえば、メンデ社会と同様、母系と父系が混在していたケニア沿岸部のドゥルマ社会では、開発の阻害要因になっているとして、一九六一年、植民地政府が母系相続を禁止している（浜本、二〇一四）。

さらに最近の政府による近代化政策によって母系社会が揺らいでいる事例も紹介しておこう。離婚が多いザンビアのベンバ社会の事例である。政府は、焼畑農法で自給用のシコクビエを生産している地域を対象に、換金作物である化学肥料を使ったハイブリッド種トウモロコシの栽培を奨励したのである。その結果、それまで狩猟や行商による現金収入を担い、ほとんど農耕に従事していなかった男性が、この新しい農業に参入し、女性が担っていた自給用のシコクビエ生産は、手痛い打撃を被ることとなった。一方、トウモロコシ栽培で成功した男性は、逆に離婚した女性世帯の労働力を雇うことによって、ますます収益を上げているという（杉山、一九九六）。その結果、妻の実家での一〇年以上にわたる労働奉仕を義務づけられてきた男性が、労働奉仕の代わりに婚資婚を選択することは目に見えている。これが、他の地域で見られたように、一夫多妻を可能にし、いずれはベンバ社会の父系化が進むことにつながらないという保証はない。

「女の知恵」による男社会への挑戦

ここでは、女性たちが、独自の意思と戦術をもって相互に連帯し、いかに自分たちの経済的・社会的な地位を高めてきたかを社会人類学の立場から考察した小馬《こんま》徹による農牧民キプシギス（ケニア）の事例を紹介しよう。

小馬によれば、キプシギスの女性の戦略には二本の軸があるという。ひとつは、女性同士による家畜の貸借ネットワーク、もう一つは自助組合である。前者は、植民地下で行われた牛牧キャンプの廃絶を契機とした「女の知恵」、後者は、伝統的な性別分業を梃子にした独立後の「女の知恵」である。もう少し説明を加えよう。

牛牧キャンプは、かつて女性が立ち入ることができない男性領域だった。それが植民地政府の政策によって廃絶されたことにより、各世帯が牛を囲い込むようになる。その結果、女性も牧畜に参入できるようになり、夫に隠れて家畜貸借のネットワークを構築し、自分の財産を保全・増殖しはじめたというわけである。一方で、女性たちはそうした蓄財を元手に自助組合活動を展開し、蓄えた資金で学校や教会の事業を援助し、伝統的な「老人支配」を徐々に突き崩し、若者（男性）が村落の意思決定機関に登場する回路をつくっているという。小馬は、こうした戦略は、夫の権力に従う振りをしながら、それを逆手にとることによって夫を操る、というキプシギスの女性が伝統的に受け継いできた「女の知恵」が深くかかわっていると考察している。

アフリカに独特な「女性婚」（女性が「夫」というジェンダーに移行して妻を得る慣習婚。同性愛とは異なるとされている）は、父系社会のさまざまな抑圧や制約から女性を解放してきた婚姻形態であるが、これも「女の知恵」の脈絡に位置づけてよいだろう。

専業主婦の出現

文化人類学的研究の先駆者のひとりである端《はた》信行は、独立後のカメルーンの国勢調査の妻の項目に、「トラディショナル・ワイフ」と「ハウス・ワイフ」という選択肢があることを紹介している。政府が、「ハウス・ワイフ」という新しいライフスタイルを近代化の指標として捉えていたことは間違いないだろう。給与生活者の妻になることがあこがれであったことを示している。

その具体的な事例を紹介しよう。社会人類学者K・L・リトルによる一九四〇年代のシエラレオネの事例である。ヨーロッパ戦線やビルマ戦線にアフリカ人兵士が送り込まれた第二次世界大戦中のこと、海外へ出兵した兵士の妻に、「戦時手当」が支払われたのである。すでに交易や商業による現金収入を手にする女性が生まれていたが、戦時手当という労働とは無関係な収入を手にすることは、女性たちにとって新しい経験だった。妻のなかには、妹やイトコを兵士の妻として地区の長官に届け出て収入を倍増させたり、この機に婚資を返却して離婚し、兵士と再婚したりする女性が登場した。それを見て、定期的な現金収入に惹きつけられ、月給や週給が得られる職業の男性との結婚を望む女性が増えていく。それにともない、妻を得るために都市部での賃労働に従事する男性が増加したという。一方、すでに結婚していた女性の中には、定期的な収入を自給農業や家事労働の対価として夫に請求する妻も現れた。その結果、それまでのジェンダー秩序が揺らいだことは、記録に残る五〇〇件の裁判のうち約二〇パーセントが離婚にともなう婚資の返還などの婚姻に関する裁判だったことが証明しているという。

専業主婦と給与生活者というこのライフスタイルは、世界のどの地域でも産業化にともなって出現した。日本も例外ではない。その際、専業主婦が夫の少ない給料に苦労する状況の展開も共通している。

性別分業の変化と反植民地闘争

労働領域におけるジェンダー平等の観点からみれば、相互補完的な性別分業を厳格に守ってきた社会の多いアフリカで、その変化がいかなる影響をもたらしたかは、アフリカのジェンダー史にとっての重要なテーマである。

歴史研究者タデウス・サンセリは、ドイツ領東アフリカ（現在のタンザニア）のザラモ社会において、性別分業が破壊され、それによるジェンダー秩序の混乱がマジマジ反乱（一九〇五〜〇七年）の引き金になった経緯を明らかにしている。簡単に紹介しよう

性別分業の変化は、綿花農場での強制労働やポーターや鉄道建設での賃労働のために男性が農村を離れたことにあった。ザラモの農業システムは、きわめて複雑な性別分業に依存し、それに基づいて開墾や植えつけや収穫が行われていたという。たとえば、森林を近くに控えた農地を、イボイノシシや象の被害から守るのは男性の仕事だった。その上、植民地政府は環境を破壊するとして焼畑や森林への立ち入りや野獣の駆逐を禁止した。経済環境を破壊されて困窮したのは女性たちである。やむなく女性たちは性別分業の境界を越えて男性の領域に進出しはじめる。すでに植民地行政の末端に組み込まれていた村長は、それによって権威を著しく低下させた。サンセリは、村長が、この権威を取り戻そうとしてマジマジ反乱に参入したことをさまざまな記録から実証したのである。反乱が鎮圧されたのちも、男性の出稼ぎは続き、女性たちはさらに男性のみが利用できた川沿いの肥沃な土地での農耕に参入してゆく。こうして、既存のジェンダー秩序は大きく変化したという

のである。このように、サンセリ論文は、ジェンダー視点を導入することによって、「ドイツの支配に抵抗した村長」という従来の説に疑問を投げかけている。

ところで、国家権力の介入によって性別分業の相互補完性が崩されたもう一つの事例を、ボツワナのカラハリ砂漠に住む狩猟採集民サンの社会にみることができる。ボツワナ政府の定住化政策である。食料援助や効率のよい騎馬猟が導入され、女性の採集活動の価値が低下するとともに、弓矢猟より効率のよい騎馬猟による収穫量の増加が男性に現金収入をもたらしたからである。それによって、階層的な男女の差異はみられず、さまざまな儀礼で行われる行為も男女対称か、さもなければ男女がともに参加する「平等社会」であったサンの社会のジェンダー間の不平等化が進展しているという（今村、二〇一〇）。

民族解放運動と『女性憲章』

南アフリカ（以下南アと略記）では、アパルトヘイトという抑圧体制と闘う中で芽生えたジェンダー平等をめざす女性たちの主体的な取り組みが展開した。その取り組みを具体的な要求としてまとめたのが、一九五四年に南アフリカ女性連盟の創立大会で採択された連盟の基本方針『女性憲章』である。創立大会には、南アフリカ連邦の各地に住む二三万人の女性を代表して、約一五〇人の女性が参加した。その多くは、二〜三年間小学校に通っただけの女性であったが、労働組合運動の経験を通して、さまざまな問題意識を共有するようになっていた。この大会には、白人、インド人、カラード、アフリカ人中産階級の女性も参加しており、『女性憲章』は、アパルトヘイトの廃絶と女性の地位向上を目指して起草されている。

憲章の冒頭では、「女性の地位は、文明度を測るものさしであり、南アは文明化した国の中では低レベルにとどまっている」との認識がまず示される。次に、女性に過酷な労働を強いている元凶である人種や階級格差との闘いへの決意が表明されている。続いて、働く女性の現状、女性を未成年の地位にとどめている法律、男性と平等な地位と権利を獲得するための女性教育の必要性などに言及した後、八項目にわたる要求を掲げている。その中には、同一労働・同一賃金、妊産婦の施設や保育所、福祉クリニックの要求など、女性の労働を保障するための要求項目が並んでいる（モニカ・セハス、二〇〇六）。

国連のジェンダー平等という二一世紀の目標を先取りしている感のあるこの『女性憲章』は、しかし、きわめて西欧的なジェンダー・パラダイムにのっとっており、これまで述べてきたようなミクロレベルのジェンダー関係のアフリカ的展望を示しているわけではない。

慣習法を支えている共同体原理と西欧の価値観を体現している憲法や近代法との緊張関

係をどのように調整していくかは、二一世紀のジェンダー秩序を展望するにあたっての重要な課題であり、それはアフリカだけに限らない。

内戦とジェンダー

一九八〇年代のフェミニズム運動と九〇年代の政治の民主化は、ジェンダー秩序への新たな展望を開いたものの、一方で政治の民主化が男性の権力闘争を誘発し、二〇世紀から二一世紀にかけて各地で内戦が勃発、国連の推定だけでも五〇万人をはるかに超える女性が性暴力の犠牲となったのは、悲劇としか言いようがない。

そうした内戦の中で、極度の恐怖と凄惨な性暴力を生き抜いた女性たちにとっての光明は、多くの女性が兵士となり、戦後女性の地位を大きく変革した一九七五〜九一年のエチオピア内戦（眞城百華、二〇一七）と、内戦後、選挙で選ばれたアフリカ初の女性大統領が内戦後の二〇〇五年にリベリアで誕生したこと、その大統領が初めて公の場で「レイプ」について発言したことである。さらにルワンダのジェンダー平等指数が世界ランク上位に入ったことは、内戦で男性人口が減少したことにもよるが、女性の政治参加を積極的に後押しする意識が、内戦を経て男性の方にも芽生え始めている証左である。ルワンダでは、その後、次々に女性や子供を保護する条例や法律が出されている。これらの事例は「内戦」という非日常がジェンダー秩序を確実に変化させた事例である。

ところで、組織における女性の比率が三〇パーセントを超えると「変化」が起きるというテーゼがある。アフリカのみならず、世界中の女性がそれを願っている。それを達成した暁《あかつき》に期待される「変化」がどの方向に向かうのか。それは、二一世紀におけるジェンダー秩序の新しい展望を切り開く試金石となるにちがいない。

二一世紀の国連の「ジェンダー平等」に向けての掛け声は、たしかにアフリカにまで届いている。しかし、それは近代セクターに身を置く政府関係者と一握りのエリート層にとどまっている。そこから除外された多くの人びとにまでは届いていない。この二元化された集団間にいかに橋をかけるかが、もうひとつの二一世紀の課題なのかもしれない。その際、一九三〇年代の宣教師や社会人類学徒がいみじくも述べているように、外部からの介入——独立後、それは政府やエリートを通して行われている——は傲慢なひとりよがりの行為であり、変化はアフリカ社会の草の根から起きてこそ根付くものである。

ジェンダー関係の変化の契機となった歴史的経緯は、他にも多々ある。いや、あらゆる歴史的変化は、ジェンダー関係に影響を与えていると言ってよい。アフリカ史に関しても、それらを再構築し、マクロレベルの歴史にどうつなげていくか、あるいは、マクロレベルの歴史過程への分析にジェンダー視点をいかに取り込むかが今、問われている。

〈富永智津子〉

4——ポスト・アパルトヘイト時代の南アフリカ

アパルトヘイトの時代には、「南アフリカ特殊論」が有力だった。この国には白人の住民がたくさんいて、ショッピングモールや住宅地の光景はまるでヨーロッパのようだった。昔の米国南部を思わせる厳しい人種隔離が強制されていた。工業もインフラも先進国並みに発展していた。こうした組み合わせは、アフリカではこの国でしか見られなかった。アフリカ研究者のなかにも、「南アフリカだって？　あそこはアフリカじゃないよ」と公言する人がいたものだ。

しかし、時代は変わった。アパルトヘイトが撤廃され、黒人多数派の政府が樹立されたことで、南アフリカは着実にアフリカの一部になりつつある。都心では白人住民があまり目立たなくなり、黒人エリートがベンツやBMWを乗り回すようになった。そして、他のアフリカ諸国から移民や難民が押し寄せるようになった。南アフリカの企業は、かつては経済制裁の対象としてボイコットを受けていたが、今ではアフリカ各地で活発にビジネスを展開している。

南アフリカは、アフリカ大陸の面積の四・一パーセント、人口の四・七パーセントを占めるにすぎないが、ＰＰＰ（購買力平価）によるＧＤＰ（国内総生産）は一二・六パーセントを占めており、一人当たりＧＤＰは、アフリカ平均の四八二六ドルに対して一万二八五六ドルに達している（いずれも二〇一四年）。さらに南アフリカは、産業技術力や金融力、そして外交力や紛争調停力でも群を抜いた存在感を示している。南アフリカはもはや「アフリカの敵」ではない。この国がアフリカの政治と経済にどのように建設的に関与するかによって、大陸全体の未来の進路が大きく左右されることになるだろう。

マンデラ時代の終わり

南アフリカはアフリカの一部になりつつある。が、現代の南アフリカの政治には、他の多くのアフリカ諸国とは異なる特徴がひとつある。それは独裁者が出にくい制度になっていることだ。ネルソン・マンデラ釈放後の多党間交渉のプロセスを経て一九九六年に国会で採択された新憲法では、大統領の任期は五年で、最大で二期までとなっている。強い権限をもつ憲法裁判所もある。ただし、大統領は国会で選ばれるので、国民というより、国会の多数派を占める与党内部での人望が問われることになる。

一九一二年の結成から一世紀近くにわたって解放運動を率いてきたＡＮＣ（アフリカ民族

会議）は、黒人多数派の間で歴史的な正統性を有しており、その与党の地位は当面は揺るがないだろう。しかし、アパルトヘイトを知らない新世代が南アフリカ国民の多数派を占めるようになれば、ＡＮＣの支持率が五割を切ることもありうる。「ポスト・アパルトヘイト」時代が終わり、この国が普通の「南アフリカという国」になるのは、そのときかもしれない。

黒人からも白人からも、南アフリカ国民の圧倒的な支持を受けたマンデラについては、すでに第一二章で述べたほか、数多くの書物が書かれているので、ここで詳しく記述する必要はあるまい。マンデラは二七年間の獄中生活を経て釈放され、ＡＮＣを率いて白人政府との交渉にのぞみ、一九九四年には民主政府初の黒人大統領に就任した。農村の伝統的首長を思わせる威厳とコンセンサスの政治、そして都市的な洗練を兼ね備えたマンデラは、「南アフリカの国父」として敬愛される存在となった。

二〇一三年にマンデラが亡くなった直後、彼は一九六二年に逮捕された時点で南アフリカ共産党の党員だったことが公表された。マンデラ大統領のキーワードは「和解」である。相手の肌の色や立場が何であれ、誰とでも率直に意見を交わし、正直な人物かどうかを見抜き、ひとたび信頼した相手のことは絶対に裏切らない。人間には肌の色の他に大切な要素があることを、南アフリカの人々はマンデラから学んだ。こうしたマンデラの行動スタイルは、彼が三〇代、四〇代の頃、インド系、白人（とりわけユダヤ人）、カラードの多人種の同志たちとともに、命をかけてアパルトヘイトと闘った経験のなかで形成されたものである。

しかし、新体制をめぐる交渉の際、マンデラが率いたＡＮＣ、および南アフリカ共産党は、国有化と富の再分配を推進する路線を棚上げし、富裕層の財産権を擁護する新自由主義的な市場経済を導入することを容認した。とりわけ、ＡＮＣの側が中央銀行の独立性を受け入れたことは、シンボリックな意味をもっていたとされる（ナオミ・クライン『ショック・ドクトリン』岩波書店、上巻、第一〇章）。経済政策に関する取り決めは一九九〇年代前半の秘密交渉の結果なので、そこでの議論の真相はよくわかっていない。

一九九〇年代には冷戦体制が崩壊し、ＡＮＣは東側ブロックの支援を当てにすることができなくなっていた。さらに、南アフリカの白人権力は軍事力と警察力を掌握し続けていた。新体制への移行にあたってＡＮＣの選択肢が限られていたことは事実であり、ソビエト連邦の路線に近かった共産主義者の多くが自信を喪失していたとも伝えられている。マンデラたちは罠にはまったのだろうか。それとも戦略的な妥協を行ったのだろうか。評価はまだ定まっていない。

新自由主義的アフリカニズム？

全国民的に慕われていたマンデラ大統領の後を継ぐのは、どんな政治家でも大変な重圧だったはずである。マンデラは在任中から、大統領の実務の大部分をターボ・ムベキ副大統領に委ねていた。一九九九年にマンデラが一期で潔く引退すると、予想通り、ムベキがANC党首として大統領に就任した。こうして政権の連続性が確保された。

ムベキは、学生時代にANCの活動に活発に関与した後、一九六二年に亡命し、イギリスのサセックス大学で経済学を学んだ。他のANCの主流派の同志たちはソ連・東欧と近かったが、活動家としてのムベキは、スカンジナビア諸国の社会民主主義勢力との関係を深めていった。西側諸国と共通の言語で対話できる知的な素養が、ポスト冷戦時代、ムベキをANCの指導的な地位に押し上げたのだろう。

ムベキ大統領はマクロ経済のバランスを重視し、民間経済の活力を導入しながら、南アフリカの経済成長を追求しようとした。マンデラ大統領時代の初期には、南アフリカ政府は、住宅建設など貧困層向けのインフラ開発を重視するRDP（復興開発計画）という政策プログラムを掲げていた。しかし、一九九六年、ムベキ副大統領のもとでRDPは事実上棚上げされ、財政均衡と投資受け入れ環境の整備を重視する政策文書GEAR（成長、雇用、再分配）が採択された。新自由主義路線が明確に宣言されたのである。

大統領に就任したムベキはGEAR路線を推し進め、国外からの直接投資を受け入れて平均四パーセントの経済成長率を維持すると同時に、BEE（黒人経済力強化政策）によって黒人中産階級の育成につとめた。公務員だけでなく民間企業でも黒人が幹部に登用され、「ブラック・ダイヤモンド」と呼ばれる新興富裕層が存在感を増した。しかし、底辺層の生活は改善せず、黒人の失業率は四〇パーセント水準で高止まりした。「雇用なき成長」のパターンが定着することで、黒人多数派内部の不平等が拡大していく。所得不平等の指標にジニ係数がある（全世帯の所得が同一の完全平等社会ではゼロ、王様が全所得を独占する完全不平等社会では一となる）。各国のジニ係数は、スウェーデンが〇・二七（二〇一二年）、日本が〇・三二（二〇〇八年）、米国が〇・四一（二〇一三年）、ブラジルが〇・五二（二〇一四年）だが、南アフリカは〇・六三（二〇一一年）に達しており、世界最悪の数値である（世界銀行データ）。

国内では貧富の格差を拡大させる新自由主義路線を推進する一方で、ムベキ大統領は世界の舞台でアフリカの地位を向上させようと志した。アフリカが直面する問題をアフリカ人自身が主体的に解決していくキー概念として、ムベキは「アフリカ・ルネサンス」を呼びかけた。これは、二一世紀にパン・アフリカニズムの再興を目指す野心的な文化運動であり、AU（アフリカ連合）が二〇〇一年に呼びかけた開発目標NEPAD（アフリカ開発のための新パートナーシップ）を補強するものだった。

政治家としてのムベキ大統領の指導力を大いに傷つけたのは、エイズ問題に関する奇妙な態度である。ムベキは、貧困がエイズの原因だという立場に固執するだけでなく、エイズがウィルスによって発症することまで疑問視し、エイズ治療薬の普及を妨害する態度をとった。ムベキの姿勢は、ＡＮＣの支持基盤だった市民運動を含めて、内外から大きな批判を浴びた。

南アフリカの与党は、ＡＮＣと共産党とＣＯＳＡＴＵ（南アフリカ労働組合会議）の三者連合で構成される。共産党とＣＯＳＡＴＵの活動家はＡＮＣにも加入しており、選挙になるとＡＮＣのための集票活動を展開する。ムベキ大統領が二期目に入ると、共産党とＣＯＳＡＴＵに率いられた左派勢力は、ムベキの経済政策があまりにも「右寄り」だとして反発を強め、与党内部で多数派工作を開始した。ムベキは二〇〇七年にＡＮＣ党首を解任され、二〇〇八年には大統領も辞職した。カレマ・モトランテ大統領を経て、二〇〇九年になると、ジェイコブ・ズマ大統領の本格政権が発足することになる。

階級分化とポピュリズムの時代

南アフリカの内外のマスコミは、ズマ大統領は一夫多妻の伝統主義者で、反白人の人種主義者であるという批判を展開したが、ズマが貧困家庭の出身で満足に学校にも通えなかったことは、黒人庶民には好意的に受け止められた。ズマは共産党とCOSATUの支持を受けてANC党首と大統領の座を射止めた。経済政策に関して言えば、ムベキ大統領が「右」だとすれば、ズマ大統領は「左」に舵を切ったはずだった。

ところが、二〇一二年、主流派の労働組合が下層労働者の側に立っていることを疑わせるような、衝撃的な事件が起きた。プラチナ鉱山大手のロンミンが経営するマリカナ鉱山では、労働争議が深刻化していた。下層労働者の組合が「戦わないCOSATU」を批判し、賃上げを求めてストライキに入ったが、丘に集まった労働者を警官隊が包囲し、無抵抗の労働者三四名を射殺したのである。アパルトヘイト時代のシャープビル虐殺事件を思わせる惨劇であった。二〇一四年には、COSATUは左派の全国金属労働者組合を組織から追放した。労働運動は大きな再編期を迎えている。

ムベキ時代の末期に始まったゼノフォビア（外国人排斥）問題も深刻である。隣国ジンバブエからの難民の流入を背景に、二〇〇八年には南アフリカの黒人が他のアフリカ諸国からの黒人移民を襲撃する事件が頻発し、各地で計六二名が殺害された。その後も散発的な襲撃が続き、二〇一五年にはズマ大統領のお膝元のクワズール・ナタール州で外国人襲撃が広がった。排外主義を地下で組織する動きがある一方で、街頭でゼノフォビアに反対する大衆デモが組織されるという南アフリカの状況は、同時代の欧州の状況ともよく似ている。

南アフリカの与党ANCは、一九九四年以降、国政選挙では一貫して六〇〜七〇パーセントの票を獲得してきた。しかし近年では、野党の側に変化が起きてきている。ANCの「右」では、野党第一党のDA（民主同盟）が、アパルトヘイト時代の与党国民党の支持者を取り込みつつ、支持基盤を拡大している。歴代の党首は白人の自由主義者だったが、二〇一五年から敬虔なキリスト教徒の黒人政治家ムシ・マイマネ（一九八〇年生まれ）が党首となり、徐々に党の印象を変えつつある。

ANCの「左」では、二〇一三年にANCから分裂したEFF（経済自由の戦士）が勢力を伸ばし、二〇一四年の総選挙では野党第二党になった。EFFの党首はANC青年同盟議長だったジュリアス・マレマ（一九八一年生まれ）である。EFFの議員たちは国会にはおそろいの「つなぎ」の制服と赤いベレー帽で登場し、白人資本家を罵倒し、鉱山の国有化を求め、若い黒人有権者たちの喝采を浴びている。さらには、学生運動も活発化してきている。名門ケープタウン大学では帝国主義者セシル・ローズの巨大な座像を撤去させる運動が広がり、二〇一五年に勝利を収めた。その後、多くのキャンパスで学費値上げ反対などの運動が拡大し、時には暴力的な衝突も起きている。

二〇一七年一二月のANC全国大会では、シリル・ラマポーサがズマを僅差で破ってANC議長に選ばれ、一八年二月には大統領に就任した。黒人意識運動を経て労働運動で頭角を現したラマポーサは、マンデラ釈放後の多政党交渉をまとめ上げた後、金融界に転出していた。CEO型の政治家としての手腕には定評があるが、南アフリカ社会の歪みを抜本的に是正できるかどうかは、わからない。

南アフリカとアフリカの未来

ここまで、ポスト・アパルトヘイト時代の南アフリカの政治プロセスを素描してきた。今後の政府の舵取りによっては、ANC政権の交代も含めて、南アフリカ政治は重大な局面を迎えるだろう。しかし、一九九四年からの二〇年間で、構図はかなり明確になってきたように思われる。それは、「既成左翼」を包み込む与党ANCが、右の「穏健な自由主義者」と左の「怒れる若者」に挟み撃ちされる構図である。ズマ政権で汚職スキャンダルが拡大したことで、解放運動時代の輝かしいANCを知らない若者たち、とりわけ都市圏の黒人中産階級の有権者たちは、選挙でDAやEFFに投票するようになってきた。他方、政治に幻滅した失業者たちは、そもそも投票所に行かなくなった。国政選挙の投票率は、一九九四年の八六パーセントから二〇一四年には五七パーセントに低下している。対決の構図は、もはや白人か黒人かではない。黒人内部の貧富の格差が、おそらく現代南アフリカの最大の問題である。

南アフリカの未来を占うにあたっては、隣国ジンバブエの土地占拠運動が大きな意味をもつ。ジンバブエでは、一九八〇年の解放の後も広大な土地が白人農場主に所有されていた。二〇〇〇年、解放運動の元ゲリラ兵士が中心になって、これらの白人農場を占拠して黒人農民の再入植を進める運動が始まると、ジンバブエ政治は大動乱の時代を迎えた。ロバート・ムガベ大統領は土地占拠運動を支持すると同時に野党に激しい弾圧を加え、旧宗主国イギリスなど西側諸国から厳しく非難された。

しかし、南アフリカでは（他のアフリカ諸国もそうだが）、「人道」と「民主主義」を振りかざす西側先進国の論調に同調する黒人指導者はじつは少数派である。左派とは距離を置いていたムベキ大統領でさえ、西側が制裁対象にしている「独裁者ムガベ」を正面から批判することを避けた。そこには、土地占拠前のジンバブエと同様、南アフリカにおいても広大な白人農場が残っており、土地改革が遅々として進まないという事情がある。これから二〇〇〇年代のジンバブエのような超法規的な急進改革が南アフリカに伝染するシナリオも、ありえないことではない。

南アフリカ社会の最大の問題は、「農村が存在しない」ことかもしれない。アパルトヘイトの時代、黒人の農民たちは白人政府によって土地を取り上げられ、不毛の地に追放された。一九世紀末から二〇世紀末の一〇〇年間を通じて、家族で自活できる黒人農家はほぼ一掃されてしまったのである（アセモグル／ロビンソン『国家はなぜ衰退するのか』早川書房、下巻、第九章）。他のアフリカ諸国であれば、都市で仕事が見つからなくても、出身地の農村に帰れば、たいていは何とか自活できるものだ。ところが南アフリカでは、ドロップアウトした若者たちには行き場がない。南アフリカの大都市圏の犯罪率がすさまじく高い背景のひとつには、こうした故郷喪失状況がある。ＣＯＳＡＴＵのような主流の労働組合も、失業者に対しては概して冷たい。

南アフリカの対外関係に目を転じると、とりわけズマ政権になって、ＡＮＣ政府が最大の貿易相手国である中国への接近を強めたことに留意すべきだろう。二〇一五年一二月には、中国・アフリカ協力フォーラム（ＦＯＣＡＣ）がヨハネスブルクで盛大に開催されて注目を集めた。南アフリカには、ＢＲＩＣＳ諸国（ブラジル・ロシア・インド・中国・南アフリカ）の一角としての外交的な存在感がある。南の国々の連合体において、南アフリカは、アフリカを代表する位置につこうとしている。

今日の南アフリカ社会の強みのひとつは、経済力や政治力だけでなく、市民社会の活力が見られることだ。どちらかといえば、南アフリカのテレビは政府寄りである反面、新聞は白人富裕層の読者に配慮した政府批判が目立つが、週刊紙『メイル&ガーディアン』などの一部マスメディアは強力な取材力と分析力を誇っている。一方批判に晒される政治家たちはジャーナリストに丸裸にされて、打たれ強くなっている。交響楽団がタウンシップ(アパルトヘイト時代の黒人居住区)でコンサートを行い、才能のある奏者の卵を黒人の子供たちからリクルートするような「出来事」が起きるのも、南アフリカらしい。この地でアフリカとヨーロッパの文化が対等に融合することになれば、文明史的にみるときわめて実験的で新しい状況が生まれるだろう。

アフリカ諸国はそれぞれ個性的であり、地域大国の南アフリカが長兄として振る舞おうとしても、容認しない。南アフリカはゼノフォビア的な体質を克服し、アフリカの一部として、大陸全体の持続可能な発展と不平等の克服に貢献していくことができるだろうか。この国の真価が問われるのは、これからである。

〈峯陽一〉

5——環境・感染症問題

砂漠化の実態

一般に環境問題といえば、森林破壊、生物多様性の減退、土壌浸食、大気や水の汚染などを指す。急速な経済成長を見せるアフリカでは、都市化がもたらした膨大なゴミをどのように処理するのかという難問はあるにせよ、製造業がそれほど盛んではないために工場が排出する煙や廃液による化学的な環境汚染はまだあまり深刻な問題となっていない。アフリカが直面しているもっとも深刻な環境問題は、砂漠化とそれにともなう土地の疲弊や野生生物種の減少であろう。砂漠化とは、おもに人間活動によって植生が破壊され不毛化していく現象であって、いわゆる「砂漠」の拡大だけを指すのではない。半世紀前のアフリカには、乾いた草原から湿潤な熱帯雨林のそれぞれの生態環境のなかで、資源を巧みに利用した豊かな暮らしがあった。しかし、人口が増加し経済活動が活発化したことで環境の再生と消費のバランスが崩れ急速に自然資源が失われていった。

植民地時代、アフリカの貴重な野生生物を保全しようとする気運が高まり、一九二五年のビルンガ国立公園（現在のコンゴ民主共和国）を皮切りに、アフリカ各地に国立公園や自然保護区が設置されていった（もっともそこで暮らすアフリカ人住民の権利や生活の保障などについて植民地政府が考慮することはなかった）。植生や土壌環境については、山稜や斜面地、河畔の利用を規制して土壌浸食を抑えようとする動きはあったものの、行政が土地の利用方法に干渉するようになったのはそれほど古いことではない。アフリカにおける砂漠の拡大が気候変動や飢餓と結びつけられるなか、国連は一九七七年にナイロビで国際砂漠化防止会議を開催した。このとき砂漠化の要因として矢面に立たされたのが焼畑や放牧に代表されるアフリカ在来の生業様式であった。環境劣化の規模からして、在来の農耕や牧畜だけが砂漠化を引き起こしたわけではないだろうが、急速に人口が増加し生活スタイルが大きく変化するなかで、自然の再生力だけに依存した生産様式が植生を劣化させる一因になっていたことは否めない。

在来の生業が砂漠化を加速させる一つの要因であったとしても、そのシステムに大きな欠陥があったわけではない。さまざまな外部要因の変化によって生態資源の再生と利用のバランスが乱れていたにもかかわらず、生産システムがそれにうまく対応できなかったことに問題があった。以下では、そうした外部要因の変化の諸相を取り上げながら生業システムと環境劣化の関係をみていくことにする。

アフリカでは国家の電力系統がおよばない地域が今も大半を占めているが、ソーラーパネルの普及によって携帯電話が使えない農村はほとんどなくなったと言ってよい。農産物の取引はもとより、日用品の購入や医療・教育費などの支払いにも携帯電話の送金システムが使われるようになっている。携帯電話の普及は農村の暮らしを市場経済に巻き込み、住宅は物流や移動に便利な道路の近くに集中し、農地はそこから外延的に拡大している。衛星画像を見ても、近年における地方都市の面的な拡大は顕著であり、そこから放射状に延びる道路に沿って林が失われ、人口密度の高い集落周辺に裸地が広がっているのがわかる。これはアフリカ大陸のあらゆる地域で見られる共通の現象である。衛星画像では手つかずに見える原野も、じつは最近の土地制度改革によって細かく分割され私有地として保有されていることが多い。狭い土地での焼畑耕作は木々に再生の暇を与えず、林の劣化、土壌の浸食、土地の疲弊、生産性の低下、そしてさらなる林の開墾という悪循環を引き起こしていった。

二〇〇〇年以降、地方分権化の流れに後押しされて各地で地方都市が成長するのにともない、遠い大都市に持っていかなければ売れなかった生鮮野菜や季節の林産物が農民たちの新たな収入源となっていった。都会の住宅には、調理用の熱源に煙が出ない木炭、電気クッカーやガスコンロの使用を前提として、屋内に調理場をもつタイプが多い。これら熱源のうち、安価でマメなどの煮込み料理にも適した熱源が木炭であり、都市人口の増加はそのまま木炭需要の増加につながっていった。林さえあればどこでも炭焼きはできるので、木炭需要の増大は人の住んでいない山奥の林をまたたくまに裸にしていった。また、富裕層や企業が広大な土地を買い占め、現地の労働力を使って大農場を開墾するケースも増えてきた。化学肥料や除草剤を使う商業的な農業では、有機物による地力維持は軽視され、林の再生はますます看過されるようになっている。

アフリカの半乾燥地域には種子で繁殖する樹種のほかに、根茎（栄養体）からの萌芽によって繁殖する樹種も多い。焼畑では基本的に土を深く耕さないので、根茎からの再生を妨げることはないが、トラクタで耕作するために木の根が抜き取られて林は草地化していった。乾燥地・半乾燥地の草原では毎年のように野火や砂嵐が稚樹の生育を妨げ、また数メートルに生長しても燃材として刈り取られてしまう。植物の覆いを失った大地は叩きつける豪雨に浸食されて、樹木の再生はいよいよ難しくなっていく。二〇一〇年のＦＡＯ（国際連合食料農業機関）の統計資料によれば、アフリカでは毎年三四〇万ヘクタールの森林が消失しているという。アフリカの砂漠化には上述したようなさまざまな社会経済的な要因が複雑に絡んでいることを考えれば、この驚異的な数字を減らすためには地域の生態や経済を考慮するだけではなく、マクロ経済をも視野に入れた総合的な取り組みを急ぐ必要がある。

野生動物の減少と新興感染症

森林の減少にともなって野生動物も数を減らし、絶滅の危機に瀕しているものも少なくない。植生が保たれているからといって必ずしも野生動物が棲息しているとは限らず、動物がほとんどいない空洞化した森林も増えている（Redford 1992）。食肉需要の増加は世界的な傾向でアフリカもその例外ではない。森林地帯では野生動物が盛んに捕獲され、その肉は住民にたんぱく質を供給するとともに、貴重な現金収入源ともなってきたのである(Nasi et al. 2007)。狩猟方法も多様化・近代化し、弓矢、槍、伝統的な罠猟をはじめ、動物を無差別に捕らえるワイヤー猟、樹上の哺乳類・鳥類を捕らえる散弾銃、ときには内戦の結果、安価かつ大量に出回るようになった自動小銃によって大型哺乳類が乱獲されることもある。サバンナやウッドランドでは、狩猟に加えて家畜の増加が動物の棲息圏を圧迫していて、そこでも野生動物が急速に姿を消している。野生動物は、植物の花粉や種子を運ぶ役割を担っており、運搬者がいなくなることで植生分布にも影響をおよぼしているにちがいない。そして、こうした動物相の変化が、近ごろ世間を騒がせている新興感染症の出現とも関係しているのであろう。

野生動物が大量にいた時代には、捕らえやすく、肉が多くておいしいウシ目やネズミ目の動物がハンティングの主な対象であった。しかし、こうしたよい獲物が減っていくなかで、ハンターたちはそれまであまり狙わなかった動物も積極的に捕らえて食べ、余剰はローカルな市場で売られるようになっていった。人間と接する機会があまりなかった野生動物が新興感染症の病原体を持っていたとしても不思議はない。こうした動物も古くから食べられていただろうし、新興感染症を引き起こす病原体も昔から存在していたのだろうが、近年になって生態環境や食習慣が変化して病原体を持つような野生生物に触れる機会が増えたことで、新しい感染症の発症事例が多発したと考えられる。

感染症は、ウィルス、細菌、真菌、原虫、寄生虫などの病原体が人の体内に入り込んで引き起こす疾患のことで、アフリカでは今も感染症で命を落とす者が少なくない（嶋田2014）。感染症には、季節性インフルエンザやノロウィルスのようにもともと微生物の感染サイクルにヒトが含まれる「ヒト由来ウィルス感染症」と、本来は人体には存在しなかった微生物による「動物由来感染症」がある（西條2015）。動物由来感染（不顕性感染）症は人獣共通感染症とも呼ばれ、その病原体は動物自体には不顕性で病気を起こさないが、人体に入り込むとそれに対する免疫反応で体に変調をきたす。ウィルスの研究はこの半世紀の間に急速に進歩して新たな感染症が次々と発見されたが、そうした新興感染症の大半が動物由来感染症なのである。二〇一四〜一五年にアフリカ中部から西アフリカ地域で猛威を振るい、制御不能な死の病として世界を震撼させたエボラ出血熱も、感染源はエボラウィルスに感染している何らかの野生動物（自然宿主）と考えられている（高田2015）。

エボラ出血熱は、アフリカ中部のスーダン（現在の南スーダン）で初めてその存在が確認された一九七六年以来、コンゴ民主共和国（旧ザイール）や南スーダンなどで二〇回以上も小規模な流行と自然終息を繰り返してきた。二〇一四年にシエラレオネ・リベリア・ギニアの国境付近の農村で発生したエボラも当初はすぐに自然終息すると思われていた。ところが、地方都市に感染が飛び火するとまたたく間にこの三ヵ国内全域に拡散し、結局一万一〇〇〇人以上の犠牲者を出す大惨事になってしまった。エボラ出血熱を引き起こすウィルスは五種類あることが確認されていて、西アフリカで流行したのはそのなかでもっとも病原性が高く、致死率も高い「ザイールエボラウィルス」であった。強い毒性を持っていたことが多くの犠牲者を出した疫学的な要因であったが、交通網が発達し都市と農村のあいだで人の往来が盛んになっていたことがウィルスの急速な拡散を許した社会的要因であった。

感染症の拡大は集団の規模と密接な関係がある（山本 2015）。小さな集団にエボラウィルスが入ってきて感染が広がると、何人かは亡くなるかもしれない。しかし、なかには回復する人もいて、そうした人たちはもうそのウィルスには感染しない。ウィルスは生きた細胞に入り込んで急速に増殖するものの、ウィルス自身は単独で増殖できないので、集団内に免疫をもつ人が増えるとウィルスは行き場を失って自然消滅していく。しかし、地方都市の成長や交通網の発達した社会は、ウィルスにとって免疫をもたない新鮮な感染先を次々と獲得できる格好の増殖環境だったのである。

人口が増えた現代アフリカで感染症の流行を抑えるには治療薬やワクチンの開発も必要

なのであろうが、宿主であるヒトが弱毒性の病原体と共生していく可能性もある（山本2011）。たとえば、病原性ウィルスは宿主への適応が不完全な段階において、宿主から受ける淘汰に耐えるために体内での総量を高いレベルに維持しようとする。その結果として宿主に病気が発症するのだが、病気によって宿主が減ることはウィルスの生存にとって好ましくない。そのため、宿主とウィルスが適応していく過程で、ウィルスは弱毒化して宿主と安定的な関係を築いていくようになるというのである。弱毒ウィルスと共生的な関係を築いた集団は感染症に対して抵抗力を有しているといってよい。エボラウィルスを自然界で保持してきた野生動物を特定しようとする研究も進められているが、それは病原体を根絶することが目的ではない。こうした動物の研究をとおして治療法の手がかりを探り、またその野生動物の生態を知ることでそれとの接し方を制御してエボラウィルスが人間社会に入り込む機会を減らす方策を立てようとするものである。こうした動きは、被害を最小限に抑えながら病原体と共存することが、結局は病気の発生を抑える最善策だという考えに依拠している。

人と自然の距離

感染症は家畜にとっても深刻な問題であり、それが人獣共通感染症でなくても、家畜感染症の流行は地域経済や人命をも脅かす深刻な事態を招く。私は二〇一一年にタンザニアの農村で、アフリカ豚コレラ（African Swine Fever）の大規模な流行に遭遇した。東アフリカにおける養豚の歴史はそれほど古くない（Blench 2000）が、ブタは飼いやすく、肉がうまく、成長が早いので、ここ二〇年ほどのあいだに急速に普及した。

東アフリカの代表的な家畜といえばウシ・ヤギ・ヒツジであり、飼育方法は原野での放牧を基本的なスタイルとしている。一方、ブタは雑食性で、残飯、トウモロコシの糠《ぬか》、ヒマワリ油の絞りかすなどのエサを与えて豚舎の中で飼うのが一般的だが、貧しい農村ではこうした生活ゴミすらほとんど出てこないので、ブタは集落のなかで放し飼いにされてきた。エサを求めて歩きまわるうち、バナナ、タロ、キャッサバといった多年生作物を食い荒らすようになり、ときには子犬やニワトリまでも襲って食べることもある。現金収入を求めて多くの農家がブタを飼い、頭数が増えるのにともなって食害が深刻化していった。天候不順などによって穀物がとれない年の非常用食料でもあった多年生作物は栽培できなくなって食の安定性が損なわれ、ブタはエサを求めて林のなかに行動域を広げていった。アフリカのサバンナや森林には数種の野生イノシシが棲息していて、ときどき田畑を荒らしに人里に現れる。これら野生のイノシシは、アフリカ豚コレラウィルスに感染しているが病気は発症しない、いわゆる不顕性感染していて、それとの直接的な接触、あるいはダニを介してウィルスがブタに伝染するとされている。致死率が高く、治療方法がない、きわめて危険な家畜感染症である。

二〇一一年にマラウイから国境を越えて入ってきたアフリカ豚コレラは、凄まじい勢いでタンザニア南部の諸州に広がり、養豚は壊滅的な被害を受けた。私が調査している小さな村でも毎日数十頭のブタが死んでいった。タンザニア政府はブタの移動・売買をすべて禁止したためブタは商品価値を失ってしまった。ラジオを通じてヒトへの感染は否定されていたので、農家は病気が発症するとすぐに自分のブタを処分し燻製などに加工していった。一つの村で飼われていた数百頭ものブタがわずか二週間ほどのあいだに姿を消した。まれに不顕性感染するブタもいるという報告もあり、わずかに生き残ったブタにウィルスが温存され、それが感染源となって大流行が繰り返されているのかもしれない。感染ルートの詳細はまだほとんど解明されていない。

ブタを失った人々は、林を開いて炭を焼き、そこに農地を拡大して減収を補塡していった。そして、この惨事の数年後には、何事もなかったかのようにまたブタの親子が隊列を組んで村の中を歩き回っていた。しかしこのブタたちも、二〇一七年に再び大流行したアフリカ豚コレラによってほぼ全滅してしまった。病気が流行するたびに家畜と感染症の関係はリセットされ、そして共存関係が芽生えないまま大規模な環境破壊が繰り返されているのである。感染症への泥縄式の対応は、温暖化のような地球規模の環境問題に加担するだけではなく、感染症や気候変動に対して脆弱な社会を温存することにもなるのである。

現在、世界における森林の減少はアフリカと南米によるものである。アフリカにおける森林破壊は、急速な人口増加や市場経済の流れのなかで資源の利用と再生のバランスが崩れたことによる。従来の生業様式を踏襲するだけで環境を復元するのは難しい。自然に対する在来の知恵に学びつつ、外部の知識や技術を応用しながらアフリカ各地で自然と共存できる新しい生業のかたちを創っていく必要がある。エボラ出血熱やアフリカ豚コレラの流行は「自然」に近づきすぎた人への警鐘として捉えることができるだろう。しかしそれは、自然を遠ざけるという意味ではない。変動する社会のなかで、人と自然がどのような距離を保ち、どのような関係を築いていくべきなのかを、われわれは繰り返される感染症との闘いのなかから見出していかなければならない。

〈伊谷樹一〉

第一八章　アフリカの未来

これまでアフリカ社会の歴史を駆け足で通観してきた。そこではアフリカの大地で生を営んできた人々の自律的な歴史を作る力と、アフリカが外世界と積極的に交流してきた姿を描いてきた。ヨーロッパ世界からの暴力的介入以降の五〇〇年間、アフリカはつねに「劣った」存在とみなされ、そこに「歴史はない」と断定されてきた。こうした「世界史」を支配してきた歪みをただし、アフリカの姿を正面からとらえようとしてきた本書の締めくくりとして、二一世紀の人類史のなかのアフリカを考えたい。

1――アフリカ潜在力：紛争解決のためのもう一つの回路

成長の光と影

「改訂新版にあたって」で述べたように、二一世紀のアフリカは、二〇世紀末の絶望の時代から大きく成長と発展へと舵を切った。各地で新たに発見され発掘されはじめた石油や豊富な天然資源は、欧米のみならず日本、中国、インドなどから大量の資本をひきつけ、一部の国では年率一〇パーセント近い高度成長を遂げた。こうした成長は、アフリカ社会ではこれまで少数派であった中間層を一挙に膨張させていった。多国籍企業やそれと連合するローカル企業で働くビジネス・パーソンの数は急増し、教員や技師などの専門職につくアフリカ人の数も倍加した。さらには多くの国で開設された証券市場や高騰を続ける土地・建物の不動産市場は、「持てる者」の富をいっそう巨大化していった。都市の主人公は、白人ビジネスマンから、自家用車をもち、郊外に高級アパートや豪奢《ごうしゃ》な一戸建て住宅を所有するアフリカ人中間層・富裕層へと移行したようにもみえる。

ただその一方で、大都市周縁部には「スラム地区」が雨後の筍《たけのこ》のように誕生し、以前から存在したスラムはますます巨大化していった。そこでは仕事につけず、子供も満足に学校に通えない、その日暮らしの最底辺都市民が滞留している。二〇年前までは彼らを支えることがなんとかできていた農村は、すでに人口増による耕地不足で自給体制は崩壊しつつあり、都市に流入し不安定な生活を余儀なくされている家族メンバーに依存しているのである。彼らは自分たちの暮らしと生存を、日雇いや路上の商売などのインフォーマルな世界に頼って日々を生き抜いている。

このようなぎりぎりの生を営んでいる人々が最も恐れているのは、これまでの歴史のなかで頻繁に、そして突発的に生じる「暴力的衝突」である。こうした「衝突」の最悪のものは、一九九四年の四月から七月までのわずか三ヵ月で数十万の死者と二〇〇万人近い難民を出したルワンダのジェノサイドや、二〇〇八年一月に教会に避難したひとびとを、敵対する民族が教会ごと焼き殺したケニアの「選挙後暴力」など、枚挙にいとまがない。日常生活を送っている普通の人々が民族の違いや宗教の違いを理由に、互いに殺し殺されることは理不尽の極致だろう。二一世紀のアフリカ社会をみるとき、ひとは「なぜ、アフリカではこのような紛争が間断なく続くのだろうか」と問いかけるに違いない。さらにまたこうした理不尽な暴力で引き裂かれた社会はどのようにして修復され、傷つけられた正義はどのようにして回復されるのだろうかとも問うだろう。無限の復讐の連鎖はいったいどのようにして断ち切ることができるのだろう。

その答えは、欧米からの援助や教育のなかではなく、アフリカ社会が自ら創り出してきた知恵と仕組みのなかにあるというのが本書の立場である。それがアフリカ社会の問題解決のための潜在力（アフリカ潜在力）という視点である。民族紛争に呻吟してきたアフリカ社会は、実のところ、多文化・多民族を共生させる潜在的な力を備えたその分野の先進社会であり、私たちは二一世紀の世界に生きる知恵として、アフリカからそれを学ぶことが必要なのである。

近代市民社会の紛争処理の方法

近代市民社会における紛争解決の方法は、「法と法廷」によるものであった。法に違反した加害者を警察などが拘束し、法廷でその罪を裁き、有罪であればその個人を処罰する。アフリカで生起した「最悪の衝突」もこれによって裁かれてきた。たとえばルワンダのジェノサイドの場合、大量殺戮を命じたり示唆した高位の将軍や政治家が、「人道に対する罪」で拘束され、国連安保理がタンザニアのアルーシャに設置した国際刑事裁判所で罪を問われ有罪の判決を受けている。こうした「当たり前」の解決方法でアフリカの紛争が解決できるかといえば、それはむずかしい。なぜなら、アフリカの衝突は、個人としての加害者、個人としての被害者という構図ではなく、集団的な構図で起きることが多く、しかも被害側と加害側がつねに立場が入れ替わったり、入れ子状になったりしているために、「真犯人」を断定することは困難である。さらにこの方法が問題なのは、加害側に立った人々は、多くの場合、元のコミュニティに復帰するが、そこで被害者と加害者がともに共生できる仕組みが全く用意されていない点だ。一時的に加害者を処罰したとしても、両者が共に生きることで切り裂かれた社会を癒すことは目的とされていないのである。

しかしアフリカ社会は、こうした修復も含めた紛争対処法、言い換えると多民族共生の知恵と作法を創り上げてきた。このことは決して、伝統的な方法を賛美しそれへの回帰を主張しているのではない。近現代史の中で、アフリカ社会は、異質な知恵や制度と出会いそれらと伝統的な慣習を創意工夫を凝らしてつなぎ合わせて新たな作法を創造しているのである。その「アフリカ潜在力」を次からみていくことにしよう。

紛争予防の知恵

まず紛争自体が起こらないように予防する知恵をアフリカ社会は編み出していた。もっともよく知られているのは、日常行動における「回避文化」の活用である。これは、社会的に緊張関係にあるカテゴリーに属する個人が、日常的な生活場面で直接顔を合わせることを避ける文化慣習を、現代の紛争予防に応用するものだ。そもそも接触しなければ、そこに衝突は生じないという伝統的知恵の活用は、微細な紛争予防には有効である。より深刻な現代の紛争予防の場面では、柔軟でユニークな自警団文化が機能している。これはケニアの「選挙後暴動（二〇〇七～〇八年）」のさい、ナイロビのほとんどすべてのスラム地区が放火と略奪・暴行の洗礼をあびるなかで、これまで最も「暴力的衝突」が起きていた地区で、まったく衝突が起きなかった事例である。その地区では、スラムの住人が、民族の違い、大家・店子《たなこ》の違いを乗り越え共同で、自発的に生活防衛隊を組織し紛争予防に貢献した。そこでは、かつてＮＰＯが研修した「コミュニティ・ポリシング」の技術と、各民族ごとの年齢組文化、さらには夜警経験者のマニュアルなどが融合されて新たな予防文化を創り上げていた。

紛争拡大の抑制の仕組み

いったん紛争・衝突が勃発すると、それが一挙にエスカレートしないように、拡大を抑制する巧妙な仕組みもアフリカ社会は用意している。民族間の武力紛争は、たいていの場合、二つの民族に属する個人間の些細な衝突に端を発して、両民族集団全体の対立・攻撃にエスカレートしていく。こうした対立の拡大を防ぐためには、衝突・対立を局所化する仕掛けがある。たとえば、両民族のなかに同じクラン（氏族）を作ったり、一つの民族のクランと同盟関係にあるクランをもう一つの民族集団のなかに創り出したりする文化である。同じクランは先祖をともにする兄弟であるから、両者が殺戮しあうことは文化的に許容されない。また同盟関係にあるクラン同士は互いに攻撃することはなく、一方が攻撃される場合は、それと連合して共同戦線をはるので、民族をあげて別の民族と対立するという、全面対立は必然的に回避される。

これ以外にもユニークなのは、民族的帰属の変更や、一人の人間が複数の民族に同時に帰属する多重帰属の仕組みがある。たとえば私たちの社会で、「今日から大和民族をやめて朝鮮民族になる」とか、「私は大和民族でありアイヌ民族であり朝鮮民族でもある」ということは想定できない。なぜなら民族帰属は基本的には、単一で固定されており絶対的なものとされているからだ。しかしアフリカ社会の民族編成はこれとは全く異なる、柔軟で多元的なアイデンティティを前提にしたものである。このような民族変更や多重帰属が頻繁に起きている社会では、異なる民族の中に自分と同じ一族がおおく見出せる。彼らは移住を繰り返すことで、拡散しているのである。このような状態では、二つの民族の成員同士の局所的な衝突が民族間の全面的な衝突や戦争にまで拡大することはありえない。血のつながった一族同士が殺戮しあうことは文化的に許されないからだ。このように衝突の拡大を抑制する仕組みは、アフリカ社会のあちこちに埋め込まれているのである。

停戦と和解のための知恵

戦闘の継続をひとまず停止させ次の和平ステップにつなげていくためには、当事者や調停者が一堂に会する必要がある。通常の紛争解決の手順では、こうした和平交渉は延々と腹の探り合いをつづけながら、外部の第三者の仲介のもとで妥協するのが常だが、アフリカ社会では、当事者同士が全く異質な立場を言い募りながら、外部の権威などを借りずに合意を得る術を備えている。たとえばケニアのインド洋岸の町で起こる民族・宗教対立のケースでは、それぞれ異なる宗教的観念に沿って平和を説くキリスト教とイスラームの宗教指導者、それに加えて近代的な市民の権利を掲げたNGO、さらには異質なものを受容する民俗慣行を主張する、地域社会で暮らす異なる民族集団の長老たちが一堂に会して、それぞれの主張を切り貼りしながらまとめあげ暴力停止の和平フォーラムを作り上げた。ほかにも、南アフリカのダーバンで人種や民族、性別、世代を問わずに自由でとりとめのないおしゃべり（パラベール）を通して、自由で越境的な共同性をもつフォーラムが創り出され、それを基点として公的住居の獲得を目指すアバラリ共同体運動が誕生し、「下からの」問題解決のための合意が形成された。まったく異質な主張や多様な集団と個人が、「パラベール」によってひとつの場を共有できることもまた、アフリカ社会の持つ紛争解決の潜在力なのである。

正義回復と社会修復の技法

紛争解決の最終段階は、理不尽な暴力によって侵された正義を回復し、それと同時に加害者と被害者が共生できるように社会を修復する段階である。この段階は、加害者を特定し法と法廷によって訴追・処罰し社会から隔離するという近代市民社会が編み出した紛争(暴力的衝突)解決法が十分に想定していないものであり、アフリカ社会の知恵が最もよく表れているといえるだろう。この段階がうまく機能しない限り、本当の意味での紛争解決には至らないことは疑いない。これまでの紛争処理が、加害者の拘禁・処罰・隔離によって「解決」とされたものの、その後も憎悪と復讐の連鎖を断ち切ることができなかったことで、アフリカ社会の持つ紛争解決の潜在力に対する可能性にスポットライトがあたることになった。

さまざまな紛争を解決する現場において、アフリカ社会は二つの原則にしたがって多種多様な方策を創造してきた。二つの原則とは、一つは「癒しと共生」の原則であり、処罰ではなく加害者受容を優先する。それは犯罪者、加害者個人に罪を負わせるのでなく、加害者を再び共同体に受容するための社会的手続きに創意工夫を凝らす。もう一つは「真実の複数性」の原則であり、近代の法と法廷が採用してきた物証に支えられた唯一の真実よりも和解の追求を優先する。物的証拠に裏付けられた唯一絶対の真実とはまったく別種の、交渉・折衝によって変異する真実に基づく集合的判定を重視するのである。こうしたアフリカ的な正義回復と社会修復の事例は、一九九〇年代のルワンダにおけるジェノサイドへの対処や、同じく一九九〇年代にネルソン・マンデラ大統領の就任で終止符が打たれた南アフリカのアパルトヘイト体制の清算の過程に見出すことができる。

昨日まで隣人として暮らしていたフツ系のルワンダ人とツチ系のルワンダ人が、突如、相互に対立し一方が他方を絶滅させるまで殺戮を続け、全国民の一割近くが犠牲になり、三割近くが故郷を離れて難民になった社会で、犠牲者の被害回復や相互の間の社会的和解と共生をいかにして達成しようとしたのだろうか。またアパルトヘイト体制下では、長期間にわたる組織的で重大な人権侵害（拷問、監禁、暴行、虐殺等）が国家の治安機関によって合法的に実行され夥《おびただ》しい数のアフリカ人の犠牲者が生まれていた。こうした深く切り裂かれた南アフリカ社会において、黒人犠牲者の正義を回復し、白人と黒人がともに南アフリカ国民として一つの社会のなかで共生することを一体どのようにして可能にしたのだろうか。二つのケースで実験的に実施されたアフリカ的原則に沿った解決法についてみてみよう。

ルワンダで行われた紛争処理

伝統的なアフリカ社会において、あるコミュニティ内部で殺人や暴力事件などが起きた場合、それぞれのコミュニティがもつ慣習的な村落法廷（コミュニティの長老を中心にした村のオープンスペース）に集まり、自由に参加できる村人の前で自分の主張を述べ、長老と村人たちの議論を経て問題を解決してきた。そのさい、加害者個人を拘束したり処罰したりするやり方が用いられることはほとんどなく、加害者の一族と被害者の一族の代表による交渉・折衝によって、一方の集団がもう一方の集団に、家畜や金銭などの賠償を支払うことで解決するケースが多かった。加害者がそのコミュニティから排除されることは稀で、その後も継続して隣人として社会生活を営むことが認められてきた。こうした隔離（拘禁）と除去（処罰）などをともなわない、アフリカ社会が編み出してきた紛争解決の知恵と制度を、現代社会のジェノサイドのような「犯罪」に対しても活用しようという実験が、ルワンダにおいては試みられたのである。そこでは、ジェノサイドの政治的軍事的な最高責任者に対しては、近代市民社会の定番解決法である、法と法廷による加害者処罰を適用し、国連の主導のもとで開設された国際刑事裁判所で裁くことにし、他方でそれ以外の夥しい数の虐殺・暴行の実行者に対してはアフリカ的原則に沿った解決法を適用した。

もちろん現実的に、一〇万人を超える加害容疑者を収容する刑務所も、それを処理する司法能力も限界があることが、アフリカ的解決法を採用した一要因であったことは間違いない。しかし、復讐の暴力の無限連鎖をたちきり、未来に向けた社会の融和をはかるために、伝統的なコミュニティ法廷であるガチャチャの現代的再創造がはかられたのである。ガチャチャは、ルワンダの行政単位の末端である一〇〇〇人規模のコミュニティをベースにして組織される。各ガチャチャは、住民から選任された長老（村の賢者）九人を裁判官として、ジェノサイドの実行者を裁くことになった。

二〇〇一年にルワンダ政府によって公式に法制度化された翌年には二五万〜二六万人のコミュニティ法廷の裁判官候補者を選出し、全国八〇〇〇ヵ所で設置されるガチャチャを通してコミュニティレベルの正義回復と社会修復が実験されたのである。この国家が主導し方向付けをした「上から」の伝統的司法の現代的再生については、後述する南アフリカの真実和解委員会同様、厳しい批判や疑問が提出されているものの、従来の欧米流の正義回復とは異なる、アフリカ（非欧米世界）の地域社会が育んできた知恵を活用しようという方向性自体は、二一世紀の人類社会にとって有意義なものとなるだろう。

南アフリカのアパルトヘイト体制の清算に対しても、欧米流の「法と法廷」による加害者処罰とは異なる手法が採用された。それは、過去の事実を公平に解明し、真実を確認することによって、赦《ゆる》し、和解、補償を導く真実委員会あるいは真実和解委員会方式と呼ばれるもので、アフリカ以外でも南米（ボリビア、アルゼンチン、ウルグアイ）や東ティモールなどでも導入されているものだ。こうした傾向は、近代市民社会の定番の紛争解決法である、「法と法廷」による解決法自体に社会的な癒し能力が基本的に欠如していることも大きな理由となっている。ただ南アフリカで実験された真実和解委員会（ＴＲＣ）には、それまでの他地域のＴＲＣと大きく異なっている点がある。それがアフリカ的な紛争解決の潜在力とつながっているのである。それは、被害者、加害者の生の記憶と語りを全面的に肯定するという姿勢である。これまでの紛争を解決する場として機能してきた法廷において最も重要なのは、事実を証明する物的証拠であり、被害者の主観的で個人的な思いや感情の吐露は重視されないどころか、むしろ逆に排斥されることが常識だった。

ところが南アのＴＲＣにおいては、アフリカ社会が伝統的に採用してきた、人々の前での自由なおしゃべり（語り）の力を徹底的に重視したのである。ＴＲＣ最終報告書のなかには、「個人的かつ口述された真実」という項目があり、そこではこれまでつねに「沈黙」させられてきた声なき人々が、「主観的経験についての語りによって真実を創造する過程」が、ＴＲＣの核心であることが強調されている。

このＴＲＣにおいては、二種類の真実があるということはよく指摘されている。一つは、顕微鏡型の真実であり、もう一つは対話型の真実である。顕微鏡型の真実は、客観的で検証可能な事実、文書化され証明されるような事実がみちびきだす真実であるのに対して、対話型の真実は、社会的に生成され、相互作用や対話、討論を通じて形成される経験がみちびきだす真実である。対話型の真実に価値をおく世界においては、その対話のプロセスを通して、共同体の癒しと和解がもたらされる。それによって一人ひとりの人間にとって深いところで紛争の解決がはかられるというのである。法廷にたよらずに解決しようと試みた南アのＴＲＣについては、今日、批判的検討を迫る論議も少なくない。しかしながら、こうした厳しい限界と批判を考慮してもなお、南アのＴＲＣが試みた先鋭的な意義ははかりしれない。それは、「法廷空間」を通じた、真実探求と紛争解決とはまったく異なる可能性を提示した点であり、それこそがアフリカの紛争解決の潜在力の一端を示しているからである。

民族や文化にもとづいた対立・紛争が頻発する二一世紀のアフリカ社会は、こうしてみると、じつは多民族・多文化共生と和解を模索する実験場であり、そのための有効な知恵と制度を創り出しつつある先進社会でもあった。それはたしかに、現代社会が採用してきた紛争解決を支えてきた制度や思考とは異なる次元（発想）の対処法を指し示すものであり、異なる集団同士がその差異を固定化、絶対化せず、対話によって新たな共同性を構築しながら共住の場を生成していく挑戦でもあった。この点こそが、今日、アフリカ社会から世界が学ぶべきもっとも重要なもののひとつといえるだろう。

〈松田素二〉

2――二一世紀アフリカの文化戦略：たたかいの場としての言語

世界経済の最後のフロンティア、未来の二〇億人市場、未曾有の資源大陸として、いま世界中から「アフリカ・ビジネス」が脚光を浴びている。政治的には、常任理事国入りのために、日本政府が国連加盟の五四ヵ国の支持の取り付けに熱心なことも知られていよう。

では、アフリカとアフリカ人への人間的・文化的関心となるとどうだろうか。この問いに、にわかに対応できる日本人は少ないのではないか。たとえば、アフリカに住む人々の歴史や文化、その人間的価値を知るために、どれか一つでもアフリカの言語を学びたいと考えるような日本人は、それほど多くいないのではないか。欧米先進国への関心であれば、ごく普通に見られる志向が、アフリカの場合には、なぜか違った回路をとるようだ。ところがアフリカでは、言語こそがこれからの文化戦略のキーファクターで、文化的再生（アフリカ・ルネサンス）のための「たたかい」の中枢に位置すると考える識者が多い。

一九八六年、アフリカ統一機構（ＯＡＵ、現在のアフリカ連合ＡＵの前身）は、「言語行動計画」を掲げ、「言語は、一民族の文化の核心にある。アフリカの諸民族の文化の発展、経

アフリカの主な言語

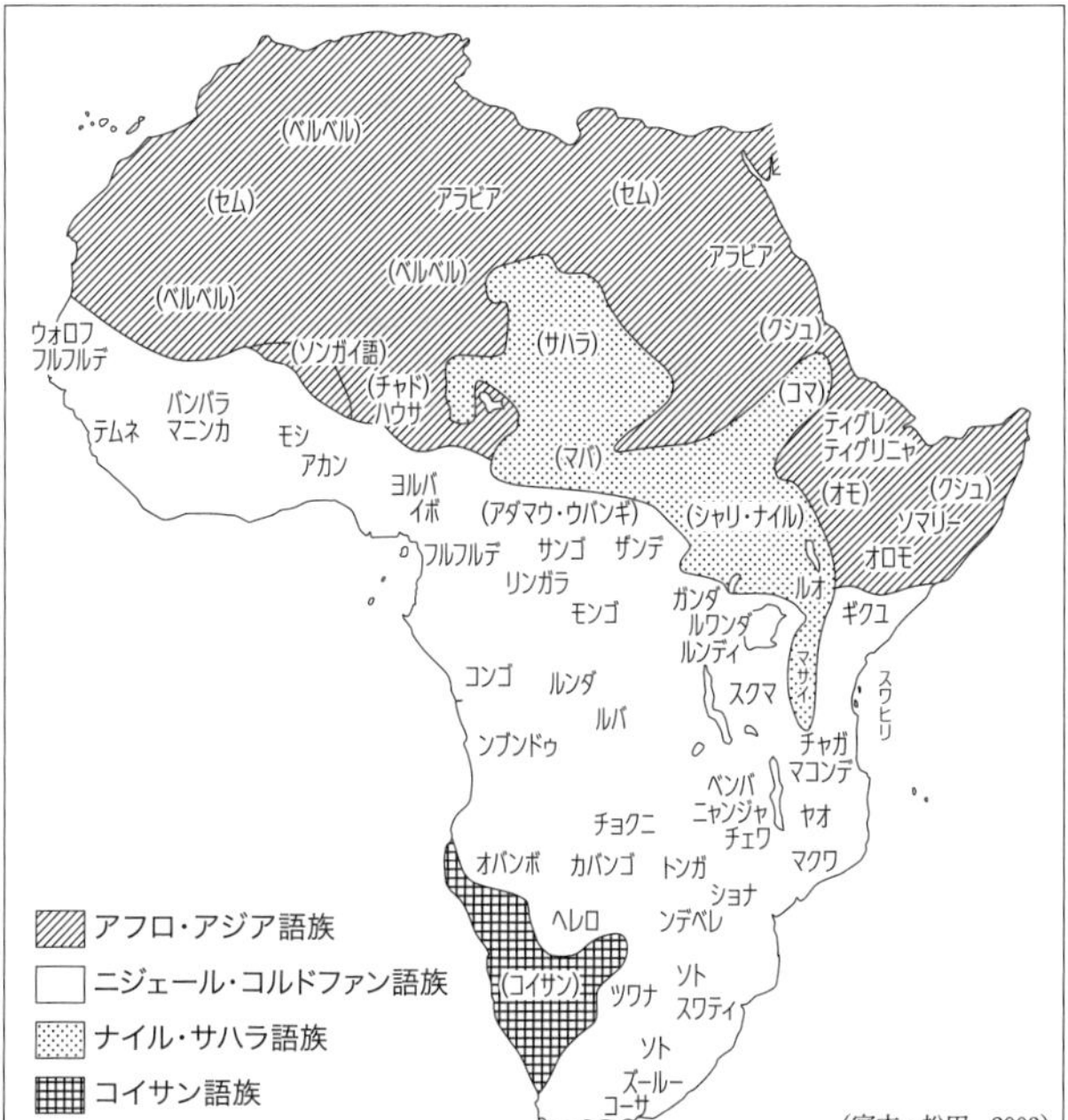

(宮本・松田，2002)

済と社会の開発は、アフリカ固有の言語を活かすことなしには不可能である」と宣言した。アパルトヘイト以後の新生南アフリカが、英語とアフリカーンス語という二つのヨーロッパ（白人）起源の言語とは別に、九つのアフリカ（黒人）起源の言語を新たな公用語に制定したが、これは先の認識を政策化したものだ。以下では、言語に関連したいくつかの問題に特化して、現状と課題を考察し、二一世紀アフリカの未来図を描いてみよう。

ポストコロニアル国家の言語事情

アフリカでは、ほぼすべての国家が多言語・多民族構成で、一説によると世界の言語の約半数が話されているという。在来言語の高密度にくわえて、キリスト教ミッションの言語、ついで旧宗主国言語の移転が、その言語事情をいっそう複雑なものにしてしまった。これによって、言語間の序列が決定的となった。ヨーロッパの言語は、文化的に上位の言語、より多くの金、より高い社会的地位につながる言語として君臨しはじめ、その勢いは、独立後の今日まで加速度的に続いている。旧宗主国言語の運用能力は、アフリカだけでなく、世界中のポストコロニアル国家にとって、資本蓄積の一形態、特殊な資本（コミュニケーションの道具）となったのである。言い換えると、在来の民族語の多くは植民地支配以後、宗主国言語の導入によって、発展の可能性が極度に閉じられた世界に投げ込まれた。この意味では、現代のアフリカは言語的には、依然として旧宗主国の「植民地」であり続けている。つまり、一九世紀末の植民地分割は、同時にヨーロッパ言語による「言語分割」でもあったのである。

民族語の生命力

独立アフリカでは、ソマリアなどを例外に、旧宗主国の言語が「公用語」になっている。それらは、特定の「部族」の専有物でなく「非部族語」、したがって「中立」であるから、国家の統一に役立ち、科学技術の言語であるから、開発や発展に役立つといわれてきた。

はたして、本当だろうか。次のエピソードは、ヨーロッパの言語がアフリカの人間と社会の開発に必ずしも結びつかないことを示しているようである。

場所はカメルーン中央部の小村。女が戸外でキャッサバの皮をむいている。夫は外国援助を受けているココア農園の労働者で、ある程度のフランス語が話せる。そこへ外国人が訪ねてきて夫とフランス語で話し、ついで女とも話したいという。女は「私は何も知らない。何も話すことなどないわ」と不安に思う。ところが、その外国人は女の母語で話しかけてきた。驚いた女は、緊張し、身をこわばらせて質問に応じた。帰り際、女は訪問者の背に向けて声をかけた。「私の言葉を話してくれてありがとう」。

このエピソードは、日常使われている言葉こそが人間の潜在能力を解放し、人間と社会

公用語の分布

外務省中近東アフリカ局監修『アフリカ便覧――サハラ以南の国々』1998年版、アフリカ協会刊を基本に補正（宮本・松田、2002）

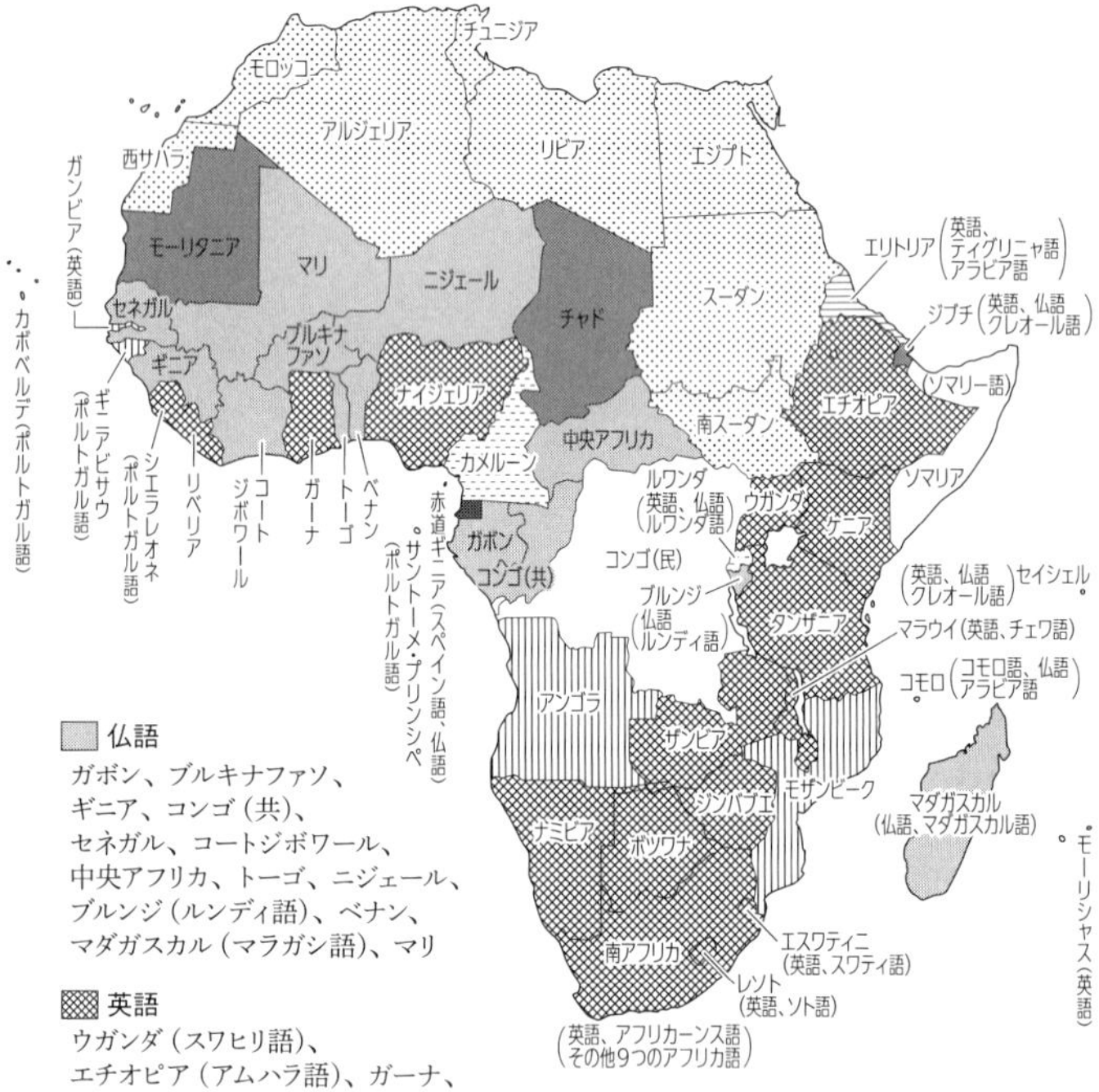

仏語
ガボン、ブルキナファソ、ギニア、コンゴ（共）、セネガル、コートジボワール、中央アフリカ、トーゴ、ニジェール、ブルンジ（ルンディ語）、ベナン、マダガスカル（マラガシ語）、マリ

英語
ウガンダ（スワヒリ語）、エチオピア（アムハラ語）、ガーナ、ガンビア、ケニア（スワヒリ語）、ザンビア、シエラレネオ、ジンバブエ、ボツワナ、エスワティニ（スワティ語）、タンザニア（スワヒリ語）、ナイジェリア、マラウイ（チェワ語）、モーリシャス、南アフリカ（アフリカーンス語）、レソト（ソト語）、リベリア、ナミビア

ポルトガル語
アンゴラ、カボベルデ、ギニアビサウ、サントーメ・プリンシペ、モザンビーク

仏語、アラビア語
コモロ（コモロ語）、ジブチ、チャド、モーリタニア

英語、仏語
カメルーン、セイシェル（クレオール語）、ルワンダ（ルワンダ語）

アラビア語
アルジェリア、エジプト、スーダン、南スーダン、チュニジア、モロッコ、リビア、（西サハラ）

英語、アラビア語
エリトリア（ティグリニャ語）

スペイン語、仏語
赤道ギニア

その他
コンゴ（民）、ソマリア（ソマリー語）

の開発に役立つ可能性を秘めていること、同時に、ヨーロッパの言語の攻勢下にあっても、なお民族語が強靱な生命力を維持していることを物語っている。

「言語社会」という用語

ところで、「言語社会」という用語がよく使われるが、アフリカなどの場合、これはかならずしも透明な概念ではない。たとえば、東・中部アフリカの一〇ヵ国以上にまたがるスワヒリ語圏といわれるマクロな「言語社会」は、タンザニア一国にかぎっても、その内側に一二〇ほどの小言語社会を包摂していると同時に、英語（スワヒリ語と並ぶ公用語である）などの外国語の話し手をも多数含んでいる。人々は、通常三つの言語〔①母語としての民族語、②国家語であり、かつリンガ・フランカ（lingua franca 一般に「地域共通語」と訳されるが、以下では、個別民族語の機能と区別して「超民族語」の名称を使う）であるスワヒリ語（ただし、これを母語とする者も存在している）、③教育の程度に応じて英語などの外国語〕の能力を持ち、手持ちの複数の言語コードを時と場所に応じて自在に使い分けている。

ここから、「言語社会」と呼んでいるものの雑種性、重層的な性格が浮上してくる。その結果、「単一言語社会」と呼んできたものが、実際にはどこにも存在しない虚構だということがわかる。多言語使用こそが、アフリカ生活の実際なのである。

植民地化以前にも、アフリカ人の多くは多言語生活者であっただろう。広大なサバンナの行動原理は、昔も今も「テンベア」（tembea スワヒリ語で「出歩く」）であった。人々は移動し、放浪し、他の人々と交流する。人の往来を許さないように思われる西アフリカの熱帯雨林地域にさえ、北のサバンナと南の海岸を結ぶ回廊が開かれ、ジュラ人などの商業民族が盛んに往来し、広範な地域住民を結びつけた。また、九世紀以後興亡を繰り返した王国や帝国（ガーナ、マリ、ソンガイ、モノモタパ、コンゴなど）は、いずれも多言語・多民族構成であった。伝統アフリカでは、国家や帝国の建設のために、単一の言語は必要条件ではなかった。

多言語社会の成立基盤

先に近代国家体制は、アフリカの民族諸言語の発展を抑止してきたと述べた。言語と民族と国家が切り結ぶ関係を考察する場合、ある言語が国家の言語になっているかどうかは、その言語の生存にかかわる重要問題である。三〇万人ほどの話し手しかもたないアイスランド語は、国家語としての地位を享受することで、将来の発展を約束されたが、たとえば「先住民問題」としてしか扱われないアボリジニ、マオリ、イヌイット、アイヌ、インディオなどの言語は絶滅の危機に瀕している。

言語と民族の二つの概念は、かならずしも一致しない。たとえば、ナイジェリア北部に住むフルベ人の多くは、民族的な母語であるフルフルデ語を知らず、「超民族語」として広く流通しているハウサ語を第一言語としている（こうした「ハウサ語化」は相当な勢いで進行中である）。民族的なアイデンティティを保持しながら、いっぽうで言語を取り換える（あるいは強制的に取り換えさせられる）例は、わが国のアイヌや在日朝鮮・韓国人の多くにも見られ、珍しいことではない。ユダヤ人などの場合は、言語よりもむしろ宗教が民族的なアイデンティティを確認させる。こうした例外的なケースを忘れない限り、民族は原則として固有の言語をもち、言語が民族をつくると結論して、たいして間違いはない。しかし、アフリカの場合、相当の逸脱があり、後述するように、言語以外にもっと重要と見られるような集団編成の原理、社会的・文化的統合の指標が考えられるようだ。

伝統アフリカでは民族性を決定する要因として、言語はそれほど重要でなかったようである。言語は、民族性を決定する一つの要因ではあるが、この他にも宗教、慣習、嗜好、種々の文化表象、記憶、価値観、モラル、土地所有形態、取引方法、家族制度、婚姻形態など言語以外の社会的・経済的・文化的・心理的要因が大きな役割を占めていたと思われる。言い換えれば、民族的アイデンティティを自覚する上で、言語的要因が顕著な影響をもち始めるのは近代以降の特徴であり、地縁関係や生活空間の共通性、そこから生じる共通の利害関係、つまり経済・社会・文化的な要因が相互に作用して、むしろ言語以上に地縁関係の発展、集団編成の原動力となった。

ここから、アフリカ人の多言語使用の社会的基盤が生まれた。それは、言語の数の多さ、それらの分布の特徴、言語ごとの話者の相対的な少なさ、言語間の接触の強さなどに拠る。しかも、各言語の社会的機能が別々で、それらが部分的に相補的、部分的に競合しているからである。各言語の役割と機能上の相補と競合の相互作用がアフリカの言語社会のダイナミズムを生み出し、この不安定状態が多言語使用を促進しているのだ。

近代国家体制と言語

言語的に多様な国家ほど、一人当たりのGNP数値が低いなど、経済的な低開発傾向にあり、言語的に同質性の高い国家ほどその数値が高く、開発が進んでいるという見方が、近代化を測る尺度の一つとして存在しているようであるが、これは皮相な観察というべきであろう。ここでは、言語が国民統合の課題や低開発、貧困の理由を説明するためのスケープゴートとして利用されているということだ。

多言語主義という用語は、ある種の積極性をもって、ここ三〇年ほどの間に広く使われるようになった。そこには、西欧近代をモデルとした国民国家の論理を越えようとする意志が働いていたはずである。「言語の数は少なければ少ないほどよい」という発想は、旧い国民国家の論理を越えようとして越えきれない思考の立ち遅れを示しているのではないだろうか。

アフリカ統一機構の言語行動計画の基本原理は、国家の統一と多言語政策は同時に追求することが可能であるという。多言語国家では、多言語使用を積極的な生存戦略として肯定し、その土台の上に人間と社会の開発を考える必要があるというのである。そこでは、各言語の平等、そして言語権の保障が主張されている。言語に対するユーロセントリズムに対抗するには、言語的多様性、文化的多様性を保障しつつ、文化の多中心主義（ポリセントリズム）を導くような新しい価値観の創造が必要だというのである。

そのための具体的な実践例として、ここでは教育現場（メディアを含む）での言語使用と標準語の効用について考えてみよう。多言語・多民族国家の教育現場で重要なカギを握るのは、どの言語を使って教育し、どの言語を教科として教えるかといったことであろう。国家語になれるかどうかと同様に、ある言語が教育の場で役割をもつことが出来るかどうかは、その言語が生き残れるかどうかという大きな問題とかかわる。教育現場にもち込まれることで、その言語は正書法の決定、標準化、文法書や辞書の編集、語彙の整備がはかられ、ついでその言語に関する啓蒙活動、識字教育、文学の育成と出版、その言語の制度的利用など、言語を取り巻く条件整備の機会を手にするからである。

同時に、ある言語が手紙、新聞、書物などの書記言語として使われるかどうか、学問的著述や翻訳に使われるかどうか、宗教文献に使われるかどうか、マスメディア（新聞、ラジオ、テレビなど）で使われるかどうかといったことが、その言語の発展段階をはかる指標となる。この指標を使って測定すれば、こんにちブラック・アフリカの民族諸言語のなかで、最も高い発展段階を示しているのはスワヒリ語だとされる。

先の指標によれば、ナイジェリアの場合、最も高い発展段階を示しているのはヨルバ語（ついでハウサ語、イボ語、エフィク語の順）だとされるが、それには、この言語の標準語の創成によるところが大きい。かつてはオヨ、エバ、イジェブ、イジェシャなど個別の民族的アイデンティティを主張し、ヨルバの呼称（オヨのみがこれを受け入れた）を拒絶してきた人々が標準ヨルバ語を獲得した結果、ヨルバ人としての集団的一体感に覚醒したのだった。

実際、標準語の制定は、政治的・社会的・心理的に広範な影響を及ぼすものだ。同じことが、ジンバブエのショナ語の場合にも言える。ゼズールー、カランガ、コレコレ、マニカ、ンダティの五方言から標準ショナ語を創成することで、それらの方言の話し手はショナ人としての共通の民族的アイデンティティを確認できたという。これとの関連で、アパルトヘイト以後の南アフリカで、ングニ系諸言語（ズールー、コーサ、ンデベレなど）とソト系諸言語（ソト、ツワナなど）について、特にキリスト教伝道活動に伴う聖書（あるいは、その一部）のアフリカ言語への翻訳以来、混乱し続けた正書法の統一をはかり、それぞれの標準正書法を生み出すことで、同国の言語政策に新生面を拓こうとの動きが注目される。

しかしながら、こうした地道な努力にもかかわらず、現実には、民族諸言語が教育の現場で占める役割は小さい。ナイジェリアの場合、母語と英語の読み書き能力の獲得を主眼とする初等教育六年間で、最初の二年（または三年）間はハウサ語、イボ語、ヨルバ語のいずれかで教育されるが、それ以後教育言語は英語にかわる（民族語は教科としては教えられる）。ついで中学・高校では、イボ語、ヨルバ語、ハウサ語、エフィク語が教科としては教えられるが、公私立学校を通じて、民族語を教育用言語として使っている例は皆無である。別の調査によると、ケニアでは農村部の児童のうち七六・八パーセント、都市部の児童のうち八二・七パーセントが母語で書かれた新聞や書物を読んだことがないという。

他方、民族諸言語の発展は、スワヒリ語など若干の特殊な事例をのぞいて、国家の文化政策とは合致しない場合が多いことも事実である。民族諸言語の発展は高度な政治的判断にゆだねられている。実際には、アフリカ各国において、民族語に関する言語政策は、むしろ皆無に等しいというべきかもしれない。多言語・多民族国家では、特定の民族語の発展が、民族間の利害と結びついて、いわゆる「部族主義」を煽るとされるなど、国家的利

主な超民族語（地域共通語）

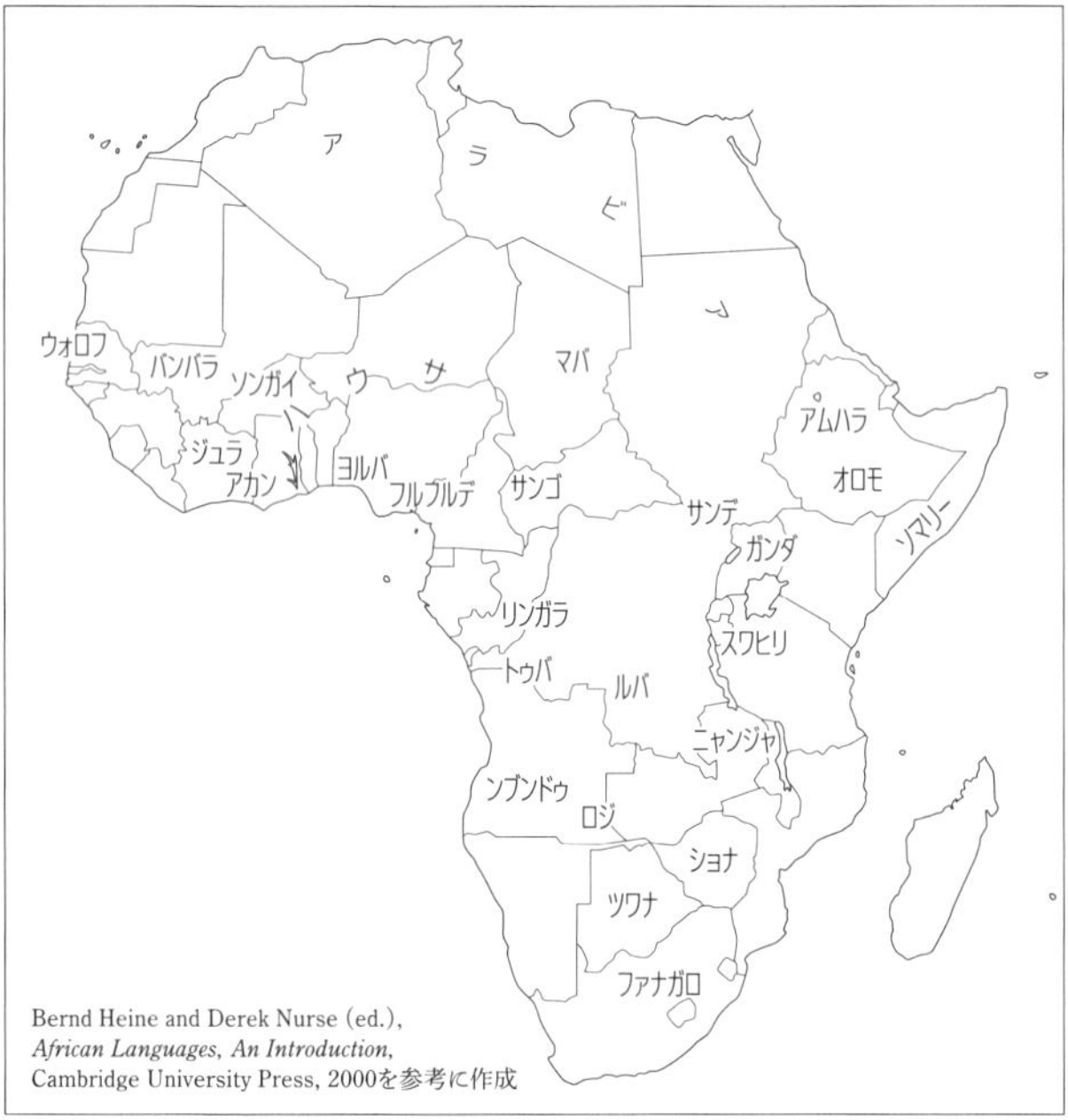

Bernd Heine and Derek Nurse (ed.), *African Languages, An Introduction*, Cambridge University Press, 2000を参考に作成

益と合致しないというのである。

「超民族語」への期待

こうした状況下で、アフリカ各地に「超民族語」が育った。「超民族語」の多くは植民地支配以前から地域住民の活発な移動と交流（商業活動、イスラームの伝播、通婚、混住など）によって自然発生的に誕生し、植民地時代には、都市や鉱山への人口集中、警察や軍隊組織、統治・教育機関、鉄道建設などへの強制徴用など

を通じて、いっそう普及した。「超民族語」は、一般民衆にとっては、旧宗主国言語よりも、より身近な存在だった。教育があろうがなかろうが、アフリカ人の多くには、まず何らかの母語があり、ついで「超民族語」がある。たいていの場合、人々は学齢に達するまでにこれらの言語を話し、聞く能力を身に付けてしまう。

この結果、人々は言語と民族の壁を自在に乗り越えることが出来た。彼らはバイリンガル、バイカルチュラルな存在、いやそれ以上にさえなれたのである。民族は閉ざされた存在でなく、「超民族語」の存在によって、常に外に向かって開かれていた。言語と民族の境界を自在に越える移動と交流が可能となり、個別民族を超えたコミュナルな地域社会が常に拡大した。

この点で、ケニアとタンザニアの国家語であり、東・中部アフリカの一〇ヵ国以上（スワヒリ語圏と呼ばれる）で「超民族語」として話されるスワヒリ語は、一つのモデルケースであろう。この広大な地域で、おそらく二〇〇以上の個別民族がスワヒリ語を理解できると推定され、現在の話者総数は一億を上回るだろう。

「超民族語」へのスワヒリ語の発達は、東アフリカの都市化とも関係している。ナイロビ（ケニア）、ジンジャ（ウガンダ）、モンバサ（ケニア）、ダルエスサラーム（タンザニア）などは、西アフリカの諸都市と比べて、小さい割には言語的な多様性に富んでいる。言語的・

民族的な混合と各コミュニティの規模の小さいことが、スワヒリ語の普及に役立った。スワヒリ語は、農村部から都市への労働力移動を容易にし、都市機能の重要部分を担った。特に第二次大戦後から、都市はナショナリズムの中心となり、人種意識の高揚の場となった。スワヒリ語は、民族語と英語の間に位置して、教育の普及と労働運動の高揚に伴って、個別民族の政治的覚醒とは別に、搾取と支配を受けている広範な労働者と農民層の間に、共通の階級意識を育てることにもなった。

スワヒリ語話者の変遷（タンザニアの場合）

年	全人口（100万）	スワヒリ語話者（100万）	全人口（%）
1870	4	0.08	2
1900	6	1	17
1940	9	3	33
1960	12	6	50
1978	15	11	73
1985	22	20	91
2000	30	30	100

出典：Mekacha, 1993（宮本・松田，2002）。一部補正。

「超民族語」の勢いが増すにつれて、最も深刻な影響を受けるのは、英語などの覇権言語でなく、むしろアフリカ固有の（弱小な）民族諸言語であるのは皮肉なことだ。その典型例がスワヒリ語の場合で、広大なスワヒリ語圏のなかでも、その影響はタンザニアにおいて最も顕著である。そこでは、もはや自分の民族的母語を使用する必要が著しく狭まったか、あるいはまったく使用する必要がなくなった若い世代が急速に生まれている。学校、地域社会、マスメディアはもちろん、ある場合には家庭内でさえ民族的母語が影を潜めるような環境のもとで、スワヒリ語だけが圧倒的に肥大化していく。フランスのある言語学者が、これを「ことば喰い」(glottophagie) と表現した。「喰われる」言語は、やがて話し手を失い、「危機言語」への道に追いやられ、果ては死滅に至る。現在アフリカで話される言語総数のうち、今世紀末には約半数が死滅し、残りの半数が「危機言語」の境遇にあると予測されている。

これが実情だとすれば、「超民族語」が担う役割は、「ことば喰い」を止めることではなく、喰い潰す数多《あまた》の言語から滋養を吸収し尽くさなければならないということだ。どの言語も、たんなるコミュニケーションの道具にとどまらず、当該民族の経験と感性、文化的価値と歴史意識の結晶だとすれば、「超民族語」は、可能な限り、「喰い潰される」諸言語が内蔵しているあらゆる価値を吸収して、その巨大な貯蔵庫とならなければならない。「超民族語」と民族諸言語間の対話が、双方にとって必要である。民族諸言語の何本もの水脈が、「超民族語」という大河に滔々《とうとう》と流れ込むのを促すような言語計画と言語政策が必要だ。「超民族語」の独自な無類の価値は、そこから増殖されるだろう。

アフリカ・ルネサンスの夢

アパルトヘイトの廃絶後、「アフリカ・ルネサンス」という用語が人権や民主主義の

「再生」と結びついて、政治や文化のいたるところで叫ばれ始めた。この用語は、一九九〇年代後半に、南アのムベキ大統領（在任一九九九〜二〇〇八年）が提唱したとされるが、特に目新しい現象ではない。

初代大統領マンデラ（一九一八〜二〇一三年）によれば、一九三五年、彼がまだ学生の頃、コーサ語詩人S・ムカーイ（一八七五〜一九四五年）が民族衣装をまとい、アサガイ（棒に鉄の穂先を付けた槍）を握って来校し、コーサ語で演説したという。マンデラは、その強烈な印象に感銘を受け、アフリカ人としてよりは、むしろコーサ人としての自らの実存に気付かされたという。またこれと同じ年に、南アのある黒人知識人がムカーイの作品に触れて「(ヨーロッパ人はもちろん) ケープに住む、教育を受けた多くのアフリカ人がコーサ語を見下していた頃、ムカーイはこの言語を擁護し、ペンと（話し）ことばでわが文学にルネサンスをもたらした」と述べている。早くもこの時点で、アフリカの言語で書くアフリカ人作家の営みに対して「ルネサンス」という認識が得られたことは注目に値しよう。じっさい、マンデラ自身は、大統領就任直後の一九九四年六月、チュニスでのOAU総会で、ローマ帝国によるカルタゴの破壊に触れて、南アの再生を新たなアフリカ・ルネサンスに転化させる必要を説いたのだった。

こうした見解を敷衍《ふえん》すれば、今後の課題は、とりわけて若い世代に対する言語教育、ならびに教育制度全体の抜本的改革ということになるだろう。「知のあり方」全般についても、いたずらに欧米先進国を追いかける（「脱阿入欧」）のでなく、アフリカ独自の価値の復権を目指すべきであろう。キリスト教伝道、植民地支配によって掻き消されたアフリカの記憶を取り戻し、アフリカから見た自己像、アフリカから見た世界史像をうち出すことが急務となろう。ここでも、民族諸言語が担う役割は大きい。

アフリカの言語宇宙を開く

植民地支配を経験し、今もヨーロッパの言語的植民地状態にあるアフリカ人の一部が、英語やフランス語の能力を獲得することで、言語生活に限っても、手にする選択の幅を広げたことは確かだ。彼らがスタートさせたこの新しい伝統は、圧倒的なアフリカ人民衆との間に深刻な亀裂を生じさせたが、僅かにアフリカの表面を削り取ったにすぎなかった。南北両アメリカの先住民の経験とは違って、アフリカ固有の諸言語は、「ホロコースト」に追い込まれるのでなく、敢然と、したたかに生き残った。

とはいえ、現代のグローバル化の最重要部分には、常に言語、それも英語が関与している。今、英語は、世界中の学校教育で教えられている唯一無比の自然言語である。特に「冷戦」以後、その世界的拡大、文化的攻勢が強まり、人類文化のヘゲモニーは、英語という一言語に握られたかのようである。これは、好き嫌いを超えた現実として、誰もが認めなければならないであろう。

グローバル化の覇権言語の攻勢下にあっても、「超民族語」を含めて、アフリカの民族諸言語は、新しい次元へと常に昇華していくであろう。同時に、いわゆる「ナイジェリアン・ピジン」(ナイジェリア英語のこと。すでに、クレオール化している)を典型例として、英語やフランス語も、特に話し言葉のレベルで、アフリカの土壌に根付いていくことだろう。これらの言語が運ぶ新旧・内外の文化伝統は、アフリカ人の多言語生活のなかで相補の関係を結び、やがて融和していくに違いない。

だが、異質な文化伝統を無条件に融和させることが最終目的ではない。むしろ、両者の間に生起する摩擦に注目し、不整合な部分を強調しておくことが大切であろう。現代のアフリカは、さまざまな文化の綜合をはかる巨大な実験場となっている。この文化的綜合の事業のなかへ、すべての民族諸言語と民族文化が吸収されるような方策が立てられるべきであろう。この事業で最も大切なことは、だれがそのイニシアチブを握るかという問題である。アフリカ人がこの事業のイニシアチブを握るのであれば、この種の文化的綜合は、決してアフリカの尊厳を損なうものとはならないであろう。その意味でも、民族諸言語、わけても「超民族語」が引き受ける役割は大きい。

アフリカの諸言語は、有史以来、この大陸に住んできた数えきれない諸民族の貴重な文化遺産であり、今を生きている人々にとっては、日々の生活、実存そのものなのだ。それらを封印するのでなく、その壮大な言語宇宙を開くことは、アフリカの文化的再生の必須要件と言うべきであろう。

〈宮本正興〉

3——人類史のなかのアフリカ

「光と影」のアフリカ観を超えて

これまで人類の誕生から現代まで、アフリカの歴史を駆け足でみてきた。最後に、人類史全体の脈絡のなかでアフリカの歴史を捉えることの意味を再度確認しておこう。

二一世紀のアフリカは、現代の国際社会のなかで確固とした地位を築いている。二〇世紀末の「絶望の時代」を乗り越えて、「成長する大陸」として再登場しているからだ。石油や金、ダイヤモンド、レアメタルをはじめとする豊富な天然資源と年率二・六パーセントと世界平均の二倍以上の割合（二〇一〇〜一五年）で人口が増加する若い社会（二五歳未満人口が全体の六割）は、二一世紀の世界の成長と安定を牽引する機関車の一つとなるだろう。

その一方で、南スーダンやソマリアに代表される内戦の継続と再勃発、二〇一七年に崩壊したジンバブエのムガベ政権のように、独立あるいは解放闘争を英雄的に牽引したのち、民主的ガバナンスを欠いて超長期政権を強権的に維持するケース、急速な経済成長による社会的格差の拡大と固定化、自然環境の劣化などの諸問題は、「絶望の時代」と呼ばれた二〇世紀末と比べてもむしろ悪化しているような状況も出現している。

現代アフリカをみるこのような「光と影」の視点は、私たちが目にするもっともポピュラーなアフリカ観と言えるだろう。こうした現代アフリカの姿（アフリカの今）を理解するためには、アフリカを歴史的に捉えることが必要であり、そのためにアフリカを人類史の全体のなかに位置づける作業、そしてアフリカを起点として人類史（世界史）を見直す作業を行うことが重要になるのである。たとえば世界の現代史を議論するときの常套句である「社会主義の崩壊」「グローバル化の進展」も、アフリカからの視点によってとらえ直すことが要請されている。この点では、たとえば独立後多くの社会で試みられたアフリカ型社会主義の可能性と挫折の意味、あるいはいわゆる「近代化」の内実は再検証の必要があるだろう。

現代アフリカに刻まれた植民地支配の遺制

現代アフリカの「光と影」の大半には、ヨーロッパ列強との接触から、黒人奴隷制、暴力的人種主義の浸透、アフリカ蔑視の知識と哲学の完成、そして植民地支配というこの五〇〇年の歴史が深く刻印されている。もちろん多くの植民地が独立を達成した「アフリカの年」からすでに半世紀以上がたち、その後の国造りの成功も失敗も、アフリカ人自身が負うべきであるという「アフリカ責任論」にも一理あるに違いない。すべての困難を過去の植民地支配のせいにして、独立アフリカ側の「自己責任」を問わないとすれば、それはフェアな議論とはなりえないだろうが、アフリカ社会に刻印された植民地支配の遺制は、私たちがこうした「アフリカ責任論」を議論する以上に深刻かつ根の深いものだということを明確に認識する必要がある。

反アパルトヘイトの闘士で、マンデラ率いるANC（アフリカ民族会議）を容赦なく批判していたネビル・アレクサンダー（一九三六〜二〇一二年）はかつて以下のように述べている。彼は、かつてはマンデラの親密な同志であり、反アパルトヘイトの運動をともに闘い、ともにロベン島に幽閉された。しかし、その彼は南ア独立（黒人政権誕生）後の「植民地支配の遺制」への対応、その未来図をめぐって、全人種の和解路線を選ぶことで、土地問題などの解決を後まわしにせざるを得なかったマンデラ政権の路線と袂を分かったのだった（マンデラの要請にもかかわらず、新政府の要職に就くことを断ったともいう）。

「ほぼすべてのポストコロニアル国家は、ちょうどリレーの走者が前の走者からバトンを受け取るように、旧宗主国から『独立』を受け継いだ。レース自体には何の変更もない。国家の構造、統治形式に変化はなく、新政府はかつてと同じ政治経済の路線を走り続けた。タンザニアやモザンビークなど、改革をこころみた国家もあるが、レースが行われているレーンとルール、つまり政治行動の枠組みには何の変化もないために、改革はことごとく失敗した」

これを要するに、現代のアフリカは、国境線だけでなく（今もAUの基本路線はこの国境線の不変更である）、政治機構、軍事体制、経済政策、社会の在り方などの基本的仕組みを、元の植民地体制からほぼ忠実に継承することを余儀なくされたということであろう。もちろん、この構造やシステムをローカル化・アフリカ化する試みは下からも上からもなされてきたが、基本的仕組みは変更されなかったのである。

現代世界に浸透するアフリカスキーマ

こうしたアフリカ社会の現実とは別に、外部世界がアフリカを見る眼差し自体も、（われわれ日本人の場合も含めて）植民地時代からそれほど変わってはいないのではないだろうか。その旧態依然の眼差しや態度は、一九世紀の探検家・宣教師のなかでもっともアフリカ人に理解がありアフリカ人と親交を結んだとされるデイビッド・リビングストンのメンタリティに代表されるだろう。彼はこう述べている。

「我々は、彼ら（アフリカ人――編者注）のもとへ優等人種の一員として来たのであり、人類のうちで最も堕落した部分を向上させようと欲している政府に対する奉仕者として来た。私は神の化身、もしくはそうなりたい。神聖で慈悲深い宗教の力で、いまだ混乱し、破滅に瀕した人種のための平和の告知者となりたい」

アフリカ（人）に何かを伝え教えるというメンタリティは、無意識であれ意識的であれ、アフリカ（人）と自らのあいだに上下・優劣関係を設定して、相手と接することになる。本書では、こうしたアフリカ認識の在り方を「アフリカ・スキーマ（アフリカ認識枠組）」と呼んできたが、「アフリカ・スキーマ」は一九世紀の探検家や植民地行政官の専売特許ではなく、じつは、現代世界のジャーナリストや開発援助のボランティアなどのあいだにも広く浸透している。「アフリカ・スキーマ」は、意識的・無意識的に、現在も、広く深く各方面に浸透しているのである。もちろんそれは、このスキーマでアフリカを捉えてきた個々人の責任だけではない。五〇〇〇年のスパンを越えて、アフリカを見る眼差しの歪みが正されることなく、今日なお継承され、むしろ強靱化されるような構造が今日もなお支配的に作動しているからだ。その証左の一つとして、人類史上最悪の「人道に対する罪」である奴隷貿易や、「無主の土地」「実効支配」「先占の原理」「勢力範囲」といった恣意的な強者の法理をたがいが承認して敢行された植民地支配に対する責任や謝罪が、二〇〇一年のダーバン会議でみごとに拒絶されたことは、我々の記憶に新しい。しかも、一部では、むしろ植民地支配の積極的な効用を説く論議までが見られるのが現状である。

今日のアフリカ社会は、こうした歴史のうえに成立している。アフリカの過去が背負わされたこうした原風景、桎梏《しっこく》を現代アフリカの理解の「根っこ」として見失うことのない歴史観が今要請されているのではあるまいか。数百年前の「大昔の出来事」、半世紀前の「過去の経緯」に拘泥《こうでい》して、現在の生や未来の可能性から乖離《かいり》することを批判することはできよう。しかし、アフリカ史という発想は、現在と過去、未来を切断ではなく連続して捉えるなかで、これまでと別様の歴史の見方を創造することに繋がっていく。

アフリカ史という挑戦

アフリカ史はたんにアフリカという地域の歴史ではない。一言でいえば、アフリカ史は新しい「世界史」「人類史」を創り出す基本分野であり、そのための必須の営みである。なぜなら、アフリカは人類誕生の大陸であるばかりか、「アフリカ」を介して、西欧近代の歴史は、アジアと繫がり（インド航路の発見）、そしてアメリカ大陸とも繫がっているからである。

それは、これまでアフリカの価値としては否定されてきたもの（たとえば、文化や政治制度、言語、社会制度、集団編成原理、人間関係、人間同士のつながりなど）の肯定的・積極的側面に目を向ける見方であり、これまでの歴史認識を支配してきた西欧近代中心の人類史観に疑問を提出し、すべてを相対化することを目指す見方である。しかもそれは、これまで人類史が見過ごしてきたものを再発見し、これまでと異なるもう一つの世界と歴史の認識方法を導く見方なのである。ここに、アフリカ史を人類史全体の中に、新たに構築することの歴史的意義が見出されるに違いない。

膨張する近代ヨーロッパと出会ってから五〇〇年、アフリカをみる眼差しは歪められてきた。しかし遠い昔は、必ずしもそうではなかった。ヨーロッパ古典古代の哲人アリストテレス（前三八四〜前三二二年）が述べたように、「アフリカは何時でも新しいものを運んで来る」大陸として見られてきた。アフリカは、それまで支配的で常識となっていた見方とは異質な「別様の見方」を生み出す源泉の一つでもあったというのである。

そのアリストテレスのひそみに倣ったわけではないが、たとえば本書では、これまでの歴史形成を彩ってきた単位としての帝国や国家とは別様の歴史単位として、川世界に注目した。こうした歴史単位の常識の転換は、一九二〇年代の「ハーレム・ルネサンス」期の詩人の発想にも窺われる。当時まだ一〇代だったアメリカの黒人詩人ラングストン・ヒューズ（一九〇二〜六七年）の「黒人はおおくの河のことを語る」というよく知られた作品のなかに、以下のような一節がある。個々の生の営みの連結が社会であるとしたら、そのもっとも自然で広域に拡張する地域形成の単位として、王国や部族社会ではなく、アフリカはもちろん、世界中の河を想定したのである。この詩がパン・アフリカニズムの父W・E・B・デュボイスに捧げられていることも意味深長であろう。

…………
ぼくは、おおくの河を知っている、
世界のはじまりのときからの、
人間の血液がひとびとの血管に脈うちながれはじめた以前からの。
ぼくの魂は、それらのおおくの河のように、底のふかい泉からわきでてきたのだ。
…………
ぼくはコンゴー河のちかくに小屋をたて、夜ごと眠りにさそわれた。
ぼくはナイル河をながめやり、その上流にピラミッドをうちたてた。
…………

ぼくは、おおくの河を知っている。
太古からの、うすほのぐらいおおくの河を。
…………
(木島始訳)

本書第一三章でも指摘しているように、これまで支配的であったアフリカの近代史の扱いでは、とりわけて、第二次大戦を契機としたナショナリズムの勃興と独立運動の広がりというストーリーが「常識」で、植民地統治に対する伝統的な反抗は、無知で未開なアフリカ人の「初期抵抗」として正統な運動史の前段階レベルに押し込められてきた。しかし、たとえば南ローデシア(現ジンバブエ)のここ一〇〇年の抵抗史のなかでは、一九世紀末に現れた伝統的な霊媒師が一九七〇年代の独立戦争のなかで新たに民衆の間に再生し、独立闘争を導いたとするもう一つの見方が注目される。そのストーリーは以下のようなものだ。

一八九〇年代、現在のジンバブエのマショナランドでの「チムレンガ」(民衆蜂起)では、指導した二人の霊媒師のうち、男性のカグビは死刑執行の直前、カトリックの洗礼を受け入れたが、女性のネハンダ(ライオン霊)は植民地政府が強要する洗礼をあくまで拒否、踊り狂い、敵を罵倒し、「肉体は滅びようとも、骨が起ち上がる」と徹底抗戦の叫びをあげて命絶えたという。この時のネハンダは小柄で丸ぽちゃ、三〇代半ばだった。それから八〇年が経過し、白人支配のローデシア政府に対する独立戦争が展開された一九七〇年代、ネハンダの霊が八〇代の老女にとりついた。老女は何代目かのネハンダを名乗り、ゲリラ兵に独立闘争の戦術を授けた。ジンバブエの現代史には、彼女の名にちなんだ「ネハンダ解放区」が残されている。

一九八〇年のジンバブエの独立は、これまでの歴史が非理性的で情動的として軽んじてきた「初期抵抗」が実に一〇〇年近い歴史を生き抜いて、民衆のあいだで継承され、再創造されたことの有力な証拠であった。このようにアフリカ史には、近代的な政党や労働組合こそが民主的権利を主張して独立のための運動を牽引する主人公だという見方とは別様の歴史形成と世界認識の方法が見出されるのである。しかも、ジンバブエの経験は、アフリカ史の中でほんの一例に過ぎない。

アフリカ史という発想は、人間と社会のありようについて、これまで否定されてきた価値を再検討し、「常識」とされてきた見方を相対化して、これまでとは異なるもう一つの歴史、もう一つの世界認識の方法を提示してくれるものだ。その意味でも、アフリカを世界史のなかに再定位する営みは、これまで周縁化され、存在を否定さえされてきた人間の歩みを人類史の重要な骨格として再創造していくことに繫がるのである。

〈宮本正興・松田素二〉

参考文献

●目次冒頭「はじめに」ほか

松田素二「アフリカ史の可能性」（佐藤卓己編『岩波講座現代　5巻　歴史のゆらぎと再編』）岩波書店、二〇一五

P・バーク編、谷川稔・谷口健治・川島昭夫・太田和子・中本真生子・林田敏子訳『ニュー・ヒストリーの現在――歴史叙述の新しい展望』人文書院、一九九六

J・キ＝ゼルボ編、宮本正興・市川光雄責任編集『ユネスコ・アフリカの歴史』第一巻、同朋舎出版、一九九〇

●第一章

川田順造『アフリカ』（地域からの世界史9）朝日新聞社、一九九三

黒田末寿・片山一道・市川光雄『人類の起源と進化』有斐閣、一九八七

林晃史編『アフリカの21世紀　第一巻・アフリカの歴史』勁草書房、一九九一

B・デビッドソン、貫名美隆・宮本正興訳『アフリカ文明史　西アフリカの歴史――1000年〜1800

年』理論社、一九七五（一九七八）
J・キ＝ゼルボ編、宮本正興・市川光雄責任編集『ユネスコ・アフリカの歴史』第一巻、同朋舎出版、一九九〇
J・シュレ＝カナール、野沢協訳『黒アフリカ史』理論社、一九六四（一九八七）
P・バーク編、谷川稔・谷口健治・川島昭夫・太田和子・中本真生子・林田敏子訳『ニュー・ヒストリーの現在——歴史叙述の新しい展望』人文書院、一九九六
R・オリヴァー編、川田順造訳『アフリカ史の曙』岩波新書、一九六二
Curtin, P., Feierman, S., Thompson, L. & Vansina, J., *African History*, Longman, London, 1995
Fage, J. D., *A History of Africa*, Hutchinson, London, 1988
Fage, J. D. & Oliver, R. (eds.), *The Cambridge History of Africa*, 8 Vols., Cambridge University Press, 1976
Miller, J. C. (ed.), *The African Past Speaks: Essays on Oral Tradition and Its History*, Dawson-Archon, 1980
Neale, C., *Writing "Independent" History*, Greenwood Press, London, 1985
Oliver, R., *The African Experience*, Weidenfeld & Nicolson, London, 1991
Perham, M., *Lugard: the Year of Adventure 1858-1898*, Collins, London, 1956
Ranger, T. O. (ed.), *Emerging Themes of African History*, East African Publishing House, Nairobi, 1968
Royle, T., *Winds of Change*, John Murray, London, 1996

●第二章1節

河合信和編『人間性の進化を解く』(朝日ワンテーママガジン47) 朝日新聞社、一九九五
河合雅雄・岩本光雄編『人類の誕生』(週刊朝日百科「動物たちの地球」135) 朝日新聞社、一九九四
諏訪元「化石からみた人類の進化」(斎藤成也ほか編『シリーズ進化学5　ヒトの進化』) 岩波書店、二〇〇六
R・ルーウィン、保志宏・楢崎修一郎訳『人類の起源と進化』てらぺいあ、一九九三
Klein, R. G., *The Human Career*, University of Chicago Press, 1989

●第二章2節

大参義一「先史」(米山俊直・伊谷純一郎編『アフリカハンドブック』) 講談社、一九八三
中尾佐助『農業起源をたずねる旅——ニジェールからナイルへ』(同時代ライブラリー) 岩波書店、一九九三
米山俊直『アフリカ学への招待』ＮＨＫブックス、一九八六
D・W・フィリップソン、河合信和訳『アフリカ考古学』学生社、一九八七
Ajayi, J. F. A. & Crowder, M., *Historical Atlas of Africa*, Longman, London, 1985

Birmingham, D., Society and Economy before AD 1400, in: D. Birmingham, & P. Martin (eds.), *Historical Atlas of Africa*, Vol. 1.1: 1-29, 1983

Brooks, E. G., A Provisional Historical Schema for Western Africa Based on Seven Climate Periods, *Cahiers d'Études africanes*, 26 (1-2): 43-62, 1986

Ehret, C., Historical/Linguistic Evidence for Early African Food Production, in: J. D. Clark, & S. Brandt (eds.), *From Hunters to Farmers*, 26-35, University of California Press, Los Angeles, 1989

Fage, J. D., *A History of Africa* (2nd Edition), Hutchinson, London, 1988

Harlan, J. R., The Origins of Indigenous African Agriculture, in: Clark, D. J. (ed.), *The Cambridge History of Africa*, Vol. 1: 624-657, 1982

Kadomura, H., Palaeoecological and Palaeohydrogical Changes in the Humid Tropics during the Last 20,000 Years, in: K. J. Gegory, L. Starkel & V. R. Baker (eds.), *Global Continental Palaeohydrology*, John Wiley and Sons: 177-202, 1995

Maley, J., The Climatic and Vegetational History of the Equatorial Regions of Africa during the Upper Quaternary, in: T. Shaw, P. Sinclair, B. Andah & A. Okpoko (eds.), *The Archaeology of Africa: Food, Metals and Towns*, 43-52, Routledge, London, 1993

Murdock, G. P., *Africa: Its Peoples and their Culture History*, McGraw-Hill, New York, 1959

Posnansky, N., Introduction to the Later Prehistory of Sub-Saharan Africa, *General History of Africa*, Vol.2: 533-550, 1981

●第三章

A・ユゴン、堀信行監修『アフリカ大陸探検史』創元社、一九九三

B・デビッドソン、内山敏訳『ブラックマザー――アフリカ／試錬の時代』理論社、一九六三（一九八七）

G・コナー、近藤義郎・河合信和訳『熱帯アフリカの都市化と国家形成』河出書房新社、一九九三

J・バンシナ、寺嶋秀明訳「赤道アフリカとアンゴラ」（D・T・ニアヌ編、宮本正興責任編集『ユネスコ・アフリカの歴史』第四巻上）同朋舎出版、一九九二

P・フォーバス、田中昌太郎訳『コンゴ河』草思社、一九七九

Vansina, J., *Paths in the Rainforests / Toward a History of Political Tradition in Equatorial Africa*, The University of Wisconsin Press, Madison WI, 1990

●第四章

G・コナー、近藤義郎・河合信和訳『熱帯アフリカの都市化と国家形成』河出書房新社、一九九三

Beach, D., *The Shona and their Neighbours*, Blackwell Publishers, Oxford, 1994

Mudenge, S. I. G., *A Political History of Munhumutapa c 1400-1902*, Zimbabwe Publishing House, Harare, 1988

●第五章

イブン・バットゥータ、家島彦一訳注『大旅行記8』（東洋文庫705）平凡社、二〇〇二
内田園生『ブラック・アフリカ美術』美術出版社、一九八三
川田順造『アフリカ』（地域からの世界史9）朝日新聞社、一九九三
川田順造編『黒人アフリカの歴史世界』（民族の世界史12）山川出版社、一九八七
川田順造編『ニジェール川大湾曲部の自然と文化』東京大学出版会、一九九七
私市正年『サハラが結ぶ南北交流』山川出版社、二〇〇四
坂井信三『イスラームと商業の歴史人類学——西アフリカの交易と知識のネットワーク』世界思想社、二〇〇三
竹沢尚一郎『西アフリカの王国を掘る　文化人類学から考古学へ』臨川書店、二〇一四
中尾佐助『農業起源をたずねる旅——ニジェールからナイルへ』（同時代ライブラリー）岩波書店、一九九三
福井勝義、赤阪賢、大塚和夫『アフリカの民族と社会』（世界の歴史24）中公文庫、二〇一〇
B・デビッドソン、貫名美隆訳『アフリカの過去　原典集——古代から現代まで』理論社、一九六七、新装

版一九七八
D・T・ニアヌ「マンディングの叙事詩」（D・T・ニアヌ、C・F・シュレンカー編、都未納訳『マンディングとテムネの昔話』）同朋舎出版、一九八三
H・マイナー、赤阪賢訳『未開都市トンブクツ』弘文堂、一九八八
家島彦一『イスラム世界の成立と国際商業——国際商業ネットワークの変動を中心に』岩波書店、一九九一

●第六章

E・E・エヴァンズ＝プリチャード、向井元子訳『ヌアー族』岩波書店、一九七八
Iliffe, J., *Africans: The History of a Continent*, Cambridge University Press, Cambridge, 1995
Johnson, D. H., *Nuer Prophets: a History of Prophecy from the Upper Nile in the Nineteenth and Twentieth Centuries*, Clarendon Press, Oxford, 1994
Mercer, P., Shilluk Trade and Politics from the mid-seventeenth century to 1861, *Journal of African History*, 1971
Sutton, J. E., The Antecedents of the Interlacustrine Kingdoms, *Journal of African History*, 1993

●第七章

門村浩・勝俣誠編『サハラのほとり』TOTO出版、一九九二

川田順造『サバンナの手帖』新潮社、一九八一
小堀　巌『サハラのオアシスと農業』（小堀巌編『アフリカ』）大明堂、一九七一
嶋田義仁『牧畜イスラーム国家の人類学』世界思想社、一九九五
嶋田義仁「ジェンネ」（『季刊民族学66』）千里文化財団、一九九三
嶋田義仁『黒アフリカ・イスラーム文明論』創成社、二〇一〇
宮治一雄『北アフリカ』（アフリカ現代史V）山川出版社、一九七八
J・スウィフト、小堀巌監訳『サハラ』タイムライフブックス、一九七六
H・マイナー、赤阪賢訳『未開都市トンブクツ』弘文堂、一九八八

●第八章

泉井久之助・長沢信寿・三谷昇二・角南一郎訳『デ・サンデ天正遣欧使節記』雄松堂書店、一九六九
富永智津子「東部アフリカをめぐる王権と商業――ザンジバルの笛」（『シリーズ世界史への問い3　移動と交流』）岩波書店、一九九〇
長澤和俊『海のシルクロード史』中公新書、一九八九
野々山ミナコ訳、増田義郎注「ドン・ヴァスコ・ダ・ガマのインド航海記」（『コロンブス、アメリゴ、ガマ、バルボア、マゼラン　航海の記録』大航海時代叢書I）岩波書店、一九六五

村川堅太郎訳註『エリュトラー海案内記』中公文庫、一九九三
家島彦一『海が創る文明』朝日新聞社、一九九三
Bennett, N. R., *A History of the Arab State of Zanzibar*, Methuen, Cambridge, 1978

●第九章

池本幸三・布留川正博・下山晃『近代世界と奴隷制――大西洋システムの中で』人文書院、一九九五
松田素二編『アフリカ社会を学ぶ人のために』世界思想社、二〇一四
O・イクイアーノ、久野陽一訳『アフリカ人、イクイアーノの生涯の興味深い物語』（英国十八世紀文学叢書5）研究社、二〇一二（注：原著者の名前は、本書ではオラウダー・エキアノと表記している）
B・デビッドソン、内山敏訳『ブラックマザー――アフリカ／試錬の時代』理論社、一九六三（一九八七）
B・デビッドソン、貫名美隆訳『アフリカの過去　原典集――古代から現代まで』理論社、一九六七、一九七八
B・デビッドソン、貫名美隆・宮本正興訳『アフリカ文明史　西アフリカの歴史――1000年〜1800年』理論社、一九七五（一九七八）
I・ウォーラーステイン、川北稔訳『近代世界システム――農業資本主義と「ヨーロッパ世界経済」の成立』（I・II）岩波書店、一九八一

E・ウィリアムズ、中山毅訳『資本主義と奴隷制——ニグロ史とイギリス経済史』理論社、一九七八
W・ロドネー、北沢正雄訳『世界資本主義とアフリカ——ヨーロッパはいかにアフリカを低開発化したか』柘植書房、一九七八
Curtin, P. D., *The Atlantic Slave Trade: A Census*, University of Wisconsin Press, 1969
DuBois, W. E. B., *The World and Africa: An Inquiry into the Part which Africa has Played in World History*, International Publishers, 1946
Fage, J. D., *A History of Africa* (Second edition), Unwin Hyman, London, 1988
Lovejoy, P. E., The Volume of the Atlantic Slave Trade: A Synthesis, *Journal of African History*, 23, 1982

●第一〇章

岡倉登志『二つの黒人帝国——アフリカ側から眺めた「分割期」』東京大学出版会、一九八七
宮本正興・岡倉登志編『アフリカ世界——その歴史と文化』世界思想社、一九八四
林晃史編『アフリカの21世紀　第一巻・アフリカの歴史』勁草書房、一九九一
A・アドゥ・ボアヘン編、宮本正興責任編集『ユネスコ・アフリカの歴史』第七巻上下、同朋舎出版、一九八八
A・ユゴン、堀信行監修『アフリカ大陸探検史』創元社、一九九三

J・F・マンロー、北川勝彦訳『アフリカ経済史——1800〜1960』ミネルヴァ書房、一九八七
W・ロドネー、北沢正雄訳『世界資本主義とアフリカ——ヨーロッパはいかにアフリカを低開発化したか』柘植書房、一九七八
Duignan, P. & Gann, L. H., *Colonialism in Africa 1870-1960*, vol.1, Cambridge University Press, 1969
Duignan, P. & Gann, L. H., *Colonialism in Africa 1870-1960*, Vol.4, Cambridge University Press, 1974
Hallett, R., *The Penetration of Africa*, Vol.1, Routledge & Kegan Paul, 1965

●第一一章1節

吉田昌夫『アフリカ現代史Ⅱ　東アフリカ』山川出版社、一九七八
Ambler, C., *Kenyan Communities in the Age of Imperialism —— the Central Region in the Late Nineteenth Century*, Yale University Press, New Haven, 1988
Gordon, D. F., *Decolonization and the State in Kenya*, Westview Press, Boulder. 1986
Kipkorir, B. E. (ed.), *Biographical Essays on Imperialism and Collaboration in Colonial Kenya*, Kenya Literature Bureau, Nairobi, 1980
Leys, C., *Underdevelopment in Kenya —— The Political Economy of Neo-colonialism*, Heinemann, Nairobi, 1975
Miller, N. N., *Kenya —— the Quest for Prosperity*, Westview Press, Boulder, 1984

Mungeam, G. H. (ed.), *Kenya —— Select Historical Documents 1884-1923*, East African Publishing House, Nairobi, 1978
Ochieng, W. R. (ed.), *Modern History of Kenya 1895-1980*, Evance Brothers (Kenya), Nairobi, 1989
Tignor, R. L., *The Colonial Transformation of Kenya —— the Kamba, Kikuyu, and Maasai from 1900 to 1939*, Princeton University Press, New Jersey, 1976

●第一一章2節

中村弘光『アフリカ現代史Ⅳ　西アフリカ』山川出版社、一九八二
Lugard, F. D. (Sir), *The Dual Mandate in British Tropical Africa*, Edinburgh, London, William Blackwood and Sons, 1922 (Routledge, 2013)

●第一一章3節

中村弘光『アフリカ現代史Ⅳ　西アフリカ』山川出版社、一九八二
平野千果子『フランス植民地主義の歴史——奴隷制廃止から植民地帝国の崩壊まで』人文書院、二〇〇二
松沼美穂『植民地の〈フランス人〉：第三共和政期の国籍・市民権・参政権』法政大学出版局、二〇一二
A・アドゥ・ボアヘン編、宮本正興責任編集『ユネスコ・アフリカの歴史』第七巻上下、同朋舎出版、一九

●第一一章4節

小田英郎『アフリカ現代史Ⅲ　中部アフリカ』山川出版社、一九八二
武内進一「ベルギー領コンゴにおけるパーム産業の形成過程」(『アジア経済』第31巻第5号)、一九九〇
J・コンラッド、中野好夫訳『闇の奥』岩波文庫、一九五八
Stengers, J., *Congo mythes et réalités: 100 ans d'histoire*, Editions Duculot, Paris-Louvain-la-Neuve, 1989

●第一一章5節

A・カブラル、白石顕二他訳『アフリカ革命と文化』亜紀書房、一九八〇
W・バーチェット、吉川勇一訳『立ち上がる南部アフリカ　1アンゴラの解放』『立ち上がる南部アフリカ　2モザンビークの嵐』サイマル出版会、一九七八
Birmingham, D., *A Concise History of Portugal*, Cambridge University press, 1993
Birmingham, D., *Frontline Nationalism in Angola & Mozambique*, James Currey, 1992
Hanlon, J., *Mozambique*: Who *Calls the Shots?* James Currey, 1991
Hanlon, J. & Smart, T., *Do Bicycles Equal Development in Mozambique ?* James Currey, 2008

●第一二章1・2節
市川承八郎『イギリス帝国主義と南アフリカ』晃洋書房、一九八二
野間寛二郎『差別と叛逆の原点——アパルトヘイトの国』理論社、一九六九
星昭・林晃史『アフリカ現代史I　総説・南部アフリカ』山川出版社、一九七八
峯陽一『南アフリカ——「虹の国」への歩み』岩波新書、一九九六
F・ミーア、楠瀬佳子他訳『ネルソン・マンデラ伝』明石書店、一九九〇
S・ビコ、峯陽一他訳『俺は書きたいことを書く——黒人意識運動の思想』現代企画室、一九八八
L・トンプソン、宮本正興・吉國恒雄・峯陽一・鶴見直城訳『南アフリカの歴史』(最新版)明石書店、二〇〇九
Thom, H. B., *Journal of Jan van Riebeeck* (vol. 1, 1651-1655 ; vol. 2, 1656-1658 ; vol. 3, 1659-1662), A. A. Balkema, Cape Town, Amsterdam, vol.1, 1952 ; vol.2, 1954 ; vol.3, 1958
●第一二章3節
楠瀬佳子『南アフリカを読む——文学・女性・社会』第三書館、一九九四
峯陽一『南アフリカ——「虹の国」への歩み』岩波新書、一九九六

D・ウッズ、天笠啓祐・楠瀬佳子訳『アパルトヘイト問題入門』第三書館、一九九〇
F・ミーア、楠瀬佳子他訳『ネルソン・マンデラ伝』明石書店、一九九〇
L・トンプソン、宮本正興・吉國恒雄・峯陽一・鶴見直城訳『南アフリカの歴史』（最新版）明石書店、二〇〇九
Alexander, Neville, *Thoughts on the New South Africa*, Jacana Media, South Africa, 2013

●第一三章1・2節

G・バランディエ、井上兼行訳『黒アフリカ社会の研究』紀伊國屋書店、一九八三
T・O・レーンジャー、赤阪賢訳「分割と征服の時期におけるアフリカ人の主体性と抵抗」（『ユネスコ・アフリカの歴史』第七巻上）同朋舎出版、一九八八
Berman, B. & Lonsdale, J., *Unhappy Valley —— Conflict in Kenya and Africa*, I & II, James Currey, London, 1992
Brantley, C., *The Giriama and Colonial Resistance in Kenya 1800-1920*, University of California Press, Berkeley, 1981
Edgerton, R. B., *Mau Mau —— an African Crucible*, Free Press, New York, 1989
Fields, K. E., *Revival and Rebellion in Colonial Central Africa*, Princeton University Press, Princeton, 1985
Matson, A. T., *Nandi Resistance to British Rule 1890-1906*, East African Publishing House, Nairobi, 1972

Rosberg Jr., C. G.& Nottingham, J., *The Myth of 'Mau Mau'*, Transafrica, Nairobi, 1985 (1966)

●第一三章3節

大塚和夫『テクストのマフディズム――スーダンの「土着主義運動」とその展開』東京大学出版会、一九九五
岡倉登志『二つの黒人帝国――アフリカ側から眺めた「分割期」』東京大学出版会、一九八七
栗田禎子「スーダンのマフディー運動における『正統性』」(『シリーズ世界史への問い7　権威と権力』)岩波書店、一九九〇
嶋田義仁『牧畜イスラーム国家の人類学』世界思想社、一九九五
嶋田義仁「間接統治下における伝統国家の政治動態――北カメルーン、レイ・ブーバ王国の場合」(和田正平編『アフリカ――民族学的研究』)同朋舎、一九八七
嶋田義仁「マーシナ帝国物語」(『季刊民族学』46)、一九八八

●第一三章4節

ムバイエ・グエイエ&A・アドゥ・ボアヘン、勝俣誠訳「西アフリカにおけるアフリカ人の主体性と抵抗――一八八〇年から一九四一年まで」(『ユネスコ・アフリカの歴史』第七巻上)同朋舎出版、一九八八

M・エスアベルマンドルウス、深澤秀夫訳「マダガスカル、一八八〇年代から一九三〇年代まで――アフリカ人の主体性と植民地征服・支配に対する抵抗」(『ユネスコ・アフリカの歴史』第七巻上) 同朋舎出版、一九八八
Sweetman, D., *Women Leaders in African History*, Heinemann, 1984

●第一三章5節

宮本正興『評伝グギ・ワ・ジオンゴ＝修羅の作家――現代アフリカ文学の道標』第三書館、二〇一四(同書には「マウマウ戦争と土地問題、あるいはケニア近現代史の五つの断面」と題する精細な記述が含まれている)
マイナ・ワ・キニャティ編、宮本正興監訳『マウマウ戦争の真実――埋れたケニア独立前史』第三書館、一九九二
Abuor, C. Ojwando, *White Highlands No More*, Pan African Researchers, Nairobi, 1970
Barnet, D. L. & Njama, K., *Mau Mau from within, Autobiography and Analysis of Kenya's Peasant Revolt*, MacGibbon & Kee Ltd., 1966
Berman, B. & Lonsdale, J., *Unhappy Valley, Conflict in Kenya and Africa, I & II*, James Currey, London, 1992
Brantley, C., *The Giriama and Colonial Resistance in Kenya 1800-1920*, University of California Press, Berkeley,

1981
Edgerton, R. B., *Mau Mau, an African Crucible*, Free Press, New York, 1989
Fields, K. E., *Revival and Rebellion in Colonial Central Africa*, Princeton University Press, Princeton, 1985
Maina wa Kinyatti (ed.), *Thunder from the Mountains, Mau Mau Patriotic Songs*, Zed Press, 1980
Maloba, W. O., *Mau Mau and Kenya, An Analysis of a Peasant Revolt*, Indiana University Press, 1993
Matson, A. T., *Nandi Resistance to British Rule 1890-1906*, East African Publishing House, Nairobi, 1972
Roseberg Jr., C. G. & Nottingham, J., *The Myth of 'Mau Mau'*, Transafrica, Nairobi, 1985 (1966)

●第一四章

小田英郎『アフリカ現代史Ⅲ　中部アフリカ』山川出版社、一九八六
砂野幸稔『ンクルマ――アフリカ統一の夢（世界史リブレット人99）』、山川出版社、二〇一五
中村弘光『アフリカ現代史Ⅳ　西アフリカ』山川出版社、一九八二
星昭・林晃史『アフリカ現代史Ⅰ　総説・南部アフリカ』山川出版社、一九七八
矢内原勝・小田英郎編『アフリカ・ラテンアメリカ関係の史的展開』平凡社、一九八九
吉田昌夫『アフリカ現代史Ⅱ　東アフリカ』山川出版社、一九七八
A・アドゥ・ボアヘン編、宮本正興責任編集『ユネスコ・アフリカの歴史』第七巻上下、同朋舎出版、一九

八八
J・ケニヤッタ、野間寛二郎訳『ケニヤ山のふもと』理論社、一九六二
K・エンクルマ、野間寛二郎他訳『エンクルマ選集』全五巻、理論社、一九七一
P・ルムンバ、中山毅訳『祖国は明日ほほえむ』理論社、一九六四
S・ウスマン、藤井一行訳『神の森の木々』新日本出版社、一九六五
W・E・B・デュボイス、木島始他訳『黒人のたましい』岩波文庫、一九九二

●第一五章1・2節

犬飼一郎『アフリカ経済論』大明堂、一九七六
北川勝彦・高橋基樹編著『アフリカ経済論』ミネルヴァ書房、二〇〇四
佐藤由利江・篠原えり子「図解：最近のアフリカ政治の動き」（『アフリカレポート』六号）アジア経済研究所　一九八八
平野克己『図説アフリカ経済』日本評論社、二〇〇二
吉田昌夫『東アフリカ社会経済論』古今書院、一九九七
Lofchie, Michael F., *The Political Economy of Tanzania: Decline and Recovery*, University of Pennsylvania Press, 2014

●第一五章3節
Anderson, B., *Imagined Communities: Reflections on the Origin and Spread of Nationalism*, London: Verso, 1983 (Revised edition, 2016) ベネディクト・アンダーソン、白石隆・白石さや訳『定本　想像の共同体――ナショナリズムの起源と流行』（社会科学の冒険2－4）書籍工房早川、二〇〇七
van den Berghe, P. L., Ethnic Pluralism in Industrial Societies: A Special Case? *Ethnicity*, 3, 1976

●第一五章4節
中村弘光『アフリカ現代史Ⅳ　西アフリカ』山川出版社、一九八二

●第一六章1節
『アフリカレポート』各号、アジア経済研究所、一九八五～
武内進一「アフリカの国家をめぐる幾つかの議論」（『アジア経済』第32巻第8号）、一九九一
林晃史編『南部アフリカ民主化後の課題』アジア経済研究所、一九九七

●第一六章2節

池野旬編『アフリカ諸国におけるインフォーマル・セクター』アジア経済研究所、一九九六

小倉充夫『現代アフリカの悩み』NHKブックス、一九八六

●第一六章3節

日野舜也『アフリカの小さな町から』筑摩書房、一九八四

松田素二『都市を飼い慣らす――アフリカの都市人類学』河出書房新社、一九九六

Green, E. C., *AIDS & STDs in Africa*, Westview Press, Boulder, 1994

M・ド・セルトー、山田登世子訳『日常的実践のポイエティーク』国文社、一九八七

Hake, A., *African Metropolis —— Nairobi's Self-help City*, Sussex University Press, 1977

King, K., *Jua Kali Kenya —— Change and Development in an Informal Economy*, James Currey, London, 1996

Matsuda, M., *Urbanisation from Below: Creativity and Soft Resistance in the Everyday life of Maragoli Migrants in Nairobi*, Kyoto University Press, 1998

Mabogunje, A. C., *Urbanization in Nigeria*, University of London Press, 1968

Obudho, R. A. & Mblanga, C. C. (eds.), *Slum and Squatter Settlement in Sub-Saharan Africa*, Praeger, New York, 1988

O'Connor, A. M., *The African City*, Hutchinson, London, 1983
Stren, R. E. & White, R. R. (eds.), *African Cities in Crisis —— Managing Rapid Urban Growth*, Westview Press, Boulder, 1989

●第一七章1節

遠藤貢『崩壊国家と国際安全保障——ソマリアにみる新たな国家像の誕生』有斐閣、二〇一五
落合雄彦編『アフリカの紛争解決と平和構築——シエラレオネの経験』昭和堂、二〇一一
川端正久・武内進一・落合雄彦編著『紛争解決　アフリカの経験と展望』ミネルヴァ書房、二〇一〇
佐藤章編『和解過程下の国家と政治——アフリカ・中東の事例から』アジア経済研究所、二〇一三
武内進一『現代アフリカの紛争と国家——ポストコロニアル家産制国家とルワンダ・ジェノサイド』明石書店、二〇〇九
「特集　不安定化する『サヘル・アフリカ』」(『アジ研　ワールド・トレンド』第二〇五号)アジア経済研究所、二〇一二

●第一七章2節

平野克己『経済大陸アフリカ——資源、食糧問題から開発政策まで』中公新書、二〇一三

北川勝彦・高橋基樹編『現代アフリカ経済論』ミネルヴァ書房、二〇一四

●第一七章3節

今村薫『砂漠に生きる女たち――カラハリ狩猟採集民の日常と儀礼』どうぶつ社、二〇一〇
小馬徹「父系の逆説と『女の知恵』としての私的領域――キプシギスの『家財産制』と近代化」（和田正平編著『アフリカ女性の民族誌――伝統と近代化のはざまで』）明石書店、一九九六
小馬徹「キプシギスの女性自助組合運動と女性婚――文化人類学はいかに開発研究に資することができるのか」（青柳まちこ編『開発の文化人類学』）古今書院、二〇〇〇
杉山祐子「離婚したって大丈夫――ファーム化の進展による生活の変化とベンバ女性の現在」（和田正平編『アフリカ女性の民族誌――伝統と近代化のはざまで』）明石書店、一九九六
T・サンセリ「マジマジ反乱（タンザニア）再考――ジェンダー史とナショナリスト歴史学の伝統」（富永智津子・永原陽子編『新しいアフリカ史像を求めて――女性・ジェンダー・フェミニズム』）御茶の水書房、二〇〇六
M・セハス「女性の眼でみるアパルトヘイト――一九五〇年代の『南アフリカ女性連盟』（FSAW）の事例」（富永智津子・永原陽子編『新しいアフリカ史像を求めて――女性・ジェンダー・フェミニズム』）御茶の水書房、二〇〇六

寺嶋秀明「エフェ・ピグミーの女性と結婚制度」（和田正平編『アフリカ女性の民族誌――伝統と近代化のはざまで』）明石書店、一九九六
戸田真紀子『貧困、紛争、ジェンダー――アフリカにとっての比較政治学』晃洋書房、二〇一五
端信行「サラリーマン女房論」（和田正平編『アフリカ女性の民族誌――伝統と近代化のはざまで』）明石書店、一九九六
浜本満『信念の呪縛――ケニア海岸地方ドゥルマ社会における妖術の民族誌』九州大学出版会、二〇一四
眞城百華「戦う女性たち――ティグライ人民解放戦線と女性」（石原美奈子編『現代エチオピアの女たち――社会変化とジェンダーをめぐる民族誌』）明石書店、二〇一七
Crosby, E. H., "Polygamy in Mende Country," *Africa*, vol.10, no.3, 1937
Little, K. L., "The Changing Position of Women in the Sierra Leone Protectorate," *Africa*, vol.18, no.1, 1948
Meek, C. K., "Marriage by Exchange in Nigeria: A Disappearing Institution," *Africa*, vol. 9, no.1, 1936

●第一七章4節

峯陽一編『南アフリカを知るための60章』明石書店、二〇一〇
牧野久美子・佐藤千鶴子編『南アフリカの経済社会変容』アジア経済研究所、二〇一三
N・マンデラ、東江一紀訳『自由への長い道――ネルソン・マンデラ自伝　上下』日本放送出版協会、一九九

九六
N・マンデラ、峯陽一監訳・鈴木隆洋訳『自由への容易な道はない――マンデラ初期政治論集』青土社、二〇一四
Bond, P., *Elite Transition: From Apartheid to Neoliberalism in South Africa*, Pluto Press, London, 2014
Bundy, C., *Short-Changed?: South Africa since Apartheid*, Ohio University Press, Athens, Ohio, 2014
Hart, G. P., *Disabling Globalization: Places of Power in Post-Apartheid South Africa*, University of California Press, Berkeley, 2002
Marais, H., *South Africa Pushed to the Limit: The Political Economy of Change*, Zed Books, London, 2011

●第一七章5節

西條政幸「エボラ出血熱、SFTS、デング熱……〝新たな時代〟の感染症の正体に迫る!」(『感染症クライシス』)洋泉社、二〇一五
嶋田雅曉「感染症」(松田素二編『アフリカ社会を学ぶ人のために』)世界思想社、二〇一四
高田礼人「ウイルスの専門家に聞く感染症とエボラウイルスの真実」(『感染症クライシス』)洋泉社、二〇一五
山本太郎『感染症と文明――共生への道』岩波新書、二〇一一

山本太郎「人類とともに歩んできた感染症とどのように向き合うべきか?」(『感染症クライシス』) 洋泉社、二〇一五

Blench, R. M., "A history of pigs in Africa" R. M. Blench and K. C. MacDonald (eds.), *The Origins and Development of African Livestock*, UCL Press, 2000

Redford, K., "The Empty Forest", *BioScience*, 42 (6): 412-422, 1992

Nasi, R.; Brown, D.; Wilkie, D.; Bennett, E.; Tutin, C.; van Tol, G.; Christophersen, T., *Conservation and Use of Wildlife-Based Resources: The Bushmeat Crisis. Secretariat of the Convention on Biological Diversity*, Montreal, and Center for International Forestry Research (CIFOR), Bogor. Technical Series No. 33, 1-50, 2007

●第一八章1節

阿部利洋『紛争後社会と向き合う――南アフリカ真実和解委員会』京都大学学術出版会、二〇〇七

武内進一『現代アフリカの紛争と国家――ポストコロニアル家産制国家とルワンダ・ジェノサイド』明石書店、二〇〇九

松田素二編『アフリカ社会を学ぶ人のために』世界思想社、二〇一四

松田素二他編『紛争をおさめる文化：不完全性とブリコラージュの実践』(アフリカ潜在力シリーズ第一巻) 京都大学学術出版会、二〇一六

●第一八章2節

宮本正興『文学から見たアフリカ――アフリカ人の精神史を読む』第三書館、一九八九
宮本正興『文化の解放と対話――アフリカ地域研究への言語文化論的アプローチ』第三書館、二〇〇二
宮本正興・松田素二編『現代アフリカの社会変動――ことばと文化の動態観察』人文書院、二〇〇二
グギ・ワ・ジオンゴ、宮本正興・楠瀬佳子訳『精神の非植民地化――アフリカ文学における言語の政治学』（増補新版）第三書館、二〇一〇
Achebe, C., Okeyo, A. P., Hyden, G. & Magadza, C. (eds.), *Beyond Hunger in Africa: Conventional Wisdom and a Vision of Africa in 2057*, Heinemann, James Currey, 1990
Fardon, R. & Furniss, G. (ed.), *African Languages, Development and the State*, Routledge, 1994
Mandela, N., *Long Walk to Freedom – The Autobiography of Nelson Mandela*, Little, Brown and Company, 1994
Mekacha, R. D. K., *The Sociolinguistic Impact of Kiswahili on Ethnic Community Languages in Tanzania, A Case Study of Ekinata*, Bayreuth African Studies, 1993
Ngũgĩ wa Thiong'o, *Moving the Centre, The Struggle for Cultural Freedoms*, James Currey, EAEP, Heinemann, 1993
Ngũgĩ wa Thiong'o, *Re-membering Africa*, East African Educational Publishers, 2009
Robinson, C. D., *Language Use in the Rural Development, An African Perspective*, Mouton de Gruyter, 1966

●第一八章3節

木島始・皆河宗一編『詩・民謡・民話』(黒人文学全集第12巻)早川書房、一九六二

松田素二『アフリカ』から何がみえるか」(『興亡の世界史20　人類はどこへ行くのか』)講談社、二〇〇九

宮本正興・岡倉登志編『アフリカ世界——その歴史と文化』世界思想社、一九八四

G・ルクレール、宮治一雄・宮治美江子訳『人類学と植民地主義』平凡社、一九七六

Alexander, Neville, An African Renaissance without African Languages? *Social Dynamics* 25: 1, Centre for African Studies, University of Cape Town, 1999

Sweetman, D., *Women Leaders in African History*, Heinemann, 1984

執筆者紹介

●編者

宮本正興（みやもと・まさおき）

一九四一年生まれ。神戸市外国語大学英米学科卒業、京都大学大学院文学研究科博士課程修了。現在、中部大学・大阪外国語大学名誉教授。専攻はアフリカ地域研究（言語・文学・歴史）。著書に『文化の解放と対話――アフリカ地域研究への言語文化論的アプローチ』、『スワヒリ文学の風土――東アフリカ海岸地方の言語文化誌』、『評伝グギ・ワ・ジオンゴ＝修羅の作家――現代アフリカ文学の道標』（以上、第三書館）などがある。

松田素二（まつだ・もとじ）

一九五五年生まれ。京都大学文学部卒業、ナイロビ大学大学院修士課程をへて、京都大学大学院文学研究科博士課程中退。現在、京都大学大学院文学研究科教授。専攻は社会人間学、アフリカ地域研究。著書に『抵抗する都市』（岩波書店）、*Urbanisation from Below*（Kyoto University Press）、『呪医の末裔』（講談社）、*African Virtues in the Pursuit of Conviviality*（共編著 LANGAA）などがある。

●**第一章**……松田素二（1節「多様な気候と生態」のみ市川光雄）

●**第二章1節**

諏訪元（すわ・げん）

一九五四年生まれ。東京大学理学部卒業、カリフォルニア大学バークレー校大学院博士課程修了。現在、東京大学総合研究博物館・教授。Ｐｈ・Ｄ。一九八八年以来、エチオピアで野外調査に取り組んでいる。論文に、２００９年（共著）Paleobiological implications of the *Ardipithecus ramidus* dentition. *Science* 326: 94-99. ２０１６年（共著）New geological and paleontological age constraint for the gorilla-human lineage split. *Nature* 530: 215-218 などがある。

●**同2節**

市川光雄（いちかわ・みつお）

一九四六年生まれ。京都大学理学部卒業、同大学院理学研究科博士課程単位取得退学。現在、京都大学名誉教授。専攻は生態人類学、アフリカ地域研究。著書に『森の狩猟民』（人文書院）、『人類の起源と進化』（共著、有斐閣）などがある。

●**第三章**

杉村和彦（すぎむら・かずひこ）

一九五八年生まれ。京都大学文学部卒業。同大学院農学研究科修士課程修了。現在、福井県立大学学術教養センター教授。専攻はアフリカ農民論、アフリカ農耕史。著書に『アフリカ農民の経済——組織原理の地域比較』（世界思想社）、共著に『文化の地平線』（世界思想社）、『地球に生きる4　自然と人間の共生』（雄山閣）などがある。

●**第四章**

吉國恒雄（よしくに・つねお）

一九四七年生まれ。カリフォルニア州立サンフランシスコ大学文学部卒業、ジンバブエ大学文学部歴史学科博士課程修了。専修大学商学部教授。二〇〇六年八月逝去。専攻はジンバブエ現代史、アフリカ人都市労働史。著書に『グレートジンバブウェ——東南アフリカの歴史世界』（講談社）、『燃えるジンバブウェ——南部アフリカにおける「コロニアル」・「ポストコロニアル」経験』（晃洋書房）、*African Urban Experiences in Colonial Zimbabwe: A Social History of Harare Before 1925* (Weaver) などがある。

●第五章

赤阪賢（あかさか・まさる）

一九四三年生まれ。京都大学文学部卒業、同大学院文学研究科修士課程修了。現在、京都府立大学名誉教授。専攻は文化人類学。共著に『アフリカの民族と社会』（世界の歴史24）（中央公論新社）、共編著に『アフリカ研究――人・ことば・文化』（世界思想社）などがある。

●第六章

出口顯（でぐち・あきら）

一九五七年生まれ。筑波大学比較文化学類卒業、東京都立大学大学院社会科学研究科博士課程中退。現在、島根大学法文学部教授。博士（文学）。専攻は文化人類学。著書に『名前のアルケオロジー』（紀伊國屋書店）、『神話論理の思想』（みすず書房）がある。

●第七章

嶋田義仁（しまだ・よしひと）

一九四九年生まれ。京都大学文学部卒業、同大学院文学研究科博士課程修了、社会科学高等研究院（パリ）博士課程修了。博士（文学）、Dr. de 3ème Cycle (Ethnologie)。現在、中部大学中部高等学術研究所客

員教授。専攻は民族学、宗教学。著書に『異次元交換の政治人類学』（勁草書房）、『牧畜イスラーム国家の人類学』（世界思想社）、『黒アフリカ・イスラーム文明論』（創成社）、『砂漠と文明』（岩波書店）などがある。

●第八章

福田安志（ふくだ・さだし）

一九四九年生まれ。国学院大学文学部卒業、中央大学大学院文学研究科東洋史学博士課程修了。現在、日本貿易振興機構アジア経済研究所・新領域研究センター上席主任調査研究員。専攻はイスラーム史。共著に『「イスラム原理主義」とは何か』（岩波書店）、『イスラームを学ぶ人のために』（世界思想社）などがある。

●第九章……宮本正興

●第一〇章……松田素二

●第一一章1節……松田素二

●同2節
戸田真紀子（とだ・まきこ）
一九六三年生まれ。大阪大学法学部卒業、同大学院法学研究科博士課程修了。博士（法学）。現在、京都女子大学現代社会学部教授。専攻は比較政治学（アフリカ地域研究）。著書に『貧困、紛争、ジェンダー――アフリカにとっての比較政治学』（晃洋書房）、共編著に『国際関係のなかの子どもたち』（晃洋書房）などがある。

●同3節
砂野幸稔（すなの・ゆきとし）
一九五四年生まれ。京都大学文学部卒業、同大学院文学研究科博士課程修了。博士（地域研究）。現在、熊本県立大学文学部教授。専攻はカリブ・アフリカ文化。著書に『ポストコロニアル国家と言語』（三元社）、『多言語主義再考』（編著、三元社）『アフリカのことばと社会』（共編著、三元社）などがある。

●同4節
武内進一（たけうち・しんいち）

一九六二年生まれ。東京外国語大学フランス語学科卒業。東京大学博士（学術）。現在、東京外国語大学教授。専攻は、アフリカ地域研究、国際関係論。主著に『現代アフリカの紛争と国家――ポストコロニアル家産制国家とルワンダ・ジェノサイド』（明石書店）などがある。

●同5節

峯陽一（みね・ようぃち）

一九六一年生まれ。京都大学文学部卒業、同大学院経済学研究科博士課程単位取得退学。現在、同志社大学大学院グローバル・スタディーズ研究科教授。専攻はアフリカ地域研究、人間の安全保障研究。著書に『現代アフリカと開発経済学』（日本評論社）、共編著に*Preventing Violent Conflict in Africa*（Palgrave）、Migration and Agency in a Globalizing World（Palgrave）などがある。

●第一二章1・2節……宮本正興

●同3節

楠瀬佳子（くすのせ・けいこ）

一九四五年生まれ。神戸市外国語大学大学院修士課程修了。現在、京都精華大学名誉教授。専攻はアフリカ文学・文化論。著書に『南アフリカを読む――文学・女性・社会』、『ベッシー・ヘッド――拒絶と受容の文学』、『わたしの南アフリカ――ケープタウン生活日誌から』（以上、第三書館）、『女たちの世界文学』（編著、松香堂書店）などがある。

●第一三章1・2節……松田素二

●同3節……嶋田義仁

●同4・5節……宮本正興

●第一四章……砂野幸稔

●第一五章1・2節

池野旬（いけの・じゅん）

一九五五年生まれ。東京大学経済学部卒業。現在、京都大学アフリカ地域研究資料センター教授。専攻は東アフリカ農村社会論。著書に『ウカンバニ――東部ケニアの小農経営』（アジア経済研究所）、『アフリカ農村と貧困削減——タンザニア　開発と遭遇する地域』（京都大学学術出版会）などがある。

●同3・4節……戸田真紀子

●第一六章1節……武内進一

●同2節……池野旬

●同3節……松田素二

●第一七章1節

佐藤章（さとう・あきら）

一九六八年生まれ。早稲田大学第一文学部卒業、東京外国語大学大学院修士課程修了、一橋大学大学院博士後期課程修了。博士（社会学）。現在、日本貿易振興機構アジア経済研究所・主任研究員。専攻はアフリカ政治、紛争研究。著書に『ココア共和国の近代——コートジボワールの結社史と統合的革命』、『統治者と国家——アフリカの個人支配再考』（編著）などがある（ともに日本貿易振興機構アジア経済研究所刊）。

●コラム③

栗本英世（くりもと・えいせい）

一九五七年生まれ。京都大学大学院文学研究科博士課程単位取得退学。修士（文学）。現在、大阪大学大学院人間科学研究科・教授。専門は、社会人類学、アフリカ民族誌学。著書に『民族紛争を生きる人びと』（世界思想社）、*Conflict, Age and Power in North East Africa*（James Currey、編著）、『共生学が創る世界』（大阪大学出版会、編著）などがある。

●同2節

高橋基樹（たかはし・もとき）

一九五九年生まれ。東京大学経済学部卒業、ジョンズホプキンス大学高等国際問題研究大学院修了。神戸大学教授を経て、現在、京都大学大学院アジア・アフリカ地域研究研究科教授。著書に『アフリカ経済論』（ミネルヴァ書房）、著書に『開発と国家――アフリカ政治経済論序説』（勁草書房）、『開発を問い直す――転換する世界と日本の国際協力』（日本評論社）、『現代アフリカ経済論』（ミネルヴァ書房）、『開発と共生のはざまで――国家と市場の変動を生きる』（京都大学学術出版会）などがある。

●同3節

富永智津子（とみなが・ちづこ）

一九四二年生まれ。東京女子大学文理学部卒業、津田塾大学国際関係学研究科修士課程修了、東京大学大学院社会学研究科国際関係論後期課程単位取得退学。宮城学院女子大学教授を経て、現在、同大付属キリスト教文化研究所客員研究員。専攻はアフリカ地域研究。著書に『ザンジバルの笛――東アフリカ・スワヒリ世界の歴史と文化』（未來社）などがある。

●同4節……峯陽一

●同5節

伊谷樹一（いたに・じゅいち）

一九六一年生まれ。鳥取大学農学部卒業、京都大学大学院農学研究科博士後期課程修了。博士（農学）。現在、京都大学アフリカ地域研究資料センター・教授。主な著書に、『アフリカ地域研究と農村開発』（京都大学学術出版会、共著）、『アフリカ社会を学ぶ人のために』（世界思想社、分担執筆）、『アフリカ学事典』（昭和堂、分担執筆）などがある。

●第一八章1節……松田素二

●同2節……宮本正興

●同3節……宮本正興・松田素二

【わ行】

【ら行】

【や行】

【ま行】

【は行】

【な行】

【た行】

【さ行】

【か行】

索　　引

【あ行】

講談社現代新書　2503
改《かい》訂《てい》新《しん》版《ぱん》　新《しん》書《しょ》アフリカ史《し》
二〇一八年一一月二〇日第一刷発行　二〇二四年六月四日第七刷発行
編　者　宮本《みやもと》正興《まさおき》、松田《まつだ》素二《もとじ》

発行者　森田浩章
発行所　株式会社講談社
東京都文京区音羽二丁目一二―二一　郵便番号一一二―八〇〇一
電　話　〇三―五三九五―三五二一　編集（現代新書）
〇三―五三九五―四四一五　販売
〇三―五三九五―三六一五　業務
装幀者　中島英樹
印刷所　ＴＯＰＰＡＮ株式会社
製本所　株式会社国宝社
定価はカバーに表示してあります　Printed in Japan

N.D.C. 240　776p　18cm
ISBN978-4-06-513948-6

「講談社現代新書」の刊行にあたって

教養は万人が身をもって養い創造すべきものであって、一部の専門家の占有物として、ただ一方的に人々の手もとに配布され伝達されうるものではありません。

しかし、不幸にしてわが国の現状では、教養の重要な養いとなるべき書物は、ほとんど講壇からの天下りや単なる解説に終始し、知識技術を真剣に希求する青少年・学生・一般民衆の根本的な疑問や興味は、けっして十分に答えられ、解きほぐされ、手引きされることがありません。万人の内奥から発した真正の教養への芽ばえが、こうして放置され、むなしく滅びさる運命にゆだねられているのです。

このことは、中・高校だけで教育をおわる人々の成長をはばんでいるだけでなく、大学に進んだり、インテリと目されたりする人々の精神力の健康さえもむしばみ、わが国の文化の実質をまことに脆弱なものにしています。単なる博識以上の根強い思索力・判断力、および確かな技術にささえられた教養を必要とする日本の将来にとって、これは真剣に憂慮されなければならない事態であるといわなければなりません。

わたしたちの「講談社現代新書」は、この事態の克服を意図して計画されたものです。これによってわたしたちは、講壇からの天下りでもなく、単なる解説書でもない、もっぱら万人の魂に生ずる初発的かつ根本的な問題をとらえ、掘り起こし、手引きし、しかも最新の知識への展望を万人に確立させる書物を、新しく世の中に送り出したいと念願しています。

わたしたちは、創業以来民衆を対象とする啓蒙の仕事に専心してきた講談社にとって、これこそもっともふさわしい課題であり、伝統ある出版社としての義務でもあると考えているのです。

一九六四年四月　野間省一

世界史Ⅰ

834 ユダヤ人——上田和夫
930 フリーメイソン——吉村正和
934 大英帝国——長島伸一
968 ローマはなぜ滅んだか 弓削達
1017 ハプスブルク家——江村洋
1019 動物裁判——池上俊一
1076 デパートを発明した夫婦 鹿島茂
1080 ユダヤ人とドイツ——大澤武男
1088 ヨーロッパ「近代」の終焉——山本雅男
1097 オスマン帝国——鈴木董
1151 ハプスブルク家の女たち 江村洋
1249 ヒトラーとユダヤ人 大澤武男
1252 ロスチャイルド家 横山三四郎
1282 戦うハプスブルク家 菊池良生
1283 イギリス王室物語——小林章夫
1321 聖書vs.世界史——岡崎勝世
1442 メディチ家——森田義之
1470 中世シチリア王国——高山博
1486 エリザベスI世——青木道彦
1572 ユダヤ人とローマ帝国 大澤武男
1587 傭兵の二千年史——菊池良生
1664 新書ヨーロッパ史 中世篇 堀越孝一 編
1673 神聖ローマ帝国——菊池良生
1687 世界史とヨーロッパ 岡崎勝世
1705 魔女とカルトのドイツ史——浜本隆志
1712 宗教改革の真実——永田諒一
2005 カペー朝——佐藤賢一
2070 イギリス近代史講義——川北稔
2096 モーツァルトを「造った」男——小宮正安
2281 ヴァロワ朝——佐藤賢一
2316 ナチスの財宝——篠田航一
2318 ヒトラーとナチ・ドイツ 石田勇治
2442 ハプスブルク帝国——岩﨑周一

世界史Ⅱ

959 東インド会社——浅田實
971 文化大革命——矢吹晋
1085 アラブとイスラエル 高橋和夫
1099 「民族」で読むアメリカ 野村達朗
1231 キング牧師とマルコムX 上坂昇
1306 モンゴル帝国の興亡〈上〉——杉山正明
1307 モンゴル帝国の興亡〈下〉——杉山正明
1366 新書アフリカ史——宮本正興 松田素二 編
1588 現代アラブの社会思想 池内恵
1746 中国の大盗賊・完全版——高島俊男
1761 中国文明の歴史——岡田英弘
1769 まんが パレスチナ問題 山井教雄

1811 歴史を学ぶということ 入江昭
1932 都市計画の世界史——日端康雄
1966 〈満洲〉の歴史——小林英夫
2018 古代中国の虚像と実像 落合淳思
2025 まんが 現代史——山井教雄
2053 〈中東〉の考え方——酒井啓子
2120 居酒屋の世界史——下田淳
2182 おどろきの中国 橋爪大三郎 大澤真幸 宮台真司
2189 世界史の中のパレスチナ問題 臼杵陽
2257 歴史家が見る現代世界 入江昭
2301 高層建築物の世界史 大澤昭彦
2331 続 まんが パレスチナ問題 山井教雄
2338 世界史を変えた薬 佐藤健太郎

2345 鄧小平——エズラ・F・ヴォーゲル 聞き手＝橋爪大三郎
2386 〈情報〉帝国の興亡——玉木俊明
2409 〈軍〉の中国史——澁谷由里
2410 入門 東南アジア近現代史 岩崎育夫
2445 珈琲の世界史——旦部幸博
2457 世界神話学入門——後藤明
2459 9・11後の現代史 酒井啓子

世界の言語・文化・地理

宗教

哲学・思想Ⅰ

66 哲学のすすめ——岩崎武雄
159 弁証法はどういう科学か　三浦つとむ
501 ニーチェとの対話——西尾幹二
871 言葉と無意識——丸山圭三郎
898 はじめての構造主義　橋爪大三郎
916 哲学入門一歩前——廣松渉
921 現代思想を読む事典　今村仁司 編
977 哲学の歴史——新田義弘
989 ミシェル・フーコー　内田隆三
1001 今こそマルクスを読み返す　廣松渉
1286 哲学の謎——野矢茂樹
1293 「時間」を哲学する——中島義道
1315 じぶん・この不思議な存在——鷲田清一
1357 新しいヘーゲル——長谷川宏
1383 カントの人間学——中島義道
1401 これがニーチェだ——永井均
1420 無限論の教室——野矢茂樹
1466 ゲーデルの哲学——高橋昌一郎
1575 動物化するポストモダン　東浩紀
1582 ロボットの心——柴田正良
1600 ハイデガー＝存在神秘の哲学——古東哲明
1635 これが現象学だ——谷徹
1638 時間は実在するか　入不二基義
1675 ウィトゲンシュタインはこう考えた　鬼界彰夫
1783 スピノザの世界——上野修
1839 読む哲学事典——田島正樹
1948 理性の限界——高橋昌一郎
1957 リアルのゆくえ——大塚英志 東浩紀
1996 今こそアーレントを読み直す——仲正昌樹
2004 はじめての言語ゲーム——橋爪大三郎
2048 知性の限界——高橋昌一郎
2050 超解読！ はじめてのヘーゲル『精神現象学』　竹田青嗣 西研
2084 はじめての政治哲学　小川仁志
2099 超解読！ はじめてのカント『純粋理性批判』　竹田青嗣
2153 感性の限界——高橋昌一郎
2169 超解読！ はじめてのフッサール『現象学の理念』——竹田青嗣
2185 死別の悲しみに向き合う——坂口幸弘
2279 マックス・ウェーバーを読む——仲正昌樹

哲学・思想Ⅱ

13 論語——貝塚茂樹
285 正しく考えるために 岩崎武雄
324 美について——今道友信
1007 日本の風景・西欧の景観——オギュスタン・ベルク 篠田勝英 訳
1123 はじめてのインド哲学 立川武蔵
1150 「欲望」と資本主義——佐伯啓思
1163 「孫子」を読む——浅野裕一
1247 メタファー思考——瀬戸賢一
1248 20世紀言語学入門 加賀野井秀一
1278 ラカンの精神分析——新宮一成
1358 「教養」とは何か——阿部謹也
1436 古事記と日本書紀 神野志隆光
1439 〈意識〉とは何だろうか 下條信輔
1542 自由はどこまで可能か 森村進
1544 倫理という力——前田英樹
1560 神道の逆襲——菅野覚明
1741 武士道の逆襲——菅野覚明
1749 自由とは何か——佐伯啓思
1763 ソシュールと言語学——町田健
1849 系統樹思考の世界——三中信宏
1867 現代建築に関する16章 五十嵐太郎
2009 ニッポンの思想——佐々木敦
2014 分類思考の世界——三中信宏
2093 ウェブ×ソーシャル×アメリカ 池田純一
2114 いつだって大変な時代——堀井憲一郎
2134 いまを生きるための思想キーワード——仲正昌樹
2155 独立国家のつくりかた 坂口恭平
2167 新しい左翼入門——松尾匡
2168 社会を変えるには——小熊英二
2172 私とは何か——平野啓一郎
2177 わかりあえないことから 平田オリザ
2179 アメリカを動かす思想 小川仁志
2216 まんが 哲学入門——森岡正博 寺田にゃんこふ
2254 教育の力——苫野一徳
2274 現実脱出論——坂口恭平
2290 闘うための哲学書——小川仁志 萱野稔人
2341 ハイデガー哲学入門 仲正昌樹
2437 ハイデガー『存在と時間』入門——轟孝夫